赖永海卷

赖永海 著

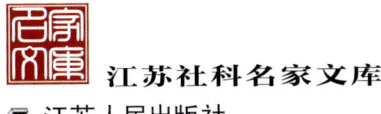 江苏社科名家文库

江苏人民出版社

图书在版编目(CIP)数据

江苏社科名家文库. 赖永海卷 / 赖永海著. —— 南京：
江苏人民出版社，2019.12
ISBN 978-7-214-24408-6

Ⅰ. ①江… Ⅱ. ①赖… Ⅲ. ①社会科学-文集②哲学
-文集 Ⅳ. ①C53②B-53

中国版本图书馆CIP数据核字(2019)第288713号

书　　　名	赖永海卷
著　　　者	赖永海
责 任 编 辑	张　凉
责 任 监 制	王　娟
出 版 发 行	江苏人民出版社
出版社地址	南京市湖南路1号A楼，邮编：210009
出版社网址	http://www.jspph.com
照　　　排	江苏凤凰制版有限公司
印　　　刷	江苏凤凰通达印刷有限公司
开　　　本	718毫米×1 000毫米　1/16
印　　　张	24.5　插页4
字　　　数	388千字
版　　　次	2020年1月第1版　2020年1月第1次印刷
标 准 书 号	ISBN 978-7-214-24408-6
定　　　价	62.00元

(江苏人民出版社图书凡印装错误可向承印厂调换)

《江苏社科名家文库》编委会

主　　任：王燕文　　王　江
副 主 任：赵金松　　刘德海　　梁　勇
委　　员：徐之顺　　尚庆飞　　佘江涛
　　　　　徐　海　　刘必好

赖永海自述

总得有点超越精神,始终不忘立处皆真。

赖永海简介

赖永海,福建漳州人,1949年生,哲学博士,现任南京大学人文社会科学资深教授,中华文化研究院院长,江苏省儒学学会会长,1993年被国务院学位委员会评为博士生导师,第5届、第6届国务院学位委员会哲学学科评议组成员,第7届全国博士后流动站评审专家委员会成员。出版了《中国佛性论》《佛学与儒学》《中国佛教文化论》等著作。其中,《中国佛性论》2013年被国家新闻出版广电总局列入"经典中国国际出版工程",2017年12月获"百部优秀中国图书输出奖";主编大陆第一部《中国佛教百科全书》(总11卷,300万字),主编全球首部完整《中国佛教通史》(总15卷,700万字)。其中,《中国佛教通史》获第四届国家"三个一百"原创图书奖、第六届教育部人文社会科学优秀成果一等奖、第三届中国政府出版奖、全球华人国学成果奖。

我的硕、博士生导师，中华文化研究院名誉院长任继愈先生来宁开会，亲临寒舍，铭感终生。

向中华文化研究院名誉院长蒋树声先生汇报工作时，在其办公室留影。

全球首部完整的《中国佛教通史》（主编）

在中华书局出版的《佛教十三经》（主编）

在哈佛大学参访时的留影

一家人同游黄山

以更多的学术名家名品引领和推进
江苏社科强省建设

厉以宁

《江苏社科名家文库》(以下简称《文库》)收集的成果是由"江苏社科名家"完成的,涉及哲学、社会学、经济学等学科,这些成果展现出几个方面的鲜明特色。

开阔的学术视野。从时间维度看,《文库》的内容贯穿于改革开放以来的各个发展阶段,是历史与现实相对接的思维,是对经济社会热点问题的深邃思考,也是对30多年来的体制转型与发展转型实践的理论提炼。从空间维度看,《文库》成果从不发达区域到发达区域、从省内到省外、从国内到国外,全方位对经济和社会发展中的重大问题进行了理论阐释和实证分析,其中既有区域研究的战略思考、地域特色的人文探讨,也有江苏发展的实践总结、学术前沿的讨论争鸣。

独有的思维张力。《文库》的作者分别对多学科的众多理论与实践问题进行了深入探讨,成果中既有令人耳目一新的理论阐释,也有让人十分叹服的实践分析。

质朴的行文风格。细细浏览之后,感到《文库》的绝大部分内容都是引用经典而不晦涩,系统阐述但不乏味。作者们的行文没有从概念到概念的推演，更没有"要如何如何"的说教，而是用叙述取代推演，用事实取代空议，寓理论于事件、故事之中，真正做到了深入浅出，表述方式接地气，用语质朴亲切。阅读《文库》，犹如在听作者讲见闻、讲故事，在轻松有趣的交流中了解深刻的社会科学道理。

《文库》是江苏社科发展的缩影。与《文库》的光芒相辉映的是，改革开放以来江苏哲学社会科学研究的不断拓展。

一是涌现出一大批有创见、有价值的理论精品，创出了具有江苏特色的社科品牌。社会科学界的专家和学者们以极大的热情，坚持与时代同进步、与实践共发展，在经济社会发展的每一个重要阶段，都始终站在时代潮头，以不畏艰难、追求真理的科学精神，探索、发现中华历史文化的精髓和现代经济社会发展的规律，在各自长期从事的专业研究领域形成了独特的学术体系和学术观点，推出了一批重大理论创新成果，不仅在江苏甚至在全国都产生了重要影响。例如，上个世纪80年代由匡亚明发起主编、共200部6000万字的《中国思想家评传丛书》，成为我国影响重大的原创性思想文化项目；由全省160多名社科专家编撰的14卷本430多万字的《社会主义核心价值观研究丛书》，是目前国内第一套全面研究和阐释社会主义核心价值观具体范畴的系列研究著作，得到全国学术界的高度评价。

二是致力于研究经济社会发展的重点难点问题，提出建设性意见。改革开放之初，以胡福明为代表的一批社科工作者，以大无畏的理论勇气积极参与真理标准问题大讨论，为冲破"两个凡是"的禁锢与束缚，推动全民族思想大解放，开启拨乱反正和全面改革的历史新时期，发挥了应有作用。在经济建设大潮中，江苏一批经济学人，在提炼"苏南模式"、总结园区发展经验、完善创新驱动战略、优化全面小康和基本现代化建设目标内涵等方面，先后出版了近百部专著,发表了近千篇论文,提出了近万条决策咨询建议,为江苏经济发展提供了有力的理论指导和智力支撑。为了更好地担负起决策咨询的重任,成立于1997年的"江苏发展高层论坛"已连续举办数十次,先后有多任省委书记在论坛活动中向数百位专家学者问计。

《文库》的鲜明特点和江苏社科界取得的相应成就决定了它的出版至少具有两方面的价值。

首先,有助于促进江苏社科人才队伍建设。系统推出社科名家的个人专集,从一个侧面展示江苏深厚、丰富的社科研究底蕴,反映江苏社科界在改革开放的伟大实践中不断解放思想、创新理论的探索历程,彰显江苏哲学社会科学事业不断发展和壮大的辉煌成就,打造江苏哲学社会科学的高原和高峰,传播江苏学人丰硕的研究成果、严谨的治学态度、鲜明的学术个性和德学双馨的人格魅力。这是对江苏社科强省建设成果的最好展示,是对江苏社科名家影响力的再宣传、再放大,必将有助于增强广大社科工作者的荣誉感和使命感,从而有助于促进江苏社科人才队伍建设。

其次,有助于引导和激励江苏社科工作者更积极地投身于"迈上新台阶、建设新江苏"的伟大实践。习近平总书记2014年12月在江苏视察指导工作时殷切希望江苏积极适应经济发展新常态,紧紧围绕率先全面建成小康社会、率先基本实现现代化的光荣使命,协调推进全面建成小康社会、全面深化改革、全面推进依法治国、全面从严治党,努力建设经济强、百姓富、环境美、社会文明程度高的新江苏。实现习总书记为江苏发展明确的新坐标和新任务,迫切需要广大社科工作者对人民群众创造的新鲜经验进行科学总结和理论升华,以便更好地指导和引领新的发展实践。《文库》的出版,将进一步发挥江苏社科名家对整个江苏社科界的引领、示范和激励作用,从而增强江苏广大社科工作者的责任心和主动性,促使他们更加积极地投身于"迈上新台阶、建设新江苏"的伟大实践。

我是江苏仪征人,1948年毕业于南京金陵中学高中部。我在这里衷心地向故乡的杰出学者们致敬,希望他们在各自专长的领域内做出新成绩。

(2015年5月27日)

目 录

学术小传

一、喜欢上读书 …………………………………… 002
二、我的几位老师 ………………………………… 007
三、学术研究与学术贡献 ………………………… 016
四、学科建设与人才培养 ………………………… 034

代表性学术成果

王夫之辩证法体系探索 …………………………… 038
中土佛性与汉唐社会 ……………………………… 083
中国佛教通史 ……………………………………… 110
佛本与人本 ………………………………………… 145
佛性与人性 ………………………………………… 160
理学与佛学 ………………………………………… 185
心学与禅学 ………………………………………… 212
禅与诗书画 ………………………………………… 234
禅教合一与佛儒合流 ……………………………… 260
顿悟见性与修心养性 ……………………………… 285
佛道之争与佛道交融 ……………………………… 302
祖师禅的儒学化与分灯禅的老庄化 ……………… 316
佛法智慧与智慧人生 ……………………………… 330
经藏汇编与佛典释译 ……………………………… 348

南京栖霞山志序	372
牛首山碑记	374
学术年谱	376
跋	384
后记	385

学术小传

一、喜欢上读书

我 1949 年 7 月出生在福建漳州,1967 年高中毕业后回平和县仁山村务农,1971 年有幸被选调到位于武夷山下的兵工厂当工人。

兵工厂地处"小三线"的宁化、清流、归化。在那个大山沟里,下班之后,除了与工友们聊聊天,真的不知道可以做什么。百无聊赖中,有时就顺手抓本书翻翻,久而久之成了习惯,读书几乎成了我在兵工厂期间唯一的业余爱好。

习惯对一个人的影响也许是"润物细无声",但同时又可能是异乎寻常。当某种习惯后来慢慢变成一种兴趣或爱好时,其作用之大往往是人们始料未及的。

就读书而言,在那个"读书无用论"甚嚣尘上的年代,说读书是为了日后有好的前程,很少人有这样的先见之明或大智慧。也许不能说是全部,至少有不少人在那个年代真的是"无聊才读书"。但成了习惯之后,对其往后的人生影响会是十分巨大重大的。例如,1977 年恢复高考后考上大学和 1978 年实行新的学位制度之后考上研究生的,可能都有一个共同点,就是在那个鄙视知识的年代,都有读书的习惯或爱好。结果,"无心插柳柳成荫",遇上了改革开放的好时代,派上了用场,考上了大学或研究生,开始了一段人生的新征程。

我 1971 年到兵工厂后,一开始被分配到第一车间当车工,因有腰疾,蒙领导关照,把我调换到工具科工作,那是一个相对轻松的保管和分发工具的部门。工具科有一个煮油工作间,专门对各种入库前的刀具、磨具等进行消毒、煮油、包装。工作间位于库房外的一个半山坡上,是一个独立小房子,设备十分简陋,污染度极高,如果按照现在的环保标准,大概是一项需要穿防化服才能进行的工作,但最大的好处是,一个礼拜大约只要工作 4 个小时。我主动报名承包了这项工作。虽然工作时穿着工作服、带着大口罩,确实是有点屏住呼吸在干活,但干完活就彻底自由了。我几乎把所有自由时间都交给了书本。这个时期是我读书最多的一个时间段,尽管可以找到的书不多,但举凡能拿到或借到的,不管是古今中外的文学作品,还是经济、政论性著作,特别是哲学类的书,只要能拿到手的,一概通吃!我在工具科的煮油工作间大约待了将近一年,后被调到厂劳工科"以工代干"了。身份变了,待遇也提高了,这对于一个进厂不久且毫无背景的学徒工来说,应该说是件很幸运的事。当然,正如老子所说的:"福兮祸之所伏"!到劳工科不到半年,有招收"工农兵学员"的指标分配到厂里,我也报了名,参加了高考。但当时并非考得好就能上学的,还必须单位推荐、批准。这一关可把我给拦下了,倒不是政审不合格之类的原因,而是因为我刚被提拔"以工代干",还没干几天,怎么能出去读书呢?好在厂长还比较开明,最后还是放了一马,要不然那半年"以工代干"的代价就有点大了。

在兵工厂先后待了两年,印象最深和受益最多的当是读书,尤其留恋在煮油工作间的那段时光。那一年时间真读了不少书,对我而言,可以说是进行了一次文化乃至理论的扫盲或普及。其中,有两部著作至今仍给我留下十分深刻的印象,一是《毛泽东选集》,二是艾思奇主编的《辩证唯物主义和历史唯物主义》。尤其是《毛泽东选集》,我连续读了四遍,阅读的起讫日期都写在书的扉页上。也许是对哲学有一种特殊的偏好,在1973年报考"工农兵大学生"时,尽管我所在的是国防科工委系统,能分配到的名额理工科的院校和专业居多,但我所填的三个志愿竟然是,第一志愿哲学,中山大学,第二志愿还是哲学,中山大学,第三志愿仍然是哲学,中山大学。当时我对哲学真的有一种非常强烈的情结:好像除了哲学之外,其他的专业、学科都索然无味!

1973年,我如愿以偿考上了中山大学哲学系。从1973年跨入中山大学校门,到1978年考上中国社科院研究院研究生院,我在中山大学整整待了五年。这段时间,是我一生中读书的量最大,同时又是最系统的五年。说来也许令人难以置信:"工农兵学员"给人的总体印象是不怎么读书的,实际并不尽然!

在中山大学的读书与在兵工厂期间的读书,真的是不可同日而语。在兵工厂期间,那个环境下所能见到的书,一是数量极其有限,二是内容非常杂乱。因此,两年时间所读的书,能留下印象的只有《毛泽东选集》和艾思奇的《辩证唯物主义和历史唯物主义》。但在中山大学的五年时间,给我留下的却是几十本读书笔记。

上面我曾提及在报考"工农兵学员"时所填写的三个志愿都是"哲学,中山大学",这除了说明我特别喜欢哲学外,对中山大学也是情有独钟。这个情结得从1966年的"大串联"说起。"大串联"让我有机会去了一趟中山大学。当时中山大学的校园给我留下的印象实在是太深刻了！我萌生的第一念头就是，如果今后有机会到中山大学去读书，那该多好呀！没想到天遂人愿，1973年夏天，我真的到中山大学念书了。

在中山大学那五年，应该说是我一生中最充满朝气和活力的时期。通常情况下，我都是一大早起来，在校园内跑一圈，回去冲把澡，然后去食堂排队，争取能吃上个炒河粉，之后就上图书馆（逃不掉的课和躲不开的活动除外）。到了下午5点，我一定要去打球。如有球友，就打乒乓球或羽毛球；如果没有球伴，我也会拿着篮球独自一人到球场投篮半个小时左右，之后回去冲凉、吃饭、上图书馆，千篇一律，雷打不动。我有一个非常"不好"的习惯，就是生活有规律得近乎刻板，一生至今，生物钟准点得误差不会超过半个小时，因此，一直到南京大学哲学系工作后，我放弃了许多十分难得的同全系老师共享的参访考察，如敦煌、丽江、北海等。不是我不想去或没有时间去，是因为我无法适应每天一大早起来，匆匆吃过饭后，立刻得上大巴出发的那个环节，因之失去了许多难得的与同事们打闹、起哄的快乐时光。

如果说在兵工厂的读书，多是随机性的，有什么读什么，那么到中山大学后，基本上是按既定计划读书。入学以后，也不知道是什么缘由，让我当了个学习班长。虽然这个头衔也许会推动着我必须带头好好学习，但据实而论，这个动力几乎是微乎其微的——因为那个时候大家都没把学习（读书）太当回事，因此，"工农兵学员"期间的读书，最根本的原因还是出于爱好或喜欢。当然，由于环境、条件的变化，那几年的读书相对而言，会比较系统，而且大多做了笔记。内容主要围绕以下三个方面：一是中国传统文化，二是马克思主义哲学，三是德国古典哲学。

中国传统文化，这是统而言之，细分的话，我有点拙于文，而比较喜欢史、论。读的较多的是诸子百家和宋儒的著作，用力最巨者当推张载、朱熹、阳明学和王船山。

对于马克思主义经典著作的研读，是我整个学思历程中非常重要的一环，至于为什么会有这一环，好像没有什么需要特别加以解释的，如果一定要做出说明，就两个字：喜欢！

我是从《马克思恩格斯选集》开始阅读马恩著作的。读过一遍之后，觉得意犹未尽，又重新读了一遍，并开始做笔记。之后我决心通读《马克思恩格斯全集》，并连续读了两遍《资本论》。接下来，我开始整理笔记,并对笔记做了索引。马克思思想之深刻,逻辑之严密,在人类历史上,恐很难有几个思想家能望其项背!其唯物史观对我影响之深、之巨,在我往后的学术成果中都留下了难以磨灭的印痕!而恩格斯之文思泉涌、文采飞扬,尤其是他的"情义人生",也给我留下了非常深刻的印象。

列宁的哲学思想,给我留下最深刻印象的是他对于"真理是全体"和"真理是过程"的论述。此外就是他在《哲学笔记》中关于"对立统一的论述",那才是真的抓住了辩证法的核心(毛泽东的《矛盾论》与列宁的《谈谈辩证法》在这个问题上有异曲同工之妙),能抓住辩证法的内核而又通俗易懂,这一点非常值得今天的哲学工作者借鉴与参考。

对于马克思主义经典著作的研读,诱使我回过头去追寻黑格尔、康德乃至整个德国古典哲学。其中黑格尔辩证法中的"否定之否定"("圆圈的圆圈"),以及他在《哲学史讲学录》中关于"对于哲学史的研究和叙述应该采用抽象——具体的方法"的研究方法,直接影响到我后来的硕士论文——从某种意义上说,我的硕士论文就是黑格尔关于"对于辩证法的研究与叙述应该采取抽象——具体"的方法,以及马克思在《资本论》中,以商品为细胞,推导出剩余价值的逻辑思路,在王夫之辩证法思想体系研究中的沙盘推演。

子曰:"工欲善其事,必先利其器。"孔子此语的话中之意,与我当年的读书实际,可能还真不尽相同!我那时的读书,几乎完全是因为爱好,或喜欢——这与一个人喜欢旅游、摄影或足球一样,它本身有时就是目的——而不是另有所图——在那个时代,谁能企盼靠读书读出名堂来呢?——至少我是没有这种大智慧或先见之明的!如果说当时的读书后来还真的派上了一些用场,那只能说明养成一种好的习惯或爱好,对于一个人成长或发展,确实颇有助益——仅此而已!

1976年"工农兵学员"毕业后,我有幸被留在中山大学工作,所在单位是《中山大学学报》。

从1976年夏天到《中山大学学报》报到,至1978年考上研究生离开中大,我在《学报》整整待了两年。这两年时间,与其说是在当编辑,不如说是在读书!

当时的《中山大学学报》编辑部,环境挺好的,在中山大学行政楼前的一栋别墅里。编辑部主任是后来被称为"中国MPA之父""中国当代行政学泰斗"的夏书章先生。夏老在哈佛管理学院与肯尼迪是同学,也许与他的"洋经历"有关,他那时已经近60岁了,但我的印象是,他始终西装革履,天天准时上班。

夏老对于编辑部的管理非常严格,包括上下班制度。但那两年我虽然天天上下班,但几乎从不在编辑部坐班。

每天我都会提前半个小时到编辑部,烧水、扫地、抹桌子、整理好报纸,夏老及编辑们都到了,我同夏老说一声,就带着两份稿子到离编辑部大约100多米远的校图书馆去了。下班前十分钟我会回到编辑部。久而久之,大家也习惯了。有什么急事、重活,他们会到图书馆叫我一声。这两年时间,举凡交给我的任务,我都会竭尽全力在最短时间内做好它;有什么重活、脏活,我最年轻,理当自告奋勇。因此,与大家相处得蛮融洽的。更重要的是,我几乎读了整整两年的书——因当时分配给我的任务是审读中国哲学方面的稿子,因此,那段时间所读的书以中国古代的史、论为多。

二、我的几位老师

1978年,国家实行新的学位制度,开始招收硕士研究生,我有幸跻身任门,成为任继愈先生的众多弟子之一。我的学术研究之路,也许从这个时候才正式开始。

记得在报考研究生时,曾征求了一位老师的意见,他很诚挚地谈了自己的看法:第一,任先生是大家,能考上他的研究生,当然是再好不过的,但正因为他是大家,要考上难度相对会大一些,这一点要有精神准备;第二,听说任先生眼睛不太好,加之,事务十分繁忙,考取之后可以得到先生多少的具体指导不太好说。我非常感谢这位老师的意见,但我还是坚持了原先的想法,报考了。也许是命运之神的关照,我有幸被录取了。

在读三年,先生为我们开设了"佛教概论""佛经选读""史料学"等多门课程。也许是长期形成的习惯,先生上课之认真、谨严,非常出乎意料。我们这些经过"文化大革命"的人,听了不少天马行空的课,刚开始听先生那样有板有眼的课,还有点不太习惯。先生讲课,不但有完整的讲义,而且有些课(如"佛经选读"等),还预先把所读经典印发给我们,让我们首先预习。而"佛教概论"一课之系统、深入,更让我们这些初学者如醍醐灌顶,大至思想之剖析,小至佛教名相之阐述,既细致入微,又深入浅出;既有哲学家的高屋建瓴,又有学问家的严谨和缜密。我后来走上佛教研究之路,完全得益于先生的启蒙、点化。

俗话说:"师父带进门,修行在个人。"但是师父是如何带进门的,事实上却千差万别。毛主席曾称赞任先生是"凤毛麟角""人才难得",应该说主要是称赞其具有较科学的研究方法。先生之指导研究生,也很注重对学生进行思路和方法的训练。他经常对我们说:要进行中国哲学和佛学的研究,有两个方面的准备是不可或缺的,一是理论的训练,二是资料的准备。理论是工具,"工欲善其事,必先利其器",没有好的工具,出不了高品位的产品;而资料有如原材料,没有充足、上乘的原材料,"巧妇也难为无米之炊"。而不管是理论的训练还是资料的准备,都得下硬功夫、苦功夫,要有"坐冷板凳"的精神。

如果说硕士生阶段我对先生的传道授业还停留在一般性的感受,

那么,到了博士生阶段,特别是博士论文的写作,我的感受真的从一般上升到了具体。我是先生的第一个博士生,毕业论文的题目是《中国佛性论》,全文近30万字。当时(1985年)还没用电脑写作,我的论文是用每页300字的稿纸写的,全篇近一千页。先生的眼睛本来就不太好,当我把这近一千页的文稿交给先生时,我的内心真的有点忐忑不安,担心这真的太为难乃至折磨先生了。可是,当先生把审读后的论文还给我时,我真的是被震撼了!近一千页的稿纸上,几乎每页都留下了先生的印记,大至文句的修润,小至标点符号的改正,可以想象,先生为我的这篇论文所付出的劳动是何等的艰辛!他对学生的极端负责任的态度和精神,确是我们今天指导研究生的楷模。论文付梓时,先生又亲自为论文赐序,说了许多褒奖和鼓励后学的话,作为一名学生,能遇到这样的老师,夫复何求!

任先生的学生很多,当今大陆从事宗教学和中国哲学研究的中年学者,相当一部分人出自任门。学生一多,通常很容易出现"放羊"现象,但先生指导学生之认真负责和无微不至,如果不是当事人,有些事是难以置信的。前几年我把先生生前给我的信件做了一番整理,发现仅手头留存下来的,就有62封之多。信中所谈,大至做人、研究方法,小至饮食起居、身体调养,乃至标点符号的应用,几乎涉及学习、生活、工作的方方面面。我粗粗地浏览了一遍,真是感慨万端。现谨录几件,聊以佐证:

  得来信,知道您的病情,这是长期营养跟不上,工作累,入不敷出,营运不良引起的。希望 ① 加强营养;② 饮用药酒(辅助运营)。同仁堂出产的"国公酒"为明代秘方,清代宫廷采用,加以完善,可以试服一瓶(我的孩子任重服用有效)。如南京买不到,我可以在北京买了给您带去。(任继愈,1991.12.18)

  江苏古籍出版社寄来《禅学研究》第一期。您的文章我首先看了遍,第17页有两处标点符号不大准确,一处印错了字,均在该刊第17页上。……最末一行,洞山良價,是排字工人认为价是简体字,改为繁体,改错了。价(读 jie)不是"價"的简体,校对没有校出来。(任继愈,1993.1.30)

  新书收到,很为你高兴。对你,我不怕你写不出来,我担心你经不起称赞,怕你安于小成,成不了大器。(任继愈,1988.5.14)

先生待人,非常的真诚实在,不喜欢表面文章,刚接触时,会有一些拘谨,时间久了,你会慢慢体会到他那颗慈父般的心。其教学生,尤重人品,中国自古就有"道德文章"一说,先生也常常强调"人品即学问,学问即人品","不管干哪一行的,首先得做个堂堂正正的人"。他说话不多,更不喜欢当面说好话,但他在背后为人所说的好话和所做的好事,大概有许多当事人至今仍不知晓。他长期奉行的"四不"原则(即"不赴宴""不过生日""不出全集"和"不当挂名主编"),更是常人所难做到的。对于"不过生日",我亲历其事。他80大寿前夕,我与几个同学商量如何为先生开一个学术研讨会,出一个集子,以志纪念。没想到几次与先生语及此事,先生都断然拒绝。他半开玩笑地说,等90岁再说吧。到了临近90岁时,我们几个学生重提此事,他还是那种毫无商量余地的态度。至于"不当挂名主编",许多参与先生编书的学者都有切身的体会。我曾参加了先生主编的《中国哲学发展史》(第四卷)的编撰工作,先生一丝不苟的精神着实让人赞叹。从总体的编写思路到具体的篇章结构,先生都事必躬亲自不待言,文稿交上去后,他都要逐章逐字进行审读和修改,处处体现了一个视学术为生命的学者本色。

我的另一位老师就是季羡林先生。

我不是季先生的入室弟子,但季老绝对是一位让我永志难忘的恩师。

20年前,我同许多中青年学者一样,对季先生其人其学,除了景仰、崇敬之外,没有任何直接的联系。

认识季先生,缘于我的一本小书——《佛道诗禅》。书是在中国青年出版社出版的,潘平是该书的责任编辑。1990年底,我到北京开会,正好该书刚印出来。有一天我俩到北京大学办件事,潘平说他知道季老的家庭地址,就提议一起去看看季老,顺便送他一本《佛道诗禅》。我说那太好啦。我俩就这样贸然登门造访了。当我们轻轻敲开先生的门后,先生不但没有责怪我们的冒失,而且热情地接待了我们两位不速之客。进门坐定后,我们向先生自报家门和说明来意:主要是来看看他,并送他一本最近刚出版的小书,请他指教。先生听后,说了一句令我十分吃惊的话,他说:"我正在读你写的《中国佛性论》。"并指着放在桌上的一本已经看了大半且书中夹着许多纸条的书。老人家说:"你的书写得很不错,我正在拜读,是刚从街上买来的。"听了季老这一番话,我一时真不知道该说什么,季老何许人也?我何许人也?他正在读我的书,书中还夹了那么多纸条,而且书是街上买的,不难想象,我当时会是一种什么样的感受。我们同季老聊了一会儿,老人家又带我俩去参观他的书房,从书房出来后,我们请他老人家回屋去休息,他说要陪我们在校园里走走,而且走得很远很远。

我第二次去见季老,是想向他老人家要一篇文章,为我主编的《禅学研究》撑门面。这个想法确实有点过于大胆,但人往往有"得寸进尺"的天性——当时我这么想,季老人这么好,说不定他老人家慈悲为怀,真的能遂了我们心愿。结果怎么样呢?下面是季老特地为《禅学研究》撰写的《所谓中天音旨》一文的开头语:

> 月前,南京大学哲学系的赖永海教授来舍下,看到了一篇文章(指季老原来"应韩国东国大学吴亨根教授之邀,为当时校长李智冠教授祝寿"所写的《梵语佛典及汉译佛典中四流音问题》一文),产生了兴趣,撺掇我把文章交给他,在他们新创办的《禅学研究》杂志上发表。我动了心,觉得应该对他们这一桩在荒漠上开辟绿洲的盛举呐喊两声,尽上绵薄,聊示随喜之微意。但是继而一想,又觉不妥,此文版权已交台湾,一女两嫁,似有违碍。我之进退,实为狼狈。经我再三考虑,忽然灵机一动,豁然开朗,似有天助,此文虽已长达两万余言,实为一"未完成之杰作"。
>
> 原来的写作计划中尚有"关于中天音旨"一章。……现在永海兄索稿,使我身处夹道之内,何不补成此章,了此夙愿,又不辜负《禅学研究》之期望。(载于1994年出版的《禅学研究》第2辑)

看了这一段话,对于季先生淳厚慈悲的为人和乐于奖掖提携后学的长者风范,大概无须我再说什么了。

还有一件小事,也着实让我大大地感动了一番。大约在90年代末,南京大学著名文学家、历史学学卞孝萱先生到广州参加一个学术会议,回南京后,卞先生特地到我家,说他在广州开会时碰到了季先生,季先生托他回南京后向我问好。作为晚辈后学,我几次碰到季先生的弟子王邦维教授时,倒是很想托他带个口信代我向老先生问好,但又怕他遇到尴尬,万一先生记不得我了,反问"是哪个赖永海",岂不让邦维兄难堪,因此,几次都欲言又止。没想到老先生倒托口信向我问好,而且几次遇到南大学者时,季老都要问及我的情况,这使我真有"受宠若惊"

的感觉。

更让我感动的是，先生长时期地对我的《中国佛性论》的关注和褒奖，有几次我都是从第三者口里得到这个信息的。江西人民出版社要组织一套丛书，他们要请我写其中的一本，说是季先生向他们推荐的；我的一个学生叫圣凯，有一次他同湛如法师一起到301医院去看季先生，先生听说圣凯是我的学生，就对圣凯说："赖永海的《中国佛性论》写得非常不错。"我有时在这么想：先生如此待我，真不知道是我的运气好，还是先生的为人好。实际上，与我有着相同境遇与感受的年轻学者应该还有许多，也许先生自己不知道，他对晚辈后学的这种慈父般的关爱和呵护，给了这些年轻学者们多大的激励、鼓舞和精神力量！

我的第三位老师，是南京大学的孙叔平先生。

孙先生1949年随中国人民解放军南下接管南京，当年9月兼任南京大学军代表，后担任南京大学首任党委书记兼副校长。1981年，被教育部聘为首批博士生导师，在南京大学哲学系创建了国内第一批中国哲学博士点，并担任第一届国务院学位委员会哲学学科评议组成员。

我第一次拜望孙老，是在1983年春天。当时因报考他的博士研究生，并寄了两篇文章给他，故趁返宁探亲之机，到他府上去探望一下他老人家。当时孙老在学界名气很大，加之自己刚报考了他的博士生，故去时很有点怯怯不安，但经过近一个小时的交谈后，自己不但轻松了许多，而且似乎有一种亲切感，他老人家一点也没有那种居高临下的气势，始终十分平静、随和，尤其一涉及学术问题时，他顿时会变得十分投入，忘记坐在他面前的是一个前去求师问道的后辈末学，其在学术问题上的既坦诚直率又认真执着的态度，给人一种既对于自己的学术观点自信又十分尊重对方的感觉，他老人家能在我第一次探访他时那样认真地同我一起探讨学术问题，这使我多少有点意外。当问及我寄给他的文章收到没有时，他的回答更出乎我的意料，他不但非常认真地看了我所写的两篇文章，而且还颇认同我文章中的观点，这一下子把我同他的距离拉近了，好像已经是他的学生了。

第二次拜访孙老，是在入学后半个月左右。当时孙老通过系办公室给了我一张纸条，要我抽空去他家一次。那次见面，孙老主要同我谈专业学习的事。

孙老是一位著名的马克思主义理论家和中国哲学史大家。他在马克思主义哲学和经济学方面，造诣非常深，尤其注重历史唯物主义在马克思主义中的地位和作用。他认为,像马克思的《资本论》那样的历史巨著,从现象上看,它谈的是经济学问题,实际上,《资本论》的方法论意义丝毫不比其经济学意义逊色;马恩的其他著作也有这个特点,具体的结论有时并不是最重要的,更重要的是其中所体现出来的方法,例如历史唯物主义的方法,它是贯穿于马恩许多著作中的方法论基础,这个方法对于今天的学术研究(特别是人文、社会科学研究)具有指导性的意义。

孙老对佛教哲学研究非常重视,而且有自己的一套看法。他认为,佛教哲学是中国传统哲学的一个重要的组成部分,以前学界对于佛教哲学重视不够,是很不应该的。他说,对于佛教哲学,比他们更老一点的学者,如冯友兰、汤用彤、范文澜、侯外庐等多少涉及一些,他们这一代人,涉足佛学的很少,比他年轻一些的任继愈先生算是研究佛学的专家。他说,佛教哲学可以说是一只酸果,他由于撰写《中国哲学史稿》的需要,曾阅读了一些佛家哲学的原著(主要是隋唐佛教几大宗派创始人的原著),但没能对佛教哲学做系统、深入的研究,这是一大憾事——因为对于研究中国传统哲学的学者而言,如果完全不懂得佛教哲学,那么他就不可能全面地了解中国哲学发展的历史,又何从谈起编撰中国哲学之通史呢?他希望我们年轻一代能下决心啃一啃这只酸果。

有一次我因学习的事去请教孙老时,他关于佛教辩证思维的一番话让我很受触动。他说:西方有些哲学家看不起中国古代哲学,认为中国古代哲学缺乏思辨性,没有严格意义上的哲学家,这是一种偏见。实际上,撇开《老子》《庄子》《周易》不论,单就中国佛学而言,其理论思辨程度不见得比西方哲学家差。他说,同样是西方哲学家,马恩对佛教哲学就持肯定态度,认为佛教哲学的思辨性很强,有很多值得挖掘的东西。对这种佛教哲学的辩证思维进行深入、系统的考察和研究,对中国哲学的系统、深入研究具有十分重要的意义。

他对我说:你毕业于中国社科院宗教所,又是出自任继愈先生门下,这方面有基础,有优势,要下决心钻进去,做出点成绩来。孙老的这一番话,使我明白了他老人家为什么会在招生目录中单独列出了"中国佛学"这一研究方向。临离开时,孙老给了我一份阅读书目,其中除了传统儒家的经典外,还罗列了一批佛教原著,从《金刚经》《维摩诘经》到慧能、玄奘的著述,总共好几十部,他要我静下心来,一部一部地读,认真做好笔记。说实在话,我虽然在社科院世界宗教研究所待了三年,但当时主攻方向是"船山哲学",故对于佛教经典,也只是零敲碎打读了一些,并不系统,更不深入,真正系统去研读佛教经典、走上中国佛学研究之路,是从孙老手里领回这张阅读书目后开始的。

我还有一位"特殊"的"老师",他是我的一位"方外""忘年交"星云大师。

我认识星云大师,始于20世纪80年代。自攻读硕士学位起,就较多地接触了佛教。1983年考上博士生后,因为研究方向是"中国佛学",因此就更多致力于佛教方面的研究。

20世纪40年代以后,人间佛教逐渐发展成为中国佛教的主流,而台湾星云大师的人间佛教理论和实践,是现当代中国佛教的其中一个重要代表。由于专业研究的原因,开始接触到星云大师的一些讲演和著述,第一印象是他所说的佛法,与传统佛教不太一样,非常贴近现实人生,很生活化,给人耳目一新的感觉。机缘巧合,1989年星云大师率"国际佛教促进会"代表团回大陆探亲、访问,路过南京时,有缘邀请大师在省政协礼堂做了一场题为《禅与人生》的讲座。大师的讲演,经常用一些通俗易懂的小故事来阐发佛理,深入浅出,既形象生动,又让人在听故事过程中,体会到"舍"与"得"的关系、"放下"与"提起"的关系、"前进"与"后退"的关系,等等,使人深受启发、回味无穷。

20世纪90年代,我与大师的接触与交往多在佛教典籍的整理与佛教文化的研究方面。我与中国社会科学院世界宗教研究所的王志远先生,曾与佛光山文教基金会合作,在星云大师的倡导和主持下,编纂了总132册的《中国佛教经典宝藏》。这部经典宝藏的编纂,对于当时及后来的佛教文化研究乃至海峡两岸的佛教文化的交流与合作,曾经发挥过很大的作用。

20世纪90年代,大师到大陆的次数不是很多,但每次到大陆都会通知我,我也都会去拜会大师。每次都相谈甚欢,获益良多。1995年,我去美国波士顿参加一个国际会议。会议结束后,应大师之约,到位于洛杉矶的西来寺看望大师。第二天,同大师一起度过十分难忘的一天。大师虽然前段时间刚做过"开心"手术,但精神很好,且十分健谈,还带我们在社区里转了一圈。那一次同大师谈得很多,其中有一段谈话给我留下十分深刻的印象,因为这段话非常能体现大师对于两岸关系的一贯态度。在谈及当时台湾有些人企图搞"台独"时,大师说:"欧洲那么多国家,他们都要联合起来,成立欧盟。台湾和大陆本来就是同宗同源,都是亲兄弟,一家人,干吗要闹分家呢?"大师的这番话,让我从心底里叹服大师那颗赤诚的、始终不改的"中国心"和炽热的"台湾情"!

进入21世纪后,大师到大陆来的次数日渐增多。为了用文化回馈家乡,大师捐资数千万在扬州大明寺旁建造了鉴真图书馆。鉴真图书馆不但是一个佛教图书收藏量最多的图书馆,而且在传播中华优秀传统文化方面做了大量工作,尤其是设在图书馆报告厅的"扬州讲坛",历时十载,大师亲自邀请海内外100多位名家大师担任主讲,讲座内容涵盖文史哲乃至军事、艺术、养生等诸多领域,在海内外产生很大的影响。坊间甚至有"北有百家讲坛,南有扬州讲坛"一说。蒙大师抬爱,大约在八九年前,让我担任了鉴真图书馆馆长。担任馆长期间,有机会较多地接触到星云大师,他对很多问题都有自己独到的视角和看法,颇能给人以启迪。给我最强烈的一个感觉,星云大师是一个具有大智慧的长者,是以其超乎常人之大智慧,成就了超乎寻常的大事业。

星云大师的这种大智慧,就我的理解,主要表现在其思维方法上。这种思维方法经常体现在大师的讲演、谈话,尤其是很多著述当中。包括像《菜根谭》那样的格言、偈语汇编,都非常富有人生哲理和人生智慧,诸如"退一步海阔天空,让三分何等清闲""改变外在的环境,不如改变我们内在的心境。就如一池落花,两样心情。有人怜惜好花飘零,有人却喜花果将熟",凡此等等,无一不闪耀着佛法智慧和人生哲理之光。

我与星云大师的关系,可以说是亦师亦友。在佛教研究,特别是人间佛教研究方面,星云大师人间佛教的理论与实践,曾经给过我很多的启发。我有时同大师一聊就是几个小时,席间他经常语出惊人,让人有醍醐灌顶之感。但他又经常在公开场合称"赖永海教授跟我有很深的历史感情","是20多年的老朋友",让我深感大师确实是一个性情中人,其注重情义确实超乎常人。

星云大师对我的佛教研究曾给予许多的关爱和支持:早在20世纪90年代初,蒙大师的关照,我的好几部著作相继在佛光出版社出了繁体字版,其中包括由我主编的总11卷、共300万字的《中国佛教百科丛书》,以及我的个人专著《中国佛性论》《佛道诗禅》等。

还有两件事更一直让我感铭在心:一是大师曾经在佛光山为我主编的《中国佛教通史》举行了隆重的台湾地区的首发式,并赐墨宝《光明藏》;二是在2010年大师慷慨捐资3000万元人民币,用于助建中华文化研究院大楼。在大楼落成仪式上,大师的一番讲话,更让人赞叹不已。大师说:"布施无相,度生无我,整个《金刚经》的精华就是这两句话。布施要无我、无相;度生也要无我、无相。"大师是这么说的,更是这么做的。在大楼落成仪式上,大师的发言尤其令人感动。他说:"我自己一向都没有忘记我是一个中国人",教育对于一个国家比什么都重要,教育"能变化人的气质,增加人的品德","我们这么一点点布施,与教育在培养人才方面的功德相比,真的算不了什么"。这也许就是大师一生之所以一直十分热衷于文化和教育事业的初心。

三、学术研究与学术贡献

我的学术研究,严格地说,是从硕士生阶段开始的。

就1978年前的读书情况和学术积累,我也许更应该报考哲学原理或马克思主义哲学的研究生——因为我一直以来对于哲学有着特殊的爱好,加之1978年之前的读书,不论是在数量上,还是对我所产生的实际影响,马克思主义经典作家的著作、思想(其中包括列宁的《哲学笔记》)以及康德、黑格尔哲学,应该是最大的。对于辩证法问题(包括体系结构),一直有自己的看法。特别对当时流行的辩证法教科书的"三个规律、五对范畴"说,一直很不以为然,甚至认为这种辩证法体系结构本身就违背辩证法,所以总想找个机会阐述一下自己对辩证法体系的看法。

(一)对辩证法体系的探索

对于辩证法体系的探索,发端于我对当时流行的辩证法体系中的"三个规律"说的质疑,我认为它最大的问题是把不同逻辑层次的"三个规律"放到同一个平台来进行考察和叙述,甚至以此来构建辩证法体系。后来在《江苏社会科学》发表了一篇题为"不能把'水果'和'苹果'放到同一个盘子里"的文章,我一直把它视为是自己在哲学原理方面的一个学习心得或研究成果。

首先,我认为"三个规律"不在同一个逻辑层次。把"对立统一"和"质量互变""否定之否定"放在一起作为辩证法的三个基本规律,有如试图把"水果"与"苹果"放到同一个盘子里。

人们知道,"水果"与"苹果"这两个概念都是一种抽象与概括,但二者的抽象程度不同:"苹果"是对红苹果、黄苹果、青苹果等的抽象与概括,而"水果"则是对"苹果"、梨、香蕉、菠萝等的抽象与概括。在日常生活中,人们可以把红苹果、黄苹果、青苹果等放到同一个盘子里招待客人,但任何人既不会也不可能把一个"水果"和两个"苹果"放到同一个盘子里去招待客人。但是这种逻辑错误却在哲学界漫延了几十年。

直截了当地说,通行的辩证法体系中的"三个规律",即对立统一、质量互变、否定之否定,它们之间的关系,就是"水果"与"苹果"的关系。质量互变、否定之否定如同现象与本质、原因与结果等范畴一样,是人们从某一个侧面或角度考察与研究事物发展、变化的结果。例如，质量互变范畴，乃是人们从事物变化之形式去考察和研究事物如何在特定的条件下实现质与量的互相转化，而否定之否定则是人们从发展过程、发展方向的角度去考察与研究事物如何在肯定与否定对立统一中实现辩证的发展、变化；而当人们从原因和结果方面去考察事物时，就产生因果范畴；当人们从现象与本质方面去考察和研究事物时，就有了现象与本质的范畴。

辩证法的诸多范畴，实际上与诸多辩证法规律是同一逻辑层次的概念。所不同的是，规律更侧重于从事物相互联系的角度去反映事物的发展过程、发展的必然性。但是这种区别也不是绝对的。拿今天人们对于辩证法规律与范畴的划分来说，规律无一不是范畴，范畴无一不可成为规律。当人们从事物联系之必然性、普遍性、重复性去考察和研究事物时，诸如现象与本质、原因与结果、可能性与现实性等范畴，无一不是一个规律。既然范畴是无限的，不可穷尽的，规律怎么只能是一个或三个呢？应该说，规律同范畴一样，也是无限的，不可穷尽的。随着科学的发展，人们对于事物发展规律的认识也将日益增多。如果说，今天人们已发现许多古人根本无法知道的规律，那么，有理由相信，明天，人们又会发现许多今天人们所不能知道和无法知道的新规律。辩证法的本性要求我们这样去认识辩证法本身。

是把质量互变、否定之否定称为范畴，还是把原因与结果、现象与本质的相互关系称为规律，这不是我们这里要讨论的问题——实际上二者是一回事，它们都是人们从某一个侧面或角度考察与研究事物发展、变化的结果。我们这里所要讨论的是，这些规律或范畴与对立统一的关系。

其次，我认为对立统一应该是辩证法的"细胞"。

与这些规律或范围不同，对立统一是所有这些规律或范畴的进一步抽象，如果说，由于科学发展的无止境和人们认识能力的无限性决定了规律或范畴是永远不可穷尽的，那么，作为这些规律或范畴进一步抽象的对立统一则永远只能有一个，这有如人们可以不断发现新的"水果"品种，但作为所有水果品种抽象与概括的"水果"，则永远只能是一个。

其实，人们不值得花费偌大的气力去苦苦探求和规定辩证法的规律究竟有几个，范畴究竟有几对，重要的是应该切实下点功夫，找出组成辩证法之网的诸多范畴中共同的、最基本、最简单、最普遍、"不以任何东西为中介"的"简单的直接物",这个"不以任何东西为中介"的"简单的直接物",在辩证法中,实际上就是对立统一。列宁在《哲学笔记》中也曾经精辟地指出:"可以把辩证法简要地确定为对立面的统一的学说,这样就会抓住辩证法的核心,可是这需要说明和发挥。"①毛泽东在《矛盾论》一开头也指出:"事物矛盾的法则,是对立统一的法则,是唯物辩证法的最根本法则。"②不管是列宁所说的"核心",还是毛泽东所说的"最根本的法则",绝不可只把它理解为比其他的规律或范畴更重要一些,而应该认识到它是所有规律与范畴的进一步抽象与概括,它在逻辑层次上比其他规律与范畴"更上一层",是诸多范畴中共同的、最基本、最简单、最普遍、"不以任何东西为中介"的"简单的直接物",此"不以任何东西为中介"的"简单的直接物"亦可称之为"细胞"。此"细胞"之与辩证法,犹如"商品"之于《资本论》,"元素"之于普通化学,"蛋白体"之于生物学,等等。

第三,笔者认为,对于辩证法的研究与叙述应该采用抽象—具体的方法。

如果说,对立统一确实是辩证法之"细胞",那么对于辩证法的研究与叙述究竟应该采取一种什么样的方法呢?

研究方法在科学研究中的至关重要地位和作用,是在科学史上屡被证明了的。例如,笛卡尔所以能创立解析几何,主要是把代数方法引进几何学;爱因斯坦创立相对论,与理想实验方法是分不开的。又如15—17世纪的自然科学和经济学所以在理论上是不成熟、不彻底的,其根本原因之一,就是在研究方法上注重单纯的分析,仅走具体—抽象的道路。当时的经济学家从人口、民族、国家等生动的整体出发,分析出一些抽象的一般关系,如分工、货币、价值等。这些抽象固然为后来的经济学家(如马克思等)上升到经济学体系做了一些必要的准备,但它本身却不是一门科学的经济学。至于当时的经验自然科学,则撇开事物之广泛的总体联系,孤立地考察事物的各个方面,虽然这也为19世纪之后的理论自然科学准备了大量和必要的思想资料,但它本身却不能成为一个完整的科学体系。因此,光的粒子说和波动说在互争雄

---

① 《哲学笔记》,240页。
② 《毛泽东选集》,274页。

长,动物与植物断然分家,笛卡尔和罗蒙诺索夫的运动守恒同迈克尔、法拉第的磁电相互转化的理论还不能结亲,林奈和居维叶关于生物物种永恒不变的神话还在流行,千百万种物种还在各自生生死死,找不到彼此间的血缘关系。直至19世纪中叶前后,这些彼此分裂的对立面才得到综合,新的科学理论才得以产生,这就是著名的能量守恒与转化定理、细胞学、进化论及光的波粒二象性学说。科学史上的事实说明,仅仅走具体—抽象的道路,采用单纯的分析方法,不能建立起一种科学的理论体系,不能获得作为思维具体的真理。

与具体—抽象相反而又相成的另一种研究和叙述方法,即是抽象—具体的方法。马克思在《〈政治经济学批判〉导言》中把它概括为"抽象的规定在思维的行程中导致具体的再现"。两条道路,两种方法,马克思认为"后一种显然是科学上正确的方法"①。因为,抽象—具体一般和主要地表现为综合的过程。虽然严格地说,分析与综合往往是一个事情的两个方面,二者不可偏废,但进而言之,综合有时却显得比分析更重要。这一点,对于建立科学理论体系表现得尤为突出。例如,在康德哲学中,综合比分析就常常占有更为重要的地位。在其《逻辑讲义》和《就职论文》中,康德就指出:综合属于把对象搞清楚,分析属于把概念搞清楚;分析终于简单部分,综合终于世界。"分析的方法与综合的方法是对立的,前者从既定条件和根据出发,走向原理。后者从原理走向结论,或从简单走向复杂。前者可称为追溯法,后者可称为前进法。分析法又称为发现的方法,为了大众化,分析更适合;但科学目的和认识的系统探究,则综合法更适合。"②

对马克思主义辩证法体系的研究与叙述,是否亦应作如是观呢?回答应该是肯定的。

中华人民共和国成立以来,许多哲学工作者,对于马克思主义辩证法思想进行了多方位、多视角的探讨(其中包括对诸多规律与范畴的探讨),加深了对马克思主义辩证法思想的理解,取得许多可喜的成绩,这对于推动马克思主义的学习与研究无疑是极其必要和十分有益的。但是,作为一个科学体系的建立,马克思列宁主义辩证法的研究还有许多工作要做,其中克服以往偏重于分析的倾向,易之以综合为主的抽象—

---

① 《马克思恩格斯选集》第二卷,103页。
② 《逻辑讲义》,117节。

具体的方法,应该说是势在必行的。

对于应该怎样研究与叙述辩证法问题,列宁有过许多精辟的论述,在《哲学笔记》中,列宁指出:"从逻辑的一般概念和范畴的发展与运用的观点出发的思想史——这才是需要的东西。"①列宁还以马克思在《资本论》中坚持从最简单、最基本的商品交换这个"细胞"出发,揭示出资本主义社会的一切矛盾为例,指出:"一般辩证法的叙述(以及研究)方法也应当如此……从最简单、最常见的东西开始",进而揭示出事物和概念发展的全过程②。

其实,不仅哲学社会科学的研究应该这样,许多自然科学的研究和叙述,也往往采用抽象—具体的方法。例如,普通化学在叙述自己的研究对象时都是从化学元素开始,然后转入元素的化合。而在叙述化学元素时,普通化学遵循的又是门捷列夫的元素周期表。元素周期表本身就是从最简单的氢元素开始,而周期表末尾则是最复杂的、综合而成的铀后元素。生物学在系统叙述动植物时,也是从最简单的单细胞生物,如变形虫和鞭毛虫开始,然后不断向越来越复杂的有机体发展,直至最高等的灵长类动物转变成人,等等。

可见,以综合为主的抽象—具体的方法,是许多学科建立自己的理论体系的必由之路,对于辩证法的研究与叙述,可以也应该走这条道路。长期以来对于马克思主义辩证法体系的研究所以会出现诸多偏弊与缺失,尽管原因是多方面的,但研究方法的只见树木、不见森林,注重分析、缺少综合,只用具体—抽象的方法而没用抽象—具体的方法,应该说是其主要原因之一。

其实,按辩证法的本性与基本特征说,它应是最适合于采用抽象—具体方法的。因为作为"自然界、人类社会和思维的运动和发展的普遍规律的科学"③的辩证法,它实际上是客观世界运动和发展的普遍规律在人思想中的反映。而人们的认识世界,总是由一个侧面到另一个侧面,由比较的片面到更多的方面,由表象具体到抽象,又从抽象到思维具体这样一个不断由简单到复杂的过程。在这个过程中,当人们从一个侧面、一个角度去考察和研究事物时,就形成人类认识史上的一对范畴。范畴的不断增加和深刻,标志着人类认识水平的不断提高和深入。

---

① 《哲学笔记》,188 页。
② 《列宁选集》第二卷,713 页。
③ 《马克思恩格斯选集》第三卷,181 页。

科学发展是无止境的,人类认识也没有极限,自然,范畴将永远不可穷尽,因此,企图把辩证法的范畴限定在几对之内的想法和做法,本身就是对辩证法的嘲弄和背叛。在这个问题上,人们所能做到的,就是指出人类认识之发展趋势,即不断由简单到复杂、由抽象到具体的过程。当人们认识越深入,范畴越多,事物内部各种联系日益为人们所揭示和掌握,那么,人们的认识即由比较的抽象向比较的具体前进了一步。人类的认识没有止境,则辩证法只能是一个不断由抽象—具体的永远开放的体系。既然这样,人们在研究和叙述辩证法时,只要不想违背逻辑的和历史的统一的原则,就当然得采用抽象—具体的方法。

(二) 中国佛性理论研究

1983年前,我的读书范围与研究对象,主要集中在哲学原理与儒家哲学方面。硕士毕业后,我到《中国社会科学》杂志社当编辑,由于不适应北京干燥的气候,加之太太在南京高校任教,有调到南京工作的念头。恰好南京大学孙叔平先生1982年招收博士生,有一个"中国佛学"的研究方向,我想如果能够考上,岂不两全其美,就选择了通过报考博士生,同时解决工作调动问题。

1983年初,我考取了南京大学的博士生,先是在导师孙叔平先生的指导下,较系统地阅读了一批佛教典籍。孙先生是著名的中国哲学史家,他为我所开列的佛教书目,多是从中国哲学的角度切入,这对我后来的研究多侧重于佛教中的哲学思想颇有影响。1983年,孙先生因心脏病猝发不幸逝世,我又回到任先生门下,继续修完博士生课程和撰写博士论文。这一阶段的学习,完全遵照先生的教导,一是掌握方法,二是大量地研读原著。

就方法而言,我真的是把历史唯物主义作为一种最基本的研究方法。并且认为,它确实是一种较好的方法或最好的方法之一,它的长处在于不是就佛教论佛教,就佛经解佛经,而是把佛教的产生与发展、把特定的佛教学说放到特定的社会历史条件之下进行考察,这对于理解和说明佛教的本质和佛教的发展规律具有十分重要的意义。当然,对于历史唯物主义的研究方法,海内外学术界乃至宗教界也许有不同的看法,有些人把它与纯粹的批判宗教混为一谈,有的则把它与阶级分析的方法等同起来,实际上这是一种误解。造成这种误解有其历史的原因——因为在相当长的一个历史时期内,宗教研究几成禁区,特别在"文化大革命"期间,那种对佛教乃至一切宗教的毫无分析的漫骂和批判,常常被冠以"历史唯物主义"的方法,这就难怪人们对这种方法望而生畏。其实,历史唯物主义方法最基本的精神,就是坚持以特定的社会历史条件去说明包括宗教在内的一切社会文化现象,这丝毫不意味着对宗教只能批判否定而不能分析研究,恰恰相反,是客观地评价宗教在人类发展过程中的历史地位和作用,科学地说明各个历史时期宗教为什么会产生和发展、为什么在某一历史时期所产生的是此种宗教而不同那种宗教、各种宗教为什么会这样发展而不是那样发展。例如,佛教作为一种外来宗教,为什么能够在中国站稳脚跟并持续发展?而在其老家却风光不再?为什么佛教的大小二乘同时传入中国而在汉族地区小乘佛教一直发展不起来,而大乘佛教却能经久不衰?为什么佛教能够与中国传统的儒家学说交融合一,而其他的西方宗教却很难做到这一点?佛教在现阶段的中国社会究竟会怎样发展?凡此种种,如果不把佛教放在一定的历史条件下去进行考察,而企图就佛教论佛教,是根本做不到的。

当然,正如世界上的许多事物都是一个复杂的多面体,对它们的分析研究不能也不应该是单方面的,而应该是多视角、多层面一样,对于佛教乃至一切宗教的研究,方法也不应该是单一的,除了历史唯物主义的方法之外,诸如人类学的方法、社会学的方法、心理学的方法,乃至于现象学、分析哲学的方法等等,举凡有助于揭示佛教的思想特质、历史发展、社会功能的任何方法,都没有理由反对别人去采用。实际上,不同的研究方法对于人们认识和把握对象往往会起到相得益彰的作用,如果人们能用尽可能多的方法、从尽可能多的角度去研究佛教或其他宗教,那么,对于佛教或其他宗教的了解和认识就会愈全面和具体,从而使自己的认识更接近于真理——因为人类的认识就是一个不断从抽象到具体的过程。不过,就某一个人来说,自然不可能同时采取许多方法去进行研究,各人究竟采取什么方法为好,这应该根据各自的学养和理论准备而定,不可强求一律。

至于研读原著,这是学习、研究佛教的基本功。佛教号称八万四千法门,经典浩如烟海,没有坐冷板凳的精神,是难入其门的。如果说我在佛教研究方面也曾得到些许收获,在某种意义上说,全然得益于当年硬着头皮、锲而不舍地啃完一部又一部佛经。这里要顺便感谢南京大学图书馆古籍部的各位教师,特别是当时的古籍部主任蒋老师。20世纪80年代的南京大学图书馆里,只有一部《大正藏》,按照规定只能到古籍阅览室阅读而不准外借,而我当时住在离校十多公里的紫金山下,如每天往返奔波,着实要浪费许多时间和精力,经蒋老师特批,允许我一部一部地借阅。因为是借来的,阅读时笔记卡片做得特别勤,到临撰写博士论文时,我的佛学笔记竟达厚厚的十多本,读书卡片更是数千张。这些读书笔记和卡片对我后来撰写博士论文的帮助之大,实在是始料未及的。为撰写这部《中国佛性论》,我整整"闭关"三年,潜心佛经,但从提笔撰写,到全书完稿,仅仅用了40天时间。想起当年撰写论文时,几乎每一个章节,都有数百条资料索引和卡片在等待录用,所以写起来颇有信手拈来、一气呵成的感觉,这与有时为了写一篇应景文章但准备不足时,一提笔三挠腮,冥思苦想,坐立不安,适成鲜明对照。

作为世界三大宗教之一的佛教,虽然具有一般宗教的许多品格与特征,但又与其他宗教有着若干差异。例如,举凡宗教,都十分注重对人格神的信仰,但佛教既反对纯粹依靠信仰,更否定人格神的存在,它最强调的是"智慧",注重"慧解脱",亦即平常所说的"大彻大悟"。佛教的这一特点,导致了历史上许多学者和僧人曾经提出佛教不是一种宗教,而是一种哲学。有鉴于此,对于佛教,可以从更多的角度对它进行研究,特别可以从哲学的乃至从社会文化的角度对它进行研究,我研究佛教,就较侧重于佛教的哲学思想、理论思辨方面。

与我国高等院校的许多佛教研究者原来多是研究中国哲学一样,我的佛教研究,亦是从中国哲学切入的。这种情况的出现,主要是因为中国佛学与中国哲学的关系确实十分密切,人们曾经对古代中国哲学有过一个概括,所谓"先秦子学,两汉经学,魏晋玄学,隋唐佛学,宋明理学"。其中除却先秦因佛教尚未传入,无从谈论佛教与中国哲学的相互关系,从两汉开始,佛教与中国哲学就发生了密切的联系,特别从魏晋之后,人们研究中国哲学,就不能置佛教于不顾。例如,魏晋佛教般若学的传入,起初就是借助于玄学的,后来般若学与玄学合流,最后,般若学因其"不落有无"较之玄学的谈"有"说"无"更抽象,理论思辨更高,遂取代了玄学,成为玄学的出路;到隋唐,由于强大的唐王朝在文化上采取比较开放的政策,中国古代的三大学术流派儒、释、道三家都得到了长足的发展,就哲学思想而言,尤以佛教为甚,其时之天台、华严、唯识、禅宗四大佛教宗派的哲学思想,无论就其体系之宏大,抑或就其思想之精深缜密,都远远超出儒、道二家,因此之故,人们习惯于把隋唐哲学概括为"隋唐佛学";至于宋明理学,则先贤时哲都称之为"儒表佛里""阳儒阴释"。也就是说,它表面上是儒学,骨子里是佛学。宋明理学亦称"新儒学",其"新"就新在以"心性本体"取代了传统儒学的"天人合一"的思维模式,而这种本体论的思维模式,就受到了佛教佛性本体论思维模式的影响。

通观古代中国哲学的历史发展,人们合乎逻辑地得出一个结论,即不研究中国佛教,就不能完整、准确地理解和把握中国哲学。

其实,不唯中国哲学为然,从某种意义上说,整个中国古代文化都与佛教有着不解之缘。例如,素有"华夏文化冠冕"之称的诗、书、画,就受到佛教的极其广泛和深刻的影响。中国古代之诗、书、画,向来注重意境、气韵。所谓意境、气韵,也就是一种内在情感与外在境物的交融合一的艺术境界。这种艺术境界往往是一种整体的感受,只能意会,不可言传,只能体悟,不可分析,这种注重"会意""体悟"的艺术境界,无疑受到中国佛教特别是禅宗注重"顿悟"的思维模式的影响。

并非因为自己研究佛教,就极力夸大佛教在中国古代文化中的地位与作用。实际上,佛教对于中国古代文化的影响是客观而广泛的,正因为这样,我国的佛学研究,十几年前多停留在中国哲学界,今天已经逐渐发展到文学艺术、雕塑建筑,乃至于音乐戏曲诸领域;如果说,十几年前从事佛教研究尚有"钻冷门"之嫌,那么今天人们应该把佛学研究放到整个传统文化研究的大潮中去进行。

以上可以说是我研究中国佛性理论的学思历程,一定程度上反映了我为什么会研究佛教、如何研读原著、用什么方法撰写了《中国佛性论》。

我的博士论文答辩于1986年在中国社会科学院世界宗教所进行,这也是中国社科院第一次博士论文答辩。记得当时连任继愈先生本人都为论文答辩的事操了不少心——因为连他都不太明了博士论文答辩到底有哪些程序、应该请些什么人、具体应该如何操作。最后是把张岱年、石峻、杜继文、方立天、楼宇烈、杨曾文、郭朋等中国哲学史界(特别是从事佛教研究)的著名学者都请上了,答辩也算圆满成功。

到了1987年5月,中国社科院相继有近10位同学通过了博士论文答辩,《光明日报》于1987年5月13日为此在头版头条做了报道。报道中在谈到《中国佛性论》时称:该论文"以马克思主义基本原理为指导,对中国佛教佛性的起源、演变和思想体系进行了深入的探讨,分析了中国的佛性思想与印度佛性学说的区别。专家们认为,这篇论文是

'迄今为止我国学术界第一部系统地研究中国佛性论的专著,是一项具有开创性的学术研究工作'"。

《中国佛性论》至今共有 5 个版本:上海人民出版社 1988 年版、台湾佛光出版社 1990 年繁体字版、中国青年出版社 1999 年版、江苏人民出版社 2012 年版、韩国东国大学出版社 2013 年版。日文版、英文版已完成全书的翻译,今明年将陆续在日本和欧美等地出版、发行。

该书在海内外学术界和教界获得广泛的关注和较高的评价。任继愈、季羡林、张岱年、郭朋、傅伟勋等著名学者,称之"有首创的功绩""颇多创见,甚为难得,确实具有开拓性"。

2013 年,《中国佛性论》被国家新闻广电出版总局列入"经典中国国际出版工程",2017 年 12 月获"百部优秀中国图书输出奖",是唯一获此奖项的宗教研究类图书。

(三)佛教与中国文化相互关系研究

博士生毕业后,我留在南京大学哲学系任教。这一时期除了承担一定的教学任务外,其他的时间主要是读书,并做一些有关佛教与中国传统思想文化相互关系的研究。主要代表性的研究成果有:《佛学与儒学》《佛道诗禅》《中国佛教文化论》等几部著作,以及《佛性与人性》(《当代中国思潮》,美国,1991 年,第 23 期,SSCI),《试论佛教对中国传统思维模式的影响》(《中国社会科学》1992 年第 1 期)等一些较具代表性的论文。

这些研究成果主要研讨佛教传入中国后,如何受到中国传统思想、文化的影响,逐步走上了中国化的道路;另一方面,这些中国化了的中国佛教,又如何反过来影响中国本土文化。第三,东传的佛教与中国本土的儒道文化,如何相互交融、相互吸收,逐步形成儒释道鼎足而三的中国古代三大学术思潮。

例如,佛教中国化的典型代表是禅宗,而禅宗之所以能够成为中国佛教的代表,就在于它的儒学化。

从历史上说,佛教的中国化向中国化佛教的华丽转身,最关键的节点是"六祖革命"。

"六祖革命"的核心内容有三:一是"心即佛"的佛性理论;二是"道由心悟"的修养论;三是"即世间求解脱"的解脱论。三者背后都有儒学的身影——概而言之,慧能南宗思想的最大特点,就是在坚持作为佛陀本怀的"自家宝藏"思想基础上,吸收融汇了大量儒家的思想内容,而且这种吸收融汇几乎达到了水乳交融的程度——以致人们现在已经很难分清哪些思想是源于印度,哪些思想是出自中土。实际上,这种融合是一种契理契机的创造性发展,它不但使中国佛教成为中国传统文化不可或缺的一个重要组成部分,并且可以为我们今天所面临的如何融汇吸收包括西方文化在内的外来文化提供十分有益的借鉴。

当然,可能有人会担心佛儒交融(或者说佛教的儒学化)会使佛教显得不再那么"纯粹",并且会质疑这种多少"变了味"的佛教,为什么会比那种"纯粹"的佛教更具生命力？

实际上,这个质疑牵涉一个非常重大的理论问题,即人类宗教、文化传播发展中一个带规律性的问题。对此,德国著名哲学家黑格尔曾经有一个十分形象的比喻。黑格尔认为,人类文化的流传有如一条大河,大河的末端之所以会出现滚滚洪流,是因为中途不断有许多支流的加入。如果一条河流中途拒绝任何支流的加入,它流不了多远就枯竭了。

中国古人有句话说得也十分富有哲理,曰:水至清,则无鱼;人至察,则无徒。文化和宗教亦然,有时越是纯粹,越是没有生命力。

隋唐时期有八大宗派,哪几个宗派流传时间最短？是三论宗和唯识宗。为什么？因为这两宗的理论最"纯粹":一个是比较正统的印度中观学,一个是更为道地的印度唯识学,尽管它纯粹,懂的人太少,又不能发现其中有他们所需要的东西,它的市场就小了,没有了市场,也就没有进一步流行的社会基础了。

其实,不管宗教还是文化,从某种意义上说,都是一种产品。这种产品与物质性的产品一样,最终决定其流传时间和程度的是市场,即社会的需求,这一点有一句话说得十分到位——"理论在一个国家的实现程度,取决于理论满足这个国家的需要程度。"(马克思:《〈黑格尔法哲学批判〉导言》)

那么,为什么儒学化了的禅宗会成为中国佛教的代表？说到底,是因为儒学化的禅宗既遥契"自性风光,本来具足"的佛陀本怀,又吸收融汇了儒家"以人为本"和"利生济世"的精神。而儒家思想之于中国,不但源远流长,而且深入人心,因此对于儒学化了的禅宗,社会大众能够理解它,觉得它受用,乐于接受它。接受的人多了,市场就大了,最后自然就成为"代表"了！

实际上,禅宗之成为中国佛教的代表,还应该给人一个重要的启示,即任何一种文化或宗教,其强大的生命力往往得益于其巨大的包容性。中国佛教与儒家思想正是在长期的相互碰撞、交汇、融合的过程中,既发展了自身,又成就了对方。文化上的"成人达己",此之谓也!

而中国佛学影响儒家哲学最具代表性的,当推宋明理学,尤其是陆王心学。

在谈及宋明理学时,先哲时贤曾经有一个评论,曰:"儒表佛里""阳儒阴释";而朱熹在评论陆学时,曾指责他"全是禅学"。

从表面上看,理学家们大多反佛。张载曾批评佛教以"山河大地为见病"。而朱熹则说:"佛老之学,只是废三纲五常这一事,已是极大罪名。"(《续近思录》)二程认为:"人恶多事,世事虽多,尽是人事,人事不叫人去做,更叫谁做。""若尽为佛,天下却没人去理。"(《二程遗书》卷二上)但是理学家对于佛教都有很深入的研究,对其中的许多义理也常常深表赞叹,如张载自称曾"出入佛老数十年",朱熹也说:"某于释氏之说,盖尝师其人,尊其道,求之切至矣。"二程则直言:"释氏之学,又不可道他不知,亦尽乎高深。"(《二程遗书》卷九)因此,理学家对于佛教大多持两面态度,即批判地吸收,批判其离家出世,违背世俗纲常;吸收其义理思辨,特别是其本体论的思维模式。

宋明新儒学的"新",从某种意义上说,就是受佛教本体论思维模式的影响,一改传统儒学以"天人合一"的思维模式,而易之以心性为本体的本体论思维模式。

宋明新儒学也谈论天人关系,但他们谈论天人关系所依托的思维模式,已不是传统儒家的"天人合一"的思维模式,而是本体论的思维模式,这一点程颐说得最明白,他说:"天人本无二,更不必言合。"亦即"天"与"人""天道"与"心性"本是一体,不存在合与不合的问题。

这种本体论思想在宋明新儒学中不是作为个别的思想闪光出现的,而是主要理学家、心学家所共同采取的思维方式。

例如,朱熹虽然也常区分心与性,被陆九渊斥为"迭床架屋",但朱熹本体论思想亦很明显,如朱熹注《中庸》"博厚配地,高明配天,悠久无疆",文曰:"此言圣人与天地同体""此谓宇宙大化之道体,与圣人之性体乃同一本体";注《中庸》"唯天下至诚为能尽其性"一文曰:"人物之性,亦我之性",注"致中和,天地住焉,万物育焉"一文曰:"盖天地万物同吾一体,吾之心正,则天地之心正焉"。这些思想都十分明显视天地与人、万物与我同一本性。

再如张载,张载的本体论思想更为明显,其自然哲学和伦理哲学都是建立在本体论的思维模式基础之上的。张载思想中最有特色的是其《西铭》,《西铭》中最核心的思想是"乾坤父母""民胞物与"说。朱熹曾从"理一分殊"的角度去阐释张载"乾坤父母""民胞物与"的思想特点,指出其"理一分殊"的基点在"理一",或曰"体一"。所谓"体一",亦即本体论的思维模式。

如果说张载、程朱理学从某种意义上说,主要是受到佛教本体论思维模式的影响,那么陆王心学真的有点如朱熹所说的"全是禅学"。对于这一点学界应该多有共识。而陆王心学的"全是禅学",可以王阳明的"本体功夫,一悟尽透"一句作为总结语,因为它从"本体"与"功夫"两个方面,把陆王心学与禅学的关系揭示得淋漓尽致。

(四)编撰大陆第一部《中国佛教百科全书》

佛法广博,号称八万四千法门;经典浩瀚,总有三藏十二部之众。这是一份极可宝贵的人类遗产和精神财富。随着人们对其宗教、文化乃至社会价值认识的不断深入,学佛者日多。然而,面对八万四千法门,究竟应该从何而入？浩如渊海的经典宝藏,又如何才能真正做到开卷有益？初学有得者,怎样才能循序渐进,更上一层楼？素有研究者,又如何广开思路,进一步发掘佛教的文化、社会价值,为净化人的心灵、创建时代的精神文明做贡献？凡此种种,编撰一部《中国佛教百科全书》逐渐被提到佛教研究的议事日程上来。

《中国佛教百科全书》由我担任主编,实际工作是由十多位全国著名高校和社会科学院颇具影响力的专家学者完成的。2000年在上海古籍出版社出版,凡11卷,总300多万字,从经典、教义、历史、宗派、人物、仪轨诗偈、书画、雕塑、建筑等十个方面,较全面系统地再现了中国佛教及中国佛教文化的总体面貌及其历史发展。其中,既有基本知识的介绍,又有主要义理的阐释,既有历史发展的概述,又有个案的深入剖析,既有宗教意义的阐发,又有文化价值的揭示,就编撰者的主观愿望说,力图把通俗性与学术性较好地统一起来,使《百科》既是初学者登门入室之阶梯,对佛学研究者又具有较高的参考价值。

(五)编撰全球首部完整的《中国佛教通史》

佛教传入中国之后,不同时期的僧人、学者曾经有不少关于僧传、僧史、宗派史乃至断代佛教史的撰述,但一直到21世纪初,尚没有一部完整的中国佛教通史。30多年前,任继愈先生曾组织了一批资深的佛教研究者,欲编写一部《中国佛教史》,但由于多方面的原因,只编写完前三卷就搁置下来了,成先生终身之一大遗憾。日本学者镰田茂雄曾有《中国佛教通史》之作,但同样未竟而终,遂使完整《通史》之编撰,一直是个空白。

2004年,国家"985工程"(二期)启动,我们学科组建了宗教与文化研究中心,有幸成为财政部、教育部"哲学社会科学创新基地"。研究中心根据学科建设的需要和前期研究成果的特点,决定把编撰《中国佛教通史》作为"985工程"(二期)建设的重点课题,在整合南京大学佛学研究力量的基础上,又延聘了国内十多个高校与研究所的22位专家、学者,组成《中国佛教通史》编写组,经过6年多的集体攻关,终于有了一部起自佛教初传中土迄于20世纪40年代的完整《中国佛教通史》。

《通史》的编撰在遵循"史实为本"的通史编写通例基础上,适度强调了教与理兼容、史与论并重的原则;又,举凡学术界已达成共识的问题,采取学界的定论,对于那些尚有争议、看法未尽一致的问题,则根据作者的研究,直抒己见,以期抛砖引玉。因此之故,该《通史》有"学术版"之称。

《中国佛教通史》共15卷,总计700万字,以时序为经,涵盖中国佛教(包括汉传、藏传、南传三大系统)的人物、典籍、教义、制度、仪轨、礼俗、艺术乃至三教关系、对外交流等方面,全面记述了佛教从两汉初传至1949年的历史面貌,是迄今为止全球第一部完整的中国佛教通史,填补了佛教通史研究的空白,标志着几代学人编撰佛教通史的夙愿得以完成。

《通史》出版之后,受到海内外学界和教界的广泛关注和高度评价,专家们认为:《通史》"完成了前辈几代学者没有实现的愿望","填补了中国佛教通史领域的空白","是第一部真正意义上的'中国佛教通史'"。同时,对《通史》出版的现实意义也给予了充分的肯定,认为"这部《通史》的完成也反映了改革开放30年来我国在文化建设,特别是在整理和研究传统佛教文化上的长足进展,在继承和发扬民族精神方面做出了宝贵的贡献"。(详见本书"代表性成果"中的"《中国佛教通史》书评")

《中国佛教通史》先后获江苏省哲学社会科学优秀成果一等奖、首届江苏政府出版一等奖、国家"三个一百"原创图书奖、教育部人文社会科学优秀成果一等奖、第三届中国政府出版奖、第三届全球华人国学成果奖等。

（六）经藏汇编与佛典释译

从事文、史、哲研究，从来离不开文献典籍，如何对相关的文献典籍进行整理汇编，掌握必要的文献资料，是做好研究工作的一个十分重要的组成部分。

从20世纪90年代起，我们就一直把文献典籍的整理汇编作为研究工作的重要一环。

1.《中国佛教经典宝藏精选白话版》

总132册，1996年台湾佛光出版社繁体字版，2016年东方出版社简体字版。

这是20世纪90年代初，由海峡两岸学界与教界联手，所进行的一项对佛教典籍进行精选、注译、汇编的重大工程。

当时大陆方面由中国社会科学院世界宗教研究所的王志远研究员和我担任总编辑。在研究商定了经典书目后，每人负责50本佛典编译的组稿工作。每本经典包括精选经文、解读该经的版本源流、思想大意、历史影响等，并对所选经文进行注释并翻译成白话文等。当时大陆几乎所有从事佛教研究的学者，包括杜继文、方立天等著名学者，都参与了这项工程。

台湾方面由佛光山文教基金会牵头，由星云大师担任该套丛书的总监修，慈惠法师和依空法师任总编辑。该套丛书总132部经典，1996年在台湾佛光出版社出版。这套丛书在两岸的学术界和佛教界产生了巨大的影响，对研究、弘扬作为中国传统文化重要组成部分的佛教文化，推动两岸的文化学术交流，发挥过十分重要的作用。

这套丛书2016年在大陆的东方出版社出了简体字版。

2.《中国佛教十三经》

此套丛书是应中华书局之约，由我主编，由已毕业的博士生为主要作者的一套丛书。所选的是对中国佛教影响最大的13部佛教经典：《心经》《金刚经》《无量寿经》《圆觉经》《梵网经》《坛经》《楞严经》《解深密经》《维摩诘经》《楞伽经》《金光明经》《法华经》《四十二章经》。

编纂《佛教十三经》，主要出于以下考虑：佛教有三藏十二部经、八万四千法门，典籍浩瀚，博大精深，即便是专业研究者，用其一生的精力，恐也难阅尽所有经典。加之，佛典有经律论、大小乘之分，每部佛经又有节译、别译等多种版本，因此，大藏经中所收录的典籍，也不是每一部佛典、每一种译本都非读不可。因此之故,古人有"阅藏知津"一说,意谓阅读佛典,如同过河、走路,要先知道津梁渡口或方向路标,才能顺利抵达彼岸或避免走弯路;否则,只好望河兴叹或事倍功半。《中国佛教十三经》编译的初衷类此。面对浩如烟海的佛教典籍,究竟哪些经典应该先读,哪些论著可后读?哪部佛典是必读,哪种译本可选读?哪些经论最能体现佛教的基本精神,哪些撰述是随机方便说?凡此等等,均不同程度地影响着人们读经的效率与效果。为此,我们精心选择了对中国佛教影响最大、最能体现中国佛教基本精神的十三部佛经,认为举凡欲学佛或研究佛教者,均可从"十三经"入手,之后再循序渐进,对整个中国佛教做进一步深入的了解与研究。

《佛教十三经》出版之后,影响之大,销量之多,有点始料未及。

除了中华书局本身有精装、简装、线装、合订本、小开本之外,在台湾、香港都出版了繁体字版,而且还有音频、视频,还上了喜马拉雅。在相当长一段时间内,台湾、香港书店,这套书都占据着最醒目的位置。

3.《中国现代百部佛学名著》

此套丛书是应商务印书馆之约,把清末民初百年来的佛学名著进行一次精选、汇编。

我们约请了一批著名的佛学研究专家,组成"晚清民国百部佛学名著"丛书编委会。由编委会遴选、整理出百部最具影响力的晚清、民国时期的佛学名著,并约请了数十位专家、学者,撰写各部名著的导读。导读包含作者介绍、内容概要、思想特质、学术价值和历史影响等,使丛书能够最大限度地适应不同人群、不同文化层次读者的需求。既为人文社会科学研究者提供了一批弥足珍贵的原始文献资料,也为普罗大众了解佛教文化打开了方便之门;既有利于进一步推动"全民阅读"和"书香社会"的建设,也能让流逝的历史文化获得重新彰显,让更多读者从优秀传统文化中汲取营养,不断提升人文素养和人生境界。应该说,这也是我们编纂此套丛书之初衷。

这套丛书现已推出了《杨仁山文集》《胡适之禅宗考论》《虞愚文集》《欧阳渐内学集》《章太炎文集》《东西文化及其哲学》《佛学大纲》《八指头陀诗文》等11部。

(七)《佛法真义》

有件事蛮有趣的,20世纪90年代,有不少第一次见到我的人,都会对我说同一句话:"没想到你这么年轻。"那是因为他们曾读过我的《中国佛性论》——而我的《中国佛性论》语言表述几近于文言文,他们以为我是一个"老先生""老学究"。2018年我写完了一部名为《佛法真义》的著作,在写作风格和语言表述上来了个"返璞归真"——不但所说的佛教义理是"自家体贴出来"的,而且语言表述也完全是"大白话",甚至是用故事的形式来说"佛教的真精神"。

佛教自两汉之际传入中国后,千百年来,一直有人在问:什么是佛教?何谓佛法大意?如何是祖师西来意?也许因问者根机各异,答者观机逗教,回答自然言人人殊。

我接触佛教,始于童年时代。老家福建闽南一带,素来佛教较盛行,从孩提时代起,耳濡目染,对佛教有一种特殊的感觉:神秘而敬畏。1978年考取中国社会科学院世界宗教研究所硕士研究生,师从任断愈先生研究中国哲学和佛教;1983年攻读博士学位,又以佛学为研究方向。博士论文《中国佛性论》的写作,使我对佛陀、佛教、佛性有了进一步深入的了解和理解。留校任教以来,南京大学诚朴、雄伟、开放、包容的校风,让我深入经藏、探析佛理有了一个较为宽松的环境;参加各种研讨会,使我有缘结识学界、教界诸多大德高僧。佛典经书的醍醐灌顶和大德高僧们的耳提面命,使我对佛教的认识也逐渐发生了变化:由神秘和敬畏而逐渐明白且喜欢。

明白了什么呢?明白了佛是谁?佛在哪里?什么是佛教?如何是佛法真义?

当然这里所说的"明白",只是相对于以前把佛、把佛教神秘化说,逐渐地比较明白一些而已。如果真能把以上的问题都完全弄明白了,那就成佛了——历史上的"佛陀",就是个"大明白人",是一个明白了诸法(包括人生)实相的"觉悟者"和"大圣人"!

至于什么是佛教?这也是每次讲座后听众必提的问题。大家都希望能提供一批既简明扼要又通俗易懂之介绍佛教要义的书目,帮助他们了解佛教。但眼下这方面的书还确实不多,因此之故,有此《佛法真义》之创作。

《佛法真义》之最大特点是,一改传统"佛教概论"之思路和写法,而更多的是"自家体贴出来"的——完全依作者对"佛陀本怀"之理解和体会,来谈"佛法真义"。

此举之用心有三:

一是试图以简短的篇幅、清晰的思路和通俗的语言,让读者在较短

的时间内,对佛法之真义有一个整体的把握,并且从接触佛教之日起,就能遥契佛陀之本怀;

二是立足当下,充分揭示佛法真义与时代精神有哪些契合之处,如何使优秀的佛教文化更好地为新时代的道德建设和文化建设做出更多、更好的贡献;

三是提出并试图论证,明天的佛教为什么应该把"注重求"的佛教,逐步变成"善于给"的佛教",探讨在新的时代条件下,中国佛教应该如何走出一条与时俱进、契理契机的健康发展之路。

(八)《牛首山碑记》

2012年后,用了不少时间参与地方文化建设。2012年,南京牛首山文化工程、大报恩寺遗址工程和栖霞山文化旅游度假区工程相继动工后,被聘为牛首山文化工程和大报恩寺遗址工程的文化顾问,参与了牛首山文化工程佛教文化的顶层设计,并提供了佛顶宫内外的展陈和设计内容,业余时间全程参与了牛首山、大报恩寺文化工程的设计、评审和把关工作,并部分参与了栖霞山文化工程咨询、设计和评审工作。受牛首山文化旅游区管委会的委托,故有《牛首山碑记》之创作。2018年,栖霞寺隆相大和尚嘱我为他们编纂的《南京栖霞山志》写个序,又撰写了《南京栖霞山志》序。

四、学科建设与人才培养

南京大学的中国哲学学科，可以远溯至原中央大学的汤用彤、唐君毅、牟宗三、方东美诸公。他们或是现代新儒家的代表人物，或是现当代佛学研究的先行者，都是一代哲人、著名思想家，又是哲学系中国哲学学科的老前辈。

中华人民共和国建立之后，南京大学中国哲学学科的创始人，是原南京大学第一任党委书记兼副校长孙叔平先生。孙先生既是著名马克思主义理论家，又是中国哲学史大家，1981被评为中国哲学博士生导师，第一届国务院哲学学科评议组成员。孙先生1983年因心脏病猝发不幸逝世后，南京大学的中国哲学博士点中断了10年之久。1993年，我有幸被国务院学位委员会评为博士生导师，南京大学中国哲学博士点得以恢复。此后，中国哲学博士点开始重新招收博士研究生。

南京大学中国哲学的学科结构有其自身的特色，即比较注重儒释道三家的综合研究。这与孙老在20世纪80年代就开始设立"中国佛学"研究方向有密切的关系。如果说今天南京大学的佛学研究、人才培养是世界佛学研究、人才培养的重镇，不论是学界还是教界，不管是在国内还是在海外，应该都是比较认同的。而中国佛学作为中国哲学的一个重要组成部分，这在海内外学术界早已具有广泛的共识。

南京大学的中国哲学博士点随着学科发展的需要，后来逐步生长出宗教学博士点、东方宗教与文化博士点、文化哲学博士点。其中，宗教学博士点是由国务院学位委员会授予的博士点，其他两个博士点是在有了哲学一级学科博士点后自立的博士点。宗教学学科后来又单独进行申报，并被评为江苏省重点学科。

我于1985年底留校任教后，其中有一个重要工作，就是创办宗教学本科专业，并在1987年和1988年招收了两届宗教学专业的本科生。这也是继北京大学之后，第二个招收宗教学专业本科生的高校。其后，在各方面的支持下，成立了宗教学系。宗教学系的成立，对于拓宽研究领域和视野、培养专业研究人才是很有助益的。

1993年被国务院学位委员会评为博士生导师后，我于1994年开始招收博士研究生，培养指导博士生成为我教学、科研工作中的一个重要方面。截至2019年,共招收博士生85位(海外留学生17位),其中1篇博士论文被评为"全国百篇优秀博士论文",6篇博士论文被评为江苏省优秀博士论文。

对于研究生的培养、指导,我始终觉得,除了应该注重能力的培养和方法的指导外,尤其应该注重兴趣的培养和训练。记得在一次新生见面会上,我对哲学系新生说的一番话,也可以说是我自己的一个心得体会:"欢迎各位来到哲学系!……希望你们能喜欢上哲学系!尤其希望你们能喜欢上哲学!如果真的喜欢上了哲学,想学不好都难!——因为一般的人在两个方面都相差无几:一是智商,二是潜能。因此,任何人如果想在哪个方面学得更好一些,做得更好一些,唯一的办法就是愿意投入更多的时间与精力。而唯一能够让你自觉、自愿投入更多时间与精力的,就是喜欢上它!"

代表性学术成果

王夫之辩证法体系探索[1]

一、绪论

（一）抽象—具体是研究和叙述王夫之辩证法的科学方法

1. 鉴于科学成果与研究方法的紧密联系，对王夫之辩证法体系的探讨，笔者试图采用一种新的研究和叙述方法，即抽象—具体的方法。

2. 因为哲学思想在历史上的发展，是一个不断从简单到复杂，从抽象到具体的过程。遵循逻辑的与历史的统一的原则，对哲学史的研究和叙述，应该采用抽象—具体的方法。

3. 辩证法不是若干规律与若干范畴的拼盘（如长期以来流行的板块式结构的辩证法体系），而是一门最富有整体性与内在逻辑性的科学。因此，对辩证法（包括历史上的辩证法思想）的研究和叙述，可仿照《资本论》的方法，即先确定辩证法的"细胞"，之后循着抽象—具体的道路，逐步扩展为整个辩证法体系。

4. 唯物辩证法是一个以对立统一为"细胞"（称"细胞"比称"核心"更准确一些），以无数范畴为纽结织成的对世界状态总看法的认识之网；是一个不断从抽象—具体的永远开放的体系。

5. 王夫之辩证法则是以阴阳对立统一为"细胞"，以"一多""有无""同异"等范畴为纽结，以宇宙絪缊生化图为总画面构成的相对具体和完整的体系。

6. 坚持逻辑的与历史的统一的原则，本文对王夫之辩证法的研究和叙述，遵循"细胞"——范畴（侧面——范畴则是对事物各个侧面的反映）——总画面（整体——把事物当作一个整体而从总的方面来观察）的基本路径（即细胞——范围——总画面或细胞——侧面——整体）。

（二）作为"细胞"的阴阳对立统一

7. 作为"细胞"的阴阳对立统一，在王夫之辩证法中，是循着抽象—具体的道路前进的。王夫之首先论证了矛盾的普遍性，建立了超越前人彻底的朴素两点论，其后研究和论述了矛盾双方的互为依存、互相渗

---

[1] 原载《中国哲学》第10辑，《求索》1983年第1、2、4期。

透、相互转化;首先从相对静止的状态去考察和研究阴阳的对立统一,然后从"分"与"合"的动态角度去考察和研究阴阳的对立统一。

8. 注意到以前思想家往往把矛盾思想局限于阴阳既分之后,而在阴阳未分之前每每主"太极不可分",王夫之第一次明确提出"得罪于先儒"的"乾坤并建"原则,指出:阴阳"乃太极固有之蕴",非太极本无阴阳;纠正了以前思想家常常在阴阳初分之际滑进"以乾为首"或"以坤为始"的一点论泥潭偏弊,王夫之第一次明确指出:乾坤并建以为首,非以乾(或坤)为首;克服了以前有些思想家离乾言坤、离阴言阳的失误,王夫之在阴阳既分之后又坚持了阴阳不孤立、乾坤不分离,乾坤并建为统宗的彻底的朴素两点论思想。

9. 在批判以往一些思想家只见其一、不见其二,或者只知其二、不知二而一的错误思想与错误倾向的过程中,王夫之较系统地论述了阴阳双方互为条件、互相依存、互相渗透、互相传化的思想,提出了一些包涵对方、与对方统一的诸如"大不遗小""兼乎寡则多"等较深刻的命题。

10. 看到以往一些矛盾转化的思想与命题,如"物极则反""静极则动"等,常常须借助于"第一推动力"而陷入神秘主义和形而上学泥潭的偏弊,王夫之指出:"固有极其至而后复,岂皆极其至而后反",肯定了矛盾转化形式的多样性,堵死了通往形而上学的重津要塞。

11. 克服了以往一些思想家只见"分"、不见"合"的"截然分析"矛盾观和只见"合"、不见"分"的形而上学两点论的偏弊,王夫之明确指出"分"与"合"乃是一个事物、一个过程的两个方面,"分"中有"合","合"中有"分",二者互相依附存,互为表里,不可离析孤持。

12. 比张载之"一物两体"主要从对立面与统一体的相互关系去谈"两一"更进一步,王夫之着重从矛盾双方的相互关系去说明,指出:"非合两而一以为纽。"

13. 与方以智之"园∴""交、轮、几""随、泯、统"的"合二而一"有时在对立之上去寻统一不同,王夫之坚持在对立之中去谈统一,指出:"合二以一者,既分一为二所固有。"

14. 王夫之"分合统一观"是其"乾坤并建"思想的深入与展开,是他从相对静止状态到互相联系、运动变化的过程去考察和研究事物的结果。

15. 王夫之阴阳对立统一思想没有跳出古代朴素辩证法的范围,与黑格尔的矛盾思想和马克思主义哲学中的对立统一不可混为一谈。

(三) 反映事物各个侧面的诸范畴的展开

16. "一多""有无""同异"等范畴,是王夫之阴阳对立统一思想的深入与展开,是王夫之运用阴阳对立统一思想去考察和研究事物各个侧面的结果。阴阳对立统一思想通过这一系列范畴的展开,显得更加丰富、充实与具体。

17. 在批判一是万外之一、万是一外之万的夸大一与万的区别与对立和一即万、万即一等把一与万的联系与统一绝对化的两种错误观点的过程中,王夫之建立了一种"一含万入万而不与万为对"的"一多"统一观。

18. 与以往有些思想家主要从逻辑学和本体论角度去谈论"有与无"不同,王夫之着重从方法角度去论述"有与无的统一"。

19. 王夫之"贞同统异"的同异统一观,及其"情中景,景中情""情景相生,情景交融"的文学理论。

20. 魏晋玄学"以无为本"的"体用一原"说——宋儒之理为本的严分体用——王夫之以气为本的"体用合一"论。中国古代辩证法的其中一个圆圈。

21. "常与变""动与静""本与末""道与器"等等范畴是王夫之从不同侧面考察和研究事物内部各种对立统一关系的结果。因前人对这些范畴已多有阐发,加之,一篇文章恐难穷尽王夫之全部辩证法范畴,故文中没一一展开。

(四) 把事物当作一个整体而从总的方面来观察的"总画面"

22. 辩证法从总的来说,更注重整体观察,自然,王夫之辩证法不局限于对事物各个侧面的考察与研究,更不是许多范畴之漫无规则的堆砌。王夫之在阴阳对立统一的原则下把诸范畴组织成一个有机的整体,描绘了一幅作为"总画面"的宇宙细缊生化图。

23. 世界不是各种事物的随意杂拼和混乱堆积,而是相互之间有一定联系的各种事物组成的整体;这个相互联系的统一体并非一成不变,千古如斯,而是生生不息,变化无穷;事物变化的途径不是循环往复,原始反终,而是日新富有,不断向上,新故相推,日臻完备;变化之形式亦非单一,而是有"渐"有"变"。"渐"主量之积累,"变"主质的飞跃。事物量变到一定程度,必然引起质的变化;促成事物日新变化的根本原因,不是来自某种神秘的外力,而是阴阳二气(或两种属性、势力)不断相互作用的结果,二端摩荡不已,宇宙细缊不息——这就是王夫之提供给我们的一幅生动活泼的宇宙絪缊生化图。

24. 作为"总画面"的宇宙絪缊生化图使王夫之以阴阳对立统一为"细胞"的辩证法生动具体了；同时这幅"总画面"比起先秦时期的阴阳对立统一思想和"总画面"也丰富充实和生动具体多了,此中之中间环节,乃是诸范畴的展开。范畴在这里充当了辩证法思想从抽象—具体的一个过渡阶段,一个中间环节,成为织成辩证法之网的纽结。

25. 王夫之仅是在以阴阳为"细胞"的古老范围里,因而充其量只是直观地、臆测性地论述了以上思想。忽视或忘记这一点,就容易有"拔高"之感或"改铸"之嫌。

二

为科学成果的突破往往借助于方法论改革的大量事实所启发,对王夫之辩证法体系的探索,笔者试图采用一种新的研究和叙述方法,即抽象—具体的方法。一方面,通过王夫之辩证法体系的探讨,看看抽象—具体的方法是否可行；另一方面,借着抽象—具体的方法,看看对王夫之辩证法能探讨出个什么结果来。两个方面都是一种探索,利弊得失,有待于实践的检查、验证。

（一）哲学史的研究和叙述应采用抽象—具体的方法

科学成果同研究方法的紧密联系,是一个在科学史上屡被证明了的问题。

例如,笛卡尔所以能创立解析几何,主要是把代数方法引进几何学；爱因斯坦创立相对论,与理想实验方法是分不开的。又如15—17世纪的自然科学和经济学所以在理论上是不成熟、不彻底的,其根本原因之一,就是在研究方法上注重单纯的分析,仅走具体—抽象的道路。当时的经济学家从人口、民族、国家等生动的整体出发,分析出一些抽象的一般关系,如分工、货币、价值等。这些抽象固然为后来的经济学家（如马克思等）上升到经济学体系做了一些必要的准备,但它本身却不是一门科学的经济学。至于当时的经验自然科学,则撇开事物之广泛的总体联系,孤立地考察事物的各个方面,虽然这也为19世纪之后的理论自然科学准备了大量和必要的思想资料,但它本身却不能成为一个完整的科学体系。因此,光的粒子说和波动说在互争雄长,动物与植物断然分家,笛卡尔和罗蒙诺索夫的运动守恒同万克尔、法拉第的磁电相互转化的理论还不能结亲,林奈和居维叶关于生物物种永恒不变的神话还在流行,千百万种物种还在各自生生死死,找不到彼此间的血缘关系。直至19世纪中叶前后,这些彼此分裂的对立面才得到综合,新的科学理论才得以产生,这就是著名的能量守恒与转化定理、细胞学、进化论及光的波粒二象性学说。科学史上的事实说明:仅仅走具体—抽象的道路,采用单纯的分析方法,不能建立起一种科学的理论体系,不能获得作为思维具体的真理。

与具体—抽象相反而又相成的另一种研究和叙述方法,即是抽象—具体的方法。马克思在《〈政治经济学批判〉导言》中把它概括为"抽象的规定在思维的行程中导致具体的再现"。两条道路,两种方法,马克思认为"后一种显然是科学上正确的方法"①。因为,抽象—具体一般和主要地表现为综合的过程。虽然严格地说,分析与综合往往是一个事情的两个方面,二者不可偏废,但进而言之,综合有时却显得比分析更重要。这一点,对于建立科学理论体系表现得尤为突出。例如,在康德哲学中,综合比分析就常常占有更为重要的地位。在其《逻辑讲义》和《就职论文》中,康德就指出:"综合属于把对象搞清楚,分析属于把概念搞清楚"②;"分析终于简单部分,综合终于世界"③;"分析的方法与综合的方法是对立的,前者从既定条件和根据出发,走向原理。后者从原理走向结论,或从简单走向复杂。前者可称为追溯法,后者可称为前进法。分析法又称为发现的方法,为了大众化,分析更适合;但科学目的和认识的系统探究,则综合法更适合"④。

对哲学史的研究,是否亦应作如是观呢?回答应该是肯定的。

中华人民共和国成立以来,许多哲学史专家和专业工作者,运用马克思主义的基本观点,对中国古代浩瀚繁复的哲学思想资料进行了深入细致的分门别类和瓜分缕析,使得人们对于中国古代哲学思想的各个侧面有了比较深刻的认识,对整个中国古代哲学也有一个轮廓的了解,这无疑是极其必要和十分有益的。但是,作为一个科学体系的建立,中国哲学史的研究还有许多工作要做,其中克服以往偏重于分析的倾向,易之以综合为主的抽象—具体的方法,应该说是势在必行的。

哲学史研究采用抽象—具体的方法,并不是今天才被提出来的,黑

---

①《马克思恩格斯选集》第二卷,第103页。
②《导论》。
③《论文》。
④《逻辑讲义》,第117节。

格尔早就这么说和这么做了。黑格尔哲学史观的最大特点之一是把整个哲学史视为由一个个小圆圈组成的大圆圈,各个圆圈又不一定以时间的先后为序,而是以抽象—具体为原则,把整个哲学史看成是一个不断由简单到复杂的发展过程。列宁对此十分赞赏,并说"科学是圆圈的圆圈"①。

对于应该编写怎样的思想史问题,列宁也有许多精辟的论述,在《哲学笔记》中,列宁指出:"从逻辑的一般概念和范畴的发展与运用的观点出发的思想史——这才是需要的东西。"②列宁还以马克思在《资本论》中坚持从最简单、最基本的商品交换这个"细胞"出发,揭示出资本主义社会的一切矛盾为例,指出:"一般辩证法的叙述(以及研究)方法也应当如此……从最简单、最常见的东西开始",进而揭示出事物和概念发展的全过程③。

其实,不仅哲学社会科学的研究应该这样,许多自然科学的研究和叙述,也往往采用抽象—具体的方法。例如,普通化学在叙述自己的研究对象时都是从化学元素开始,然后转入元素的化合。而在叙述化学元素时,普通化学遵循的又是门捷列夫的元素周期表。元素周期表本身就是从最简单的氢元素开始,而周期表末尾则是最复杂的、综合而成的铀后元素。生物学在系统叙述动植物时,也是从最简单的单细胞生物,如变形虫和鞭毛虫开始,然后不断向越来越复杂的有机体发展,直至最高等的灵长类动物转变成人,等等。

可见,以综合为主的抽象—具体的方法,是许多学科建立自己的理论体系的必由之路,哲学史作为一门人类认识史的科学,可以也应该走这条道路。

(二)抽象—具体是研究和叙述王夫之辩证法的科学方法

作为一个原则,我们在前面论述了哲学史的研究和叙述应采用抽象—具体的方法。现在的问题是,如何把这个原则贯彻到对王夫之辩证法的具体研究之中。

首先,我们当然应说明抽象—具体的方法可以是研究和叙述证法的科学方法。

本来,辩证法作为一门科学,是最富有整体性与内在逻辑性的。但

---

① 《哲学笔记》,第251页。
② 《哲学笔记》,第188页。
③ 《列宁选集》第二卷,第713页。

是相当长的一个时期以来,人们对辩证法的这些重要特征却未能给予足够的重视,因而在对辩证法的研究和叙述方面,存在着许多很值得商榷、讨论的地方。就现时流行的板块式的辩证法体系而言,它在这方面的局限与偏弊是严重和显而易见的,其中,几个规律和几对范畴直挺挺地躺在那里,相互之间没有(或很少有)必然的内在联系,则是其主要表现。当然,这仅是一种现象,而更重要的还在于产生这种现象的原因。尽管原因也许是多方面的,但研究方法的只见树木、不见森林,注重分析、缺少综合,只用具体—抽象的方法而没用抽象—具体的方法,应该说是其主要原因之一。

其实,按辩证法的本性与基本特征说,它应是最适合于采用抽象—具体方法的。因为作为"自然界、人类社会和思维的运动和发展的普遍规律的科学"①的辩证法,它实际上是客观世界运动和发展的普遍规律在人思想中的反映。而人们的认识世界,总是由一个侧面到另一个侧面,由比较的片面到更多的方面,由表象具体到抽象,又从抽象到思维具体这样一个不断由简单到复杂的过程。在这个过程中,当人们从一个侧面、一个角度去考察和研究事物时,就形成人类认识史上的一对范畴。例如辩证法的质量范畴,乃是人们从事物变化之形式去考察和研究事物的结果;而当人们从原因和结果方面去考察事物时,就产生因果范畴;当人们从现象与本质方面去考察和研究事物时,就有了现象与本质的范畴。因此,辩证法实际上就是以无数范畴为纽结织成的人类认识之网。而辩证法的历史,则是辩证法范畴产生与发展的历史。随着科学的发展,人们考察和研究事物的角度将会不断增加,因之,范畴也将越来越多。范畴的不断增加和深刻,标志着人类认识水平的不断提高和深入。科学发展是无止境的,人类认识也没有极限,自然,范畴将永远不可穷尽,因此,企图把辩证法的范畴限定在几对之内的想法和做法,本身就是对辩证法的嘲弄和背叛。在这个问题上,人们所能做到的,就是指出人类认识之发展趋势,即不断由简单到复杂,由抽象到具体的过程。当人们认识越深入,范畴越多,事物内部各种联系日益为人们所揭示和掌握,那么,人们的认识即由比较的抽象向比较的具体前进了一步。人类的认识没有止境,则辩证法只能是一个不断由抽象—具体的永远开放的体系。既然这样,人们在研究和叙述辩证法时,只要不

---

① 《马克思恩格斯选集》第三卷,第181页。

想违背逻辑的和历史的统一的原则,就当然得采用抽象—具体的方法。

至于辩证法的规律,实际上与辩证法范畴是同一系列的概念。所不同的是,规律更侧重于从联系方面去反映事物的发展过程。但是这种区别也不是绝对的。拿今天人们对于辩证法的规律与范畴的划分来说,规律无一不是范畴,范畴无一不可成为规律。当人们从事物联系之必然性、普遍性、重复性去考察和研究事物时,诸如现象与本质、原因与结果、可能性与现实性等范畴,无一不是一个规律。既然范畴是无限的,不可穷尽的,规律怎么只能是一个或三个呢？应该说,规律同范畴一样,也是无限的,不可穷尽的。随着科学的发展,人们对于事物发展规律的认识,也将日益增多。如果说,今天人们已发现许多古人根本无法知道的规律,那么,有理由相信,明天,人们又会发现许多今天人们所不能知道和无法知道的新规律。辩证法的本性要求我们这样去认识辩证法本身。

其实,人们不值得花费偌大的气力去苦苦探求和规定辩证法的规律究竟有几个,范畴究竟有几对,重要的是应该切实下点功夫,找出组成辩证法之网的诸多范畴中共同的最基本、最简单的东西,即构成辩证法这门科学的"细胞",如"商品"之于《资本论》,"元素"之于普通化学,"蛋白体"之于生物学,等等。而辩证法之有"细胞",应该说是毋庸置疑的,既然这样,人们当然得首先找出这个"细胞",尔后再考察它是怎样变化发展的,是怎样循着抽象—具体的道路,深入和展开到辩证法的各对范畴之中,怎样扩展成为整个辩证法体系的。

通观现在所见的各个辩证法范畴,它们确实存在着一个共同的最基本、最简单的东西,这就是对立面的统一。列宁在《哲学笔记》中也曾经精辟地指出:"可以把辩证法简要地确定为对立面的统一的学说,这样就会抓住辩证法的核心,可是这需要说明和发挥。"①对照王夫之与整个中国古代辩证法的实际,列宁这个思想是相当深刻和光辉的。

到目前为止,人们之谈论中国古代辩证法多是从《易经》开始的。而《易》之为书,以乾坤并建为首,以阴阳为统宗是显而易见的。自此之后,阴阳深入和扩展到中国古代辩证法的各个部分、各个方面,一直到中国古代辩证法的总结者王夫之那里,阴阳都是构成其辩证法思想之最基本、最常见、"不以任何东西为中介"的"简单的直接物"。它作为一

---

① 《哲学笔记》,第240页。

对辩证法范畴,无须由其他范畴来说明,相反,它展开和体现于其他范畴之中,成为其他范畴的"细胞"与核心。这个"细胞"在它刚出现的时候,是极度抽象的,而每当一对新的范畴出现之后,它的内涵就日益丰富和充实,到了王夫之的辩证法中,它借助于"一多""有无""同异""常变"等范畴,对立统一关系就显得相对的具体了。王夫之的辩证法,实际上就是以阴阳为"细胞",以"一多""有无""同异"等范畴为纽结织成的认识之网。在这里我们看到了王夫之辩证思维的发展与中国古代辩证思维的发展是统一的、一致的:二者都是以阴阳为"细胞"(或核心),之后循着抽象—具体的道路,深入和体现到对事物各个侧面进行考察与研究的各对范畴之中,最后充实和扩展到对世界和各个事物进行总体观察的整个辩证法体系(即"细胞"——"侧面"——"总体")。根据逻辑和历史统一的原则,对王夫之辩证法体系的研究和叙述,当然得遵循这样的路径。

三

阴阳既是王夫之辩证法的"细胞"与核心,要研究王夫之辩证法,自然应先抓住这个核心,然后再加以说明和发挥。

(一)阴阳:阴阳范畴与阴阳本义

在较可靠的《诗》《书》等经典中,阴阳并不具有哲学意义,它们不外表示:

(1)方向:如"居岐之阳"(《诗·鲁颂·閟宫》);"即景乃冈,相其阴阳,观其流泉"(《诗·大雅·公刘》)。

(2)阳光:如"湛湛露斯,匪阳不晞"①。

(3)天气的阴晴:如"噎噎其阳,虺虺其雷"②。

(4)地名:如"雨至于华阴"③。

《说文》对于阴阳的解释,也与以上诸说相近。"阴:暗也;水之南,山之背";"阳:高明也"。

此外,对于阴阳两字的真正来源,还有一种解释,认为"阴""阳"是从没有阜旁之"侌""昜"衍化而来④。在甲骨文中,有大量关于气象方面

---

① 《诗·小雅·湛露》。
② 《诗·邶风·终风》。
③ 《禹贡》。
④ 梁启超:《阴阳五行说的来历》。

的记载,如"易日""不易日""晦"和"启"等。这种看法也许由此而来,自然可备为一说。

总之,阴阳之最初含义,主要是指日出与日覆,向日与背日。日出为阳,日覆为阴;向日为阳,背日为阴,并没有什么哲学意义。

首先赋予阴阳以哲学意义的,当推《易经》。《易经》之基本单位是"—"(阳爻)与"--"(阴爻),由此组成八卦乃至六十四卦,以解释万事万物。《易经》所以把阴、阳爻作为基本单位,大概与自然界和社会中普遍存在着诸如天地、水火、男女、牡牝等矛盾对立现象有关。殷周时期的一些贤哲才从这些矛盾对立的自然社会现象中,抽象出阴阳两爻,用以代表一切事物及现象相反的两个方面的属性或势力,这种作为事物普遍本质反映的概念,就是今天我们所说的哲学范畴了。

当然,在《易经》中,阴阳作为哲学范畴,还是不成熟、不明确的,但它却是以胚芽的形式包孕着阴阳范畴的基本内容。而阴阳范畴的逐渐明确与成熟,当是西周末年以后的事。

(二)阴阳:乾坤并建

毛泽东同志在《矛盾论》中指出:"辩证法的宇宙观,不论在中国,在欧洲,在古代就产生了。"在《在中国共产党八届二中全会上的讲话》中,毛泽东同志又说:"一点论是从古以来就有的,两点论也是从古以来就有的,这就是形而上学和辩证法。中国古人讲'一阴一阳之谓道'。不能只有阴没有阳,或者只有阳没有阴,这就是古代的两点论。"确实,两点论在中国,是有悠久的历史和优良的传统的,其中,尤以《易传》和《老子》影响为最大。

《易传》之两点论虽素来享有盛誉,但若要穷根究底,它的两点论又有"半截子"之嫌。著名的"太极生两仪"的命题,则是此半截子两点论的缩影。因为假若人们进一步追问到两仪未生之前,《易传》两点论的局限性就显露出来了。

一如《易传》之两点论对后来的思想家产生了深刻的影响,《易传》两点论之不彻底性也一起传给了后世。例如宋明理学家经常把阴阳排斥在太极之外,就带有"太极生阴阳"之半截子两点论的明显痕迹。

王夫之对于《周易》,是狠下了一番功夫的,他"自隆武丙戌(1646年)始有志于读《易》",至"乙未于晋宁山寺,始为《外传》",到1685年写作《内传》,先后用了四十年时间。其对易理之精深纯熟,自不待言。在研《易》过程中,他对以前儒者之注易、解易也广为涉猎,因此深明前儒注解易理之得失瑜瑕。另外,对于中国古代辩证法之另一流派,即《老子》及后人之注老、解老,夫之也极深研几。他三十七岁写成《老子衍》,五十五岁,又对《老子衍》重予审订,可见他对《老子》的重视。更可贵的是,在研究《老子》及注老诸家的过程中,夫之还能做到"入其垒、袭其辎、暴其恃,而见其瑕"①。正是在这种综合地继承和批判了前人之思想成果的过程中,王夫之发现了他们的瑜瑕所在,并在此基础上。提出了一个深刻而闪光的命题——"乾坤并建",且自认为这是他"得罪于先儒"(《周易内传·发例》)的重要原则之一。

首先,王夫之是这样解释"易有太极,是生两仪"的:"易有太极,固有之也,同有之也。太极生两仪,两仪生四象,四象生八卦,固有之则生,同有之则俱生矣。故曰'是生'。'是生'者,立于此而生,非待推于彼而生之,则魂魄同源而源流一水也。"②就是说,"太极非孤立于阴阳之上"③。阴阳乃太极"固有之蕴"。"生者,非所生者为子,生之者为父之谓。使然,则有太极无两仪,有两仪无四象……生者于上所发生也,如人面生耳目口鼻,自然赅具,分而言之,谓之生。"④以这种思想为基础,王夫之对佛老、庄生、先儒在此问题的种种偏见谬说展开了尖刻犀利的批判:"故不知其固有,则绌有以崇无;不知其同有,则奖无以治有。无不可崇,有不待治。故曰'太极有于易以有易',不相为离之之谓也。彼太易、太初、太始、太素之纷纭者,虚为之名而实亡,亦何为者邪?彼且曰'有有者,有无者,有未始有夫有无者',或曰'七识以为种子,八识以为含藏,一念缘起无生'。呜呼!毁乾坤以蔑易者,必此言矣。"⑤看来,夫之对毁乾坤以说易者好生愤慨,一气之下对先前许多流派名家都痛加鞭笞,此亦可见夫之对"太极阴阳固有之蕴"⑥思想之自信与注重。

王夫之"太极阴阳固有之蕴"的思想,从根本上堵住由此而通往形而上学泥潭的重津要塞。以前的不少思想家,正是在这关键的地方失足落水。他们往往把两点论思想局限于太极之外,一进入太极领地,便纷纷露出形而上学一点论之马足来。王夫之攻克太极这个堡垒之哲学

---

① 《老子衍·序》。
② 《周易外传》卷五。
③ 《周易内传》卷五。
④ 《周易稗疏·两仪生四象》。
⑤ 《外传》卷五。
⑥ 《张子正蒙注·太和篇》。

意义,在某种程度上可与现代科学之攻克基本粒子的哲学意义相媲美。区别仅在于,一个是对古代朴素辩证法的贡献,一个则是为唯物辩证法提供了强有力的科学根据。

其次,王夫之"乾坤并建"的思想,表现在反对以乾(或坤)为首,而主"乾坤并建为首"。

有一种传统说法,《归藏》以坤为首,《周易》以乾为首。王夫之不以此为然。他认为:"《周易》并建乾坤为首。"①在《外传》中,王夫之反复论述了这一思想:"大哉《周易》乎!乾坤并建以为大始,以为永成,以统六子,以函五十六卦之变,道大而功高,德盛而与众,故未有盛于《周易》也"②,"独乾尚不足以始,而必并建立其大宗……异端者于此争先后焉,而儒者效之,亦未见其有得也"③。这实际上是对某种乾元、坤元说的批判。不过,夫之出于某种原因,往往使他把锋芒转诸异端俗儒,如邵子者流。夫之对邵雍之批判往往最不留情,常常动辄痛骂呵斥。在这一点,他又以邵子之"天开子时,地辟于丑,人生于寅"为靶子,痛加针砭;又对《老子》之"道生一,一生二,二生三"顺捧几棒。王夫之说:"乾坤并建于上,时无先后,权无主辅,犹呼吸也,犹雷电也,犹两目视,两耳听,见闻同觉也。故无有天而无地无有天地而无人,而曰'天开于子……'其说诎矣。无有道而无天地,而曰一生三,道生天地,其说诎矣,无有天而无地,况可有地而无天,而何首乎艮坤?无有道而无天地,谁建坤艮以开之先?"④

是以纯乾纯坤为始,还是以乾坤并建为首,这是一个与如何对待太极有着几乎同等意义的重要问题。主纯乾纯坤为始者,往往是与主张太极不可分,而后动而生阳,静而生阴相联系的。在这里,纯乾纯坤、纯阴纯阳成为无矛盾状态的太极向阴阳一体的事物过渡的"桥"。而架设这座"桥"的,只能是上帝或邵子所说的"先天象数"的安排。邵雍的《皇极经世》描绘的就是这么一幅图画。在这里,可以有天无地,有乾无坤,有阳无阴。夫之对此种纯乾纯坤的思想是深恶痛绝的。他说:"借曰坤立而阳始生以为震,立静以君躁,则果有纯坤之一时也。有纯坤之一时,抑有纯乾之一时,则将有未有乾、未有坤之一时。而异端之说,由此

---

① 《外传》卷五。
② 同上。
③ 同上。
④ 同上。

其昌矣。"①此种批判,真可谓顺藤摸瓜,刨根问底,不惟指出其本身的谬误,而且进一步指出其发展的必然归宿,最终一定滑进无乾坤、无阴阳的没有矛盾之混沌世界。反之,王夫之从一开始就提出"以乾坤并建为首",既维护了阴阳贯彻始终的思想,又堵死了向一点论转变的渠道,真可谓防患于未然,救弊于端倪,着实难能可贵。

第三,王夫之所以能成为一个彻底的朴素的两点论者,不仅因为他能在太极未分之时,就看到阴阳之蕴及阴阳初分之际,就指出乾坤无有先后,尤其还因为在阴阳既分之后,能坚持乾坤不孤立,阴阳不相离,纯乾纯坤终无其时,乾坤并建为统宗的思想。

在《内传》中,王夫之指出:"阴阳二气,缊缊于宙合,融结于万汇,不相离不相胜。无有阳而无阴、有阴而无阳;无有地而无天、有天而无地。故《周易》并建乾坤为诸卦之统宗,不孤立也。"②对于先儒一些纯乾纯坤、孤阴孤阳的思想,夫之很为反感,且忘不了随时予以抨击。如对董子之"冬至前一日无阳,夏至前一日无阴"和《吕氏春秋》中的"春夏阳,秋冬阴"等观点,王夫之都逐一予以驳斥,指出"春夏为阳,秋冬为阴,而非必有截然分界之期而不相通"③;"春夏废阴而秋冬废阳非圣贤之言,王充哂之,亦知言者矣"④。总之,对任何背离"乾坤并建"原则的思想,王夫之从不轻易放过,往往予以严厉地批判、明确地订正。同时,他把"乾坤并建"的原则,贯彻到自己整个哲学思想的各个方面,在其一系列著作中,乾坤不孤立、阴阳不相离、纯乾纯坤终无其时,事事物物均有阴阳,阴阳充塞于两间、乾坤并建为纲宗的论述是俯拾皆是,信手可拈的。"乾坤并建"的原则成为王夫之辩证法中的一个重要杠杆,正是借助于它,王夫之建立了一个较前人更为严密、彻底和不易攻破的以阴阳为细胞的辩证法体系。

(三)阴阳:阴阳相倚相涵

指出矛盾的普遍性,这是建立以矛盾为细胞的辩证法体系的第一步。但光有这一步还不够,更重要的是要正确地说明矛盾双方的相互关系。王夫之在这方面也做出了巨大的努力和积极的贡献。

首先,王夫之看到矛盾的双方总是互相依存、互为条件的,它们虽

---

① 《外传·震》。
② 《内传》卷一。
③ 《内传》卷三。
④ 《外传》卷五。

然往往表现为事物的"两端",实际上则同处于一个统一体中。在《正蒙注》等著作中,王夫之指出:"阴阳非孤行于天地之间",①"阴非阳无以始,而阳藉阴之材以生万物"②;"无有阴而无阳,无有阳而无阴,两相倚而不离"③。总之,阴阳彼此都是相倚而不离,交代以相成,两者缺一不可。"两者的每一方自己实现时也就创造对方,把自己当作对方创造出来"④。

对于善恶、上下、呼吸等关系,王夫之明确指出它们之间的相因相成,相反相成。"善恶相形而著,无恶以相形,则善之名不立"⑤"好恶者两端也,不相杂者也,何云一也?曰:两端者,究其委之辞也,一者溯其源之辞也"⑥"上下是两端语,实共一物"⑦,等等。这种认为相反的东西中有统一性的思想,王夫之虽仅是以朴素的语言表达出来,但其内容却是相当丰富的。当然,此种思想之发明权,并不属于夫之,因为早在先秦时期就已相当普遍,其中,尤以《老子》之"有无相生,难易相成,长短相形,高下相倾,音声相和,前后相随"⑧为最概括,北宋张载之"一物两体"又已相当深刻。夫之在此问题上的作用,就是把前人的优秀的思想成果继承下来,并以此为武器对以前一些只知其一,不知其二,或只见其二不知二而一的形而上学矛盾观进行剖析和批判,从而把古代朴素的对立统一思想进一步推向深入。

对于只见其一、不见其二的一点论的批判,夫之常常以佛老的邪说为对象。夫之常常斥老子的"抱一守常"为鄙陋;对于像董仲舒及后来一些儒者所持之"一而不二"⑨和孤阳孤阴等论点,夫之的抨击更不遗余力,并把它归咎于"佛氏之真空不二之说"。在《礼记章句》中,王夫之指出:"邪说曰:独者无对之体,是不与非对,已不与物对,事不与理对,即吾性也。则其窃佛氏真空不二之说,以洸漾浮游于人心之危,而本心尽失。"⑩

---

① 《外传》卷上。
② 《内传》卷一。
③ 《内传》卷五。
④ 《马克思恩格斯全集》第十二卷,第743页。
⑤ 《正蒙注·诚明篇》。
⑥ 《尚书引义》第122页。
⑦ 《读四书大全说》,第297页。
⑧ 《老子》第二章。
⑨ 《春秋繁露·天道无二》。
⑩ 《中庸章句》。

对于只见其二、不知二而一的形而上学矛盾观,夫之则往往予以直接的否定与更正。先秦法家是主"矛""盾""不可同世而立"(《韩非子·难一》),"冰炭不同器,寒暑不兼时"①的,王夫之则明确指出:相反的东西无不可相承相通,而"寒暑之势,必不两立"②。

在矛盾统一性问题上,王夫之的另一个批判对象是庄子与惠施。庄子的"两行"思想,虽包含有两点论的因素,但它最终不是归结为辩证法,而是归结为相对主义。其主要原因,即是在矛盾统一性问题上失足。王夫之在此问题上的批判是深刻和精辟的。在《外传》中,王夫之指出:"反者,疑乎其不相均也,疑乎其不相济也。不相济,则难乎其一揆;不相均则难乎其两行。其惟君子乎?知其源而无殊流,声叶之有众响也。故乐观而利用之,以起主持分剂之大用。是以肖天地之化而无惭,备万物之诚而自乐。下此者,惊于相反而无不疑,道之所以违,性之所以缺,其妄滋矣。规于一致,而昧于两行者,庸人也。乘乎两行,而执为一致者,妄人也。"③应该说,这段话是抓住了庄、惠思想之要害,同时也是对以上两种形而上学观点的总结批判。因为它们或者只看到矛盾的统一,看不到矛盾的对立;或者只看到矛盾的对立,各持极端,看不到矛盾的统一。这当然是对辩证法之核心——对立统一的背离。而王夫之的批判正是从反面维护和坚持了这个辩证法之最基本的东西。当然,我们不能要求王夫之像恩格斯那样明确指出"所有的两极对立,总是决定于相互对立的两极的相互作用;这两极的分离和对立,只存在于它们的相互依存和相互联系之中。反过来说,它们的相互联系只存在于它们的相互分离之中,它们的相互依存,只存在于它们的相互对立之中。"④应当看到,17世纪的思想家能对古代朴素辩证法做出这样深刻、简练的概括,已经不是一件容易的事。

其次,矛盾双方的相互关系,还表现于矛盾双方的相互渗透:"两个对立面每一个都在自身那里包含着另一方。"⑤在这方面,夫之的论述也颇详且较深。

关于阳中有阴、阴中有阳、美中有恶、恶中有美的思想,不惟夫之

---

① 《韩非子·显学》。
② 《读大全》,第551页。
③ 《杂卦传》。
④ 《自然辩证法》,第56页。
⑤ 黑格尔《逻辑学》上卷,第208页。

有，先儒已多有论述，这里不多说。当然，作为辩证法之一环，也不可随意砍杀。这里，仅以夫之较有特色的博约说为例，看看他在此问题上的思想。

博约问题，早在战国时的孟子已有论及。孟子曰："博学而详说之，将以反说约也。"后来的儒者有在"将以"上做文章，主张博后再约；也有与此相反，坚持约后再博。夫之一反以前儒者的种种说法，提出"博文约礼，并致为功。方博即方约，方文即方礼。于文见礼，而以礼见文"。① 也就是说，"约者博之约，博者约之博"，"非今之姑为博且详，以为他日说约之资"②。在《俟解》中，夫之又指出：离开约礼而博文，则会成为玩物丧志、玩经丧志。约博原不可分作两截，应看作一件事。于博文中约礼才是。对于朱门弟子在《四书或问》中把"多学而识"与"一以贯之"分作两截的看法，夫之亦大加训斥，主张"一以贯之"应以"多学而识"互相交融，打成一片。这种博约说对于阳中有阴，阴中有阳，"于此有彼，于彼有此"③的思想，着实是个不坏的说明。

王夫之关于矛盾双方互相包涵、互相渗透的思想，最突出和较深刻的，当是他的"高者不遗卑，大者不遗小"④"兼乎寡则多，兼乎短则长"⑤等命题。暂时撇开辩证法之形态不论，王夫之的这种思想，与黑格尔关于每一个对立面单独规定"都没有真理，惟有它们的统一才有真理"⑥的思想确有相同或相近之处。

按照黑格尔的逻辑，每一个命题、概念，如果仅是一些抽象的单独规定，那它就不是真的，唯有通过它的对方，包涵它的对方，与对方的统一，才是真的。在这里，黑格尔是以晦涩的语言，纯思辨的形式，说出了辩证法的一个基本原理。而王夫之以上的命题，则是以更清楚的语言，更直观明白的形式说出这种思想。虽然，王夫之的命题与黑格尔的思想也许有"青年人说出的格言"与"成年人口中说出同样的话"的差别，但这却又正好体现了人类认识过程的一个规律，即具体——抽象——具体。

第三，矛盾双方的相互关系，又表现在对立面双方的互相转化。矛

---

①②《读大全》卷六。
③《老子衍》。
④《诗广传》第173页。
⑤《庄子通·逍遥游》。
⑥《逻辑学》上卷，第208页。

盾转化的思想,在中国古代思想史上,早已有之。《老子》的"祸兮福之所倚,福兮祸之所伏"到后来的盛衰兴替、物极必反的思想,谈的都是这个问题。夫之在此问题上的贡献,是在承认"物极必反"的基础上,进一步指出"非皆极其至而后反"。

在《思问录》中,王夫之指出:"两间之事,人事之几,往来吉凶,生杀善恶,固有极其至而后反者,岂皆极其至而后反哉?"①所谓"极其至而后反者",乃是"厚集而怒报"之反,倘若世间的事物都这样,那就会变成"日报而未有宁矣"。实际上,不管是阴阳动静,还是治乱吉凶,并不都是极其至而方反。就阴阳动静言,阳含静德,故方动而静;阴储动能,故方静而动,《周易》六十四卦,三十六体,或错或综,疾相往复,方动即静,方静旋动,静即含动,动不舍静②;就治乱吉凶言,若治极而乱,"则尧舜之后,当继以桀纣",若乱极而治,则"永嘉靖康之余,何以南北瓜分,人民离散,昏暴相踵,华夷相持,百余年而后宁","以天化言之,则盛夏炎风酷暑之明日,当即报以冰雪。山常畜而必流,水常流而必塞"③。王夫之的这些论述,透露出这样一种思想闪光:即矛盾的转化,并非只有物极则反一种形式,物极则反,那是"大反"。用现代的哲学语言说,是"飞跃",是"突变";但矛盾转化还有另一种形式,则"渐变"或量变中的部分质变。王夫之这种矛盾转化多种形式思想的意义在于,使以往的两点论常常停留在某一特定的范围里,停留在事物变化过程的某一阶段的理论局限得到克服。同时杜绝了诸如静极而动等学说往往须借助于外力的推动,而最终陷入神秘主义和形而上学泥潭的偏弊,从而把两点论贯彻到一切领域和事物变化的整个过程中,为矛盾无时不在、无处不在提供了一个强有力的理论根据。

(四)阴阳:"合二以一者,既分一为二之所固有"

矛盾对方的关系,从某个角度看,有相互依存、相互渗透、相互转化等问题,从另一个角度看,则又有"分"与"合"等问题。

"分""合"问题,在中国古代哲学史上,一直有着争论。这种争论甚至一直延续到今天的哲学界。60年代进行的关于"一分为二"和"合二而一"的讨论,实际上就是围绕着如何看待"分""合"问题展开的。虽然这场讨论,由于种种原因,最后以学术上的围剿和政治上的批判告终,

---

① 《外篇》。
② 《思问录·外篇》。
③ 《内传·发例》。

但思想上的分歧和斗争却一直没有止息。去年,学术界又重新对这个问题展开讨论,进一步把这个问题研究引向深入。

王夫之在学术上,可以说是一个好战者,这种好战在很大程度上是出于自负。他自题小像"六经责我开生面"则是此种自负的生动写照。当然,夫之的自负并不是盲目的,在几十年的著述活动中,他确实把历史上的各种经传、注疏都进行了一次总结性的清理、批判,进而给予别开生面的解释。在这个过程中,王夫之当然不能不有所破除,有所建立。"分""合"问题自然也不例外。

夫之一生中攻击最烈者,除去佛老异端,还有鄙儒、俗儒,而对于邵雍的批判,又多见于"一分为二"说上。

邵雍在《皇极经世》一书中,有许多"一分为二"的论述。在《观物外篇》中,他说:"太极既分,两仪立矣。阳上交于阴,阴下交于阳,四象生矣。……于是八卦成矣。八卦相错,然后万物生矣。是故一分为二,二分为四,四分为八,八分为十六……"这种"一分为二"的思想,既是《易传》"太极生两仪"思想之衍生与发挥,又是邵子"先天学"逻辑发展的基本路数。邵子之后,宋明理学家对此思想都作了不同程度的发挥,其中尤以朱子的"破作两片"语为最概括,无怪乎王夫之在《思问录》中一针见血地指出:"《皇极经世》之旨,尽于朱子'破作两片'之语。"

对于这种"一分为二"和"破作两片"的思想,王夫之是怎么看的呢?他认为,邵子的"一分为二"和朱熹的"破作两片"说,不过是指"天下无不相对待者耳","然天下有截然分析而必相对待之物乎?求之于天地,无有此也,求之于万物,无有此也,反而求之于心,抑未谂其必然也。故此深疑邵子之言易。"①"阴阳之与刚柔,太之与少,岂相对待者乎?……少即太之稚也,太即少之老也。将一人之生,老少称为二人乎?渐移而无分画之涯,将以何一日焉为少之终,而老之始乎?故两片四片之说。猜量比拟,非自然之理。"②之后,夫之分析了此种思想之谬误所在,即"有背离而无合理"。他说:"盖阴阳者,终不如斧之斯薪,已分而不可合,沟之疏水,已去而不可回。"③同时,他又从正面予以论述说明:"破者,分析教成两片,一彼一此之谓也。"④天下之物"以至于一物之细,一

---

① 《外传·说卦传》。
② 《思问录·外篇》。
③ 《外传·说卦传》。
④ 《读大全》,第104页。

事之微,论其所自来与所自成,莫非一阴一阳,和剂均平之构撰……故欲破此一物为有阴而无阳,彼一物为有阳而无阴……俱不可得。"①"阴阳之化,运之也微,成之也著。小而滴水粒粟,乍闻忽见之物,不能破而析之以画阴阳之畛,斯皆有所龛合焉。"②总之,天下之万事万物,事物变化的一切过程,都不能有分析而无龛合,有背离而无合理。所谓截然分析必相对待,有此无彼,有彼无此,阳中无阴阴中无阳的东西和思想,"天地无有也,万物无有也,人心无有也"③。

王夫之反对"截然分析"的思想,与共"孤阳不生,孤阴不成"的思想是有密切联系的,同时,也一定程度地受到当时自然科学的影响。所谓"天入地中""地上天际""其界不可得而剖"④"天入地中,地含天化"⑤"天包地外而入于地中……地处天中而受天之持"⑥,等等,虽含有较多直观臆测的成分,但不能说没有天文学影响的因素。

与"分"的思想一样,"合"的思想在中国古代哲学中上也源远流长。从春秋末年的"中庸"思想,到汉代董子的"凡物必有合"⑦,直至宋代张载的"一物两体"和明末方以智的"合二而一",都从不同的角度、在不同的程度上对此进行过探讨和论述。其中,尤以张载的"一物两体"和方以智的"合二而一"为较深刻。这里,我们想通过探讨王夫之与这两种思想的关系,来看看夫之本身在此问题上的思想真谛。

张载之"一物两体",很受朱子的称道。朱子曾赞之曰:"一物两体",一语极精。朱子此赞,也很有见地。中国古代之两点论,至张载之"一物两体",可说进入一个新阶段。其主要标志则是把"两"与"一"直接地、紧密地联系起来,并作为一对范畴,更明确地提出来。但是,也应该看到,张载所说之"两"与"一"的关系,则主要表现为统一体与对立面之间的一定的相互依存、相互作用的关系。加之,张载之"太虚""太和"多少带有超乎阴阳之上的实体性,这就使得"一物两体"的思想,具有相当程度的局限性。这些缺陷在王夫之那里,得到了较好的克服。王夫之谈"两""一",主要是从统一体矛盾双方之间的相互关系去认识和说

---

① 《读大全》,第104页。
② 《尚书引义》,第64页。
③ 《外传·说卦传》。
④ 同上。
⑤ 《内传》卷一。
⑥ 《外传·颐》。
⑦ 《春秋繁露·基义》。

明。所谓"非合两而以一为之纽也"①,则是说,"一",并非是有一个实体把两端纽合起来,而是指联结两端的一种关系。王夫之对于动静、虚实、隐显、聚散等论述,就贯彻了这一思想,即专从对立面之相互依存、渗透、转化去谈两者统一。"两端者,虚实也,动静也,聚散也,清浊也,其究一也。实不窒虚,知虚皆实。静者静动,非不动也。聚于此者,散于彼,散于此者聚于彼。清入浊而体清,清入浊而妙浊,而后知其一也,非合两而以一为之纽也。"②在这里,张子的实体性不见了,有的只是两端之间的相互关系,对立之中的统一。

方以智在《东西均》中阐发了许多"一而二""二而一"的思想。这些思想是富有辩证性的。有人把方以智的"圆∴""交、轮、几""随、泯、统"比诸黑格尔的"正、反、合",这有一定的道理,但严格地说,是不贴切、不科学的。因为"圆∴""交、轮、几""随、泯、统"虽蕴涵有"正、反、合"的萌芽,但在方以智的整个思想体系中,却又带有明显的形而上学的局限。

方以智是深受佛学影响的。其"随、泯、统"三个范畴则来自天台宗。湛然说:"夫三谛者,天然之性德也。中谛者,统一切法;真谛者,泯一切法;俗谛者,立一切法。举一即三,非前后也。"③方把佛学的"俗、真、中"三谛改为"明、暗、合":"暗随明泯,暗偶明奇,究竟统在泯随中,泯在随中,三即一,一即三,非三非一,恒三恒一。"④这与天宗之"举一即三"思想相近,字眼亦类。天台宗"三谛圆融",既不承认俗谛,也不承认"真谛",而以非"俗"非"真"之"中谛"为最高真理。目的是借此论证世界之虚妄不真。方以智之"不落黑白"(《药地炮庄·知北游评语》)"不落有无""不落阴阳"⑤也有佛教非真非俗之味。另外,方之"圆∴"等思想往往从"一即二""一即三"发展到"无一无二""非一非三"⑥。它一方面反对"丧二求一",另一方面又认为有一个"至一""真一""真天""真阳"。在《三征》篇中,方以智明确指出:"圆∴三点,举一明三……下二点。随俗、泯真相对待,上一点,则几是无对待。"在《反因》篇中,方又说:"天有地对待之天,有不可对待之天……有不落阴阳之阳……有不

---

① 《思问录·外篇》。
② 《思问录·内篇》。
③ 《始终心要》。
④ 《三征》。
⑤ 《反因》。
⑥ 《三征》。

落善恶之善。"而所谓"真天""真阳""至善",实际上是没有对待,没有矛盾之神化的绝对。方之所谓"合二而一",在很大程度上,就是把统一性建立在这种没有矛盾、没有对待之神化的绝对的基础上的。

与方以智的"合二而一"有从矛盾对立之上去寻找统一性之嫌不同,王夫之在对"分"与"合"的大量论述中,坚持了在对立之中去寻找统一性的思想。王夫之认为:"分"与"合",是事物及其发展过程的两个方面、两种形式。它们相互依存,互为表里,分中有合,合中有分,不存在有分无合、有合无分等问题。以中国哲学史上最常见的"太极"与"阴阳"两范畴为例,以前的儒者,常常把太极凌驾于阴阳之上。王夫之一反先儒之传统偏见,明确指出:合而言之,则为太极,分而言之,则为阴阳,阴阳为太极所固有,非分之前无阴阳,动而后方生阴、生阳。夫之还利用《易传》之"一阴一阳之谓道"来阐发其"分"与"合"的道理,并借此以批判佛老之"搏集而合之一"和"分析而各一之"。指出:"以为分析而各一之者,谓阴阳不可稍有所倚胜,阴归于阳,阳归于阴,而道在其中,则于阴于阳皆非道,而道且游其虚,于是而老氏之说起矣。……以为搏集而各一之者,谓阴阳皆偶合者也,同即异,总即别,成即毁,而道函其外,则以阴以阳而皆非道,而道统为摄,于是而释氏之说起矣。"① 前者是否认对立,而道是凌驾于一切之上的绝对;后者是截然的对立,而道游乎阴阳之间。二者都割裂对立与统一的辩证关系。而在实际上——王夫之认为——"两间皆阴阳,两间皆道,夫谁留余地以授之虚而使之游,谁复为大圆者以函之而转之乎?其际无间,不可以游,其外无涯,不可以涵","惟然,非有自外函之以合其离也,非有自虚游之以离其合也"②。夫之的这种观点,体现了两极的对立存在于它们的相互联系之中,而它们的联系,又存在于相互对立之中,既对立,又统一,即对立的统一。

对于"一"与"二""合"与"分"何者为始、何者为终的问题,夫之在批判佛老的过程中,进一步阐发了"一以贯之"的思想,并以此与佛老之"抱一""归一"相对照,指出圣人之与异端,虽均言"一",但"彼曰归一,此曰'一贯',彼曰'抱一',此曰'一致'"。③ 异端以"抱一""归一"告终,最后"一归何处"?"一"归于无,这就是异端之归宿。圣人则不同,"一"与"二"一样,是贯彻始终的,有"一"必有"二",有"二"必有"一","一"和

---

① 《外传》卷五。
② 同上。
③ 《外传》卷六。

"二"都是一个事物之两个方面,犹如一物之表里,互相依存,缺一不可,表里相成,各有其用。他说:"盈天地之间,则皆有归矣。有其表者,有其里者,则有其著者。著者之于表里,使其二而可以一用","器有其表者,有其里者,成表里之各用,以合用而底于成……岂得有庞杂窒之而表里不亲邪?故合二以一者,即分一为二之所固有矣。是乾坤与易相为保合而不可破。破而毁,毁而息矣。"①就是说,"分"与"合"乃是一个事物之两个方面,它们互相包涵,相反相成,断断不可离析而言之。

王夫之关于"分"与"合"的思想,与前面的"乾坤并建"、阴阳相倚相涵的思想是紧密联系在一起的。前者是从事物之相对孤立、相对静止状态去考察和研究事物,后者则是从相互联系及运动变化的过程去考察和研究事物。前者是后者的前提与基础,后者是前者的深入与展开。在这里,王夫之的思想进程,体现了一个不断由简单到复杂、由抽象到具体的过程。另外,与前人的有关思想相比较,王夫之不管认识事物的角度,还是从认识事物之范围和程度,都相对地增多、扩大与加深了。这里,也体现了人类认识不断由简单到复杂、由浅入深、由抽象到具体的过程。从对不彻底的矛盾思想的批判,到对割裂"合"与"分"对立统一关系之"一分为二"和"合二而一"思想的剖析弹正,王夫之建立了一个较接近于科学辩证法的"分""合"统一观——这就是王夫之对中国古代辩证法的重要贡献之一。

四

王夫之的阴阳对立统一思想,既深入和展开为"乾坤并建""阴阳互涵""分""合"统一观中,又进一步扩展和体现到诸如"一多""同异""常变"等范畴中。因为辩证法作为人类认识之网,它不仅必须有"纲",而且需要有"目"。如果说阴阳之对立统一是王夫之辩证法体系之纲,那么,织成这个中国古人认识之网的纽结,则是"一多""同异""常变"等范畴。

(一) 一与多

"一多"思想,若要追根溯源,大概可溯至《易经》之八卦说,但首先明确提出"一多"范畴的,当推《老子》的"一生二,二生三,三生万物"②。

---

① 《外传》卷五。
② 四十二章。

孔子也谈过"一多"关系,所谓"多学而识"和"一以贯之"就多少体现了这种关系。《易传》之"同归而殊途,一致而百虑"及后儒之"理一分殊"也包含有"一"与"多"的关系。

释氏对此也有不少论述,诸如"心生种种法生,心灭种种法灭""三界惟心,万法惟识""月印万川""万法归一"等等。

儒释道三家均谈"一多"关系,但谈法不同,思想各异。一曰:"一生",一曰"一贯",一曰"归一"。王夫之是怎样对待这些思想的?

对于佛老二氏,夫之向来斥之为异端,但他又没有因此而置二氏之学于不顾,而是出入佛老,袭其辎、暴其恃而见其瑕。对于佛老之"一多"观,夫之亦持此种态度。

对于儒家,夫之则向来持具体分析、区别对待的态度。他视之为真儒或儒学正传的,往往予以承扬发挥,他视之为鄙儒俗儒的,则给以明确的批判弹正。对于儒家这"一多"观,夫之亦持此种态度。

王夫之所以反对老氏的"一生二,二生三,三生万物",因为他认为,老氏此说离析了"一"与"万"的联系与统一,万是一外之万,一是万外之一,万与一各独立、相为对。在《尚书引义》中,王夫之指出:所谓一生二、生三,乃是"生二与一相抗衡,生三与一相鼎峙……老氏以此坏其中,而与天下相峙,故其流为刑名,为阴谋,为兵法,凶德之所自生,故曰贼道也"①。

对于孔子的"一以贯之"和《易传》"同归殊途,一致百虑"之说,夫之是推崇的。但他又认为,此种思想被后来儒者之"理一分殊"和释氏的"月印万川、万法归一"说歪曲了。例如朱子之谈"理一分殊",主要是指一理该万物,万物此一理。朱熹的学生问:"《理性命章注》云:自其本而之末,则一理之实,而万物分之以为体,故万物各有一太极。如此,则是太极有分裂乎?"朱子答道:"本只是一太极,而万物各有禀受,又自各全具一太极尔。如月在天,只一而已,及散在江湖,则随处可见,不可谓已分也。"②朱子还以粒粟与百粟的关系说明这个道理:"如一粒粟生为苗,苗便生花,花便夺实,又成粟,还复体形。一穗有百粒,每粒个个完全,又将这百粒去种,又成生生只管不已,初间只是一粒分去,物物各有理,总只是一个理。"③就是说,聚而言之,仅是此理此太极,散而言之,还是

---

① 《咸有一德》。
② 《朱子语类》卷九十四。
③ 同上。

此理此太极。"物物有一太极,人人有一太极"①;"万个是一个,一个是万个"②。至此,朱子"理一分殊"之思想真谛已流露无遗,也就是:一即万,万即一,二者没什么区别。如果说,老氏的一生二,以二伉一,三生万,万与三为对的思想是夸大了一与万的对立和区别,并把这种对立和区别绝对化,那么,朱子的"理一分殊"则是从另一条道路,即抹杀一与万的区别和对立,而把二者之间的联系与统一绝对性,从而滑进相对主义诡辩论的泥潭。

对于"理一分殊",夫之也时有论及,但它与朱子之说却有貌合神离之别。这里,姑不论夫之之"本"与朱子之"本"有着根本性质的区别,就其如何"分",如何"殊"言,二者亦自成蹊径。在《正蒙注》等著作中,王夫之指出:"人物同受太和之气以生,本一生;而资生于父母、根荄,则草木鸟兽之与人,其生别矣"③;"夫在天则同,而在命则异,故曰:'理一而分殊'"④;"然同于天者,自其未有万物者言也;抑自夫万物之各为一物,而理之一能为之分殊者言也。非同于天,则一而不能殊也"⑤。就是说,万物之分之殊,原是不离其"本",即"此一气"之分之殊;而"此一气"亦非不可分不可殊。合而言之,则仅此一气。亦即仅"此一理",分而言之,则散为万物而各殊。此中之关系,不是一气生阴阳,阴阳生万物;而是一气散而为万物,万物聚而为一气;不是一气即万物,一理即万理,而是一理分为万理,万理各有殊异。这种思想与朱子之"一即万""万即一"的区别是不言自明的。

朱子"一即万""万即一"的思想是受到华严宗"一即一切"思想之影响的,而其"月印万川"说则直接来自释氏的"一月普现一切水,一切水月一月摄"。对此,王夫之曾尖锐地指出:"何居乎君子儒而蒙释老之说邪?"⑥

对于朱子,夫之向来还是较尊重的。因此对其学说虽多有所弹正,但语气、措辞则往往较委婉、缓和。对释氏则不然,每每动辄呵斥痛骂。例如,对释氏之"万法归一"说,王夫之直接斥之"栩然自侈曰'万法归

---

① 《通书·理性命重注》。
② 《答黄道夫》。
③ 《作者篇注》。
④ 《读大全》。
⑤ 同上。
⑥ 《尚书引义·泰誓上》。

一',一更无归而西江吸尽矣。甚矣其愚矣"①;"'万法归一',一归何处?信万法之归一,则一之所归,舍万法其奚适哉?是可截然命之曰'一归万法',弗能于一之上索光怪泡影以为之归。然而非也。万法一致,而非归一"②。夫之这个思想,与前面对老氏摒万于一外,摒一于万外,割裂一与万的联系与统一的批判有异曲同工之妙。所不同的是,后一种批判更刨根问底、直捣黄龙,深刻地指出了此种思想的必然归宿:"归一之变为无本,无本之变,又为枯木头上开花,而释氏之巧极矣。"③

在批判和承扬前人学说的过程中来阐发自己的思想,这是王夫之治学著述的一大特点。对于"一"与"万"关系的论述,王夫之也是这么做,在剖析批判释老、朱子夸大"一"与"万"的对立和区别、否认二者的联系和统一及把"一"与"万"的联系和统一绝对化,抹杀二者的区别与对立两种错误倾向的过程中,王夫之继承和发扬了先儒"一以贯之"的思想,建立了一种既看到"一"与"万"的区别与对立,又承认二者之间的联系和统一的"一多"对立统一观:"一含万入万而不与万为对"④;"一该万矣,万为一矣。二亦万之二,三亦万之三,万乃一之万。不得曰'一生二,二生三,三生万'"⑤。合而言之则一,分而言之则万。王夫之的这种"一多"统一观实际上是他阴阳分合观的深入与发展。这也是他的辩证法思想不断由简单走向复杂、由抽象上升到具体的重要表现之一。

当然,正如王夫之的"分合"观往往更注重"合"一样,在"一多"问题上,夫之也往往把"一"摆在"统率""纲宗"的地位。所谓"统一原而听其万变"⑥是也,对于"一"与"多"的衍变过程,它的逻辑路数也与"合—分—合"一样:"始于一,中于万,终于一。始于一,故曰'一本万殊',终于一而以始,故曰'同归而殊途'。"⑦他对《易传》之"同归而殊途""一致而百虑"很做了一番发挥,目的也在于阐明"一"之"纲宗""本原"的地位。

(二)有与无

"有与无"是中国哲学史上又一对既古老又常见的重要范畴。从先

---

① 《尚书引义·泰誓上》。
② 《外传》卷六。
③ 《读大全说》,第590页。
④⑤ 《老子衍》。
⑥ 《春秋家说》卷二上。
⑦ 《外传》卷四。

秦的《老子》《墨经》，到魏晋玄学家；从宋朝理学家到明清之际的思想家，都不同程度地谈到它。但是，正如人类思想总是不断由简单到复杂，由抽象到具体一样，明清之际的思想家关于"有与无"的论述，比起以前的有些思想家之谈论"有无"来，不管在内涵，还是在深度等方面，无疑都要丰富和深刻得多。

《老子》是说"天下万物生于有，有生于无"（四十章）的；魏晋何王一派玄学家则更在本体论意义上谈"以无为本""有始于无"。对此，王夫子是怎么看的呢？他的回答十分直接与明确："谓有生于无，无生于有，皆戏论。"①因为在夫之看来，充塞于两间者，皆阴阳二气，二气有时聚成物，显而明，为耳目之力所能及；有时则散而返于太虚，隐而幽，非耳目之力所能及。"人不自知其耳目之有穷，而于闻见不及之地，狂妄卜度，斯异端之所自炽也"②。实际上，天下只有"幽"与"明"，无所谓"有"与"无"。

"言幽明不言有无"③的思想，其实非始于夫之。北宋张载早已明确指出："太虚即气即无无"④，"故圣人仰观俯察，但云知幽明之故，不云知有无之故"⑤。为使夫之避免掠前人之美之嫌指出此点，也许是必要的。

在中国历史上对"有与无"问题有较深刻论述的，还有先秦的《墨经》。《经下》云："若无马，则有之而后无。天无陷，则无之而无。"在这里，《墨经》区分了两种"无"："无不必待有，说在所谓"⑥与"同异交得放有无"⑦。前者，如天陷海枯，从未有过之"无"；后者如白马、黑马，曾有过之，但现无有之"无"。此中之"无"，细加推敲，似乎主要从逻辑学角度去加以分类。

能从本体论和逻辑学两个不同的侧面去研究"有与无"问题，这说明中国古代思想家对这个问题的认识还是比较深入的。但这并不意味对它的认识已被穷尽。明清之际的王夫之就从另一个方面，即从方法论的角度，对"有与无"之间的相互关系做了大量和深刻的论述。

---

①③《思问录·内篇》。
②《礼记章句·中庸》。
④《正蒙·太和篇》。
⑤同上。
⑥《经下》。
⑦同上。

在《思问录》中，王夫之提出了一个著名而深刻的思想："言无者激于言有者而破除之。就言有者之所谓有而谓无其有也，天下果何者而可谓之无。言龟无毛，言犬也，非言龟也。言兔无角，言麋也。非言兔也。"①就是说，所谓"无"，仅是相对于"有"而言，"无我者，于我言无我尔"②。所谓龟毛兔角之"无"，实际上是相对于犬毛麋角而言。言声色味臭也是这样："目所未见，非无色也；逮其有色，则色昭著信也。未有色者之有色耳"，"未有声者之有声矣"③，非无声无色也！声色本相对而言，相形而著，"形其形而无形者宣，色其色而无色者显"④。

王夫之还把这种"有无"相对待、相依存的思想贯彻到对传统之形而上与形而下、道与器等问题的解释上。在《内传》中，王夫之指出："形而上者，当其未形而隐……形而下，即形之已成乎物，而可见可循者也。形而上之道隐矣，乃必有其形而后前乎所以成之者良能著，后乎所以用之者之功效定。故谓之形而上而不离乎形，道与器不相离。"⑤佛老则不然，"一概丢抹下者形，笼统向那没边际处去搜索，如释氏之七处徵心，全不依物理……又如老氏删下者'可道''可名'的，别去寻个绵绵若存。他便说有，我亦无从证其无，及我谓不然，彼亦无执以证其必有。"⑥就是说：佛老二氏徇于耳目，知有之有不知无之有，知虚之虚而不知虚之实。所以捏目生花，闻梅生液，以有为妄，据妄为宗，"厌弃此身，以拣净垢……何怪其裂天彝而毁人纪……'糠秕仁义，刍狗万物'……又何怪其规避昼夜之常以冀长生之陋说哉！"⑦

在王夫之看来，"有"与"无"既是互相对待、互相依存，又是互相联系、互相统一的。首先"能有者乃能无，能无者乃能有"⑧；"相待而有，无待而无"⑨，"有""无"相对而言，不可离析孤立。"老释以无在有外，迥然无对之孤光为性"，⑩何其陋也！同时，"有""无"之间又是互相包涵、互相寄托。虚实、有无、幽明，"相沦贯为一体，虚者乃实之藏"，"幽之中具

---

① 《内篇》。
② 同上。
③ 《礼记章句·中庸》。
④ 《诗广传》卷四。
⑤ 《诗广传》卷五。
⑥ 《读大全》卷二。
⑦ 《外传·无妄》。
⑧ 《庄子通》卷八。
⑨ 《外传》卷二。
⑩ 《正蒙注·乾称篇下》。

明之理,此圣人所以知幽明之故而不言有无"①。这就是王夫之所说的"无之有"和"虚之实"②。

对于"无之有"和"虚之实"的思想,王夫之在鬼神问题上做了一番发挥。在《俟解》中,夫之指出:"自无而之有者,神未尝有而可以有,自有而之无者,鬼当其无而固未尝无者。特人视之不能见,听之不能闻耳。"在夫之看来,鬼神既可以谓之有,又可以谓之无,但二说又均欠妥。因为若谓之有,谁人曾所见,曾所闻?若谓其无,人未生之前,难道是无吗?既死之后,又化为乌有了吗?实际上,对于鬼神,"君子不能谓其无,而不可与天下明其有。有于无之中,而非无于无之中"③,"天下之妙,莫妙于无,无之妙,莫妙于有有于无中"④。王夫之的这些话,很容易使人联想起黑格尔对于"有"与"无"的有关论述。黑格尔说:"这里的真理既不是有,也不是无,而是已进入——不是走向——无中之有和已走进了——不是走向——有中之无",是"有与无的统一"⑤。王夫之关于"无之有"和"有有于无中"的思想,能否说也是一种"有与无的统一"?也是一种包含了反题的合题呢?我认为,如果不这样说,反而不能说明和解释王夫之的这一思想——尽管它只是以阴阳为细胞的古老形态里表述和体现出来的。

(三) 同与异

人们总想从尽可能多的方面、从不同的角度去观察和研究事物,古代思想家亦然。同与异就是古代思想家从不同于"一多""有无"的另一个侧面去观察和认识事物的一对哲学范畴。

据说,英国的维廉·侯失勒曾问儿子约翰说,什么东西是同类而相似的?约翰答道:"一株树的叶子最相似。"维廉就要他的儿子找出两片完全相似的叶子,结果,约翰找不出来。这事情本身虽简单,却包含一个不太简单的道理,完全相同的东西世界上是不存在的。巧得很,17世纪中国的王夫之也以树叶为例子,阐述了这种思想:"大木之叶,其数亿万,求一相肖而无毫毛之差者无也","大同必有小异"⑥。其实,在中

---

① 《正蒙注·太和篇》。
② 《正蒙注·乾称篇下》。
③ 《读通鉴论》卷三。
④ 《庄子通》,第92页。
⑤ 《逻辑学》上卷,第70页。
⑥ 《正蒙注》卷一。

国,这个思想非始于王夫之,北宋的张载在《正蒙》中早就指出:"造化所成,无一物相肖者。"①看来,"同异"问题是古今中外许多思想家所共同关心的一个重要问题。

早在春秋末年,就曾经有一些思想家探讨过"同""和"问题。从《国语》所记载的史伯论"同则不继,和实生物"②"声一无听,物一无文"③到《左传》中的晏婴论"和""同",实际上都是讨论这个问题。王夫之在《周易大象解》中指出:"同而异,则为和。"可见王夫之是把"和同之辨"视作讨论"同""异"问题的,并且进一步指出:所谓"和",实际上是"同"与"异"的统一。

一如古代许多较深刻的思想家往往"崇和抑同"一样,王夫之在对"同""异"的大量论述中,往往更注重二者的联系与统一,而反对见"同"不见"异"、离异言同和离同言异等错误的倾向与思想。

在《外传》中,夫之指出:天之化,人之伦,有同焉,有异焉④,"于异而能同"⑤,"非同则不能异"(《正蒙注·动物篇》),"同者不相为同,资于异者乃和同而起功"。⑥ 就是说,"同"与"异"作为一对矛盾,双方都是以对方作为自己存在的前提和根据,二者各相反相成。没有异则无所谓同,没有同则不能异。"合异以为同,分同以为异,皆此一往一来,一赢一诎以成之象"⑦。"同"与"异"是一个事情的两个方面,是"分"与"合"的具体表现,以"文""章"言之,所谓"文"者,"异色成采之谓文";所谓"章"者,"一色昭著之谓章"。"文"虽异色成彩,但非无"同";"章"虽一色昭著,但非无"异"。"文以异色,显条理之别;章以一色,见远而不杂。乃合文以成章,而作合之文各成其章,则曰文章。文合异而统同,章统同而合异。""以文全章偏言之,则文该章;以章括始终,文为条理言之,则章该文。""文以分,分以合显。章以合,合令分成。而分不妨合,合不昧分。异以通于同,同以昭所异。相反相成,相涵而不乱,此文章之谓也。"⑧这种文章分合同异观,谈得何等的好啊!

---

① 《太和篇》。
② 《周语》。
③ 同上。
④ 卷六。
⑤ 《外传·暌》。
⑥ 《礼记章句·中庸》。
⑦ 《内传》卷五。
⑧ 《读大全·论语》。

王夫之所以能提出这种比较深刻的同异统一观,与他能够全面地批判和继承前人的思想成果是分不开的。在中国古代历史上,不少思想家都从不同角度、不同程度地论述过"同""异"问题。但由于种种原因,他们又往往存在着这种或那种的偏弊与缺陷。对此,王夫之都毫不含糊地给予批判弹正。

在《外传》中,王夫之指出:"释守性以为己真,老守命以为己宝,以同所异而异所同,立藩棘于荡平之宇,是亦共欢朋党之私,屠酷固各之情已耳。"对于庄子一流之汗漫恍惚,乍阴乍阳的"无端崖之辞"和知"密"不知"辨"的相对主义,夫之则以"大辨体其至密""至密成其大辨"辨正之。惠子是主张"合同异""万物毕同毕异"的,夫之则一针见血指出:"惠子统同,而无固执一"①;宋明理学家程氏一派是言理同性同命同于天的,夫之则反之予"同本不同性不同命"②,"在天则同,而在命则异"③。正是在这种富有建设性的批判过程中,王夫之能对"同异"问题做出较深刻、全面的认识和论述。

值得一提的是,王夫之还把这种同异统一观贯彻到他的文学思想中。他关于情不离景、景不离情、情景交融、情景相生的思想在中国古代文学理论中是很有特色的一笔。

在《姜斋诗话》中,王夫之提出:"情景名为二,而实不可离","情景虽有在心在物之分,而景生情,情生景。哀乐之融,荣悴之迎,互藏其宅"。有人对"吴楚东南坼,乾坤日夜浮"二句与"亲朋无一字,老病有孤舟"二句颇有微词,说未免有上下不称之嫌,夫之则指出:"天情物理,可哀可乐,用之无穷,流而不滞;穷且滞者不知尔。'吴楚东南坼,乾坤日夜浮',乍读之若豪壮,然而进与'亲朋无一字,老病有孤舟'相为融洽。"他还进一步讥讽那些批评杜诗的人是"陋人标陋格,乃谓'吴楚东南坼'四句,上景下情为律诗宪典,不顾杜陵九泉大笑。愚不可瘳,亦孰与疗之"。

与那些把上景下情视为律诗宪典的说法不同,王夫之主张"夫景以情合,情以景生。初不相离,唯意所适。截分两截,则情不足兴,而景非其景。且如'九月寒砧催木叶'二句之中,情景作对;'片石孤云窥色相'四句,情景双收,更从何处分析","巧者则有情中景,景中情。景中情

---

① 《庄子解》。
② 《读大全》,第 726 页。
③ 同上。

者,如'长安一片月',自然是孤栖忆远之情;'影寂千宫里'自然是喜达行在之情。情中景尤难曲写,如'诗成珠玉在挥毫'写出才人翰墨淋漓,自心欣赏之景"。对于情景之同异分合,夫之有一个透辟的归纳,叫作"神于诗者,妙合无垠"。此种情景同异分合统一观,在文学史上,也可说是声非凡之响。

(四)体与用

"体与用"是一对更具有中国风格之古老范畴,在西方哲学史上不曾有过或甚少涉及。搞清楚这对范畴,不仅是研究中国古代辩证法所必需的,而且可以补西方哲学范畴之不足。

所谓"体",在中国古代哲学史上,除去《墨经》有作部分言,如"体,分于兼也";"体,若二之一,尺之端也"①,一般地似均指本体。所谓"用",即是指功效或作用。对于体用关系,魏晋玄学和宋明理学都有不少颇为深刻的论述。魏晋玄学何王一派主"体用一原""体用合一"说,但他们最终合到"无"上:"以无为体,以无为用"②。宋明理学家较注意分别体用,但又有以理为本和割裂体用之偏弊。王阳明很不以朱子之严分知行、体用为然,而走知行合一、体用合一的道路,可惜他又把一切都合到"心"上去了。夫之对阳明学说向来抨击最烈,但在实际上又有不少东西是以阳明"合而为一"的思想为契机,把宋儒之严分形而上与形而下,严分理与气,严分体与用的思想纠正过来。"体与用"与中国古代许多哲学范畴一样,走着一条正—反—合的道路。从王弼以无为本的体用一原说—宋儒严分体用—王夫之以气为本的体用一原论,这是中国古代辩证法的其中一个圆圈。

王夫之的体用一原论主要之点在于:首先指出了"体用相函"③"体用相因"④。反对释氏之立体废用、消用归于无体和老庄的无体之用。在《正蒙注》等著作中,王夫之指出:"庄老言虚无,言体之无也;浮屠言寂灭,言用之无也。而浮屠所云真空者,则亦销用以归于无体。"⑤对于宋儒离析体用的思想,夫之也予以尖锐地批判驳斥。程子说:"湛然虚明,心如太虚,如镜先未有象,方始照见事物",王夫之指出:"其所破者

---

① 《经说上》。
② 王弼:《老子注》。
③ 《外传》卷五。
④ 同上。
⑤ 《乾称篇注》。

用上无,而其所主者体上无也,体用元不可分作两截"①;对于双峰"刚体勇用"之说,夫之则斥之,所说"殊不分晓",指出"凡言体用,初非二致。有是体则必有是用,有是用必固有是体,是言体而用固在,言用而体固存矣。"②因为照夫之看来:言"刚体勇用",那刚自是无用,勇自是无体。而结果勇而无勇之体,则勇为浮气而不成其勇;刚而无刚之用,则亦何以知其刚。因此应该说,刚有刚之用,由用而知其刚,勇有勇之体,由体而生勇。体用相互依存,缺一不可,体用相因相函,离析不得。

一方面,"体生用"③,"有此体乃有此用"④;另一方面,"由用以得体"⑤,"用者用其体"⑥。

在《外传》中,王夫之指出:"善言道者,由用以得体。不善言道者,妄立一体而消用。"他以足与行、稻与麦为例,对"由用以得体"做了很生动的说明。他说,北人有不识稻者,南人有不识麦者,如欲告之,就说麦似稻,稻似麦,均有饱人之用;若令以一言蔽之其体之何若,便通身是口,也不得亲切;所以,善问者不以体为问,善答者不以体告人。"如将欲行,而问何者为足,将欲视,而问何者为目,徒腾口说,争是非,而终其身于盘簠以为日也。"⑦就是说,以能行而知足,能视而知目,体用犹如手足与持行,能持能行者,用也,所以持行之手足,体也。用者用其体,体者有其用。

王夫之关于体用关系的思想所以比较深刻,还在于他不把体用双方视为不可移易,体即是体,用即是用,而是认为体与用是相对而言,它们随着人们观察、认识事物的角度的改变。例如,他指出:"道以阴阳为体,阴阳以道为体,交与为体,终无有虚悬孤致之道。"⑧一方面,川流可见,道不可见,则川流为道之体,而道以善川流之用;另一方面,必有道而后有用,唯有道而后有川流,非有川流而后有道,则道为川流之体,而川流以显道之用⑨。理与气关系亦然。一方面,气外无理,另一方面,理

---

① 《读大全·大学》。
② 《读大全·论语》。
③ 《续春秋左氏传博议》。
④ 《内传》卷六。
⑤ 《外传》卷二。
⑥ 同上。
⑦ 《读大全》卷六。
⑧ 《外传·咸》。
⑨ 《读大全》,第342页。

外亦不能成其气,所以"善言理气,不判然离析之"①。这后一段话,除了说明王夫之体用思想本身外,还说明这种思想之根据所在,即夫之体用不分离、体用相统一的思想,正是其理气不相离、理气相统一思想的体现与展开。

王夫之辩证法范畴,当然不止以上几对,所以仅以上面几对为例。第一,因为王夫之辩证法的其他范畴诸如动静、常变、道器、始终、本末、文质等,同样都是阴阳对立统一思想的深入展开;同样是对事物其中一个侧面进行观察与研究的结果;同样是在揭示和论述事物的其中一种内在联系,因此,不准备于此一一展开,详细论述。例如动静范畴,王夫之就是从事物的动与静的角度,去论述二者之间既对立又统一的关系。他指出:动与静虽互相对立,但又互相依存,互相渗透。动不舍静,动中有静。静者非无动,静动也;动者若无静则非善动:"静于动,则动于静,动静两用而两不用;静于动,则动可名为静……动于静,则静可名为动。"②动与静,犹如人之"止行"与"行止":"止而行之,动动也;行而止之,亦动也,一也。"③它们是一个事物的两个方面,既对立,又统一。对于常变关系的论述亦然。事物之常住性与变动性是对立的统一。谈变,原不离常:"变而不失其常之谓常"④;谈常,原不离变:"常在变之中"⑤,"参其变而知其常"⑥。因此,"君子常其所常,变其所变,则位安矣。常以制变,变以贞常,则功起矣⑦。"其他如道器、本末、文质等范畴,也是事物其中的一种对立统一的关系。第二,王夫之辩证法范畴之多,恐非是一篇文章所能穷尽的,因此,就择其较有代表性,而前人又较少涉猎的几对范畴,加以具体论述,目的是借此看看王夫之是怎样把阴阳的对立统一思想贯彻到对事物之各个侧面的观察与研究之中,如何通过各对范畴之揭示事物的各种内部联系,从而使阴阳对立统一思想,逐步地由比较的抽象,走向比较的充实和具体。确实,王夫之的对立统一思想,如果不借助于这些范畴,而单凭阴阳一对范畴去"孤军作战",就显得十分抽象、干瘪和缺乏说服力,相反,当诸如"一多""有无""同异"

---

① 《读大全》,第342页。
② 《老子衍》,第40页。
③ 《正蒙注·太和篇》。
④ 《外传·系辞下传》。
⑤ 《外传·系辞下传》。
⑥ 《俟解》。
⑦ 《外传·系辞上传》。

"动静"等范畴充分展开之后,王夫之的对立统一思想就丰富充实和生动具体多了。

五

辩证法作为对整个世界或各个具体事物之状态的总的看法,自然不能局限于对事物的各个侧面的观察和认识,也就是说,单有一系列范畴,还不能构成辩证法体系,只有当这些范畴按一定的原则形成一个统一的整体,才能构成辩证法体系。因为辩证法按其本性总是把自然界或各个具体事物当作一个整体而从总的方面来观察的。例如,"在古希腊那里……自然界就还被当作一个整体而从总的方面来观察",而在赫拉克利特看来,世界则是"一幅由种种联系和相互作用无穷无尽地交织起来的图画,其中没有任何东西是不动和不变的,而是一切都在运动、变化、产生和消灭"①。这种古希腊哲学的世界观,虽然在实质上是正确的,但由于它还没有进步到对自然界的解剖和分析,还没能从各个侧面去揭示事物的各种内部联系,自然现象的总联系还没有在细节方面得到说明,因此,这种总画面只是朦胧的、抽象的。

中国古代的辩证法,也是从整体观察自然界开始,首先描绘世界的总画面,其后随着对事物各个侧面进行观察和研究的许多范畴的展开,事物内部的各种联系逐步被揭示,这种总画面才不断由抽象逐渐地走向生动具体。例如,在孕育着中国古代辩证法各种思想的《周易》那里,把世界视为一个相互联系的整体的思想就已经非常明显;再如屈原的《天问》,从"上下未形"的遂古之初,一直到日月星辰的运行,九州山川的错置,龙蛇鸟兽的生息,悉心勾画了一幅万物生成演变的总画面。连王夫之都不胜感慨地说:"凡此诸问,原本天地,推极物理,尽其生成变化之万殊。"②这些画卷从总的来说,确实可与古希腊哲学相媲美,但它又同古希腊哲学有一通病,即画面是朦胧、抽象的。这一毛病随着中国古代辩证法的发展,才不断地得到克服。其中,一对新的辩证法范畴的出现,就给这幅总画面增添一笔,从而使画面相对的具体一点,到王夫之辩证法,由于"一多""有无""同异""常变"等许多范畴的帮助,这幅总画面才相对地更具体、丰富和生动。

---

① 《马克思恩格斯全集》第二十卷,第385页。
② 《楚辞通释》。

那么，王夫之究竟描绘了一幅怎样的总画面？这幅总画面同王夫之的阴阳对立统一思想及此思想深入与展开的诸范畴究竟有些什么关系？为什么说这幅总画面是相对的具体与生动？下面，分别谈谈这些问题。

(一) 物物相依

王夫之所描绘的世界总画面，首先展现在人们面前的，是把各种事物联系起来的线条。在王夫之看来，上下四方，古往今来，是互相联系的。"今与昨相续，彼与此相函"①。若果只知此，而不知彼中亦有此，则是不明。"前古有一成之迹，后今有必开之先。一室者千里之启涂，兆人者一人之应感"②，截然割裂不得。天下之万物，也都是互相依存、互相联系的。"物物相依，所依者之足依，无毫发之或欺"，"蚁依穴住，蟏依空住，粟依土长，浆依水成，相依而生，相依而成；相待而有，无待而无"。③"凡物，非相类则相反……错者，同异也；综者，屈伸也，万物之成，以屈伸而成之用"。④ 在这里，王夫之是把相互依存、相互联系作为事物存在的前提和一事物区别于他事物之条件来认识的，这一点，王夫之是继承与发扬了张载"物无孤立之理，非同异、屈伸、始终以发明之，则虽物非物"⑤思想的。

王夫子甚推崇《素问》之言天运，说"唯《素问》为见天地之化"。⑥ 原因是什么呢？就因为《素问》"不滞五运之序"，不把五行、五运视为相生相克，而把它视为相得相和错综而成利用。这与他在《正蒙注》中阐发的"比类相观，乃知此物所以成彼物之利。金得火而成器，木受钻而生火。惟于天下之物知之明，而合之、离之、消之、长之，乃成吾用"⑦的思想是一致的。

对于社会历史和各种社会制度，王夫之认定它们不是互相孤立而是互相联系的，是作为一种过渡和表现为一种必然的趋势；对于各种社会现象，夫之也认为"无此而彼不足以生矣"。例如，对于儒墨两家学说盛衰兴亡，夫之指出：故有儒而后墨兴，有墨而后儒之说盛，夫相倚以

---

① 《尚书引义·多方一》。
② 同上。
③ 《周易外传》卷二。
④ 《正蒙注·动物篇》。
⑤ 《正蒙注·动物篇》。
⑥ 《思问录·外》。
⑦ 《动物篇注》。

生,则相倚以息。① 夫之关于"无此而彼不足以生"的互相依存、互相联系的思想,与他前面所指出的阴阳不孤立、孤阴不成、孤阳不生的思想是互相联系的,显然前者是后者的理论根据、理论前提,而又因为有了后者,阴阳不孤立的思想才进一步得到充分的发挥而显得更加具体。

从王夫之自身思想看,关于物物普遍联系的思想,仅仅是他自己关于阴阳对立统一思想的展开与具体化,从历史上看,普遍联系思想本身,也是走着一条不断由比较抽象到逐步具体的道路的。到了王夫之,关于普遍联系的思想已和"万物各依其类","庶物繁兴,各成品汇,各有条理"的思想紧密联系和统一起来了。

在《周易外传》中,王夫之以"从其用之有,而知其体之有"的角度,指出了各种事物之质的相对独立性和稳定性,他说:"桐非梓,狐非狸,天地以为数,圣人以为名。冬不可使炎,夏不可使寒,葭不可使杀,砥不可使活。"②事物虽互相联系,但各成其类,不可混杂。区分的办法就是"由用而得体"。在《张子正蒙注》中,王夫之则从另一个角度,即从"有与无""同与异"的角度指出:"聚则见有,散则疑无,既聚而成象,则其才质性情各依其类,同者取之,异者攻之,故庶物繁兴,各成品汇,乃其品汇之成,各有条理故露雷霜雪各以其时,动植飞潜各以其族,必无长夏霜雪,严冬露雷,人禽草木互相混杂之理。"③在这里,我们也可以看到:如果单有阴阳范畴是很难具体说明这种事物既互相联系,又各成品汇的思想的。夫之正是借助于"体用""有无""同异"诸范畴,使关于事物普遍联系的思想能够得到较为具体的说明。

(二)生生不息

在船山哲学中,宇宙是一个生生无穷、变易不息的大流。在这条长河中,没有什么固定不动、一成不变的东西,一切都处于絪缊化育、川流不息的过程中。

在夫之以前,不少思想家曾提供了一幅关于宇宙生生不息、变化无穷的草图,从先秦《易大传》"生生之谓易",到汉朝贾谊"万物变化,固无休息",④直至宋明理学家关于"万物生生,而变化无穷"⑤"阴阳二

---

① 《庄子解》,第18页。
② 《外传·大有》。
③ 《太和篇注》。
④ 《服鸟赋》。
⑤ 周敦颐:《太极图说》。

气……屈伸无方,运行不息"①的论述,都是在不同程度地描绘这幅图画。王夫之充分利用了这幅草图,并着力予以补描润色。

在《周易内传》和《读四书大全说》等著作中,王夫之从不同角度反复论述了这样一个基本观点:即事物非一受其成型,则终古不易,相反,天地万物都是在"屡变"和"屡迁"的,"生物者,客形尔,暂而不常"。② 马克思主义唯物辩证法的基本观点之一是"对一切既成事物,都能从不断运动中,因而也是从它的暂时性方面去理解"。③ 王夫之关于"生物客形暂而不常"的命题可以说是这一思想在古代朴素辩证法中的古老而明确的表述。

一如王夫之以阴阳的对立统一为细胞的辩证法往往是通过许多范畴的发挥和说明而益愈显得具体一样,对于宇宙絪缊生化图,王夫之也是借助于许多范畴的阐述而益愈显得明白清晰。

说宇宙是一个变易不息之大流,那么,如何解析眼前许许多多表面看去固定不动、相对静止的东西呢?王夫之以"动留"之说解析之。指出,"动留"而"生物""成形",动不留乃流于天地之间;动留成物,有形有状,常人所易见;动不留乃流于天地之间,无形无状,乃肉眼不可见而已;动留,固然是静,但静不舍动,静非无动;动不留而流于天地之间,固然是动,但动含静德,动而有静。具体看某一物事,确实有有动无静之物,有有静无动之时,但是从总的去看宇宙,则永远处于一个川流不息的过程中。

整个宇宙是一个生生不息的过程。一个具体东西,一个生物也是生生无穷、变易不息的过程。例如,王夫之喜欢以始终言生死,有时甚至对生死的说法本身置有微词,因为它容易给人生是无中生有、死是化为乌有的错觉。因着这一点,王夫之在提出"生非创有、死非消灭""生死是阴阳自然之理"④等思想之后,又进一步指出:如果说死可说是一次死,那生则必不可云只是一次生。生死者,始终也,而"往来始终,无间相续,但可言刻刻有所终,刻刻有所始,而不可言刹那生灭。一生皆生生相续,唯不生方为死",⑤把人生视为一个生生相续的过程。这是王夫

---

① 张载:《正蒙·太和》。
②《正蒙注·太和篇》。
③《马克思恩格斯选集》第二卷,第218页。
④《周易内传》卷五。
⑤《读四书大全说》卷六。

之的絪缊生化图中很有特色的一笔。

以聚散、幽明来解释事物的生化变易,是王夫之经常采用的重要的方法之一。王夫之指出:自虚而实,来也,聚也;自实而虚,往也,散也;聚而成物,乃明而有形可见。有形之物乃二气变化之一种状态,非原先无一物,凭空而生;散而返于太虚,乃幽而肉眼所不能见,此是气变化之另一种状态,非化为乌有,刹那而灭。聚散幽明,均以时显藏,明非外袭,幽非永息,它们都是事物不断运动变化的不同状态、不同表现。它们或由聚而散,由明而幽,或由散而聚,由幽而明,世间的一切,大至整个宇宙,小至动植人生,无非都是此阴阳二气的聚散往返、生生变化的结果,"无间断之死灭,常流动于化中",①此种把天地万物视为生生无穷、流行不息的过程的思想,与恩格斯在《自然辩证法》中对古希腊的朴素辩证论者的自然观所作的概括,"整个自然界,从最小的东西到最大的东西,从沙粒到太阳,从原生物到人,都处于永恒的产生和消灭中,处于不断的流动中,处于无休止的运动和变化中"②,是相吻合的。所不同的是17世纪的王夫之不仅从总的方面指出这种运动变化的永无休止,而且以动静、隐显等范畴来说明事物变化的状态、形式,从而使得这个关于宇宙是个生生不息的总画面显得更为具体一些。

关于世界是个生生无穷、变易不息过程的理论,王夫之还有一个更为可贵的思想,即认为这种变化并非来自某种外力,而是"天地无心而化成""川流自然而不息"③。换句话说,即"太虚者,本动者也",④这种"太虚本动"的思想与18世纪西方贤哲关于运动不是被创造出来的,自然界本来就是运动着的思想是很相近的。当然,二者所谈之运动的含义及运动的内容是不同的。

(三) 日新富有

对于自然界与社会历史是在不断运动变化的问题,除了少数思想家出于某种原因,视而不见,矢口否认外,大多数正视现实的思想家都能在不同程度上有所认识,但是,对于自然界与社会历史是如何运动变化的问题,则使得许多思想相当深邃的哲学家也每每失足。中国古代的老庄哲学,是以谈论运动变化见称的,但在它们那里,老稚无畦,稚可

---

① 《正蒙注·神化篇》。
② 《马克思恩格斯选集》第三卷,第454页。
③ 《读四书大全说》,第344页。
④ 《外传》卷六。

老,老可稚;朴琢互成,朴可琢,琢亦可朴。一切循环往复,原始返终。朱子哲学也谈了不少社会历史的运动变迁,但它有时却以为:三代以上是天理流行,三代以下,则是人欲泛滥,社会一天不如一天,描绘的是一幅历史退化图。王夫之的著作中也谈了许多事物运动变化的问题,对于这个运动变化之方向、路径或趋势的问题,他又是怎样回答的呢?

王夫之谈变易,很主要的一个特点,就是常常抓住"推陈致新"①这条基本线索。在夫之看来,天地之化是日新不已的。天下之事日变,而道也随之日新。新故相推,日生不滞,乃是自然和社会发展的必然趋势。假若人们"守其故而不能日新,则虽其未消亦枯而死"②,因此,人们应该不断地"推故而别致其新"③。

王夫之"推陈致新"的思想,在他对于"婴儿可壮,壮不可稚"和"世益降,物益备"等一系列论述里得到了较好的说明与发挥。

王夫之对于《老子》"反者道之动"的命题采取了批判改造,取其精华、弃其糟粕的态度。对其看到矛盾转化的一面,王夫之给予继承、发挥,对其不问条件、往复循环的一面,王夫之则给予批判、改造。在《外传》中,夫之指出:"老子曰'反者道之动',魏伯阳曰'畜微稚,老枯复荣,荑发牙蘖,因冒以生',则是已动而巧乘其间,覆稻舟于彭蠡而求余粒于蚌蟹之腹也,岂不愼乎?"在《老子衍》,夫之更进一步指出:"婴儿可壮,壮不可稚","朴可琢,琢不可朴"。这与老庄哲学之老稚无畛、朴琢互通的思想确有一线千里之区别。

在论述事物发展的历程时,王夫之一再指出:"事物发展的后一阶段,总是比它的前身更为完备、高级。"在《外传》中就屡屡提及这样的思想;以前所未有者,今日则繁然皆备。道生于有,备于大繁,"世益降、物益备"等等。关于这种发展非一蹴而就,径直而成,即"非直行速获而可以永终"④,而是有一个曲折、复杂的过程。在古代朴素辩证法中能把事物发展之前进性与曲折性做到此种程度的统一,应该说是很难能可贵的。

关于"性命"问题,夫之以前的儒者,已多有论述。但在他们那里,"性命"往往被看成是一成不变的东西,即"初生受命,既生则命息"。对

---

① 《外传》卷二。
② 《思问录·外篇》。
③ 《外传》卷二。
④ 《正蒙注·动物篇》。

此，王夫之斥之为"方术家"言。夫之根据"生生不息"的理论，提出了"命日降，性日生"的光辉命题。他借《诗经》"维天之命，于穆不已"为题，对"命日降，性日生"的思想作了大量和深刻的论述与发挥。指出：人与禽兽不同，禽兽终其身以用其初命，人则有日新之命，日新之性。因此，人人皆可以为舜尧。①

夫之"命日降，性日生"的思想是以言理不离气的思想为根据的。在《读大全》等著作中，王夫之指出："故离理于气而二之，则以生归气而性归理，因以谓生初有命，既生而命息，初生受性，既生则但受气不复受性，其亦胶固而不达于天人之际矣。"②因为，既然理、性不离气，那么，气日以滋，理当日以成，性当日以生，故"一日生而一日受之"，"天日命于人，而人日受命于天故曰性者生也，日生而日成"③。

在《宋论》等著作中，王夫之还把"日新富有"的观点，运用于观察社会历史问题，提出了"趋时更新"等命题。悉心描绘了一幅人类社会不断由低级向高级发展的图画。他明确指出：轩辕以前"人之异于禽兽无几"④；随着社会不断发展，人类才慢慢有衣裳之没，礼义之道。更值得称道的是，夫之论史，尤重"理""势"。这与宋明以来许多思想家之评论历史，每每或偏重于历史人物如何应付当时环境，注重道德是非，如朱子之《通鉴纲目》；或偏重于对人之应事得失之批评，如吕东莱之论史，迥然不同。司马光之《资治通鉴》本意则在由史实以教人君，亦未能重一史实所成之时势对于整个历史发展的影响。当然夫之之史论，亦非尽善尽美，毫无瑕疵。正如他的阴阳"分合观"往往更注重合，走着一条"合—分—合"的道路一样，夫之亦把社会历史视为一个"合—分—合"的过程。这就在一定程度上给他的历史理论涂上循环论的色彩，此中之瑕疵，在评价夫之史论时，自然应指出，但尤应看到，瑕不掩瑜，从总的说，王夫之是看到并指出社会历史是在不断发展、变化的，并积极在探索这种变化发展的原因与规律的。

（四）天地之化，有渐有变

除指明事物变易之方向、趋势外，夫之对事物变易的形式也多有涉

---

① 《读大全》卷十。
② 卷十。
③ 《尚书引义》，第63页。
④ 《读通鉴论》卷二十。

及。与张子之以"变言其著,化言其渐"①略有不同,夫之之谈论变易形式,往往直接采用"渐"与"变"来说明。

对于事物之变化式并非单一,而是有"渐"有"变"两种,王夫之的认识和论述是非常明确的。在观察与总结人生和许多社会现象的过程中,王夫之认识到,许多事物的生成变化,都不是一蹴而就,而是有一个逐渐发展的过程。例如,对于生死,他从实际生活中体验到,生非一次生,是分生,日日生;而死,"非畏、厌、溺、非疫疠,非猎杀、斩艾,则亦无顿灭之理","未死之前,为鬼者亦多矣"②。生与死,均是"分生分死"非欻然而生,顿灭而亡。对于人的一生,王夫之也把它视为一个发展过程。他说:人们往往只知道诸如爪发之类易闻易见的东西在日生日消,而对肌肤骨肉之类不易见闻的东西之日生日消则不了解。实际上,人体上的各个部分,都无时无刻不在生长消亡,否则,小孩怎会长成大人,童稚如何变为老壮? 对于这种不改变一个事物或生命性质的变化消长过程,夫之曾用一句话予以概括:"质日代而形如一。"③

对于社会历史的发展变化,夫之更能视之为一个逐渐变化的过程。他认为,王朝的盛衰,朝代的更替,均非一朝一夕之故。例如,对于宋朝的灭亡,他认为"其所由来者渐矣,宁宗始之,理宗成之,非旦夕之故。"④对于中国古代从分封到统一,夫之也指出是一个逐渐演变的过程:"周大封同姓而益展其疆。刘天下之半而归姬姓之子孙",虽"未可即一",却也为"渐合一之势"奠定了基础;对于五代大乱到宋祖之统一,夫之也认为治乱均非突然,实际上其所由来也渐。⑤ 基于这一思想,夫之又提出久驰之后,不可急张⑥;"不可脱烈火而引之冰"⑦。因为这是违背事物发展之客观进程的,非速毙则急裂。

既看到事物之渐变,又不昧于渐变而不知突变,这是王夫之辩证法的特点与宝贵之处。夫之认为如果只言渐生而不言变化,那是异端邪说,这在现实生活中也说不通:"泽渐变为水,山渐变为水乎?"⑧在这里,

---

① 《易说》。
② 《正蒙注·动物篇》。
③ 《思问录·外篇》。
④ 《宋论》,第257页。
⑤ 《读通鉴论》卷三十。
⑥ 《宋论》,第94页。
⑦ 《尚书引义·如诰》。
⑧ 《外传》卷五。

王夫之运用和发挥了他的"有未极至而反"和"有极其至而后反"的思想。前者,是不改变整个事物之根本性质的变化,即渐变、量变;后者,则是"厚集而怒报","于位亢势终之余,谢故以生新"①,即突变、质变。

关于事物之渐变与突变问题,王夫之不但有许多直观的论述,如"千金之堤决于蚁穴"②,"一芽之发渐为千年之木"③,"痛久必溃"④等,而且在理论上多有阐发,指出:事物之质,乃气所积集,气积集到一定程度,"型范"乃成,而"型范"一成,则"无时不有消息","至于久而质且为之改也"⑤。这些话一定程度上可理解为当事物之量积累到一定的程度,必然引起质的变化这一辩证法思想的古老而朴素的表述。

(五)二端摩荡、变化无穷

一个比较彻底的思想家,不仅在于他能较好地回答一件事物之自然与固然,尤其表现在他能较深刻地说明事情之所以然。就变易学说言,如果仅仅回答了事物能不能变化、怎么变化,那么,这种学说还不能说是彻底的。因为它还没有说明"为什么会变化"这个在一定意义上说更带根本性质的问题。王夫之的变易理论所以是彻底的(相对而言),就在于它对后一个问题也做了较接近于科学的说明。

关于事物运动变化的原因与动力问题,素来为一些较深刻的思想家所注重。但由于它毕竟是藏在最深处的一个问题,因此,历史上有不少很富有辩证思维的思想家,虽然对事物的运动变化本身有许多精彩与深刻的论述,但一接触到这个问题,就无可奈何地滑进形而上学的泥潭——到事物的外部、到上帝、到"神"那里去寻找"第一推动力"。

中国古代的《老子》哲学,辩证思维之丰富与深刻,久来为人们所称道。然其对于何以会动静的回答,则有"失足"之憾。

在《正蒙注》中,对它曾有尖刻的批判。指出:老氏以天地如橐籥,动如生风,"然则则鼓其橐籥令生气乎",一枪直捣黄龙,几置《老子》的辩证法于死地;宋朝之朱子,学术思想亦可谓博大精深,然又把"理"作为所以能动静的主宰⑥,与上帝推动说所异无几。还是夫之所推崇的张

---

① 《读大全》卷四。
② 《续春秋左氏传博议》卷上。
③ 《内传》卷三。
④ 《读通鉴论》,第833页。
⑤ 《读大全》卷七。
⑥ 《太极图章句》。

载对此有较真切的见解。张子之"动非自外"①说及阴阳二气之屈伸、升降、相互摩荡为事物变化之原因的思想,直接为夫之所继承,使夫之的絪缊生化图有了一个永不穷竭的原动力。

在王夫之的许多重要著作中,阴阳之相互摩荡、相互交感一直是万物生成与变化的根本原因。在《内传》及《正蒙注》等著作中,王夫之反复阐明这样一些基本思想:"阴阳相接而万物生"②"阴阳交感而形象成"③"二端既肇,摩之荡之,而变化无穷"④"絪缊二气交相入以包孕运动之几"⑤等等。这种从事物内部,从事物内部对立着的两种倾向、势力、属性的相互作用去寻找事物变化根源的思想,用恩格斯的话说:"我们不能追溯到比对这个相互作用的认识更远的地方,因为正是在它背后,没有什么要认识的了。"⑥

当然,不同的辩证法形态对于这种相互作用所赋予的含义是不尽相同的,以王夫之把阴阳的对立统一作为事物运动变化之根源的论述,同黑格尔关于矛盾是事物生命力的根据与动力的思想相比较,前者则具有古代朴素辩证法不可避免的两大缺陷,即具有相当程度的直观性与臆测性;后者则是以大量自然科学知识和高度的理论思维为根据。这一点,不惟"动力说"上为然,对整个王夫之辩证法都应作如是观。只有这样,我们才不会重犯黑格尔所经常指出的,用后人或自己的思想去改铸古代哲学家的错误。

至此,对于王夫之的辩证法,就多少有点像恩格斯所说的"没有什么要认识的了"——至少对于笔者是没有什么要说的了。因为,这幅絪缊生化图的基本轮廓已经绘就,主要线条已勾勒完毕。这轮廓和线条集中表现在:世界不是各种事物的混乱堆积与随意杂拼,而是各种相互之间有一定联系的事物组成的整体;这个相互联系的统一体并非一成不变,千古如斯,而是生生不息,变化无穷;事物变化的途径不是循环往复,原始反终,而是日新富有,不断向上,新故相推,日臻完备;变化之形式亦非单一,而是有"渐"有"变"。"渐"主量之积累,"变"主质的飞跃。

---

① 《正蒙·参两篇》。
② 《内传》卷三。
③ 《正蒙注·太和篇》。
④ 同上。
⑤ 《内传》卷六。
⑥ 《自然辩证法》。

事物之量变积累到一定程度,必然引起质的变化;促成事物变化不已的原因,不是来自某种神秘的外力,而是事物自身阴阳二气不断相互作用的结果。二端摩荡不已,宇宙绚缊不息——这就是王夫之提供给我们的一幅生动而又活泼的宇宙绚缊生化图。

研究王夫之的这幅绚缊生化图,当然不能满足于欣赏其总画面本身,而应深入到它的内部去探求其始末由来及各个分支细节,这就是本文第二和第三部分重点论述的东西。回顾复述自然是多此一举,但作一简略概括也许是必要的:如果把王夫之的生化图视作一个中国古人对世界状态的认识之网,那么,此网之纲当是王夫之整个辩证法的"细胞"——阴阳的对立统一;而此网之各个纽结,则应是此"细胞"深入和展开的"一多""有无""同异"等许多范畴。正是借助于这些纲目,王夫之的辩证法成为一个有血有肉、有筋有骨的完整的体系。

记得我国思想史界有位老前辈对读船山遗书有"登泰山"之感,比喻使人颇感亲切。唐朝大诗人杜甫在登上泰山之后,曾留下一著名诗句:"会当凌绝顶,一览众山小。"确实,站在"船山"之巅,回首中国古代诸座思想峰峦,是多少有点相形见小之感的。当然,泰山虽高,亦非平地崛起。荀子有句名言叫"积水成渊""积土成山",此中蕴含之道理,用于说明船山辩证法与中国古代许多哲学家的辩证法思想的关系,是颇贴切的。船山辩证法虽高出前人,但它并非离开前人,实际上它仅是中国古代辩证法之继续、总结和发挥。黑格尔曾经说过:"每一时代对科学和精神方面所创造所产生的成绩,都是全部过去时代积累起来的遗产。"[1]恩格斯也指出:任何新的学说都"必须从已有的思想资料出发,虽然它的根源深藏在经济事实中"[2]。这些原则对于研究和评价王夫之的辩证法同样适用:王夫之的辩证法,一方面是中国古代辩证法发展之必然结果;另一方面它又是夫之所处时代的经济和政治形势的产物。王夫之所处的明清之际,是一个"天崩地解"、天下大乱的时代,当时的社会生产力已有了相当的发展并要求进一步发展,但是腐朽没落的封建的生产关系又严重地束缚着生产力的向前发展,社会基本矛盾十分尖锐;加之,清兵的入关,又使民族矛盾进一步激化,整个社会处于急剧的动荡之中,"居于不得不变之势"[3]。这种尖锐的社会矛盾和动荡的社会

---

[1]《哲学史讲演录》。
[2]《马克思恩格斯选集》第三卷,第56页。
[3] 顾炎武:《亭林文集》卷六,《军制论》。

现状,自然为夫之的矛盾、变易思想提供了客观的社会根据。另外,王夫之出身于一个中小地主家庭,父亲是一个老秀才,一个叔父是封建知识分子,这样的家庭使得王夫之从小就有机会较多地接触和了解前人的思想文化成果。加之,在那"豪强兼并"的时代,中小地主的社会地位是较低下的,经常受到豪强大地主的欺压(自然,它有压迫、剥削农民的一面),这种境遇使王夫之有一种较强烈的改变现状的要求与愿望,因此,他从小就立志走"学而优则仕"的道路,但时代风浪又打破他通过"读书、做官"来改变境遇的迷梦。最后,明朝的覆亡使王夫之深有当"亡国奴"的悲痛,因此,在几次投身抗清失败之后,自然把这种推翻清朝、改变现状的思想寄托于著述之中。这一切,都给王夫之变易的思想提供了主观的根据。确实,正是由于这一系列的原因,诸如社会现状、家庭境况、个人的经历与实践活动等等,使得王夫之能创立一个来于前人又高出前人的辩证法体系。

船山遗书,卷帙沿繁,加之,其书多是注疏体裁,思维精义,随各散见;又因船山其文,才气盛大,行文往往或跌宕纵横,或透迤奥折;诠释则又常常广征博引,汗漫广说,思想主旨,颇难归约。这一切都给探讨王夫之的思想造成一定的困难。但是,一旦人们步入这座中国古代哲学思想的宏宫大殿,发现它原是一座满是珠宝翡翠的思想宝库后,又会迷恋忘返,醉心其中。当然,重要的还在于把这份宝贵的历史遗产批判地继承下来,有效地发掘出来,让古代传统的哲学思想,在繁荣与推动今日的哲学研究,培养与锻炼人的理论思维能力等方面,发挥它应该和可以发挥的作用。

中土佛性与汉唐社会

在本文的"绪论"中,我们指出了佛性思想是中国佛学的主流,是中土佛教的特点所在,之后的各章,我们对此进行了具体的论证。一方面,通过资料与观点的结合,剖析和论述了各家佛性学说的具体内容及其在整个佛教学说中的地位;另一方面,通过对一系列范畴的分析比较,揭示了各种佛性思想之间的内在联系及其源流迁变。这双重的努力,旨在从纵横两个方面阐释与说明中土佛性思想的主流性质及其历史发展。这样做的必要性在于,中土佛性思想本身不但是一个整体,而且是一个不断发展的过程,而对一个处于不断发展过程中的事物做整体考察,"抽象—具体"的方法才是一种"科学上的正确方法"。如果说,我们在文章的开头所提出的佛性学说是中国佛学的主流的说法只是一个抽象的论断,那么,我们在往后各章所作的努力,则是力图通过中国佛教史上一些重要思想家与佛教宗派佛性思想的展开,使这个抽象的论断不断得到充实、丰富与具体。

采用抽象—具体的方法,揭示中土佛性思想的主流性质及其历史发展虽然是研究中土佛性学说重要的不可或缺的一步,但这并不等于说,对中土佛性思想的研究就可以到此止步。从某种意义上说,指出佛性学说的主流性质及其历史发展,只是从逻辑上去再现佛性学说的历史进程,至于这种学说为什么是这样发展而不是那样发展,在中国佛学中所以是这种学说成为主流而不是其他学说占统治地位等等问题,这里均未涉及。因此,如果对中土佛性思想的研究不满足于现象及其发展过程的描述,而决意深入到现象背后,进一步去探究现象及其历史发展的动因,那么,人们就必须找出中土佛性思想的主流性质及其发展的社会历史根据。

一、佛性学说的繁荣与汉唐社会的苦难

涅槃佛性学在中土的传布与兴盛,是晋宋之后的事。在此之前,中国佛教是大小二乘兼有,空有二宗并存。在魏晋时期,借助于玉柄麈尾之玄风和得力于罗什僧肇等高僧的弘扬,性空般若学曾一度风靡佛学界,成为当时佛学界的统治思想。但是,自晋宋之际传入涅槃佛性学说

之后,性空般若学在佛学界的主导地位就不断受到挑战,经过一番较量,性空般若学终于被赶下台来,走上了日趋消沉衰落的道路。作为一个独立的思想体系,除了在吉藏及其三论宗那里有过短暂的复兴外,其后就一蹶不振了。相反,涅槃佛性学自晋宋之际兴起之后,就渐渐入主佛学界,最后终于占据了佛学界的统治地位。中土佛学界这种易主现象我们在上面的具体论述中已经指出过,现在的问题是,如何解释这种现象?

马克思在《论犹太人问题》中曾经指出:"我们不是到犹太人的宗教里去寻找犹太人的秘密,而是到现实的犹太人里去寻找犹太教的秘密。"①"我们不把世俗问题化为神学问题。我们要把神学问题化为世俗问题。"② 马克思的这些思想,对于我们探讨佛教学说的潜显兴衰的奥秘是同样适用的。我们不能到佛教自身中去寻找各种宗教学说兴衰的原因,也不能以宗教学说的迁流衍变去说明当时社会,相反,应该到当时社会的经济状况、政治形势乃至整个社会历史条件中去寻找宗教的产生、发展乃至各种宗教学说兴衰潜显的奥秘。

那么,从东汉至隋唐这个历史时期里,为什么佛教能在中国这块土地上广泛流传?为什么佛教学说自晋宋之后转一新方向,由主性空的佛教般若学一变而为倡妙有的涅槃佛性说呢?晋宋之后,中国的经济、政治形势究竟怎样?当时社会的现实需要到底是什么?中土佛教学说的转向与当时社会的现实需要又有什么关系?凡此等等,都是我们这里所要探讨的问题。

首先,中土自汉末之后,由于外戚宦官干预朝政,政治每况愈下,降至魏晋时期,政治上的清议发展到学术上的清谈,随之出现儒学衰、玄学盛的局面,以玄学的清谈为契机接引进来的佛教性空般若学,由于符合了当时名士清流说空谈玄的需要,一时间得到迅速而广泛的传播。但是,进入魏晋之后,由于战乱频仍,干戈不息,篡乱相继,背叛四起,一时九州分崩,天下沸腾。一般小民或死于干戈,或毙于饥馑,幸存者十无一二,庶族下品也难逃战祸,只希苟全性命于乱世,不求闻达于诸侯,统治层内部也互相倾轧,人人自危。这一切,使得人间充满着世事无常,人生如寄之悲戚。既然佛教的般若学不能渡人出此生死无常之苦海,说空谈玄也不能使人避免朝不保夕的厄运,涅槃佛性说的解脱思想

---

①②《马克思恩格斯全集》第一卷,人民出版社,第446页。

就成为陷于绝境时的一线希望。人们对现世既然已经毫无信心,自然会产生对死后幸福生活的憧憬,现实人生的绝望又使他们对彼岸世界倾注了全部的热情。社会的苦难就是这样为涅槃佛性说的繁荣创造了必要的条件,提供了充分的社会历史根据。

据史书记载,汉魏两晋时期皇室篡乱、诸侯混战的情景,有如一幅群魔狂斗图。以历史上著名的"八王之乱"为例,《晋书》云:这次战乱"数十万众,并垂饵于豺狼,三十六王,咸殒身于锋刃。祸难之极,旷古未闻"(《晋书·传论》)。仅赵王伦之乱"自兵兴六十余日,战及杀害近十万人"(《太平御览·赵王伦》);长沙王乂屡败成都王颖,斩获六七万人;东海王越攻河间王颙时,越部将祈弘等所领鲜卑兵"大掠长安,杀二万余人"(《晋书·惠帝纪》)。皇室及诸王内部也互相残杀,甚至父子、兄弟之间也兵刃相向,毫不留情。这种狂斗滥杀的结果,是"流尸满河,白骨蔽野"①,"中国萧条,百里无烟"(《三国志·朱治传》),"名都空而不居,百里绝而无民"(《全后汉文》卷八八),"父母不能保其赤子,夫妻相弃于匡床"(《旧唐书·李密传》)。昔日的皇亲贵族、公子王孙今日也成为阶下囚、刀下鬼,旧时的名都闹市,雕梁玉栋,今日也只剩下一堆瓦砾,一片废墟。真是"狐眠败砌,兔走荒台,尽是当年歌舞地,露冷黄花,烟迷衰草,悉属旧时争战场"。什么富贵荣华,完全不过是石火电光,过眼烟云,什么功名利禄,亦纯属南柯一梦,实是黄粱。这些破落罹难的王公贵族,名门富家,他们抚今追昔,真会有万端的感慨,无限的哀愁,瞻念前程,更是祸福未卜,不寒而栗。正是在这种时候,涅槃佛性说给他们指出了一条通向佛国的"光明大道",这真如一群被逐之兽、惊弓之鸟,忽然找到了一个避难处、安乐地,他们怎能不疾起劲奔,趋之若鹜呢?

其次,战乱的另一个后果,是田野荒芜,经济凋敝,民不聊生,州里萧条。据《晋书》记载:"及惠帝之后,政教凌夷,至于永嘉,表现弥甚,雍州以东,人多饥乏,奔迸迁移,不可胜数。幽、并、司、冀、秦、雍六州大蝗,草木及牛马皆尽。"②《魏书·食货志》也说:"晋末天下大乱,生民道尽,或死于干戈,或毙于饥馑,其幸而自存者,盖十五焉。"加之,当时的统治者极端腐败,一方面骄奢淫逸,竞以豪侈相尚,"帝族王公,外戚公

---

① 《晋书·食货志》。
② 同上。

主,擅山海之富,居川林之饶,争修园宅,互相夸竞"(《洛阳伽蓝记》卷四)。西晋时的河间王琛,最为豪首,他和高阳王雍比富,家有名马,用银为槽,金为锁环。至于各种珍宝器具更是不计其数。高阳王雍"富兼山海",有僮仆六千,妓女五百,一餐要花数万钱,"隋珠照日,罗衣从风,自汉晋以来,诸王豪侈,未之有也"(《洛阳伽蓝记》卷三)。另一方面,统治者为了满足他们骄奢淫逸的需要,又横征暴敛,赋税之外,更设苛捐,田租之上,兼抽杂役,致使平民百姓衣不蔽体,食不果腹,或饿死于原野,或呼号于道路。天灾、人祸、战乱、饥馑,众多苦难,一时并至,劳苦大众,完全陷入了绝境。他们先是迁徙,成了流民,继之"流民起义",进行过斗争,但都很快失败了,他们再也没有别的路可走了,对现实生活完全丧失了信心,剩下的只有对死后幸福生活的憧憬。这对涅槃佛性说的传布与发展真是一个天赐良机。这种情况正如马克思主义经典作家所指出的:"在各阶级中必然有一些人,他们既然对物质上的解放感到绝望,就去追寻精神上的解放来代替,就去追寻思想上的安慰,以摆脱完全的绝望处境。"①"被剥削阶级由于没有力量同剥削者进行斗争,必然会产生对死后的幸福生活的憧憬,正如野蛮人由于没有力量同大自然搏斗而产生对上帝、魔鬼、奇迹等的信仰一样。"②

第三,涅槃佛性说所以能取代性空般若学而成为中土佛学的统治思想,还由于这种学说更适合中土统治者的需要。中国历史上的一切意识形态有一个重要特点,就是与现实政治联系较紧,不唯文学艺术、社会伦理思想是这样,哲学与宗教也是这样。而在为现实政治服务方面,涅槃佛性说比起性空般若学无疑具有更大的"优越性"。因为,般若学的基本思想是主张诸法因缘和合,毫无自性,说到底都是一无所有,空空如也。既然这样,又何必在别人的压迫下,带着沉重的桎梏,苦苦经营,孜孜作业呢?这种思想对于维护剥削者的反动统治的作用有较明显的局限性。因此,从长远的观点,统治者是不会长期采用和宣扬它的。相反,主"妙有"的涅槃佛性说常常一方面怖以三界火宅,使怯者寒心,另一方面诱以佛国净土,使愚者希冀。这就能很好地发挥宗教的牧师职能,使人各安其分,以期来日能转凡入圣,出生死苦海。

第四,中国历史上一些根深蒂固的传统观念和思想文化的特点,也

---

① 《马克思恩格斯全集》第十九卷,人民出版社,第334页。
② 《列宁全集》第十卷,人民出版社,第62页。

是涅槃佛性说能够取代性空般若学的一个重要因素。性空般若学的一个根本思想是以无自性去说诸法性空,从而否定一切诸法的真实性。这种思想按其逻辑的发展,势必走上否定鬼神实体性的道路,这与中国传统的灵魂观念、鬼神思想是格格不入的。因此,对于一般的平民百姓,较难理解,较难接受。这就大大限制了自己的地盘。相反,灵魂观念与鬼神思想很容易与佛性说沟通融合起来。例如,南北朝时期的佛性说就曾以"真神论"的形式出现并广泛流行过——尽管两种思想本来是根本不同的。

另外,按中华民族的思想传统,在空与有、思辨与实践之间,往往更倾向于后者——尽管说空谈玄的纯思辨在特定的历史条件下也曾风行一时,但不能说它是中华民族思想方式的主要倾向——因此,主"妙有"的涅槃佛性说在思维方式、心理特点等方面较之倡性空的般若学占有一定的优势。

普列汉诺夫在《论一元论历史观之发展》一书中曾指出:"为着理解每一特定的批判的时代的'智慧状态',为着理解为什么在这一时代正是这些学说,而不是另一些学说胜利,那就应该预先了解前一时代的'智慧状态';应该知道,哪些学说和学派曾经统治过。如果没有这一点,则不管我们怎样好地通晓它的经济,也完全不能理解特定时代的智慧状态的。"①这段话虽不是专门就宗教学说而言,但它同样适合于说明宗教说的盛衰潜显与思想文化背景的关系。因为任何一个时代的人去接受宗教学说,都不能不受特定的思维方式、心理特点、民族习俗的影响——当然,这种思维方式、心理特点、民族习俗从"归根到底"的意义上说,又是特定的生产方式、特定的物质生活条件的反映。但是,这种影响往往不表现为直接的、立竿见影的形式,而是以历史的沉淀物的形式保存下来。

总之,涅槃佛性说自晋宋之后所以能在中国这块土地上广泛流传,所以能取代性空般若学而成为中国佛学的主流,原因是多方面的。如果仅仅从表面现象看,人们可以把涅槃佛性论的流行归结为这种学说自身的特点,但从更根本的意义上说,则应该从晋宋之后中国社会历史状况、经济政治形势、思想文化背景等方面去寻找根据。当然,完整地说,是二者的一致与统一。也就是说,涅槃佛性说适合了当时的社会现

---

① 《论一元论历史观之发展》,三联书店1961年版,第165页。

实需要,或者说,当时社会的现实情况需要这种学说。正如马克思在《〈黑格尔法哲学批判〉导言》中所指出的:"理论在一个国家的实现程度,决定于理论满足这个国家的需要程度。"①

二、中土佛性论的特点与宗教学说的现实品格

上一节,我们着重从社会历史根据方面论证了佛性学说为什么能在中国这块土地上长期地广泛流传,这一节我们所要论述的则是在中土流行的佛性学说究竟是一种什么样的佛性学说,它具有一些什么特点,这些特点是怎样造成的,它同中国的经济政治制度、思想文化传统、民族的心理特点究竟有些什么关系,从而探讨一下宗教学说的现实品格问题。

在具体论述中土佛性学说的特点之前,有两个相互联系的问题有必要首先提出来,这就是,第一,我们在上节中由于分析论证的需要,曾经在特定的意义上把涅槃佛性说与性空般若学分别开来,甚或对立起来论述,这样做丝毫不表示这两种思想在佛教学说中是截然对立的。诚然,真空、妙有作为佛教学说中的两种思想体系,之间并不是没有互相对立、互相矛盾的地方,但佛教学说的圆通之处正在于,常常可以把两种或几种相互对立的思想巧妙地统一起来。例如,我们在本文的第二章就曾具体地论述了涅槃佛性说是如何通过实相说把自己与性空般若学沟通起来、统一起来,性空般若学又怎样成为涅槃佛性说的最主要理论根据之一,以致在一定意义上可以说,不了解般若学,就不懂得涅槃佛性说。第二,正如魏晋时期中土的僧人文士由于常常以玄释佛,从而造成当时佛教界对"空"的理解与印度佛教般若学关于"空"的含义不尽相同一样,中土佛性理论所说的"妙有""佛性"与印度佛教中关于"佛性"的含义,也常常迥异其趣,从而造成中土佛性理论具有许多中国的特色。

但是,从更根本的意义上说,对于"佛性"释义的差别,与其说是造成中土佛性学说区别于印度佛性学说的原因,毋宁说是两国不同的社会的经济政治制度、思想文化传统的结果。因为,在对佛性释义的问题上,重要的不是如何释义,而是为什么会这样去理解佛性,而不那样去理解佛性。而要搞清楚这个问题,就必须具体地去看看中国佛性理论

---

① 《马克思恩格斯选集》第一卷,第10页。

究竟有一些什么特点,以及这些特点是怎样形成的。

第一,中国佛性说的头一个显著特点是注重心、性,而不像印度佛教那样更倾向于把佛性作为一种抽象的本体。

在印度佛教中,佛性说主要是从般若学的实相说衍化过来的。根据佛教的理论,一切诸法,无不是真如的体现,此真如在宇宙本体曰实相、法性,在如来法身曰佛或佛性,在具体事物曰法或万法。实相、法性、佛、佛性乃至一切诸法,虽然说法各异,实际上是同一个东西,亦即"万法虽殊,一如是同"。因此,印度佛教中的所谓佛、佛性与实相、法性等概念往往是相通或相近的,富有抽象本体的意义。与此不同,中国佛教的佛性说,就其主要倾向看,更注重心性。且不论作为中土佛教代表之禅宗,由于把一切完全归诸心性,其佛性说之注重心性自不待言,就以较富有中土色彩之天台、华严等宗的佛性思想说,也表现出一种明显的唯心倾向。他们往往以一心之迷悟染净说生佛凡圣。

在天台宗人的著述中,虽然他们常常以中道实相说佛性,但最后又把诸法实相归结为一念心。认为"心是诸法之本,心即总也"(《法华玄义》卷一上)。① 他们对《华严经》中所说之"心佛与众生,是三无差别"作了大量阐述,认为己心、众生心与佛心是平等互具的,己心具众生心佛心,佛心亦具己心众生心,而所谓佛性者,即是"觉心",即在于能"反观心源","反观心性"②。慧思曰:"佛名为觉,性名为心。"③智顗说:"上定者谓佛性,能观心性名为上定。"④灌顶也说:"观一念心,即是中道如来宝藏,常乐我净佛之知见。"⑤也就是说,心之本体,亦即是正因佛性,能反照心源,即是了因佛性,资之以五度功德等缘因,即是三因具足,了了作佛。在这里,天台宗人把能否成佛归结于是否觉悟和能否反观自心。其佛性说之唯心倾向自毋庸置疑。

与天台宗相比,华严宗佛性说的唯心色彩更浓。本来,华严宗是以《华严经》为宗本的,《华严经》的基本思想之一,是在"法性本净"的传统看法上,进一步阐明一切诸法乃至众生诸佛是平等互具、圆融无碍的。可是,当华严宗人以十玄、六相、四法界等理论去解释法界缘起、生佛关

---

① 《大正藏》卷三三,第685页。
② 《续高僧传》卷十七。
③ 《大乘止观法门》卷二。
④ 《止观大意》,《大正藏》卷四六,第406页。
⑤ 《观心论疏》卷二。

系时,就侧重于以"各唯心现故"去解释万事万物乃至众生与佛的相入相即,指出:"一切法皆唯心现,无别自体,是故大小随心回转,即入无碍。"①他们认为,一切万法乃至诸佛,"总在众生心中,以离众生心无别佛德故","心心作佛,无一心而非佛心"②,"离佛心外无所化众生……是故众生举体总在佛智之中"。③ 总之,心佛与众生,是平等一体,相即互融的。从这个思想出发,华严宗侧重于从心之迷悟去说生佛之异同,指出"特由迷悟不同,遂有众生及佛"。④

这里有一个问题,亦即在印度佛教诸经论中,也有"心佛与众生,是三无差别","三界无别法,惟是一心作"等说法。那么,为什么说注重心性的唯心倾向,是中土佛性思想的一个特点呢?此中之关键,在于如何看待中土佛教所说之"心"。毋庸讳言,由于中土佛教源于印度佛教,其思想内容乃至著述用语,多有沿用印度佛教者在,但是,作为中土佛教,它又多是通过中土僧人,根据自己的思维方法、心理习惯去理解、去接受、去表达的。这就常常导致外来宗教的走样与变形。中国历史上的"以玄解佛""佛教与黄老方技相通"的现象,都说明了这一点。天台与华严在对待"心"的问题上,亦有类似情况。他们所说的"心"虽然含有作为诸法本体的"真心""清净心"的意思,但是,不能否认亦在一定程度上指具体心。例如,天台所说的"觉心""众生心""一念心",就很难说丝毫不含有具体心的成分;至于华严宗,常常于理、事、本、末之外更立一"心",并且屡屡以"各唯心现""随心回转"说诸法相入相即、混融无碍,此"心"与"法性""真心"当有所区别。也就是说,华严宗所说的"心"既指"真心",又含有"具体心"的意思。虽然后来法藏曾把十玄中之"随心回转善成门"改为"主伴圆明具德门",此中用心,也许是为了避免由于唯心倾向所造成的理论上的矛盾。但这正好从反面说明在法藏的思想中,唯心的倾向达到了相当的程度。澄观的这种唯心倾向则更进一步,他更倡"一心法界无尽缘起",把世界万有归诸一心,曰:"总统万有,即是一心",并且用"灵知之心",来解释"本觉",这就使"心"更具有具体心的意义。

如果说,天台、华严二宗把心具体化主要表现为一种倾向,那么,至

————————

① 《华严经旨归》。
② 《华严经探玄记》卷一。
③ 《答顺宗心要法门》。
④ 《大华严经略策》。

禅宗倡"即心即佛",把一切归诸自心、自性,心的具体化就被发展到一个新的阶段。也就是说,在天台、华严宗那里,心的双重性质主要表现为"真心"的基本内涵与具体心的倾向性的糅合,而在禅宗的佛性思想里,"心"虽然也有时被作为"真心"来使用,但就其基本内涵说,多指当前现实之人心。这一点我们在本文的第六章已作了具本论述,此不赘述。不过,有一个问题,在这里想顺便说及,亦即佛学界、学术界对这个问题一直有不同的看法,有人认为禅宗所说的心,主要指当前现实之人心,因而在论述禅宗的哲学思想时,认为其世界观归属是主观唯心主义;有人则认为慧能乃至禅宗所说的心,主要是指"真心",而主张慧能的哲学思想属客观唯心主义。这里无意也不可能去评判两种说法的孰是孰非,只是认为当前最主要的不是去评判讨论各种看法的是非得失本身,而是应该让各种看法及其根据充分地发表出来,共同把这个问题的研究不断推向深入。

在梗概地描述了中土佛性理论如何通过天台、华严和禅宗把印度佛性说的抽象本体属性逐步地转向当前现实之人心,进而倡自性菩提、体悟自心的基本线索之后,我们有必要进一步探讨一下造成这种转变的某些历史根据。这里着重看看中国传统的思想文化是如何影响于中土佛性理论的。

相对于西方的思想文化更侧重于知识体系言,中国的思想文化自秦汉之后便注重人伦哲学、道德主体。而这与儒家思想在西汉被定为一尊又有直接关系。儒家学说在一定意义上可以把它归结为道德哲学,它所研究的,正是作为道德主体的人以及人与人之间的相互关系,而当它研究作为道德主体的人以及人的道德的时候,则往往归之于心性。从《孟子》的"尽其心者知其性,知其性,则知天",到《中庸》的"天命之谓性,率性之谓道",从荀子的"心者道之工宰",到《大学》之"正心""诚意",无不由尽心见性以上达天道,由修心养性而转凡入圣。后来的中土佛性思想,从强调"真常唯心"到禅宗直接把抽象之本体诉诸当前现实之人心,抛弃纯思辨的系统探求而强调返回自我存在之主体,主张"明心见性"追求自我之"主人翁",不论其思想内容或表达方式都无不打上儒家注重心性、强调道德主体的印记,从而把自己与印度佛教的强调抽象本体的佛性理论区别开来。

第二,中土佛性论的另一个显著特点是以"众生悉有佛性"的平等理论作为佛性学说的主流,这既与长期在印度流行的小乘佛教的否认众生有佛性的思想不同，又与大乘空宗的依空无我得解脱不同，而且与大乘有宗的"五种种性说"有明显的区别。而造成这种差别的根本原因，则是当时中国的社会政治制度与思想文化背景。

中土佛性说自晋宋之际的竺道生首倡"人人悉有佛性"，再经《大般涅槃经》的广泛流传之后，就进入一个以"众生悉有佛性"的思想为主流的新阶段。值得注意的是，晋宋之后的中国社会，正是等级森严的门阀制度兴盛的南北朝时期。在门第森严的现实社会制度下，却盛行"人人悉有佛性"的平等的佛性理论，从表面上看，这是一种反常现象，实际上，它不但合情，而且合理。说它合情是因为人们在现实生活中饱尝等级森严的门阀制度之苦，自然会产生一种渴望平等的反面欲求，"众生悉有佛性"的理论恰恰迎合了这种欲求，给人一种虚幻的平等出路的精神慰藉，因此二者一拍即合，有情众生从平等佛性说中得到精神上的满足，平等佛性理论从备受等级之苦的众生那里获得了大量的信徒。说它合理——按照马克思主义的宗教学说，一切宗教理论都是现实生活的一个歪曲的反映，从不平等的社会现实中产生平等的宗教理论，这是完全合乎马克思主义的宗教学说的。

另外，平等的佛性理论在中国还有其传统的思想根据，中国历史上早有"涂人可以为禹""人人皆可以为舜尧"等说法，这种说法使人虽为涂人布衣，也不失去成贤作圣的信心和希望。表现在宗教上，则是虽为凡夫俗子，也想成菩萨作佛。他们热切希望佛国的大门能对一切众生敞开，地不分南北，人不分贵贱，对一切人悉皆平等。这种思想使得他们对佛经中关于"一切众生悉有佛性"之类的说法，不但容易信受，而且极表赞叹。实际上，即使佛经中原来没有"众生悉有佛性"的说法，他们也会千方百计地去创造，甚至采用微言大义的方法去发挥、编造出与此相类似的说法来。大本涅槃经传布之前，竺道生首倡"一阐提可以成佛"就是一例。可见，中土佛教中关于"众生有性"的思想，与其说来自印度佛教经论，毋宁说是源于中土僧徒的现实需要。

第三，与印度佛教修行讲烦琐仪式，解脱重历劫苦修不同，中土佛性思想在修行方法上多主简便易行。这也是中土佛性思想的一个重要特点，这个特点在中国化色彩更浓的天台、华严和禅宗比基本照搬印度佛教的法相唯识宗表现得更为突出。而从时间上看，越是往后的宗派，越提倡简易。禅宗以顿悟成佛见长，净土宗更以"易行道"自诩，把简易视为一宗思想之标识，而晚唐之后的中土佛教几乎是禅、净二宗之天下,这一史实又说明,简便易行的修行方法更适合中国的国情及中国人的思想方法,更富有生命力。

其实,中国人崇尚简易,在著述方面早已表现得非常明显。中国古代史上的多数思想家完全不像西方著作家那样喜欢有理论构架之鸿篇巨制,而是习惯于以语录、散文乃至诗句的形式去表达人生哲理。这种现象的普遍性使得以抽象的理论思辨著称的德国古典哲学家黑格尔把中国古代哲学摒于世界哲学思想之外,这种看法无疑有其片面性,但从中可以看出古代中国人的思维方法。

从历史渊源看,中国很早就有"知简行易,以简则易知,易知则易能"和"乾以易知,坤以简能,易则易知,简则易从"等说法,这也说明崇尚简易的思维方法在中国有着悠久的历史。

除去思维方法的因素外,中国的晚唐五代之后的社会经济状况,也是以简易为特点的中国佛性思想所以能取胜的一个重要原因。怀则在《天台传佛心印记》中曾经指出:"始则安史作难,中因会昌废除,后因五代兵火,教藏灭绝,几至不传。"①也就是说,经过了安史之难,唐武、后周世宗灭佛,特别是五代的战乱,寺院经济遭受到严重破坏,佛教的经典文物也湮灭殆尽,佛法几乎不传。在这种情况下,那种注重繁文缛节的修行方法已失去其客观的物质条件,因此,很难再有什么发展。于是,念几声阿弥陀佛便可往生极乐世界的净土信仰,但悟自心、直指便是的简便易行的修行方法,便取而代之。

第四,在修行方法上,中土佛性思想还有一个注重顿悟的特点。这个特点与中国古代注重直观的传统思想有关。中国古代的思想家,不像西方古代的思想家那样偏重于逻辑分析,而习惯作直观体会。早在我国战国时期的《庄子》就有"得鱼忘筌""得兔忘蹄"(《庄子·外物篇》)之谈,至魏晋时期,此种"得鱼忘筌"的本体体会更成为一代风气,时僧竺道生因之而有"若忘筌取鱼,始可与言道"②的说法。到了禅宗,顿悟见性更成为一种最根本的修行方法。按宗密的说法,"经教是佛语,禅是佛意"。中土佛教之特点实在于禅,故自然多重会意顿悟,所谓阶级教愚之说,一悟得意之论,乃是中土佛性理论的一大特色。

第五,中土佛性理论还有一个突出的特点,就是注重现实,淡薄世

---

① 《大正藏》卷四六,第 935 页。
② 《高僧传·竺道生传》。

间与出世间的界限,以致最后把出世之佛教变成世俗化的宗教。

中土佛教从一开始就很注意中国的历史传统与政治现实。早在两晋时期,道安就敏感地意识到并明确地指出:"不依国主,则法事难立。"①其后的中土佛教就是基本上沿着"依靠国主"的道路走的,一方面接受统治者的支持和保护,另一方面为他们辩护和祝福。皇帝给他们寺院和庄园,他们为皇帝授菩萨戒;天子曰:"我兴由佛法",佛教则把天子视为与佛并列之"至尊";现实政治给了佛教种种世外的特权,佛教寺院每烧香咒愿,先必为现实的政治制度祝福。马克思和恩格斯曾经指出:现实的封建国家制度是宗教的世俗基础,而宗教的教会组织则把"世俗的封建国家制度神圣化"。② 中土佛性理论在这个问题上,比起较遵从佛陀"不应参预世事……好结贵人"③遗训的印度佛教来,无疑前进了一大步。

在模糊世间与出世间界限,不断把佛教世俗化方面,中土佛性理论的特点表现得尤为突出。如果说禅宗的佛性理论是中土佛性理论的重要代表,那么,即世间而出世间则是禅宗佛性理论的一个重要特点。这个问题,我们在本文的第六章与第八章已有专文论述,此处不赘。这里所要做的,是进一步弄清楚这种思想借以产生和流传的社会历史背景。

与西方文化相比,中国古代历史上的一切意识形态,都带有更浓的政治色彩。这种政治色彩主要体现为各种意识形态都与王道政治有密切的联系,即隶属于王道政治并为王道政治服务,而不是凌驾于王道政治之上。佛教亦是这样,其兴衰往往取决于王道政治的需要。当封建统治者觉得佛教学说对维护他们的反动统治有利的时候,他们可以不惜民力财力大兴佛教;当他们觉得佛教的发展影响或危及王道政治时,他们也可以毫不犹豫地通过政治的力量废而除之。这种社会背景,决定了中土的佛教徒们对当时帝王的服从,有时超过了对释迦牟尼的崇敬,其佛性理论也自然地要更多地考虑当时的现实政治的需要,而对佛教经论的有关思想采取"六经注我"的态度。

从中国的思想文化传统看,儒家从一开始就有一种重生轻死、重人间远鬼神的倾向,孔子就说过:"未知生,焉知死","未能事人,焉能事鬼"。道家也有"六合之外,圣人存而不论,六合之内,圣人论而不议"的

---

① 《禅源诸诠集都序》卷一。
② 《马克思恩格斯全集》第二十一卷,第545页。
③ 《佛遗教经》。

说法。这种思想倾向使得中土人士对那种"专属死后"的"送死之教"很不以为然。他们指出:"要天堂以就善,曷若服义而蹈道?惧地狱以敕身,孰与从理以端心?""是以周孔敦俗,弗关视听之外;老庄陶风,谨守性分而已。"(《白黑论》)为适合中华民族的这种思想传统与心理习惯,中土佛性理论也不断地从出世间求解脱向不离世间求解脱方向发展,最后衍化为净宗的"要将秽土三千界,尽种西方九品莲"和禅宗的一花一叶,无不从佛性中自然流出,一色一香,皆能指示心要,妙悟禅机。

中土佛性理论的特点,除了以上所论列之外,还有与道家"物我齐一"相类似的"无情有性"思想,与"诚者天之道,诚之者人之道"太极混融、天人一合等思想相近似的混融无碍思想,以极高明而道中庸以变通佛教,大力弘扬中道佛性说,等等。这一切都充分说明,中土的佛性理论,虽然它所谈论的多属"高高在上"的佛国,虚无缥缈的佛性,但它的根源却在中国这块土地上,深受中国的政治制度、经济状况和思想文化传统、社会心理习惯的制约。恩格斯曾经指出:"更高的即更远离物质经济基础的意识形态,采取了哲学和宗教的形式。在这里,观念同自己的物质存在条件的联系,愈来愈混乱,愈来愈被一些中间环节弄模糊了。但是这一联系是存在着的。"①

三、印度佛教的中国化与儒释道三教归一

我们在上面所论列的那些体现宗教学说现实品格的中土佛性论的特点,实际上都是印度佛性理论中国化的具体表现。但是,印度佛性理论的中国化,却远远不止这些,例如,我们并没有把慧远的"法性论"与梁武的"真神论"作为中土佛性论的一个重要特点来谈,但是六朝时代所流行的以神不灭义为佛法的根本义的思想,不仅是印度佛性理论中国化的表现,而且完全是一种中国化了的佛性理论。只是我们已在"外来宗教与传统思想"一节中已作了专文论述,故于此不复赘言。

对于印度佛教中国化的问题,如果我们把它放到更大的范围内去考察,就会发现,佛教中国化的进程,实际上从佛教传入中土之后就开始了。东汉人之看佛教,多视之为神仙方术。本来与升仙羽化格格不入的涅槃,被说成"炼精神而不已,以至于无为,而得为佛"②,以空、无我

---

① 《马克思恩格斯选集》第四卷,第249页。
② 袁彦伯:《后汉纪》。

等为根本义而立教的佛陀自身,被描绘成"项中佩日月光,变化无方,无所不入"①,"能小能大,能圆能方,能老能少,能隐能彰,蹈火不烧,履刀不伤"②的神人。阿罗汉也成为"能飞行变化,旷劫寿命,住动天地"③之仙家者流。进入魏晋之后,以智求度的般若学,成为清谈家游神玄谈之助资,在时代精神之影响下,均以保全性命、向往山林为旨趣。以"济度众生"为宗旨的大乘出世精神,一变而为避世幽栖,林谷是托,以求"苟全性命于乱世"的极端利己主义。当时有些僧徒们表面上淡泊清高,"门前扰扰,我且安眠,巷里云云,余无警色"④,"凭怪石而为枕,因沧浪而洗足"⑤,实际上却"身在山林,心存魏阙"。至隋唐更一反释迦"不应参预世事,好结贵人"之遗训而直接投靠朝廷,以求得"国王"之保护,并借此振兴宗派。在对待佛教义理方面,自宗派佛教出现之后,各宗多另辟蹊径,自造家风,以"六经注我"之精神"说己心中所行之法门"。天台宗以"性具善恶"的佛性理论和止观并重的修行方法,一改佛教关于佛性至善的传统说法和南尚义理北重禅定的分裂局面,建立了第一个具有中国特色的统一的佛教宗派。其"五时""八教"说更是别出心裁,自成系统,以自家的理解,对释迦一代说法进行重新编排,天台宗之不依经教精神,使得有人责备它改变了印度佛教的本来面目。华严宗在糅合百家、兼收并蓄方面比天台宗走得更远,它以"圆融无碍"理论为法宝,调和了中土佛教史上"众生有性"说与"一分无性"说的尖锐对立,使它们各得其所。根据《大乘起信论》"心造诸如来"及心具真如生灭二门、真如具不变随缘二义、阿赖耶识有觉与不觉二重含义等思想,华严宗改变了《华严经》以"法性清净"为基础说一切诸法乃至生佛之平等无碍,从而使中土佛性论的唯心论倾向更加明朗,为以心为宗本的禅宗的产生与发展铺平了道路。而作为中土佛教之代表的禅宗,更是把佛陀的本怀与儒家的心性学说直接结合起来,倡直探心源,由超佛之祖师禅、越祖之分灯禅,对传统的佛教与佛教之传统进行革命性的改造。至此,印度佛教的中国化已发展成中国化的佛教。

以上所说印度佛教的中国化,从特定的角度看,是中土对佛教采取

---

① 袁彦伯:《后汉纪》。
②《牟子理惑论》。
③《四十二章经》。
④《广弘明集》卷二四。
⑤《广弘明集》卷二九。

一种"积极"态度的结果。所谓"积极"亦即对佛教采取接受、吸取、融合、消化的做法。但是,佛教输入中土后,所碰到的却并非尽是礼遇,而是经常遭到抵制、敌视、排斥乃至取缔。历史上反佛事件不胜枚举,统治当局出面沙汰僧尼、消减寺院的事屡屡发生,佛教史上更有"五令致敬,三被诛除"①一说,这一切都说明佛教在中土的流行传布并不是一帆风顺的。由于这个问题不是本文主要探讨对象,故不拟详述。这里主要想通过佛教传至中土后,与中国的儒家思想及土生土长的道教之间的相互关系,看看宗教思想的现实品格以及隋唐之后中国思想文化的发展趋势。

儒、释、道三教之间的相互关系,是既互相排斥,又互相吸收,既互相斗争,又日趋融合。具体点说,佛对于儒,力求靠拢、迎合;释、道之间有排斥,有吸收。

从三教的思想内容看,儒以人伦五常为根本,故常常站在维护封建伦理纲常的立场上,指责佛教"脱略父母,遗蔑帝王,捐六亲,舍礼义"②,从而使得"父子之亲隔,君臣之义乖,夫妇之和旷,友朋之信绝"③,把佛教视作"入国而破国,入家而破家,入身而破身"④的洪水猛兽。

其次,儒家还从维护王道政治的立场出发,指责"浮屠害政""桑门蠹俗"。他们力陈佛教对王道政治之危害。或曰"唐虞无佛图而国安,齐梁有寺舍而祚失"⑤。或曰"三皇无佛而年永,二石有僧而政虐","天皇地皇之世,无佛而祚延,后赵后魏已来,有僧而运促"⑥。指出沙门"无益于时政,有损于治道"⑦是五横之一,认为"损化在于奉佛,益国在于废僧"。

另外,儒家还从夷夏之防、华戎之辨的角度,指出佛生西域,教在戎方,化非华俗,故应尽退天竺,或放归桑梓。他们认为,华戎二个民族禀性不同,华人"禀气清和,合仁抱义,故周孔明性习之教;外域之徒,禀性刚强,贪欲忿戾,故释氏严五戒之科"。⑧《三破论》更视佛教为三破之

---

① 《广弘明集》卷二五。
② 《广弘明集》卷七、卷一五。
③ 《广弘明集》卷一五。
④ 《弘明集》卷八。
⑤ 《弘明集》卷八。
⑥ 《广弘明集》卷一二。
⑦ 《广弘明集》卷一五。
⑧ 《弘明集》卷八。

法,认为此三破之法"不施中国,本正西域",因为"胡人刚强无礼,不异禽兽",故兴此教"欲断其恶种"。这些说法,显然带有民族偏见,但儒家正是利用中国历史上有夷夏之防的传统,达到他们抵制、排斥佛教的目的。

总之,儒家之反佛,多从上述三个方面亦即伦理道德、王道政治、夷夏之辨为根据,而这三个方面实正是中华民族之社会政治制度、思想文化传统、民族心理习惯之特点所在,因此,迫使佛教徒必须对这些根本问题作出较圆满的解释和回答,才能避免被摒弃之命运。释对儒之斗争,大多表现为这种自卫性的辩白与辩白性的自卫,同时在自卫中伺机反击。其反击手段又多采用以儒家之经籍典故为武器,回敬儒家之诘难指责,最后又以儒典系济俗为治,止及一世之方便说,而释教乃关无穷之业,探性灵之幽奥、显性命之本原之究竟义之划分,判儒为权便而释为真实,以显释教比儒教高出一头。

对于儒家关于佛教有乖人伦五常的指责,佛教以在家出家、方内方外分而辨之。曰:在家处俗"则是顺化之民,情未变俗,迹同方内,故有天属之爱,奉主之礼","出家则是方外之宾,迹绝于物。其为教也,达患累缘于有身,不存身以息患;知生生由于禀化,不顺化以求宗"。因此,"皆遁世以求其志,变俗以达其道。变俗则服章不得与世典同礼,遁世则宜高尚其迹。"①也就是说,在家奉法,乃是顺化之俗民,故应有父子之亲、君臣之礼,出家乃方外之宾,其旨在体极求宗,而求宗则不应存身顺化,故应遁世变俗,去世俗之恩爱礼义。他们还常常以释典也有奉亲尊师敬君之教,说明在家处俗,自不妨事亲奉主,尽孝致敬,并说:"孔以致孝为首,则仁被四海,释以大慈为务,则化周五道。"(《广弘明集》卷一八)认为儒教重孝与释教大慈乃殊途而同归。另一方面,他们又以出家修道如能有成,则"道洽六亲,泽流天下,虽不处王侯之位,亦已协契奥极,在宥生民"③,说明"内乖天属之重,而不违其孝,外阙奉主之恭,而不失其敬"④,把在家出家、方内方外给统一起来。

对于儒家关于佛教"有损国治"的指责,佛徒多以释教之去杀劝善等教义,将使民淳政和,有以佐教化,可以利国治来说明。对于"有僧政虐"等说法,他们多引用历史典故以驳斥,如指出"周斩傅首,岂见佛经,

---

① 《弘明集》卷五。

秦坑儒士,非关释化,礼崩乐坏,未睹浮图,战国无主,何关僧伪"①等等。在夷夏之辨问题上,佛教徒多用儒家所推崇之圣贤,不乏出自外族之人,以反击儒家。如指出:"禹生西羌,舜生东夷,孰云地贱而弃其圣?丘欲居夷,聃适西戎,道之所在,宁选于地?"②"由余出自西戎,辅秦穆以开霸业,日䃅生于北狄,侍汉武而除危害,何必取其同俗而舍于异方。师以道大为尊无论于彼此,法以善高为性,不计于遐迩。"就地域而言,佛教徒还以中国历史上之伊洛不夏、吴楚翻成华邑为例,说明夷之与夏,并非一成不变的,指出:"四海之内,方三千里,中夏所据,亦已不旷,伊洛不夏,而鞠为戎墟,吴楚本夷,而翻成华邑。造有运流而地无恒化。"③佛教徒的这些反驳,显然具有一定的说服力,而且在一定程度上还纠正了以地理论法之高下、以种族论人之优劣的偏见,这对于扫清佛教在中土流行传布道路上的障碍无疑起了一定的作用。

完成了对儒家责难的答辩之后,佛教徒们更起而反击。他们认为,儒家学说本在济世治俗,未能探性灵之真奥,只是世间之善,不能革凡成圣。因此,儒家与佛教相比,有如萤烛之与日月,燕鸟之与凤凰。慧琳的《白黑论》引释者之话说:"周孔为教,正及一世,不见来生无穷之缘……视听之外,冥然不知,良可悲矣。释迦关无穷之业,拔重关之险,陶方寸之虑,宇宙不足盈其明;设一慈之教,群生不足胜其化……先觉翱翔于上世,后悟腾骞而不绍,坎井之局,何以识大方之家乎!"(《宋书·天竺迦毗黎传》)南朝宋文帝也引范泰、谢灵运的话说:"六经典文,本在济俗为治耳,必求性灵真奥,岂得不以佛经为指南邪!"(《弘明集》卷一一)三度舍身入寺为奴的梁武帝也说:"道有九十六种,惟佛一道为正道……老子、周公、孔子……止是世间之善,不能革凡成圣。"④《弘明集》《广弘明集》中收集了许多佛教徒对于儒家的驳斥与批评。他们或者明言声称:"劝善进德之广,七经所不逮,戒恶防愚之深,九流莫之比"⑤;"孔老设教,法天以制,不敢违天,诸佛说教,诸天奉行,不敢违佛";或者嘲笑孔子之逝川之叹是"不悟迁流",乃"方内之至谈,非逾方之巨唱"(《广弘明集》卷八)。总之,周孔之教乃方内济俗之方便说,惟有

---

① 《广弘明集》卷七。
② 《弘明集后序》。
③ 《弘明集后序》。
④ 《敕舍道事佛》。
⑤ 《广弘明集》卷一四。

佛教,才是直探性灵幽奥之真实说,革凡成圣之究竟义。

与儒释的相互关系比,佛教与道教之间的对立和斗争更为激烈。这一方面由于道教不像儒家学说那样是一种根深蒂固的民族思想传统,因此,与之对立,并不会直接危及佛教在中土的存在和发展;另一方面,在思想内容上,佛教与道教在许多基本观点上是直接对立的。例如,"佛法以有形为空幻","道法以吾我为真实"(谢镇之《与顾道士书》),"释氏即物为空,空物为一,老氏有无两行,空有为异"(《白黑论》)。道"有外张义",释"即色图空"①,老"自然之化",佛"因缘而生";释称"涅槃",道言"仙化";释云"无生",道称"不死"②,等等。佛教徒往往抓住释道二教的这些思想差异,抨击道教浅陋低劣,"非道之俦"。对于《老子》五千文及《庄子》一书,佛教徒尚能手下留情,至于三张、葛洪之道术、仙教,佛教徒直斥之为"鬼道""伪法",并力图把道教与道家分裂开来,指出"仙教非道""服法非老",以求给道教以更沉重、更彻底的打击。

道教之反佛,则或直接与佛教斗法,或请出老庄,用道家思想与佛教学说相抗衡,更多的则是投靠朝廷,通过政治力量,打击佛教。北朝两次毁佛,皆以道教的神仙派为主谋者,例如北魏的寇谦之与北周的卫元嵩,均为道家。

总之,佛教作为一种外来宗教,在它传入中土之后,曾遭到中国的传统思想、王道政治、民族心理习惯等因素的顽强抵抗与强烈排斥,为了确保自己能在异国的土壤中扎下根来,中国佛教就不能不部分地改变佛教之印度面目,力求符合中国封建王权的要求,以图自身的生存与发展,这也许是中土佛性理论诸多现实品格的另一个社会根据,亦即反面的根据。

儒释道三教之间的相互斗争,在思想领域中又表现为这样一种情形。一方面,儒者和道士们为了有效地抵制、排斥佛教,确保自己在斗争中取胜,就努力学习佛法;另一方面,佛教徒们为了对付儒道二教的攻击,使自己站住脚跟并取得发展,就用心研究儒典、道书。在斗争方法上,三者又都采取既把对方视为异端邪说,贬得毫不足取,又自觉不自觉、私下或公开地从对方学说中吸取对自己有利的东西来丰富、充实

---

① 《广弘明集》卷八。
② 《弘明集》卷七。

和完善自己,力求使自己成为一个既包含对方又超出对方的庞大的宗教学说或思想体系。这样一来,中土思想文化的发展就表现为三大思想潮流之间既互相排斥又互相吸收,既相互斗争又相互融合,并且由总体上的互相排斥、斗争,逐渐走向三教合一的局面。

如果说,三教合一成为一种时代的潮流,是隋唐之后的事,那么,三教一致的思想,在汉魏时期就早已存在。《后汉书》《弘明集》和《广弘明集》记录了许多三教之间互相斗争的情况,也载有不少僧人文士关于"三教共辙"的论述。

佛教在刚传入中土的时候,就曾被视作神仙方术的一种,而道教在创立的过程中,也曾利用佛教的某些教义、仪轨来编造道教的教义和科仪。因此,其时浮屠黄老曾并称,汉光武的儿子楚王英"喜黄老学,为浮屠斋戒祭祀"①。汉明帝在给楚王英的诏书里也说"楚王诵黄老之微言,尚浮屠之仁祠"②,襄楷在其给桓帝的上书中也说"又闻宫中立黄老浮屠之祠"(《后汉书·襄楷传》),仍将黄老与浮屠等同看待。其时之《牟子理惑论》还从思想内容方面指出了佛教与儒道并不相悖,而是多有相通契合处。如它指出,佛教是"导人致于无为",主张"恬淡无欲",与道家一致;佛道"居家可以事亲,宰国可以治民,独立可以治身"②,与儒家是一致的。进入魏晋之后,佛教转而依附玄学,其时之僧徒,多擅长文辞,旁通世典,士大夫亦兼习佛理,通达释教。般若理趣,同符老庄,而名僧风格,又酷肖清流。此时之许多文人学者,名僧道士,站在不同的立场上,从不同的角度,阐发了大量三教一致的思想。

晋之著名文学家孙绰已有儒释一致之论,在《喻道论》中,他说:"周孔即佛,佛即周孔,盖内外名耳……佛者梵语,晋训觉也,觉之为义,悟物之谓,犹孟轲以圣人为先觉,其旨一也,应世轨物,盖亦随时。周孔救时弊,佛教明其本耳。共为首尾,其致不殊。"(《弘明集》卷三)北周道安的《二教论》载东都逸俊童子的话说:"三教虽殊,劝善义一,教迹虽异,理会则同。至于老嗟身患,孔叹逝川,固欲后外以致存生,感往以知物化,何异释典之厌身无常之说哉!"(《广弘明集》卷八)东晋道安的弟子慧远亦曾论及三教始异终同。在《答何镇南难袒服论》中,慧远说:"道训之与名教,释迦之与周孔,发致虽殊,而潜相影响;出处诚异,终期则

---

① 《后汉书·楚王英传》。
② 《弘明集》卷一。

同。"只是由于"妙迹隐于常用,指归昧而难寻,遂令至言隔于世典,谈士发殊途之论"(《弘明集》卷五、卷二)。与慧远同时之宗炳在《明佛论》中更明言:"孔、老、如来,虽三训殊路,而习善共辙也。"

进入南北朝之后,三教一致的思想有增无已。南朝名僧慧琳著有《白黑论》,评论三教之异同。文章最后说:"但知六度与五教并行,信顺与慈悲齐立耳。殊途而同归者,不得守其废轮之辙也。"(《宋书·天竺迦毗黎传》)一生历宋、齐、梁三者之著名文学评论家刘勰也有"孔释教殊而道契"之说(《弘明集》卷八)。刘宋时代之官僚周颙则明言:"吾则心持释训,业爱儒言。"(《弘明集》卷六)南齐名士张融更认为佛与道在根本思想上是一致的,并要人在他死后让他"左手执《孝经》《老子》,右手执《小品法华经》"(《南齐书·张融传》),表示应三教并重。

六朝时期之文人名士、佛徒高僧关于三教一致的思想,在《弘明集》《广弘明集》中俯拾即是,这里不一一赘举。

其次,我们从道教方面,看看他们是如何看待三教一致的。此时之道教徒,较著名的有葛洪、寇谦之、陶弘景等,统而言之,三者都有三教一致的思想。分而言之,则寇谦之、葛洪是既倡修生又主匡世之人,陶弘景则援佛入道,融合儒道。葛洪的《抱朴子》是一部把儒之应世与道之养生熔为一炉的代表作。在他看来,应世与修生不但不相违背,而且相辅相成。他认为:"若悉弃妻子,独处山泽,邈然断绝人理,块然与木石为邻,不足多也……若幸可止家而不死者,亦何必求于速登天乎!"(《抱朴子·内篇·对俗》)"古人多得道而匡业,修之于朝隐,盖有余力故也。何必修于山林,然后乃成乎!"(《抱朴子·内篇·释滞》)寇谦之与葛洪一样,也是一个"儒道兼修"的积极提倡者。他为了以儒家"佐国扶民"的思想来改造民间的原始道教,曾请求崔浩在这方面给予帮助,据《北史》载:"天师寇谦之每与浩言,闻其论古兴亡之迹,常自夜达旦,竦意敛容,深美之……因谓浩曰:'吾当兼修儒教,辅助太平真君,而学不稽古。为吾撰列王者政典,并论其大要。'浩乃著书二十余篇。"这是寇谦之引儒入道,倡儒道结合之一明显事例。与葛洪、寇谦之重儒道融合相比,陶弘景则在倡儒道双修基础上,又重融合佛道,在所作之《茅山长沙馆碑》里,他说:"百法纷凑,无越三教之境",意谓三教均有理,无须重此轻彼。他著《真诰》,"将轮回转业说引入道教,朱熹说其中之《甄命篇》却是窃佛家《四十二章经》为之"(《四库全书总目提要》)。另外的几篇,如《运题象》中有"芥子忽万顷,中有须弥山"(《南史·陶弘景传》)。

《协昌期》及《阐幽微》记有酆都及鬼官之事,亦是从佛之地狱说而来。据《广弘明集》记载,陶弘景与冲和子隐居"常以敬重佛法为业,但逢众僧,莫不礼拜,岩穴之内,悉安佛像,自率门徒受学之士,朝夕忏悔,恒读佛经"(《广弘明集》卷一二)。至晚年,陶弘景崇佛愈甚,本传记载他曾梦见"佛授其菩提记云,名为胜力菩萨。乃诣鄮县阿育王塔自誓,受五大戒"①。临死时,又遗嘱"冠巾法服……通以大袈裟,覆衾首足……道人、道士并在门中,道人左,道士右"。这一切都说明陶弘景是一个儒、道、释三教并重之人。

对于六朝道士之援佛入道,融合佛、道之事,《广弘明集》载当时僧人的话说:"名曰道士,实是学佛家僧法耶。学佛不专,盖是图龙画虎之俦耳,何不去鹿巾,释黄褐,剃发须,染袈裟而归依世尊。"(《广弘明集》卷八)意谓道士学佛往往学走了样。实际上,这是情理中事。道士学佛,自与僧人学佛有所不同,若完全一样,则道士亦不成其为道士了。既学又走样,这才是道教吸收、融合佛教的具体表现。

六朝时期之儒、释、道三教之互相吸收、融合,至隋唐进入了一个新的阶段。隋唐二代之统治者,虽然出于各方面的原因,对三教并非无所抑扬,但总的来说都采取兼收并蓄的态度。隋炀帝之崇佛,见之史传,众所周知,但他也没有全然废弃儒、道。他居东西两都或出游时,常有僧、尼、道士、女官随从,称为四道场。李唐一代,由于据说李氏乃柱下之后嗣,故特重道教,但唐代统治者亦没有因此全然废弃儒、佛二教。唐太宗乃一代有为之君,但他对佛教又十分崇敬。他为玄奘之经译作《序》,玄奘得《序》后,称颂他一番,他便下敕答谢,曰:"……于内典,尤所未闻。昨制《序》文,深为鄙拙!惟恐秽翰墨于金简,标瓦砾于珠林!忽得来书,谬承褒赞,循环省虑,弥益厚颜,善不足称,空劳致谢。"②不管唐太宗对于佛教的崇敬是真心,还是出于利用,他的这种态度,客观上抬高了佛教的地位,为佛教的传布与发展起了推波助澜的作用。唐代诸帝,虽然有时扬道抑佛,有时扬佛抑道,但其所谓扬,只是让所扬之教凌驾于诸教之上,并非独尊一家,而其所谓抑,也只是把它的位次摆低一些罢了,并没有全然废除(武宗灭佛,则另当别论)。

本来,儒家思想是中国的传统思想,特别在汉武独尊儒术之后,儒

---

① 《广弘明集》卷一二。
② 《广弘明集》卷二二。

学更上升为社会的统治思想。但是降至东汉末年之后,由于经学自身走入了死胡同,加之当时政治形势等原因,出现了儒学衰、玄学盛的局面,在整个六朝时代乃至隋唐,儒学都不是显学,仅仅由于它是一种传统的思想文化,深深地扎根于这块土地,对于中华民族特别是封建士大夫的思维方法及心理习惯的影响是根深蒂固的,加之,它是王道政治及宗法制度的理论支柱和思想基础,因此,在佛道盛行的几百年时间内,始终没有被吞并掉,而是作为一股强大的社会思潮潜伏着,当唐代的韩愈提出恢复儒家道统之后,就出现了一种复兴的势头。这时在中国土地上的几个强大的思想文化系统,面临着一场殊死的决战。三教中的有识之士,都站在维护本教的立场上,一方面高唱三教一家,另一方面极力抬高自己,并伺机吃掉对方。道教在"红花白藕青荷叶,三教原来是一家"口号下面,没有放松对儒、佛的攻击和排斥,力图确保或夺回它高居于儒、佛之上的地位;佛教则在加快统一内部的禅教合一步伐的同时,进一步通过权实、方便究竟等说法,把儒、道二家变成隶属于其真源之究竟教的权便说。而儒家凭借着自己在中华民族的心理习惯、思维方式等方面的根深蒂固的影响,以及王道政治与宗法制度的优势,自觉或不自觉、暗地里或公开地把释、道二教的有关思想内容渐渐地纳入自己的学说体系与思维模式之中,经过唐朝五代之酝酿孕育,至宋明时期终于在融摄释、道二教的基础上,建立起一个冶儒、释、道于一炉,以心性义理为纲骨的理学体系。

那么,儒家是怎样融摄掉释、道二教的?它吸取和糅合了释、道二教的一些什么思想以及是如何吸取的?换句话说,作为三教合一产物的宋明理学,究竟如何攫取及摄取了多少释、道二教的有关思想呢?这个问题是中国古代思想史研究中的一个大题目,于此,不可能对它进行全面探讨和论述。这里所要做的,是结合本文的主题,具体探讨一下中国佛教的佛性理论是如何影响唐代之后儒学的发展方向的,并从中看看中国佛性理论在中国古代思想发展史上的地位和作用。

要探讨唐宋时代儒学与中国佛性理论的相互关系,研究这一时期儒学的发展方向,唐代著名思想家李翱的《复性书》是一部特别值得注意的著作。《复性书》三篇,上篇总论性情及圣人,中篇评论修养成圣之方法,下篇勉人修养之努力。全书以恢复孔孟道统为己任,以周易、大学、中庸为要典,以开诚明致中和为至义,以去情复性为旨归,以弗思弗虑情则不生为复性之方。从表面上看,该书所据均儒典,所语亦多属儒言,其目的也在于恢复孔门道统,但是,如果不停留于表面考察,而是深入到思想内部,人们就不难发现,该书之思想旨趣乃至表达方式,与中国佛教的佛性理论,多有相近或相通之处,以致从某种意义上可以说,《复性书》是以儒家的语言,讲佛教的佛性理论。

在本文的开头及上面各章,我们已经指出,所谓佛性理论,乃是一种研究佛之本性及众生能否成佛的理论,其中,众生如何转凡入圣是中心的一环。在这个带根本性的问题上,中国佛性论自隋唐之后,表现出一种注重心性的唯心倾向,亦即日愈把佛性归诸心性,把成佛诉诸反悟自心,了见自性。而所谓反悟自心,了见自性,亦即体悟众生之本性,发见自我之本来面目。他们认为,众生自性,本来与佛无异,只是由于无明蔽障,迷妄不觉,才"不识庐山真面目",沦为凡俗众生,备受生死之苦;如果能反观心源,悟见自性,则可转凡入圣。这种理论的主要特点之一,是把佛的本性变成人的本性,从而使人的本性变成佛的本性;把佛性论变成人性论,从而使人性论变成佛性论。中国佛性论的这一特点,显然受到中国传统的人性理论的影响,但自隋唐之后,它又反过来影响中国的人性理论,这种影响首先体现在李翱的复性论上。

李翱复性论的思想旨趣,在于教人如何成贤作圣。他认为,"人之所以为圣人者,性也",但"性"又非为圣人所独有,而是一切众生皆悉具有的。圣人与凡夫的区别不在于"性之有无,而在于圣人得天命之性,而不为情所惑",百姓则溺于情,"而不能知其本"。

在李翱看来,凡夫百姓虽有天生的至纯至善的本性,但由于常常被七情六欲所迷惑,故致昏而终身不能自睹其性,这有如水性清澈,由于夹杂了污泥沙石,故浑浊不堪。倘若"沙不浑,斯流清矣",圣人则是这样,他们不为凡情所惑,故性常清明。而要怎样才能达到不为凡情所惑呢?李翱认为最基本的方法是"弗思弗虑""动静皆离"。只要弗思弗虑,情则不生,情不生则无以惑其性;动静皆离,寂然不动是至诚也。既至诚则不但可以"尽人之性",而且可以"尽物之性"。最后"赞天地之化育","与天地参矣",此亦即复其天命之本性也。李翱的这种复性论与天台、华严二宗的反观心性与妄尽还源的佛性论简直没有多少差别,而与禅宗的佛性说修养方法更是如出一辙。如果把李翱上面的那些论述,与禅宗的有些话略加比较,除了文字上略有差异外,从思想内容到思想方法都几无二致。慧能就曾说,佛性之于一切众生悉皆平等,而且本性常清净,这有如天常清,日月常明,只因浮云盖覆,故自性不得明朗,若遇风吹云散,则上下俱明。而所谓浮云者,亦即妄念著相。如果能离相无念,则能顿见自心中真如本性。李翱的复性论除了把禅宗的"离相"改为"去情废欲",把"无念"改为"弗思弗虑",把真如本性、佛性改为"天命之性"外,就很难再找到它与禅宗佛性思想的区别了。难怪韩愈有"吾道萎迟,翱且逃矣"之叹,并说:"今之言性者,杂佛、老之言道。"宋石室祖琇禅师也说:"习之复性书,盖得之于佛经,但文字援引为异耳。"

改佛教的"无明""妄念"等名相为邪情人欲,易佛教之佛性为天命之性,进而在反佛的旗号下,偷运佛教之佛性理论以建立去邪情人欲,复天命之本性的人性理论,这不但是李翱复性论之根本特点,也是隋唐之后儒家伦理哲学的基本发展方向。

宋明理学的思想旨趣,在一定意义上,可以用"存天理,去人欲"一言以蔽之。这种思想的学术渊源,从儒学系统看,系得之于以恢复语、孟、学、庸为己任的李翱复性论,但正如李翱复性论本身就是融合佛教佛性论的产物一样,宋明理学的人性论,实多借助于佛教之佛性理论。

宋儒自濂溪以降,一变罕言性与天命之儒家传统风格,易之以天人合一的宇宙观和形而上学的本性论为根据,建立一个人生哲学的新体系。这个新体系以周敦颐把天道伦理化和把伦理天道化的《太极图说》肇端,以张载之天地、气质之性说构架,大成于程朱之天理人欲之辨。

周子之《太极图说》,虽就其主旨言,是在"明天理之本源,究万物之始终",但落点却回到人、人性、人伦道德之常现。他"推明天地万物之源"的目的,是为了说明道之大源出于天,而他把天道伦理化的目的,却是为了把伦理天道化。这与隋唐佛性论把佛性人性化,从而使人性佛性化所走的是同一条路。周敦颐在《太极图》中所描绘的宇宙生成、万物化生的图画,也多是糅合佛、道二教的有关思想而成,而他的人性理论更援佛、老以入儒,把无极之真,注入人的灵魂,成为人的本性。就《太极图》说,它本身就来自道教的"太极先天之图",而文中所论及的宇宙万物乃至人类形成的理论,更与唐朝名僧宗密站在佛教立场上宣扬三教一合的《原人论》相仿;而"无极之真"一词,也直接来源于唐僧杜顺的《华严法界观》;就修养方法说,其"立诚""主静",更带有面壁禅定、虔诚祈祷的色彩。

张载之天地、气质之性说向来被看作宋明天理人欲说之嚆矢,而张载之曾经出入老、佛也是史学界所共认的,吕大临在《横渠行状》中曾说:"释、老之书,累年尽究其说,知无所得,反而求之《六经》。"说张载深究佛书,这是事实,但说他无所得,则与张载之思想实际不尽相符。张载所谓"性之于人无不善,示其善反不善而已","善反则天地之性存焉",这个论点与李翱的复性论乃至佛教之反观自性说就多可相通,而他的变化气质,进而开通气质之蔽塞,"反本尽性","达于天道,与圣合一"的修养论,与佛教之断除烦恼业障,进而证真成圣的修养论也不无契合之处。

程朱之受佛性论的影响,则较横渠更明显。二程自己曾说,"出入释、老者几十年",而且对释氏之学颇推崇。当有人问及庄周,与佛比如何时,伊川曰:"周安得比他佛,佛说直有高妙处,庄周气象大都浅近。"①他们还说:"释氏之学,又不可道他不知,亦尽极乎高深。"嘉泰普灯曾说:"程伊川问道于灵源禅师,故伊川为文作书,多取佛祖辞意。"程伊川自己也直言不讳:"学者之先务,在固心志,其患纷乱时,宜坐禅入定。"这一切都说明二程对佛教颇推崇,与佛教关系很密切。

朱子与佛教关系之密切,对佛学之推崇,并不亚于二程,他曾跟从宗杲、道谦几位禅师学道,对此朱子本人自认不讳,"少年亦曾学禅","某于释氏之说,盖尝师其人,尊其道,求之切至矣",等等。

程朱之与僧徒交游,师其人,尊其道,这在一定意义上说还不是最主要的,重要的是,程朱的伦理哲学的许多根本点与佛教的佛性理论多可相通。一者,程朱所说之"天理""天命之性",实是释氏所言佛性的变化说法。如果说唐宋时期佛性论所说的佛性多是披上一层佛性外衣的人性、心性,那么,程朱所言之"天理"和"天命之性"则是一种天道化了的道德本体。外表虽有所不同,内容则无根本差别。其二,程朱所言之人物天地同一本性之天人合一思想,实是释教自性是佛的异说。朱熹注《中庸》"博厚配地,高明配天,悠久无疆"文曰:"此言圣人与天地同体","此谓宇宙大化之道体,与圣人之性体乃同一本体";注《中庸》"惟天下至诚为能尽其性"文曰:"人物之性,亦我之性",是指人物与我同一本性。这些说法,与禅宗所说之自性是佛,莫向性外四处寻觅等,实质是一样的。其三,程朱所言之"尽性知天"等说,与禅宗所说之见性成佛,亦有异曲同工之妙。朱熹注"致中和,天地位焉,万物育焉"一文曰:"盖天地万物同吾一体,吾之心正,则天地之心正焉;吾之气顺,则天地

---

① 《二程语录》卷一七、卷九。

之气顺矣。故其效验至于如此。此学问之极功,圣人之能事,初非有待于外,而修道之教,亦在其中矣。是其一体一用,虽有动静之殊,然必体立而后用有以行,则其实亦非有两事也。"可见,程朱之学"皆反诸身心性情"。这与禅宗之反悟自心、见性成佛实很难找出其中之差别,至于理学家所说之于静中体认大体未发时气象分明,更类禅家返照直指本心。其四,程朱所谓圣人只是教人"存天理,去人欲"等说,实是佛家去妄证真说之翻版。明清之际的思想家王夫之曾一针见血地指出:朱子"合下连根铲去"之说,"释氏所谓折服现行烦恼,'断尽根本烦恼'之别尔"①。

理学与佛学之相同相通处,如果企图通过这种逐条对照的方法把它全部罗列出来,几乎是不可能的。这里所以举了几个宋明理学与佛性理论相交涉融会的例子,仅想借此说明以修心养性为纲骨之宋明伦理哲学,与佛家之"明心见性"的佛性理论,说法虽有异,而本质实无殊。在一定意义上甚至可以说宋明理学是一种心性之学。当然,如果仅就程朱理学言,似还不能完全得出这个结论,因为,在伊川、朱子的思想中,在对待心性问题上与禅宗是存在差别的。禅宗之谈心性,完全视二者为一物,认为三世诸佛,密密相传,便是要悟此心之本来面目,但程朱对心性却另有说法,他们认为,在未生之前,可谓之性,却非有心,心属气,性属理,心性非为一物,此一分别,把程朱理学与禅宗佛性学说的差别给显示出来了。但是,这个差别却没有使理学与禅学分道扬镳,因为陆王心学很快就弥合了这一裂痕。

陆象山对朱子学有叠床架屋之嫌,他主张把理、性等归诸一心。其兄陆复斋在鹅湖之会前有诗云:"古圣相传只此心",象山以为未尽是,和诗云:"斯人千古不磨心"。此心千古不磨,即是历劫常存。在《杂说》中陆说:"千万世之前,有圣人出焉,同此心,同此理也,千万世之后有圣人出焉,同此心,同此理也;东南西北有圣人出焉,同此心,同此理也。"又曰:"心,一心也;理,一理也。至当归一,精义无二。此心此理,实不容有二。故孔子曰:'吾道一以贯之',孟子曰:'夫道一而已矣'。"这里所说"至当",亦即佛家"究竟"义,而所谓即心即理,实禅宗之即心即佛。字眼有殊,实质无异。后来,王阳明进一步发展象山心学,倡鸟啼花笑、山峙川流,皆吾心之变化,主张良知生天生地,成鬼成帝,是造化之精

---

① 《读四书大全说》,第406页。

灵,万物之根据,把心学更推至极端,而与禅宗绝对唯心论相契合。至王心斋、王龙溪更专尚气节,讲良知心性,废书不读,使孔孟之学变为清谈,不仅内圣外王之道不明,且使人才华丧尽,进而衍为"无事袖手谈心性,临危一死报君王"的王学风格,把仅有的一层儒者外衣也脱掉了。总之,陆王心学之近禅,较程朱为甚,这一点,史料言之凿凿,学界也早有定评,这里自毋庸赘言。值得指出的是,宋明理学之糅合佛学,特别是禅学,多是在反佛旗号下进行的。从现象上看,他们治学之目的,是欲以语、孟、学、庸来对抗佛学,但由于理学家们多涉足释教,出入佛、老,受隋唐之后注重心性的佛性理论的影响,他们往往把儒家的伦理哲学进一步归结为修心养性的学问,从而使得宋明理学成为一种与注重明心见性之禅宗佛性理论相为表里的心性之学。本来作为佛教批判者的宋明理学家,结果变成一批批判的佛学者,而原为佛学对立面的儒家伦理哲学,结果也变成一种披上儒学外衣的禅学。

  关于理学与禅学乃至整个佛学的相互关系问题,后儒近人多有评述,他们或目理学为"儒表佛里",或称心学为"阳儒阴释",有人则直言没有佛学则没有宋明理学。周予同曰:"吾人如谓无佛学,即无宋学,绝非虚诞之论。宋学之所号召者,曰儒学,而其所以号召者,实为佛学。"梁启超则明确主张理学是儒表佛里。明清之际的思想家王夫之也指责王学为"阳儒阴释"。顾炎武则说:"今之所谓理学家,禅学也。"明儒黄绾初宗程朱,后转师王守仁,他深知理学之底蕴及其传授秘密,后反戈一击曰:"宋儒之学,其入门皆由禅也。"凡此诸说,都表明前人已认识到并明确指出,理学是一种儒化了的佛学。我们在这里所做的,是进一步指出这种被儒化了的佛学的具体内容,乃是隋唐时期那种已被中国化了的以注重心性为主要特征的中土佛性论。

  至此,我们轮廓地描绘了佛性理论在中土的迁流衍变及其发展过程:一方面,由于受到中国社会的经济政治制度、思想文化传统和民族心理习惯的影响,印度佛性理论自传入中土之日起,就走上了逐步中国化的道路;另一方面,这种被中国化了的佛性理论又反过来影响中国的传统思想文化,并与之相融合,形成儒、释、道三教合一的、以心性义理为纲骨的宋明理学。当然,宋明理学的产生,若从更根本处立言,与其说是受中土佛性理论的影响,与中土佛性理论相融合的结果,毋宁说是时代的产物。至于宋明理学产生的时代背景与社会历史根据问题,由于已不属本文的研究范围,留待以后有机会再作探讨。

中国佛教通史

一、《中国佛教通史》简介

《中国佛教通史》是一部起自两汉之际佛教初传中土,讫于20世纪40年代,全球首部完整的中国佛教通史。

《通史》的编撰在遵循史实为本的通史编写通例基础上,适度强调了教与理兼容、史与论并重的原则;又,举凡学术界已达成共识的问题,采取学界的定论,对于那些尚有争议,看法未尽一致的问题,则根据作者的研究,直抒己见,以期抛砖引玉。因此之故,《通史》有学术版之称。

《中国佛教通史》全书共15卷,总计700万字,以时序为经,涵盖中国佛教(包括汉传、藏传、南传三大系统)的人物、典籍、教义、制度、仪轨、礼俗、艺术乃至三教关系、对外交流等方方面面,全面记述了佛教从两汉初传至1949年的历史面貌,填补了佛教通史研究的空白,标志着几代学人编撰佛教通史的夙愿得以完成。

《通史》出版之后,受到海内外学界和教界广泛关注和高度评价,专家们认为:《通史》"完成了前辈几代学者没有实现的愿望","填补了中国佛教通史领域的空白","是第一部真正意义上的'中国佛教通史'"。同时,对《通史》出版的现实意义也给予了充分的肯定,认为"这部《通史》的完成也反映了改革开放30年来我国在文化建设,特别是在整理和研究传统佛教文化上的长足进展,在继承和发扬民族精神方面做出了宝贵的贡献。"(详见本书"代表性成果"中的"《中国佛教通史》书评")

《中国佛教通史》先后获江苏省哲学社会科学优秀成果一等奖、首届江苏政府出版一等奖、国家"三个一百"原创图书奖、教育部人文社会科学优秀成果一等奖、第三届中国政府出版奖、第三届全球华人国学成果奖等。

二、《中国佛教通史》总序

佛法东传中土之后,伴随着佛教的传播与发展,不同时期的僧人、学者曾经有不少关于僧传、僧史、宗派史乃至断代佛教史的撰述,但至今为止,尚没有一部完整的中国佛教通史。二十几年前,任继愈先生曾组织了一批资深的佛教研究者,欲编写一部《中国佛教史》,但由于多方面的原因,只编写完前三卷就搁置下来了,成先生终生之一大遗憾。日本学者镰田茂雄曾有《中国佛教通史》之作,但同样未竟而终,遂使完整《通史》之编撰,至今仍是空白。

2004年,国家"985工程"(二期)启动,我们学科组建了宗教与文化研究中心,并在申报财政部、教育部"哲学社会科学创新基地"中获得成功。研究中心根据学科建设的需要和前期研究成果的特点,决定把编撰《中国佛教通史》作为"985工程"(二期)建设的重点课题,在整合南京大学佛学研究力量的基础上,又延聘了国内十多个高校与研究所的22位专家、学者,组成《中国佛教通史》编写组,经过五年多的集体攻关,终于有了这部起自佛教初传中土迄于20世纪40年代、涵盖中国佛教之经典、制度、文物、思想乃至三教关系、对外交流等方方面面的《中国佛教通史》。

本《通史》的编撰在遵循史实为本的通史编写通例基础上,适度强调了教与理兼容、史与论并重的原则;又,举凡学术界已达成共识的问题,采取学界的定论,对于那些尚有争议,看法未尽一致的问题,则根据作者的研究,直抒己见,以期抛砖引玉,因此之故,本《通史》有学术版之称。

(一)

佛教传入中国,不论对于佛教本身,还是对于中国古代学术文化的发展,都具有非常重要的意义。

就佛教而言,东传中土后,首先遇到的是本土化问题。在佛教初传的汉魏两晋时期,这种本土化现象主要表现为:一是魏晋般若学的玄学化,二是"神不灭"成汉魏两晋南北朝佛教的基本教义,三是佛教报应理论的中国化。

魏晋时期,中国古代学术思想出现了一个重大转折。与汉代学术界的思想多侧重于天道物理之探求不同,魏晋时期的玄学家多以谈有说无为旨趣,以体道通玄为终的。这种社会风尚、社会思潮,对当时的佛教产生了深刻的影响。当时的佛教名僧,多通世典,好谈虚玄,传法讲道,理趣既符老庄,风神也类谈客。他们不论在行事风格,抑在研读书籍及所用之名词术语方面,均与玄学家没有多少区别;至于思想内容方面,则常常玄佛互证,以"无"谈"空","涅槃""本无"遥相符契,真可谓名人释子,携手并进,玄谈佛理,共入一流。魏晋时期的"六家七宗",集中地反映了这种玄佛合流的情形。

所谓"六家七宗",指魏晋时期传扬般若学的六个佛学派别。它们是本无、心无、即色、识含、幻化、缘会六家,其中,"本无"一家又分出"本无异"宗,故有"六家七宗"之称。

按基本观点说,"七宗"又可分为三个主要派别,即"心无""即色"和"本无"。这三个基本派别都是本土化了的般若学,用僧肇的话说,都"偏而不即",亦即都不同程度地偏离了正统般若学的轨道,而带有浓厚的玄学化的色彩。当然,如果从探讨历史文化及宗教思想历史发展的角度说,更为重要的也许不在于谁"正"谁"偏",而在于它是如何偏的?为什么会"偏"?

实际上,般若学传至中土后为什么会走样?为什么会发生偏差?这与汉代佛教为什么会被理解成神仙方术是同一性质的问题,即一种外来宗教、外来文化的被接受,总是在传统的思想方式上进行的,如汉代人用传统的神仙方术去理解佛教一样,魏晋时期的士大夫用当时流行的玄学去理解般若学,结果把般若学变成一种游玄清谈之助资,作为结果,般若学之"真谛"、"俗谛"思想、"缘起性空"理论等,变成一种本末、有无之谈。

从外来文化与本土文化的相互关系说,任何一种外来宗教、外来文化传至异国他乡,首先得依附于当时当地的传统文化,寻求一个立足点,之后才有可能进一步谋求自身的独立发展。般若学的传入与流行也经历了这样一个发展过程:起初,它依附于玄学,借助于玄学的清谈而得到传播,这种情形正如当时著名的佛教思想家道安所说的:"自经流秦土,有来自矣。……以斯邦人《老》《庄》教行,与方等经兼忘相似,故因风易行也。"[1]这是说,般若学在当时是借助于《老》《庄》玄谈而得到流行的。鉴于这种情况,当时的许多佛徒名僧,多以玄解佛,以《老》《庄》谈般若。这种方法也就是盛行一时的"格义"学风。

所谓"格义",亦即援用中国传统的概念来解读外来的佛教,此如《高僧传》所说的:"以佛经事数拟配外书,为生解之例,谓之格义。"[2]据史料记载,当时的许多名僧,如竺法雅、慧远等,都精通"格义",常常"引庄子为连类,使惑者晓然"。为了更好地用"格义"的方法来宣传佛教的

---

[1] 道安:《鼻奈耶序》。
[2]《高僧传》卷四。

学说,许多佛教名僧往往博览外书,深明世典,精通六经,尤善《老》《庄》。支遁"雅善《老》《庄》",竺法护则"博览六经,涉猎万家之言",竺道潜则"优游讲学三十余载,或畅方等,或解《老》《庄》"。

以上两种情况加在一起,造成了这样一种局面,当时的沙门,多有深明世典者在,士大夫中,则不乏通达释教之人,故高僧名流常玄佛互证,以般若比附《老》《庄》,以外书注释内典。这种玄佛互证的直接后果,是魏晋时期的般若学被打上了玄学的深刻印痕。

佛教的中国化除了表现为般若学与玄学的交融汇合外,还表现在受中国传统的"灵魂不灭"观念的影响,汉魏南北朝时期的中国佛教以"神不灭"为根本义。

印度佛教原是反对神教的,原始佛教反对婆罗门教的大梵创世说,但佛教从婆罗门教那里继承了业报轮回的思想。佛教之讲业报轮回,却没有轮回的主体,这给人们理解业报轮回造成很大的困难;中国人以传统的灵魂不灭思想去接受和理解佛教,接受和理解佛教的业报轮回思想,结果把不灭的灵魂作为轮回业报的主体,把不变的神性作为成佛解脱的根据,进而把"神不灭"作为佛教的根本教义。东晋的慧远和南朝的梁武帝是宣扬这种思想的主要代表人物。慧远主张"形尽神不灭",梁武帝萧衍撰《立神明成佛义记》,力陈人死后灵魂不灭,神性不断。正因为神性不断,所以"成佛之理皎然"。这种思想受到当时一些思想家的反对,由此衍化出南北朝时期的形神之争。

南北朝时期反对慧远与梁武帝的"形尽神不灭"思想的最主要代表是范缜。范缜从"形神相即""形质神用"等方面驳斥了"形尽神不灭",论证了"形尽神灭"。中国古代思想史上的这场"形神之争",不应该被仅仅看成是佛教徒与世俗思想家之争,而应该说是中国古代思想发展史上重要的一环。

与形神之争相联系的另一个问题是"因果报应"之辩。魏晋南北朝的佛教界把佛教的"因果报应"理论与中国传统的"灵魂不灭"思想相结合,提出一套具有中国特色的"因果报应"学说:"三报论"。

就承认报应是"业报""自报"而不是通过上帝鬼神的奖惩来实现这一点说,"三报论"采取了印度佛教的说法;但是,"三报论"又把报应的主体付诸"不灭的灵魂",正是在这一点上,慧远的"三报论"具有浓厚的本土色彩。

当然,中国化的佛教仍然是一种佛教,当它离开印度传统佛教太远时,必然会遭到一些佛教徒的批评和反对,晋宋之际兴起的以注重研究佛教经论为特点的佛教诸学派,在一定意义上说,就具有某种向"正统佛教"回归的色彩。

从中国佛教的发展过程看,首先向"正统"佛教回归的是般若学,而僧肇则是一位最具代表性的思想家,其《不真空论》可视为这方面的代表作。

在《不真空论》中,僧肇在把魏晋般若学的"六家七宗"概括为"心无""即色""本无"三大派别,并在逐一对它们进行深入批判的基础上,提出了"不真即空"的命题,把魏晋般若学拉回到"正统"般若学的轨道。

般若学之外的另外一种本土化色彩较浓的佛教思想,即以"神不灭"佛教的基本教义,在两晋南北朝时期,也面临着一个如何回归"正统"佛教的问题。如果说慧远的"三报论"因其较圆融地融摄了印度与中土的两种宗教与文化,加之,"报应说"从学理上说属于"俗谛"层面,因此,回归"正统"的理论需求相对而言还不是十分迫切的话,那么,作为其理论依托的"神不灭论",则是中国佛教在其往后发展中无论如何必须解决的问题,这个方面,以竺道生为代表的涅槃佛性学说,集中体现了两晋南北朝时期中土佛性论的理论"回归"。

竺道生有"中土涅槃圣"之称,在中国佛教史上首倡众生有佛性、顿悟成佛说。竺道生的这种学说是以他对佛性的理解和界定为基础的。

在《大般涅槃经集解》等著作中,竺道生分别从几个不同的角度去诠释和界定佛性:或以法为佛性,以体法为佛;或以理为佛性,以当理为佛;或者直接以"如来"说佛。这种种说法之背后,有一个相同的理论依托,即以"体性"说佛性,用道生的话说,即是"佛性我"。此"佛性我"的最大特点,是我与无我的统一,它不即诸法而又不离诸法,是诸法背后的"本体"。这样,魏晋南北朝的佛性理论,又成功实现了向大乘佛教以"体性"说"佛性"的理论回归。

综览魏晋南北朝佛教的历史发展,除了般若学和佛性理论这两大思想系统,走着一条在不断中国化过程中,通过理论回归,以期保持佛教的基本精神的发展道路外,其他的佛教思想派别,也经常通过"正本清源"和回到经典本身的方式,以寻找和保持佛教的真精神,南北朝出现的佛教诸学派,可以说是这一思潮的产物,因此有了以《摄论》为中心的"摄论学派",以《地论》为中心的"地论学派",等等。

（二）

隋唐二代是中国佛教的鼎盛期，也是中国佛教的成熟期。这时期出现之佛教诸宗派，大多另辟蹊径，自造家风，以"六经注我"的精神，"说己心中所行法门"。天台宗以"性具善恶"的佛性理论和"止观并重"的修行方法，一改佛教有关佛性至纯至善传统说法和南北朝以来南义北禅的分裂局面，建立了第一个具有中国特色的统一的佛教宗派；其"五时八教"说更是别出心裁，自成系统，以自家的理解，对释迦一代说法进行重新编排。天台宗之不依经教精神，使得有人责备它改变了印度佛教的本来面目。华严宗在杂糅百家、兼收并蓄方面走得很远，它以"圆融无碍"的理论为法宝，调和了中土佛教史上"众生有性"论与"一分无性"说的尖锐对立，使它们各得其所；根据《大乘起信论》的"心造诸如来"和"一心二门"的思想，改变了《华严经》以"法性清净"为基础说一切众生乃至诸法的平等无碍，从而使中土佛教的唯心倾向更加明显，为以心为宗本之禅宗的发展铺平了道路。而作为中国佛教代表的禅宗，更远承佛陀的本怀，面对现实人生且直探心海，由超佛之祖师禅而越祖之分灯禅，对佛教之传统和传统之佛教进行了革命性的变革。至此，印度佛教的中国化已发展成中国化佛教。

禅宗是一个影响最大、最具中国特色的佛教宗派，隋唐之后，禅宗几乎成为中国佛教的代名词。虽然从传法世系说，菩提达摩为中土禅宗初祖，但禅宗的真正创始人，是慧能。由于慧能对传统禅法进行了一系列带根本性的变革，因此在佛教史上有"六祖革命"一说。

"六祖革命"的核心，若一言以蔽之，是对传统佛性理论的变革。如果说，竺道生的佛性理论把一度被本土化了（即以"不灭之神性"说佛性）的佛性理论回归到大乘佛教的以"体性"说佛性、以"如来"说佛，那么，进入隋唐之后，随着天台和华严二宗把佛性的逐步"唯心"化，至慧能禅宗，佛性则被完全归结于"心性"。而"心即佛"佛性理论的确立，终于导致禅宗在修行理论和解脱方法等方面发生了根本性的变化。

原始佛教依靠佛度，后来之佛教强调佛度、菩萨度，到了六祖慧能，注重自性自度。慧能这一自性自度的思想，后来被他的后学做了进一步的发挥，如慧海讲："当知众生自度，佛不能度。"①黄檗希运则从众生心本是佛，佛即是众生心，众生即佛，佛即众生，众生与佛，元同一体，

---

①《大珠禅师语录》上。

"何处有佛度众生，何处有众生受佛度"，①黄檗希运这段话揭示了慧能禅宗讲究自性自度的理论依据，即因为佛不是某种外在信仰、崇拜对象，而是众生之自心自性，因此佛不能度众生，众生必须自度。

在修行方法上，印度佛教讲历劫苦修，禅宗以前的中国佛教也强调依经教修行，即便是禅宗的前几祖，也都十分注重修禅静坐。如达摩之禅，以壁观而著称，二祖慧可亦以注重坐禅而闻名，三祖僧璨更提倡"隐思空山，萧然静坐"，四祖道信更以山林是托，提倡"闭门坐"，五祖弘忍亦提倡独处幽栖，潜形林谷，长辞俗事，养性山中。五祖弘忍以后，出现了南能北秀，后由此发展为南北二宗。二宗之分，亦因修行方法的差异所致。北宗神秀讲"住心观静"，南宗慧能则主张"禅非坐卧"，注重"道由心悟"，这与传统佛教之谈修行、禅坐迥异其趣。

传统的佛教主张远离尘俗、出世潜修，即便是禅宗的前五祖，也都是比较重林谷而远人间，都提倡独处狐栖，潜形山谷，泯迹人间，杜绝交往。这种情况自慧能之后就发生了根本性的变化。慧能在《坛经》中就屡屡语及解脱不离世间问题："佛法在世间，不离世间觉；离世觅菩提，恰如求兔角。"自慧能大力提倡解脱不离世间之后，禅宗乃至整个中国佛教逐渐朝着既入世又出世的道路发展，这正如玄觉在《永嘉证道歌》中所说的："游江海，涉山川，寻师访道为参禅。自从认得曹溪路，了知生死不相关。"在此基础上，慧能后学更进一步向世间化方面迈进，把世间与出世间打成一片，提出"不动意念而超彼岸，不舍生死而证涅槃"，主张混俗和光，作一个本源自性天真佛。

唐五代之后，兴盛于唐的各大宗派相继式微，而禅宗则一枝独秀，这是不争的事实，现在的问题是，如何去解读、评析这种历史现象？以往有些学者在回答这个问题时把它归结为隋唐之后寺院经济的瓦解和经典文书的毁坏。诚然，这也许是重要原因之一，但是，从归根结底的意义上说，禅宗之所以会发展成为中国佛教的代表，最根本的原因，是其思想适应当时社会的需要！而慧能南宗思想的最大特点，是儒学化，更具体点说，是心性化、伦理化。从这个意义上说，要回答慧能禅宗为什么能够成为中国佛教的代表，首先得回答儒学何以在中国古代能几千年久盛不衰？何以能成为中古代学术思想的主流？考诸中国古代诸子百家，儒家只是其中之一支，其思想也不是特别精深博大，体系亦非

---

① 《黄檗禅师宛陵录》。

特别严谨,但是,他们有一个最大的长处,即适应时势,符合国情,所提出的主张,能够适合中国古代社会的需要,这也是儒学成功的根本原因所在。禅宗亦然,禅宗的思想不像天台、唯识、华严等宗派那样博大精深,也没有非常严谨的思想体系,但它却能为广大民众乃至士大夫所接受,从而成为中国佛教的代表。这种现象从理论上说,亦即"理论在一个国家的实现程度,取决于理论满足这个国家的需要程度"。①

(三)

宋元时期的佛教,若举其大端,主要有四个方面的内容值得特别关注:一是"看话禅",二是天台"山家山外之争",三是禅教合一与禅净合流,四是佛教思想与儒家思想的交融。

中国禅宗自唐末、五代之后,"一花开五叶",出现了五祖分灯,其中:沩仰创立并繁兴于唐末五代,开宗最先,衰亡亦最早,前后仅四世,仰山慧寂后四世即法系不明;法眼在五宗中创立最迟,兴于五代末及宋初,至宋中叶即告衰亡;云门一宗勃兴于五代,大振于宋初,至雪窦重显时宗风尤盛;曹洞宗自云居道膺后即趋衰微,从芙蓉道楷后宗风再振,丹霞子淳下出宏智正觉,倡"默照禅",是赵宋一代禅学之一大代表;临济在五宗中流传时间最长,影响也最大,以至于有"临天下"之说。该宗自石霜楚圆下分出黄龙、杨歧二系,大盛于宋中叶,至佛果克勤下出大慧宗杲,倡"看话禅",风行一代,对后世影响至为深远。从传法世系上说,此五宗均出于惠能门下,属南宗禅;从禅宗自身的发展史说,此五宗均属"分灯禅"。为了能更好地把握宋代禅学的思想特质,有必要先看看此时的禅学较诸以往的禅学在哪些方面发生了变化。

宋元禅学有一个不同于前期禅宗的重要地方是出现了许多"语录""灯录",甚而"评唱""击节"。如果说,前期禅宗曾以"教外别传""不立文字"为号召而在中国佛教界独树一帜,那么,此时期的禅宗则又由"不立文字"一变而成为"不离文字"。

文字禅的泛滥,给当时禅宗至少带来两个结果:一是使得禅师们注重文字技巧,走上舞文弄墨的道路,失却禅宗"不立文字"的本色;二是"评唱""击节"的目的,就是为了使人容易"理解",但是,"禅"本身就是只可意会,不可言传,不可以义理加以解释的,正如大慧宗杲所说的:参

---

① 马克思:《〈黑格尔法哲学批判〉导言》。

禅"是一超直入如来地","须是直心、直行","拟议思量已曲了也"。① 可见,"评唱""击节"本身就与"经是佛语,禅是佛意"的思想相违背。因此,注重文字技巧、强调义理解释的"评唱""击节"十分自然地、渐渐地受到某些深得禅之底蕴的禅师们的抵制和反对。首先起来反对这种文字、义理禅的,就是佛果克勤的高足大慧宗杲。

针对当时各种《语录》《灯录》《评唱》《击节》,泛滥成灾,造成禅学界专尚语言文字,而"不明其本",因此大慧宗杲把各种语录、灯录之刻版一并烧毁。反对把"公案"作为正面的文章去理解,并提出了一种新的参禅方法,也就是从"公案"中提取某一语句,作为话头,执着不舍地对它进行内省式的参究,这就是曾经对宋元及往后禅学产生过深远影响的所谓"看话禅"。

"看话禅"的特点,不像当时社会上盛行的各种评唱、击节、拈古、颂古那样,注重对各种"公案"进行注释、理会,而是提倡单参一个"话头",而对此"话头"之参究必须做到行住坐卧,时时提撕,专心致志,念念不忘,在参究过程中,应该返观自己,提起疑情,并且必须一疑到底,疑到山穷水尽处,"大死一番",最后蓦然咬破疑团,疑团一破,则朗然大悟,生死心绝而诸佛现前。

"咬破疑团,朗然大悟"是"看话禅"的落点所在,用宗杲的话说,叫"须是悟得"②。按照"看话禅"的基本思想,"禅无你会底道理。若说会禅,是谤禅也。……若不妙悟,纵使解语如尘沙,说法如涌泉,皆是识量分别,非禅说也。"③也就是说,禅法非思量、分别之所能解,既不是一种学问,也不可以事说,尤不可以理论,更不容以义解,"当知禅不依一切经法所诠,不依一切修证所得,不依一切见闻所解,不依一切门路所入,所以云教外别传。"④

可以看出,中国禅宗发展到"看话禅",已由前期的"不离文字",转而单参一个话头,提倡直指见性,在某种意义上又重新回到祖师禅注重"道由心悟"的道路。

当然,宋元时期的禅宗也不是"看话禅"一统天下,实际上,在赵宋一代,除了大慧宗杲所倡导的"看话禅"之外,另有一股禅风也颇具影

---

① 《大慧普觉禅师宗门武库》。
② 《大慧普觉禅师语录》卷一六。
③ 《天目中峰和尚广录》卷五之下。
④ 《天目中峰和尚广录》卷一一之上。

响,这就是由宏智正觉倡导的"默照禅"。

"默照禅"的最大的特点,是以看心静坐为根本,认为无须多少文字语言,只要默默地静坐,便可萌生般若智慧,洞见诸法本源,这有如宏智正觉在《默照铭》和《语录》中所说的"默默忘言,昭昭现前","廓尔而灵,本光自照,寂然而应,大用现前"。①

从某种角度说,"默照禅"带有向"如来禅"复归的色彩。它与达摩的"面壁而坐,终日默默"很相类似,所不同的是,"默照禅"也拈、颂公案,如宏智本人就有《颂古百则》留传于世,且颇有影响。

"看话禅"与"默照禅"是赵宋一代最具代表性的两种禅法,二者的最大差异在于,一个注重"静坐",一个强调"妙悟"。而如果从总体上说,注重"妙悟"的"看话禅"应是宋元时期中国禅宗思想的主流。

禅宗之外,宋元佛教的另一个值得关注的方面是天台宗的"山家山之争"。

"山家山外之争"所涉及的内容很多,大而言之,可以归结为两个大的方面:一是"观",二是"教"。"观"即是真心、妄心观之争。真心观主要源于《华严经》和《大乘起信论》等佛教经典的"净心缘起"和"真如缘起"论;妄心观则主张以当下现实心、阴妄心、具体心为观想对象,这是一种在相当程度上被中国化了的佛教修行理论。山家派所以能够在论战中取胜,除去知礼等人的据理力争外,这也许也是一个十分重要的因素,此一现象说明佛教的中国化乃是一个不以人的主观意志为转移的客观规律。"教"则包括"心具色具""别理随缘""理毒性恶"等问题。问题虽多,但归结起来,特别从理论上说,主要是围绕一体还是二体的争论。山外派在诸如色心、生佛、无明与法性等问题上处处流露出二体的思想,带有浓厚的二元论倾向;山家派则始终坚持一元论的立场,始终视色心、生佛、无明与法性为一体,主张诸法相即互具,所依据的是智者大师创立的性具实相论思想,正因为如此,山家派向来被视为天台宗之正统;与此相反,山外派则带有相当程度的华严宗色彩。

与隋唐佛教诸宗派多张扬自家的思想特点不尽相同,宋元时期的佛教呈现一种逐步交融汇合的趋势,并由主张"禅教合一"逐步向提倡"禅净合流"方向发展。如果说,以往的禅宗通常多强调"教外别传",亦即强调"禅"与"教"的区别,那么,赵宋以后的禅宗,则出现一股把禅、教

---

① 《宏智正觉禅师广录》卷一。

融为一体、提倡禅教合一的潮流。

在赵宋一代,提倡禅教合一的主要代表人物有延寿、赞宁和契嵩等,他们或沿着宗密的思路,从经是佛语、禅是佛意、诸佛心口、必不相违的角度,说明心传之佛意与言诠之佛语是互相为表里的,可以而且应该互相统一;或者从参禅还须看教的角度,说明禅之与教,不但不互相矛盾,而且可以相辅相成,相得益彰。

宋之后的禅教合一,后来逐渐发展为禅净合流。宋元时期的佛教诸宗派,都既重视净土实践,又注重禅修。在修行方法上多提倡禅净双修。这种现象,集中体现在延寿之参禅、念佛四料拣中,所谓"有禅无净土,十人九蹉路;无禅有净土,万人万人去;有禅有净土,犹如戴角虎,无禅无净土,铁床并铜柱"。① 这种主张禅净双修、禅净合流的思想,宋元之后成为一种时代的潮流。

从思想发展史的角度看,在整个唐宋时期,交融、合流的思想倾向,不仅表现在佛教内部,而且体现到儒释道三教及三教的相互关系中。在李唐一代,三教中的有识之士,就都站在维护本教的立场上,一方面高唱三教一家,另一方面极力抬高自己;道教在"红花白藕青荷兰,三教原本是一家"口号下,没有放松对儒道的攻击和排斥,力图保住自己已有的地位;儒家凭借着自己在中华民族的习惯、思维特点等方面的优势,自觉不自觉、暗地里或公开地把佛道二教的有关思想内容渐渐地纳入自己的学说体系与思维模式中,经过隋唐五代之酝酿,至宋代终于在融摄佛道二教思想的基础上,建立了一个冶儒释道于一炉、以心性义理为纲骨的理学体系;佛教方面,如果说在隋唐时期,佛教主要通过权实、方便究竟等说法,试图把儒道二教变成隶属于自家所谓直显真源之究竟教的权便说,那么,到了宋元时期,这一情形有了一定的变化。由于儒学的复兴和重新崛起,佛教即便在思想方面也失去了相对的优势,此时的佛教做得更多的,是强调和突出儒佛的相通处、共同点,进而提倡佛儒交融。作为这一思潮的代表人物如智圆、契嵩等佛教思想家,多以儒教修身、佛教治心,身之与心,"其共为表里乎",把儒之与佛视为共为一体的表里关系;甚至把儒家之修齐治平看成是佛教借以存在和流行的基础,认为:"非仲尼之教,则国无以治,家无以宁,身无以安。国不

---

① 《净土指归》卷上。

治,家不宁,身不安,释氏之道何由而行哉!"①

尤其值得注意的一个现象是,中国佛教自隋唐之后,现实人生已成为佛教关注的重点之一,加之受到儒家思想的影响,因此,注重人性、心性,强调伦理、入世,对于佛教来说,已不是一种不得已而为之的"姿态",而是佛教自身的一种需求。正因为这样,当时的契嵩有《孝论》之作,认为孝是天经地义、"至哉大矣"、"诸教皆尊之,而佛教殊尊也",甚至把佛教的"五戒"比诸儒家的"五常"。宋元佛教呈现出一种伦理化倾向,而这种伦理化对后世佛教,特别是近现代的"人间佛教"产生至为深远的影响。

(四)

明之后的中国佛教呈衰落态势。在理学的制约下,佛教思想和佛学研究进一步萎缩。佛教思想为满足一般信徒的现世利益和个人愿望,与净土信仰有关的各种佛教实践,如念佛法会、放生法会、盂兰盆会等十分盛行,人们对观音菩萨、地藏的信仰普遍加强,表现"香火道场"特色的"四大名山"逐渐形成并走向繁荣。

明王朝建立之初,便推崇理学,强化专制政治思想统治。朱元璋说:"天下甫定,朕愿与诸儒讲明治道。"故朝廷对佛教采取既充分利用又严格控制的政策,其结果导致佛教进一步走向衰落。

明代佛教在中国佛教史上较具影响的,是晚明四大高僧的出现以及在他们带动下形成的晚明佛学的复兴,而这种复兴在某种程度可以看成是宋元时期开始的禅净合流思潮的延续。

清代、民国佛教的一大特色是居士佛学的兴起,弘扬佛法的中心已逐渐由寺僧转向在家居士。其时,居士林人才辈出,佛、法、僧三宝之外,又有四宝之说。龚自珍号称乌波索迦,魏源易名菩萨戒弟子魏承贯,杨仁山称净业弟子,郑学川号千花佛戒弟子,足见世人学佛已风靡一时。由是学者、思想家无不竞相研究佛理,政治家也涉略佛典。梁启超、谭嗣同、夏曾佑及国学大师章太炎等,都游走于儒佛之间。佛门僧人前有敬安提倡卫教爱国,后有太虚之佛教三大革命,倡导人生佛学、人间佛教;之外,印光倡儒释融通之净土,弘一则由儒入释,由名士而遁迹空门,以戒为师精研勤修,复兴宝华山之律宗。至于杨仁山及其弟子欧阳竟无,尤以金陵刻经处为重镇,刻经兴学,培养僧材,创办佛学刊

---

①《中庸子传》上。

物,直接影响了当代学者的学术思想。而他们在各大学讲台宣讲佛教哲学,开创了近代佛教文化传扬的新局面,进一步促进佛学社会化、系统化、理论化。

晚清民国时期的佛教,最值得关注的当推"人生佛教",虽然时下佛教界、学术界多把"人生佛教"的始倡归诸太虚,但严格地说,这种思想是时代的产物。

中国佛教自"会昌法难"之后,从总体上说,已呈颓势。赵宋一代,除禅净尚存生机外,其余各宗,均趋式微。元、清二朝,由于皇族崇尚喇嘛教,藏传佛教有较大发展,然汉地佛教,仍不见起色。降至清季,佛教更进入"最黑暗的时期"。当时之佛界,虽也有少数僧人在为佛教之生存和发展而奋争,学术界也有众多居士热心佛学,然因时局动荡,战乱迭起,少数人之努力,终无能拯救佛教于颓危之中。

尤有甚者,当时之佛教界,许多僧徒或隐遁静修,或赖佛求活,佛教非但不关心人生、介入社会,相反地与世日隔,佛教自佛教,社会自社会,进而更衍为"超亡送死"之教,"避世逃禅"之地。这种现象,正如太虚对《佛教评论》的编者所说:"此我国僧尼百年来之弊习,而致佛法不扬,为世诟病之一大原因也。"

佛教遗弃社会的结果,是社会也遗弃了佛教。严酷的现实给当时的佛教界以深刻的反省,许多僧人、居士已开始意识到,不对传统的佛教进行一番彻底的整顿、革新,佛教之存立已成问题,又遑论发展。许多有识之士纷纷提出改革佛教的主张,其中以太虚"三大革命"的主张最具代表性。而如果就思想层面说,则是"人生佛教"的提出。

"人生佛教"之思想特色,要而言之,大体有二:一是"以人为本",二是"入世"精神。

通常人们多认为,佛法是非人生的,"人生佛教"认为,这是一种误解,大乘佛法就其"本义"说,是"发达人生的","发达生命的完满生活的",是一种"究竟的人生观"。它不是离开人类而弄玄虚者,而是为化善人世的实际生活而设的。基于这种思想,太虚认为,学佛当先从做人起。所谓学佛当先从做人起,亦即"学佛的第一步,在首先完成人格,好生地做个人……做成有人格的人"。[①] 只有"学成了一个完善的好人,然后才说得上学佛。若人都不能做好,怎么还能去学超凡入圣的佛陀

---

① 太虚:《佛陀学纲》。

呢?"这种基于人生的佛教思想,用太虚在《即人成佛的真现实论》的话说,即是"仰止唯佛陀,完成在人格,人圆佛即成,是名真现实"。

"人生佛教"的另一个思想特点就是主张既出世,又入世,强调不违现实生活而行现实佛事,主张佛法既超脱世间又随顺世间,把"利他""济世"作为佛法之根本,把"救国救民"视为自己的责任。这种思想的理论基础,是出世与入世的不二,世间与出世间的融通无碍。

就思想渊源说,"人生佛教"既"原本于释迦佛遗教",又深受儒家思想的影响。《法华经》所说的"一大事因缘",即指佛原是为此世间人的解脱应现于世的,而大乘佛教的"慈悲普渡""利生济世"和禅宗"人佛不二""即世间求解脱"思想,应是此"人生佛教"最主要思想来源;而儒家的"人本"思想和"入世"精神,则为"人生佛教"的中国特色打下了深刻的印痕。因此,严格地说,"人生佛教"是佛儒交融的结果,是外来宗教与本土文化成功融合的产物。

进入现、当代社会后,"人生佛教"又进一步演化为"人间佛教",并发展成为当今佛教思想的主流。

（五）

中国佛教所以会历经二千年而不衰且不断发展,最主要的原因,是它既能保持佛教基本精神,又能因应不同的社会历史条件和文化背景,对自己不断进行调整和改铸。思想义理方面是这样,与中国古代社会之政治、经济、文化、民俗等方面的关系亦然。对此,《中国佛教通史》对佛教与各个时代的王朝政治、社会经济、民俗信仰等方面的关系也进行了较全面、深入的揭示和论述。

佛教与各个时代之王朝政治（包括历代帝王之佛教政策）、社会文化相互关系的分析与论述,占了《通史》相当大的篇幅,近百万言。所以在这方面如此不惜笔墨,旨在借此揭示历代佛教的表现形态、思想特点及其所以然。至于佛典翻译、僧官制度、寺院经济、三教关系和佛教文化艺术等,本属《通史》不可或缺的组成部分,《通史》按四个发展时期（《通史》把中国佛教划分为四个发展阶段,即汉魏两晋南北朝、隋唐五代、宋辽金元和明清民国）分别列有专章,力求以较翔实的史料和较深入的分析论述,多视角、多层面地再现中国佛教的发展历程。

值得一提的是,《通史》对于各个时期的民俗信仰、佛门生活,乃至较具代表的仪轨制度等,亦列有专章进行较翔实的梳理和系统的阐述。鉴于中国佛教与印度佛教的密切关系和隋唐之后中国佛教对外交流的日渐增多,《通史》既对历史上印度来华和西行求法的高僧进行追踪与考论,亦对宋元、明清时期中国佛教的对外交流及其影响进行绍介与评析。注意到中华民族是一个多民族的共同体,《通史》不局限于汉传佛教,而给了藏传佛教和南传佛教予相当的篇幅;对于台湾佛教,《通史》亦列有专章,简要地介绍了1895年至1945的台湾佛教发展状况。所有这一切努力,旨在尽可能全面地展现中国佛教的整体风貌。

佛教讲因缘,《通史》的编撰可以说也是因缘和合的产物。如果说,我们所以选择这一课题,主要是因为近十几年来学术界、佛教界的许多学者都不约而同地觉得现在是编撰《通史》的时候了,那么,"985工程"的启动,则是我们最终把它付诸实施的主要助缘。今天,《通史》终于完稿成编了,这更是"众缘和合"的结果。毋庸置疑,《通史》是一个集体攻关项目,对于《通史》的编写,许多中青年学者付出了十分艰辛的劳动,作出了很大的贡献。在写作过程中,不少作者给我文稿的电子邮件,时间显示是凌晨3点钟,不难想象,他们为《通史》的编撰不知度过了多少个不眠之夜!每当我读着他们的文稿时,心中总是充满着不安与感动。值此《通史》付梓之际,我要向所有参加《通史》编写的学者致以最真挚的谢意!

《通史》总15卷,700万字,自正式启动至全部完稿,历时5年多。实际上,因为参与编写的学者或是20世纪90年代末、21世纪初毕业的博士,他们在《通史》中所承担的内容,多是博士论文的延伸和进一步拓展;或是长期以来一直致力于中国佛教某一方面的研究且卓有成就者,在《通史》中所撰著的篇章,正是他们近十几年所关注和研究的课题。因此,可以这么说,编写者贡献给《通史》的,多是他们十几年来最有心得的研究成果,凝聚了他们最具创造力时段的智慧与心血。当然,《通史》是件集体作品,由于各编写者学术专长的差异和写作风格的不尽相同,有的较侧重于思想义理的探寻与钻研,有的多用力于史料的搜集与考订,导致全书在体例和风格上很难整齐划一,虽经通稿的多次磨合与修润,但细心的读者还是不难发现其中之印痕所在,对此,只好俟之来日的修订了。

对于《通史》的写作,各位编写者确实是尽心尽力了!当然,就主编而言,因时间、精力和学识所限,现在提供给读者的这部《通史》,肯定还存在着不少疏漏和错讹,对此,我除竭诚地期待着方家大德和广大读者的批评、指正外,在今后相当长的一段时间内,仍将把《通史》的修订作为一项重要的工作，以期《通史》的不断完善。

赖永海
2009年秋于南京大学

三、《中国佛教通史》书评

《中国佛教通史》的直面观想

杜继文
（中国社会科学院荣誉学部委员）

收到赖永海教授主编的《中国佛教通史》共15卷，第一印象就是鸿篇巨制，洋洋大观，仅这一部的分量就几乎等身了。从《总序》得知，此书是组织了国内10多个高校的22位专家学者经5年多的集体攻关完成的。这规模，这速度，本身就是巨大成就，令人感慨系之。对中国佛教作史的学术研究，发端可能较晚，最早多参照日人的著作。到汤用彤先生奠定了中国的本色学风；偏重从思想视角进行史的考察的，则有吕澂先生。他们基本上是孤掌独鸣。到了任继愈先生主编多卷本的《中国佛教史》，参与者也只有寥寥三四个人，其不得不中途而止，说到底，也还是因为人才短缺，知识积累不足。佛教经籍和派别繁多，所涉思想文化领域以及社会生活范围广泛，加上历史久远、内外联系多头、教理繁奥和信仰多元，少数人很难担当起综合或总结这全部历史积累的重任来——现在这部650万字的《通史》已经可以摆上读者的书桌，完成了前辈几代学者没有实现的愿望，应该为赖永海教授及其执笔者们祝贺！

这部《通史》的完成也反映了改革开放30年来我国在文化建设，特别是在整理和研究传统佛教文化上的长足进展，在继承和发扬民族精神方面做出了宝贵的贡献。没有共和国的强大和人民的普遍富裕以及国家对文化的关切、扶植和投入，这个庞大的工程很难完成。

其中的作者主要是中青年人，多数是赖教授和洪秀平教授的学生。这表明在对佛教遗产的整理和研究上，国家教育系统是起了重大作用的；承担和参与国家课题是培养人才、快出人才、保证人才质量的重要途径。南京大学在这个方面给人的印象很深。我们有幸借助这股力量，请他们参与了汉文《中华大藏经——续编》的点校工作，为我们保质保量完成国家这一项目增添了信心,称其为"南京团队"——这个学术群体的总体水平,在国内应该属于一流,而态度的认真负责,尤为宝贵。在这里向他们也表示我们的感谢。他们在未来的探索上,将发挥更大的作用,取得更有创见、更有分量的好成就。

撰写各类通史,好像也是一股风气。因为社会太需要对诸如宗教和哲学、文学、历史等等文化思潮的系统了解了。也因为当代的信息多元,其量难计,很希望有个基础性和准确些的知识可供参考。所以估计今后的需求还会上升。据主编介绍,《中国佛教通史》的撰稿人,都从事过有关科目的专题研究,并依据他们的专长分工执笔主编而成,可见专题研究也是"通史"的必要准备。现在《通史》告一段落,更上一层楼的专题研究有了一个良好基础,期望能在教义理论层面继续深入挖掘和分析探索——这也是我个人的偏爱,因为对教义理论的研究有助于我们把握佛教区别于其他宗教哲学的独特的思维方式,也有助于训练如何正确地思维。我这里想侧重谈一下的,是宗教比较学的研究。

比较研究有很多领域。《通史》已经广涉佛教与儒、道的关系,也涉及了中国汉传、藏传、南传三种佛教形态,以及它们与周边国家的关系,但进行"比较"则不够充分。尤其是把佛教作为一个整体与其他宗教文化的比较,基本上阙如。有诗云:不识庐山真面目,只缘身在此山中。作为一种方法论,如果能够走出山外观察,所得表象肯定会比只在山内的经验或体验更全面一些。但我以为这还不够,就庐山谈庐山,仅就自然景色言,也难以体会到它的独特魅力。假若与黄山比对,与衡山、泰山、五台山等比对,那情景可能比只限于庐山一处的感受更深刻了。对于中国佛教的整体认识与此类似。佛教作为域外的产物,为什么能够到中国这块土壤上扎根生长,最终构成中国传统文化的有机部分,而号称"中国佛教"?远自南北朝开始,世界其他大型宗教就陆续向我国内地传近,像祆教、基督教、明教都在我国历史舞台上有过表演,为什么都没有成功,只有佛教一枝延绵昌盛?基督教是通过大炮和不平等打入中国的,而其最后得以落户,在于基督教的本色化运动,改洋教为中国基督宗教。那么,为什么中国始终不接受作为洋教的基督宗教,却将本属域外的佛教吸收为自己的传统?这就需要比较:佛教的哪些基本性的东西(即本质属性)与中国传统文化中基本性的东西存在最大公约数;同样也可以提问:基督教的哪些基本性的东西与中国传统文化中基本性的东西短缺公约数,而一直处于难以相容的状态?把这两个问题解决了,佛教与基督教的异同问题也就好解决了;反之,把佛教与基督教的异同问题解决了,也就回答了为什么佛教在中国取得成功,基督教胜得不武。

事实上不是完全没有比较,对话也是一种比较。我所见到的已有的比较和对话中,大致有三类:第一类万善同一说,凡宗教都是行善的;基督教有爱,佛教有慈,儒家有仁,只是语言不同,没有本质区别。第二类:"宗教学"的经典说,世界上一切宗教形态各有各的存在理由,但所处的进化阶段有差别,佛教处于一神教之后,基督教是终极信仰。第三类:基督教神学说,唯上帝为大,是唯一的神;佛教属偶像崇拜,是愚昧迷信;未来是上帝的天下,其余宗教形态必须和必然通过福音令其归化。很显然,后两类比较或对话,都是站在基督教的立场上讲的,从客观上,特别是以大陆佛教和儒家身份进行的宗教比较和对话,近乎为零;而对上述比较或对话作出反应的,也极其稀罕,似乎是一片缄默。

我所谓的宗教比较,在于增进互相了解,有助于交流,互尊互利,不是排席位,争高下,用于发胀排他。如果我们能够在比较中更深层次地认识佛教,认识容纳佛教的传统文化,以至认识我们的民族精神,善莫大焉。或许还可以辅助我们加强对基督教的认识,成为理解西方文化的一个侧面——与科学理性对应的那个侧面,那也是功德无量。

理清东土佛史,重建民族文化

陈 兵

(四川大学宗教研究所教授)

中国文化,经春秋战国百家争鸣,繁盛至极,达到高峰;其后汉武独尊儒术,打造谶纬神学,将儒学宗教化,终以失败告终,导致思想的僵化和政治的衰腐。至两汉之际,中国社会酝酿着一种宗教需求,本土道教应运而生,但因理论的粗浅及其他原因,未能成大气候。应这种时机,外来的佛教开始输入,中国文化从此进入中外文化交融的多元化时代。

佛教入华后,经五百年左右的传输,逐渐扎根,成为影响仅次于儒家的大教、中国传统文化中不可或缺的重要成分。汉末以来,中国文化形成儒释道三元一体的格局,佛教居其中。中国也成为佛教的第二故乡、世界大乘重镇。公元13世纪初,佛教在其故土印度基本灭亡,而在中国仍然传续不绝,直到如今,尚为影响最大的宗教。据最近美国普度大学中国宗教与社会研究中心的随机抽样调查,中国内地现有约百分之十八的人认同佛教信仰。在中国蒙藏地区，佛教影响更大，长期被全民所信奉，成为其民族文化的主体。世界三大语系佛教，汉、藏两系皆以中国为中心，另一巴利语系佛教，也在中国云南地区长期流传。中国，是世界上唯一具足三大语系佛教而为两大语系佛教中心的佛教大国。

  佛教以精深博大的教义、慈悲超脱的精神，征服中国社会各阶层，对本土儒、道二家施以深刻影响。道教创立不久，即大量融摄佛法，模仿佛教制度。唐代佛教的鼎盛予儒道二家以巨大刺激，促成了宋明新儒学及新道教的创立。佛教长期流传，渗透于民族文化的深层，中国的民俗、民族文化心理、哲学、文学艺术、建筑等社会文化的方方面面，无不有佛法浸润的痕迹。古代中国文人的作品中，无佛教因素者尚不多见。不理清佛教在中国弘传两千余年的历程，便无法理清中国历史，无法全面把握中国哲学、宗教、文学、艺术、建筑等的历史。对弘扬佛法者来说，若对中国佛教的过去没有清醒深刻的认识反省，便难以清醒把握佛教的现状和未来，认识其优良传统和负面因素。以科学方法编写现代学术范畴的中国佛教史，成为一件具有重大现实意义的重要工作。这一工作，对于当代佛教的建设，乃至整个中华文化的重建，将提供重要的启迪。源远流长、根深蒂固，具有精深教理的佛教，在未来民族文化的建设中，应占有重要地位，而佛教欲图起到其"庄严国土，利乐有情"的积极作用，必须适应社会，进行改革，发扬精粹，革除积弊，实现其现代转型。

  中国佛教秉承本土重史的传统，积累了大量宗史僧传等史料，在正史、野史、地方史志和历代文人作品笔记中，也有许多相关的佛教史料。编写高水平的、全面的中国佛教通史，需要研索大量史料和佛典，又须通晓佛教义理，理解佛教信仰，难度颇大，非少数几人所能为，更非个人之力所堪成办。在中国佛教史研究方面，日本遥遥领先，在20世纪初就出版有几种中国佛史，其投入的人力财力，至今尚多于我国数倍，然其成果主要在唐代以前，宋元以后佛教的研究尚显薄弱，镰田茂雄的《中国佛教通史》，内容未能详尽。

  中国的佛教史研究编写，始于20世纪初，有一批优秀的教内外学者投入，第一本《中国佛教史》（蒋维乔，1929），乃据日人境野哲的著作所译撰。梁启超、胡适、陈寅恪、陈垣、周叔迦等著名学者，皆有中国佛教史方面的成果，汤用彤的《汉魏两晋南北朝佛教史》（1938），最为国内外学界所称赞。改革开放以来,中国佛教史研究列为首批国家重点科研项目,由业师任继愈先生主持,因人力不足等原因,只出到第三卷(隋唐)。1992年,中国佛协聘请吴立民、王雷泉和我组成汉传佛教院校教材编审委员会,中国佛教史教材的编写被列为重大项目,但因人手不足,学力未逮,未能完成。

近20年来,我国的佛学研究蓬勃发展,多所大学、佛学院培养出数以百计的佛学人才,佛学研究的成果越来越丰硕,中国佛教宗派、人物、著作、个案、专题、阶段史、佛教文化、寺院等研究,深入到方方面面,大有在10年内超过日本的希望,具备了编写高水平中国佛教史的力量和条件。这一工作终由赖永海教授承担,为国家"985工程"建设的重点课题,聘请22位中青年学者组成编写组,经短短5年的努力,将一部煌煌650万言、15卷的《中国佛教史》巨著贡献于国人面前。捧读其书,不能不欢喜赞叹。这部学术巨著,展示了我国佛学研究的空前盛况,也是随经济飞腾而来的民族文化繁荣兴旺的一个标志。

粗读完这部巨著,感到它有三个突出特点:

1. 内容全面,结构严整

《通史》是第一部名副其实的中国佛教通史,在时间上,从印度佛教创立讲起,由佛教经西域输入中土,至1945年结束,跨度两千余年;空间上,遍涉当今中华人民共和国疆域内各地区、各时代的佛教,虽以汉传佛教为主,也包括西域佛教、藏传佛教、近代台湾佛教及云南上座部佛教,佛教由中国向外传播形成东亚佛教文化圈,等等。在中国史的大背景上,展现了佛教弘传的各个方面:不仅详述译经、著述、义理、宗派、僧团、寺庙、造像、戒律等教内行事,还评析政教关系及佛教与儒、道、神灭论者、天主教等"外道"的互动关系,佛教对文人墨客的影响,佛教的文学、艺术、书法等;不仅详述由高僧、大居士弘扬,有理论及文字资料为据的"精英佛教",而且详述流传于民间的"民俗佛教"。全书分期合理,结构严整,主次分明,精略得当。

2. 客观公允,评价中肯

《通史》取理性、中立的客观立场,既不如反宗教者批驳非议佛教,又不如信教者怀虔诚感情一味赞美佛教,更不落入佛教界常见的宗派偏见,保持了史家应有的求实精神,并不失思想深度,寓史观于史实,骨子里透出一种中国佛教"圆融"精神的影响。这种写法,既符合学术规范,又照顾到佛教徒的宗教感情及佛教与儒、道等的关系,有利于和谐社会的建设。全书对佛教教义及人物的评价,相当中肯。

3. 学风严谨,水准颇高

《通史》可谓国内外多年研究的结晶,充分采用了前人的成果,对学界已普遍接受的说法,予以采纳,或列出各种不同意见,提出自己的看法;对尚有争议的问题,如《起信论》《楞严经》《仁王经》等的真伪,则在总结前人诤论的基础上,进一步考据,得出令人信服的结论。全书虽然体系庞大,而毫不空泛,多是在作者博士论文的基础上写成,对具体问题的研究皆相当深入细致。故无论从宏观看,还是从微观读,都具有颇高的学术水准,史料扎实,论证有据,创见迭出。

《通史》是一部高水平的学术专著,又颇具知识性、可读性,文字比较易懂,故不但行内人士必读,可作为佛教硕、博士专业及佛教院校中国佛教史的课本或必读参考书,也可供对佛教有兴趣或与佛教相关的广大读者阅读,是一部难得的好书。若要谈美中不足,则从体例看,对经论内容的介绍有时显得过多,但这对有些读者又非常有用。对南诏、大理佛教,特别是所谓"滇密"阿吒力教无专章介绍,大概是本书的一大缺陷。它毕竟是中国境内一支别有传承与特色的地区佛教,虽少文字史料,但有大量文物遗留,当今仍然流传未绝。

多维学术视域观照中的中国佛教发展历程

麻天祥　沈　庭

(武汉大学哲学学院教授)

佛教自传入中国至今两千多年,作为制度化宗教,在组织上蓬勃发展,史不绝书;在思想理论上的诠释也层出不穷。初入中国时,佛教被认为是一种神仙方术,佛被认为是一种神仙。例如楚王英就把佛陀与黄帝、老子放在一起祭祀。我们可以称这时期的佛教为"佛道式佛教"。至魏晋,方术衰,玄学兴,佛教般若学投合了魏晋士人清议清谈、谈无说有的时风,因而名僧名士竞显风流,形成了"佛玄式佛教"。此时谈般若之学派有"六家七宗"之盛,本无、即色、心无、幻化等各抒己见、自成一家。直到鸠摩罗什来华,译经授徒,以般若三论之学扫一切相,立毕竟空义既遣于有,又复空空,大乘般若实相之旨至此始明。罗什之高足僧肇,深契罗什般若性空之义,又熟玩老庄,以极其优美的文字作《不真空论》《物不迁论》和《般若无知论》等著作,用中国人容易接受和理解的语言风格、名词概念和思维方式将印度的般若性空之义彰显得淋漓尽致,有力地推进了佛学的中国化进程。自竺道生始,中国佛学开始由强调般若性空转向强调涅槃实相。道生集般若、毗昙、涅槃三者之大成,上承般若,下启涅槃,尤对涅槃学造诣最深。罗什、僧肇基于缘起性空之义,大弘非有非空的毕竟空;而道生基于真常唯心之义,力主佛性实有、法身真我实有,佛学思潮自此一变。经南北朝诸学派阐经释义,佛教之真精神进一步得以彰显。至隋唐,中国佛教走向鼎盛时期,佛教与儒、道二教相熔冶而形成了具有中国特色的佛教宗派,如天台宗、三论宗、禅宗、华严宗、唯识宗、净土宗、律宗、密宗、三阶教等等,这标志着中国佛教的真正成熟。以禅宗为例,禅在印度本为一种冥想入定的方法,而中国禅宗,特别是慧能开创的南宗之禅已经不是印度那个追求心定的禅,其实质为大众化的庄老哲学。宋元以降,中国佛教思想的发展已臻极致,佛门的清规戒律,世俗的逻辑思辨留在了彼岸,清通简约、直接明快的方法也发挥殆尽,关注的目标也就转向了整个社会。佛教文化的渗透无所不在,思想家游走儒、释之间,于是佛学重铸了华夏民族的人生哲学,丰富了传统哲学的理性思维,陶冶了文人学士的审美观念。及至近代,内忧外患、国势危殆,有志之士无不倡言变革,以济时艰,当时所谓新学家无不祈向佛学,唯识学得以重振,重知解的研究型佛教兴起,单一的寺僧佛学衍化为重在卫教的寺僧佛学、志在弘法的居士佛学和意在济世的学者佛学三种形态。

  虽然佛门有僧传、灯史之类的历史文献,但是真正科学意义上的中国佛教史肇始于20世纪初,黄忏华、蒋维乔、吕澂、汤用彤、梁启超、胡适、陈垣等一批学人以科学的方法研究佛教史,建树颇多。并形成以北京大学、金陵刻经处为南北中心,向全国各地辐射,把晚清佛学伏流推向高潮。新中国成立之后,任继愈先生以凤毛麟角之誉,组织编撰《中国佛教史》于前,仅以三卷问世;季羡林、汤一介先生又于新世纪之交,组织全国各地学者撰著《中国佛教史》十余卷,至今十年有余,而未能付梓。而今,南京大学赖永海教授主编的《中国佛教通史》学术版(以下简称《通史》)闪耀问世,弥补了学术界在中国佛教通史领域的空白,这不仅是中国佛教史研究的新的突破,也是奠定南京大学作为新的佛教和佛学研究重镇的重大贡献。

  首先,实际上《通史》是中国学术界在佛教通史方面的巨著。这部15卷本的鸿篇巨制呈现并论述了起自佛教初传中土迄于20世纪40年代,长达2000多年的中国佛教历史。第1至第4卷主要介绍汉魏两晋南北朝时期的佛教,第5至第8卷主要介绍隋唐二代鼎盛时期的佛教,第9至第11卷主要介绍宋辽金元时期的佛教,清代及民国时期的佛教则放在了第12至第15卷。可见,整部著作不间断地展现了各个历史时期的佛教风貌和发展进程。特别难能可贵的是,《通史》对各个历史时期的佛教都有相当数量的笔墨,并不像以往的佛教史研究,大多对宋代以前的佛教史着墨较多,而对宋代以后的佛教或简单介绍、一带而过,或根本不涉及。《通史》不但把宋代至民国时期的佛教史整合进中国佛教史之中,而且用了七卷之多的篇幅对这段时期的佛教进行了介绍和论述。此外,《通史》对一些过渡时期的佛教都有专章或专节的介绍,例如十六国时期的佛教、五代十国时期的佛教等,这样就把整个佛教史贯穿起来,第一次向人们展示了中国佛教的全部历史进程。可以说,《通史》是中国学术界第一部真正意义上的"中国佛教通史"。

其次,史论结合,展现了时代大背景下的中国佛教。佛教在中国历史舞台上并不是跳着一支"独舞",科学的佛教史研究应该把佛教放到所处的社会背景、文化背景中去考察,只有这样才能向人们展现中国历史中的"活生生的"佛教。《通史》充分吸收了史学界的研究成果,用了相当大的篇幅分析和论述了佛教与各个时代的王朝政治(包括历代帝王的佛教政策)、社会经济、思想文化、民俗信仰等方面的关系,近百万言。例如唐代佛教,《通史》不仅简要地介绍了唐代的政治制度、经济状况、社会开放程度和文化繁荣程度,并详细地分析和论述了初唐、盛唐、中唐、晚唐四个历史时期,从唐高祖至唐哀帝二十一个帝王的佛教政策以及士大夫与佛教之间的关系等内容。以赖永海教授为主导的《通史》编写组成员不畏史料之繁多纷杂,广搜精求、探赜索隐,以翔实的史实为基础,不惜笔墨地展现了中国佛教生存、发展的社会、文化背景,在呈现不同时期佛教原貌的同时,交代了其之所以如此的时代原因,显示出《通史》编写组驾驭整个波澜壮阔的中国佛教史的巨大气势与扎实稳健的学术功底。

第三,《通史》本着教理兼容、史论并重的原则,不仅以史实为基础论述了佛教组织、佛学宗派兴起、发展、变革、衰落的历史过程,而且详细地分析了各个时期的佛学思想,做到了"历史与逻辑的统一"。例如在处理佛教史中的重要人物时,《通史》既对其生平事迹、译经活动、著作成果、门人弟子、历史影响等方面进行详细论述,又侧重对其佛学思想抽丝剥茧、条分缕析,注重展现当时的佛学水平和特征;又如在处理佛学学派和宗派时,《通史》既论述了此学派或宗派的法脉流承、分布情况、历史影响,又介绍和分析其所宗奉的基本经典、思想渊源、基本教义、主要人物的主要观点等内容。值得一提的是,《通史》对中国佛教史中影响较大的一些经典,如《维摩诘经》《楞伽经》《大乘起信论》《楞严经》《圆觉经》《仁王经》等都有专章论述,力图通过论述当时流行的经典来反映佛教中国化的思想进程和时代特征。佛学思想博大精深,《通史》编撰者们入室操戈,驾轻就熟,以深入细致的分析,一一剖析中国历史中的佛学思想,显示出编撰者深厚扎实的佛学根底和严谨务实的治学态度。

第四,多元面向地展现各个历史时期的中国佛教。涉及面广、内容全面是《通史》另一个突出特征。《通史》涵盖了中国佛教之典籍、人物、教义、制度、寺院经济、文化艺术乃至三教关系、对外交流等各个方面,既涉及佛教外部的历史环境,又涉及自身的兴衰情况,既注重逻辑层面的思想演进,又注重历史层面的史实衍化,多视角、多层面地呈现了丰富多彩的中国佛教风貌。不仅如此,《通史》注意到中华民族是一个多民族的共同体,在论述汉传佛教的同时,对藏传佛教、南传佛教也有一定的介绍,而且对中国历史上曾经存在的少数民族政权下的佛教也有相当篇幅的论述。此外,《通史》还简要介绍了1895—1945年的台湾佛教发展状况。这体现出《通史》编撰者们宽阔的学术视野、细致入微的文风、全面的知识结构和恢宏的理论气势。

第五,《通史》在大量吸收学术界已有成果的同时,编撰者们对某些学术问题并不乏自己的独到见解,这进一步提高了《通史》的学术价值。例如,学术界一般把南北朝时期推崇般若三论的学派称为"三论学派",而《通史》第三卷则名之为"智论学派",突出《大智度论》在该系中的宗经地位,因为作者认为:"《大智度论》的流行无疑相当程度地影响了中国大乘佛教的发展方向。"(第3卷,第119页)在佛教史的编写上,《通史》也有不少创新之处,例如《通史》第15卷以欧阳竟无、月霞、谛闲、印光、虚云、太虚等个别大师为代表,分别论述了民国时期的唯识宗、华严宗、天台宗、净土宗、禅宗以及人生佛教等宗派、思潮的整体状况,以点连线,由线及面,勾画出民国佛教之全貌。无论在思想论点上,还是在写作手法上,《通史》都有不少创新之处,限于篇幅,不一一列举。

总之,《通史》的出版标志着第一部学术版中国佛教通史的诞生,它向读者呈现了全景式的中国佛教历史,既反映了当今学术界在中国佛教史研究方面的基本成就，又展现出许多佛教史研究中存在的有争议的问题和薄弱环节，值得学术界同仁在此基础上继续探讨。事实上它也向人们宣告，以中国人民大学和南京大学新的南北佛学重镇的形成。当然，就武汉大学而言，我们也竭尽心力，推动佛学研究的广泛开展，但成效甚微，至今也不能不为之一叹。

中国佛教史研究的新坐标
韩　昇
（复旦大学教授）

　　新春伊始，佛教学界传来令人振奋的好消息，就是《中国佛教通史》出版了，圆了国内佛教学界有一部由国内学者编撰的、系统的佛教史的梦。这些年来学术研究的蓬勃之势，让人觉得这应在意料之中，却真的出乎意外，大概还是知易行难的问题。

　　近代以来，诸多大家学者都努力为佛教史建立学术规范，使之成为近代学术体系中的一个重要方面，而撰写出一部系统规范的佛教通史便具有了标志性的意义。从教内外到国内外，大家都在努力。日本首先在此领域取得令人瞩目的成果，出版了多部日本佛教通史，道端良秀更以一己之力完成了《中国佛教史全集》。道端良秀是中国史专业出身，故其著详于中国古代社会的专题研究，可以称为中国佛教社会史，但还不能算作系统的佛教通史。就佛教本身而言，考镜源流是非常重要的工作，因此才有了镰田茂雄的《中国佛教史》问世。镰田茂雄出身于东京大学印度哲学专业，故重视印度哲学与佛教教理本身的探讨，和道端良秀之著可以互补。其著作计划出八卷，但只出了四卷，亦成未竟之业。两个未完成的写作计划，其实都说明一个问题，那就是编撰佛教通史甚为艰难，其涵盖的范围太广，既要对印度思想文化直至佛教基本思想追源溯流，又要对佛教与中国社会文化的融合及其变迁做历史考察，涉及的知识已经让人望而却步了，更遑论融合东西文明的佛教的艺术、佛教传播途经地区的文化融合、宗教道德伦理与世俗社会的关系等等。这显然不是个人所能够胜任的工作。

　　至于中国的佛教史研究，还多了一层学科分类的问题。长期以来，宗教学被归入哲学类，成为哲学思想研究的附庸。然而，宗教首先是一个信仰体系，存在着超理性的绝对性，那就是神。因此，对其理论进行哲学研究并不能全部揭示其存在。而且，在佛经里面还存在着许多神秘主义的咒语,以及宗教实践的修行心法等等。试图把整个宗教都置于哲学理性的解剖台上,犹如打灯笼进入暗夜森林。这也是教界经常不认同学界研究的原因。因此,即使对于佛教的教理教义,都必须区分出多个截然不同的层面,不能一概而论。在历史层面,不理解宗教的思想内核而直接描述宗教的社会影响及其历史进程,难免错漏。特别像中国这样一个文明起源甚早、自身文化传统深厚的国家,佛教的存在形态及其与世俗社会的互动演变,更是千姿百态。我们既要注意到佛教与统治阶层的关系,探讨国家的宗教政策,还要关注佛教在社会民众中的生根传播,研究民间的佛教信仰、寺院的社会功能。宗教形态还与民族大有关系,像中国这样一个多民族的国家,每一个历史时期的民族与佛教的关系及其对中国社会的影响,更是错综复杂。同时,我们还切勿忘记宗教在其传播过程中往往借助音乐、绘画、雕像、器物等手段,直接诉诸人类的情感,强化宗教的感染力,它们构成了一个独立的宗教艺术体系。抽去宗教艺术,宗教史就变得残缺不全。我不能再把问题开列下去了,否则研究者更要望而却步。总而言之,宗教学是一个自成体系的学科,不能置于哲学或者历史学之下来讨论,否则将以偏概全,支离破碎。

显然,中国佛教史至少要从宗教、思想、历史和艺术四大领域专门探讨,有机整合,才能揭示佛教从印度到中国渐次传播并随各地域民族、语言、文化而不断糅合的多样性演变。因此,中国佛教史的编撰无疑是一件宏大的事业,必须调动各方面的专家学者通力合作才能完成。改革开放以来,国内学者一直致力于编撰一部高水平的中国佛教史,任继愈先生登高一呼,学者踊跃承担,陆续编写出版了《中国佛教史》三卷,可惜任先生驾鹤登遐,编撰计划因此搁浅。从那时起,编撰中国佛教通史的呼声不绝于耳,可见社会期盼之殷切。但是,真要付诸实行,不但需要主持其事者有过人的勇气魄力和高度的组织统率能力,擘画勾勒,还需要各个专门领域的研究有长足进展,因缘具足。

所以,听说《中国佛教通史》隆重出版,我又惊又喜。书到即读,更加惊叹。首先在规模上是以往所有佛教史都不能匹敌的。在时间跨度上,从佛教传入中国的汉代直到1949年止,两千余年。在空间上,叙述从印度经西域、南海进入中国,进而述及东南亚和朝鲜、日本,可以总揽佛教的世界性传播。

其次,涵盖的面很广,上文提到的四大领域均有大篇幅的讨论,涉及佛教典籍、人物、教义、制度、寺院经济、文化艺术、三教关系和对外交流等。编撰者在第一卷用相当大的篇幅介绍佛教在印度的兴起过程及主要思想,让读者得以追根溯源。中国历史上形成的佛教部派,均有详细的论述,对于密教、南传上座部佛教、藏传佛教等在汉地大乘佛教勃兴之后影响式微的教派也作了详细的叙述,而且还介绍了东亚佛教的流变,展现了佛教从印度传播到东亚的全景。

第三,主线清晰,纲举目张。如此宽广的知识叙述,如果主线不明,将变得驳杂泛滥。我觉得这部通史有两条主线是非常清楚的,那就是以佛经和历史为纲。

就佛教自身而言,反映释迦牟尼思想的佛经,以及弟子们的诠释是其本,本书紧紧抓住这个纲,系统介绍各部重要经论的中心思想,介绍其汉译的经纬,这是很重要的环节,因为译经既是研究佛教传播年代及其具体过程的重要线索,也可以通过语言的比较了解当时人对于佛经的理解。有些经典几度翻译,说到底就是理解和消化的过程。狭义的"格义佛教"就是从翻译佛教思想开始的。经典一经译出,教义就得到传播,信奉者便可以围绕着这个中心思想汇聚而来,其间有高僧出现,宣讲弘扬,遂成宗派。从译经、弘法到开宗立派,佛教一波又一波地渐次传入中国,作者把这波澜壮阔的画卷清晰地展示开来。

随着佛教思想的传播,就产生了同中国传统文化的碰撞,儒释道三教的论战,宗教与世俗伦理的冲突,国家和民众对于佛教的立场态度,都随着佛教的传播而揭开历史演进的大幕。编撰者以此展开历史的叙述,着重探讨历代统治者对佛教的态度,因而形成具有时代特点的宗教政策,以僧官为代表的宗教管理。另一方面,则是对佛教团体自身生存的经济和社会形态的叙述,教团内部的以僧职为代表的自我管理,佛教团体在世俗社会留下的脚印,其实也是佛教中国化的轨迹。在全景视角之下,佛教兴衰的过程及其内外原因得以清晰地显现出来。从汉至中唐,佛教凭借彼岸世界的建立与教理的优势到达鼎盛,此后,其理论精髓被儒家吸收,造成其理论吸引力逐渐衰落,而僧徒耽于世俗利益更加速了这一进程。

然而,世俗化不一定会造成艺术的衰败。佛教的音乐、绘画、造像和建筑等艺术在其扩张时期充满张力,朝气蓬勃,美轮美奂。三教融合之后,佛教艺术却因为对众生百态的描绘而别开生面,更加贴近民众。

世俗化走下去,佛教就来到了适应风起云涌的现代社会的变革关头。近代大德高僧都看到了佛教改革的紧迫性,遂有太虚法师"人生佛教"的倡导,中国的佛教改革与复兴运动波澜初起。

佛教史千头万绪,顺着这两条主线整理,就呈现了层次丰富、脉络分明、内容精彩、血肉相连的一部鸿篇巨制,给中国佛教史研究确立了新的坐标,为后来者之鉴。

一部出自22位专家之手,长达650万字的著作,其中涉及许多艰深的宗教哲理,要读完它,并非易事。出乎意外的是我从头翻阅,马上被一段段平实的文字所吸引,把教义、历史和艺术讲得深入浅出,不时闪现出精彩的分析,在轻松的阅读中学到许多知识。

值得一提的是,对于这样的大部头著作,阅读之前是需要做些知识准备的。主编似乎也考虑到这一点,所以写了一篇言简意赅的总序,其中对于佛教在中国传播的脉络、每个历史时期的关节点、重要事件的意义都从全局的高度做了深刻的阐述,画龙点睛。这篇总序不可不读。

我国佛教研究的重大新进展

魏道儒

(中国社会科学院学部委员)

作为国家"985"工程(二期)哲学社会科学创新基地的一项重大成果,赖永海教授主编的15卷本《中国佛教通史》(以下简称《通史》)由江苏人民出版社出版了。这部《通史》的面世,标志着我国学术界在佛教研究方面取得了重大新进展。

从佛教刚刚初传我国,人们就出于不同目的展开相应的研究工作。我国佛教研究事业历史之悠久、参与人数之众多、遗存资料之浩瀚,都是值得夸耀的。从20世纪初年开始,现代意义的佛教学术研究逐渐展开。尤其是改革开放以来,佛教学术研究更是取得了前所未有的成就。然而,动用了这么多人力,铺展出这么大篇幅,对上起佛教初传,下迄新中国成立的中国佛教进行全景式描述、全方位考察,在国内外学术界还是第一次。仅就这一点而言,《通史》的出版无疑是学术界一件值得大声赞叹的盛事,一件值得热烈祝贺的喜事。

长期以来,我国的佛教学者倾向于把佛教的历史和理论,制约佛教发展演变的政治和经济要素作为重要内容来研究。所以,学术界在研究佛教的思想教义、经典人物、派系思潮、信仰体系、寺院经济等方面,在研究历代王朝的佛教政策方面,以及佛教与儒教、道教的关系方面,取得了许多重要成果,成绩斐然。即便一些带有通史性质的佛教专题著作和断代史著作,也是在这些方面有比较显著的贡献。然而,近十几年来,佛教的研究领域在不断拓宽,比如在研究佛教文化艺术各门类方面,包括佛教的建筑、造像、书法、绘画、雕塑等,就出现了许多很有价值的成果。通观《通史》全篇所涉及的丰富内容,正是反映了我国佛教研究的这个发展趋势。《通史》各卷在论述特定历史时期佛教时,不仅详细梳理该期佛教的历史与理论,分析制约佛教发展演变的各种社会要素,而且对佛教文学艺术、仪轨制度、传播流布等方面的问题也都予以关注,尽量描绘出有立体感的、动态感的佛教全景图。从整体上说,《通史》视野开阔,研究领域宽广,比较充分地反映了我国佛教研究的进步。

一项重大科研课题的进行,总是与一批青年学者的成长相联系;科研成果最终达到什么样的质量,总是与参加项目的青年人素质相关联。让科研课题去锻炼青年学者,让青年学者在完成课题中成长起来,已经是许多教师卓有成效的教学实践。参加《通史》撰写工作的大多是20世纪90年代末或21世纪初毕业的博士,他们所承担的内容多是博士论文的延伸和进一步拓展。可以说,《通史》的编撰很好地把出成果与出人才结合了起来。《通史》中的不少内容,是几位承担者勤奋十几年的研究结晶,基本能够反映我国学术界在该领域研究达到的新水平。

赖永海教授在《通史·总序》中说,他"将在今后相当长的一段时间内,仍将《通史》的修订作为一项重要的工作,以期《通史》的不断完善",这个计划反映了主编者精益求精的态度和客观求实的精神。随着读者的增多,随着研究工作的深入,《通史》中作者们原本意识不到的一些不足和缺憾会被发现,进行修订工作是十分必要的。我在这里也提出一条小建议,仅供参考,即尽量使体例整齐划一。比如,《通史》第一至十一卷以及十四卷没有导言,第十二、十三和十五卷有导言,可以考虑在修订过程中每卷都加上导言。

读《中国佛教通史》有感

徐小跃

(南京图书馆馆长 南京大学哲学系教授)

由南京大学中华文化研究院院长赖永海教授主编的首部《中国佛教通史》的出版面世,实现了近百年来几代学人编纂《中国佛教通史》的夙愿,着实让人高兴。

《中国佛教通史》是"985工程"（二期）"宗教与文化创新基地"标志性成果，国家"十一五"出版规划重点项目，它的出版发行，不但是学术界的一件大事，也是中国佛教界的一件大事。人们知道，佛法东传中土之后，伴随着佛教的传播与发展，不同时期的僧人、学者曾经有不少关于僧传、僧史、宗派史乃至断代佛教史的撰述，但至今为止，尚没有一部完整的中国佛教通史。二十几年前，任继愈先生曾组织了一批资深的佛教研究者，欲编写一部《中国佛教史》，但由于多方面的原因，只编写完前三卷就搁置下来了，成任先生终生之一大遗憾。日本学者镰田茂雄曾有《中国佛教通史》之作，但同样未竟而终，遂使完整《通史》之编撰，至今仍是空白。

呈现在世人面前的这部作品，是迄今为止国内外第一部完整的《中国佛教通史》。全书共15卷，总650余万字，以时序为经，涵盖中国佛教（包括汉传、藏传、南传三大系统）的人物、典籍、教义、制度、仪轨、礼俗、艺术乃至三教关系、对外交流等方方面面，全面记述了佛教从两汉初传至1949年的历史面貌。

永海兄自20世纪70年代末起就师从佛学大学任继愈先生，致力于中国哲学和中国佛学的研究，近30年来，相继出版了《中国佛性论》《中国佛教文化论》等十多部佛学专著，对于佛教义理及其历史发展有着深入的理解和系统的把握；自1993年被国务院学位委员会评定为博士生导师后，培养了60多位以佛学为研究方向的博士生，其中的许多人相继晋升为教授、博士生导师，成为所在单位的学术骨干和学科带头人，在全国范围内形成一支年富力强且极具实力的佛学研究队伍。这次《中国佛教通史》的编纂就是以这支队伍为主体，再根据实际需要，约请相关领域、相关学科的专家，经过近六年的集体攻关，终于有这部开创性的、具有填补空白性质的《通史》的问世。

实际上，因为参与编写的学者或是20世纪90年代末、21世纪初毕业的博士，他们在《通史》中所承担的内容，多是博士论文的延伸和进一步拓展；或是长期以来一直致力于中国佛教某一方面的研究且卓有成就者，在《通史》中所撰著的篇章，正是他们近十几年所关注和研究的课题。因此，可以这么说，编写者贡献给《通史》的，多是他们十几年来最有心得的研究成果，凝聚了他们最具创造力时段的智慧与心血。

不管是从编撰队伍的构成还是从实际成果的学术层面看，对于佛教义理剖析的深入细致和对于佛教思想历史发展阐述的系统明晰，确实是《通史》的一大亮点；更令人感到高兴的是,《通史》在贯彻"教与理兼容、史与论并重"原则上的决心、投入和所取得的实际成果,更极大拓宽了《通史》的覆盖面和学术容量,例如对于佛教在各个历史时期的传播、各个时期对于佛教经典的译述、佛教的僧官制度、寺院经济、民俗信仰、仪轨文物乃至历史上的佛教对外交流、佛教艺术等,其篇幅达100多万言之巨；此外,对于佛教与各个时代之王朝政治（包括历代帝王之佛教政策）、社会文化相互关系的分析与论述,占了《通史》相当大的篇幅,上百万言。真正做到从多视角、多层面再现了中国佛教的整体风貌和历史发展。

无须隐讳,《通史》的问世,让我颇多感慨。可以这么说,这20多年来,没有比我和赖老师走得更近的学者了,赖老师经常说的一句话是："一个人的价值,不在于他得到什么,拥有什么,而在于他为他人、为社会做了什么,为历史留下什么。"从20多年前他推出的第一部具有开创性的《中国佛性论》,到今天他主持编纂的首部《中国佛教通史》的问世,可以说都是他这一做人、做事原则的体现和结果。与十多年前比,赖老师确实苍老多了,头上已有斑斑白发,但这丝毫没能掩盖他愈益勃发的学术青春：从重新组建南京大学中华文化研究院,意欲打造一个更具影响力的传统文化研究的重镇,到与几个学界、企业界的同仁共同发起、组建全国出版界首家非公募基金会——江苏宏德文化出版基金会,乃至最近正着力于接受香港旭日慈善基金会5000万元的资助,准备接手和打造史上最大的"中国古典数字工程",年过花甲的赖老师,确实正在进行人生的第二次冲刺。中国古人以"立德、立功、立言"为人生之"三不朽",也许这就是赖老师所说的"为社会做出什么,为历史留下什么"吧！衷心希望赖老师多多保重身体,说得近点,为学科的发展,说得远点、大点,为中国传统学术文化的研究和弘扬不断做出新的更大的贡献。

首部综括现代学术研究成果的中国佛教通史

吴言生

（陕西师范大学教授）

中国佛教发展源远流长,博大精深,是中国文化重要的组成部分。然而,学界引为遗憾的是,一直没有一部完整的通史著作能够展现中国佛教发展史的全貌。虽有前贤曾作过这方面的努力,但都未竟而终。

究其最主要的原因,是难度和工作量都太大。中国佛教上下两千年,典籍充栋,宗派繁杂,人物众多,教义歧出,且佛教在历朝历代都和政治、经济、文化、艺术、三教关系、中外交流等关系密切,一部完整的通史不可能不体现这些内容。另外,通史还必须吸收丰富的现代学术研究成果。现代学术的原则是必须拨开政治、宗教、宗派等立场的迷雾,从文献的、历史的、科学的视角客观还原历史的真实。自民国时期采用现代学术方法研究佛教以来,研究者对于很多史实,都和传统佛教的看法有所区别。现代佛教研究者遍布全球,从各个角度都对佛教的专题有着深入的探讨,很多问题已经有了定论,但更多的问题还正处于研究当中,这都无疑大大加重了通史撰写的难度。

以上考量决定了中国佛教通史的撰写非一人一时之功能毕,而最好由一个学术团队组成。团队中的每位学者,不仅要对自己研究的领域相当精熟,还必须能及时掌握、消化现代学术的研究动态。目前,中国佛教学术界专家人才济济,其学术力量和成果固然足以完成这样一部通史,但是事不孤起,仗缘始成。通史这样一个集体攻关工程,团队必须要有凝聚力,需要有一个主脑,这就要求要有一位学养深厚、眼光通透的主持者,其德其才方能胜任。南京大学的赖永海先生,勇担重任,借国家"985工程"之助缘,组织众多专家学者群策群力,经历五年多的砚田笔耕,心田修炼,方编撰出这部总数15卷,洋洋650万字的《中国佛教通史》。皇皇巨著的完成,了却了几代学人的夙愿,可谓是佛教学术界的一件盛事。

这部《通史》的最大特点,就是其题名"学术版"所体现的"学术性"。现代学术研究方法进路多样,视角丰富,研究成果层出不穷。在意义的诠释过程中,不同立场所体现的价值取向和诉求重点也各有不同。换言之,在学术的研究领域中,不可能再去建立某种既定的权威性,以某种一成不变的尺度去衡量一切历史史实。《通史》的编撰者敏锐地觉察到了这种现代学术特点,标明本《通史》是"学术版",以相当敬畏与审慎的态度对待学术观点的最终结论。在每一个专题问题上,《通史》一方面尽量全面体现出现代学术的成果和歧义,一方面又谨慎踏实地表达出编撰者自己的观点。即《通史》一方面维护了学术研究和争议的开放性,一方面又尊重、凝聚了每一研究者自身的智慧和心血的独到性。

《通史》秉持学术的公正态度,多视角、多层面地展现了中国佛教史的全貌。如第五卷,在众多的佛经中选择《圆觉经》《楞严经》《仁王经》

的基本内容进行详述。这三部经典实际上是影响中国化佛教甚巨的经典,但在近代以来却被疑为伪经而遭到一定意义上的否定。《通史》首先从史实出发,辟专章来介绍,给予其必要的历史地位,进而从学术角度对其疑伪问题进行辨析,体现了撰著者的独立思考精神。第六卷中专章介绍唐代的三阶教。三阶教在历史上长期被教内视为异端,《通史》则以现代观点重新展现其原貌和审视其得失,这完全体现了现代学术的客观性。第八卷中,用大量篇幅介绍了隋唐时代的僧官制度、经录史学成果、寺院经济、三教关系、佛教徒的生活和信仰、东亚佛教文化圈的形成、佛教的文化艺术等,这些是以往佛教史类著作鲜有笔墨提及的。但正是这些方面,才得以展现佛教史发展的全貌,使得读者借此获得的,不是感觉的臆断,而是对客观史实的真切感知。此外,《通史》还予以一定篇幅介绍历代帝王的佛教政策,介绍西藏和台湾的佛教发展情况,这都保证了中国佛教整体性的展现。

尽管这部《通史》尚待来日不断地修订与完善,但在中国佛教学术史上无疑是里程碑式的。拥有这部沉甸甸的《通史》,可以使我们在晤对历史之时,多一份亲切和自信,少一点踌躇与观望。能够分享到如此厚重大气的成果,也是读者的缘分和幸运。

叙事与转场

刘泽亮

(厦门大学教授)

常有初涉佛教研究者询问了解中国佛教史的门径,答者往往要大费周章。看任继愈先生的《中国佛教史》吧,只有前三卷,无法通览全史;看镰田茂雄的《中国佛教简史》吧,内容又过于简约。近日喜读赖永海教授主编之《中国佛教通史》(以下简称《通史》),第一感觉是,以后再回答这一类的问题,将会变得比较轻松了。

积五年之功、众人之力,呈现在读者眼前的《通史》,有许多值得称道的贡献:

《通史》既名之曰《中国佛教通史》,作为"佛教"的历史叙述,首先自然要立足于"佛教"本身,要反映佛教的信仰、佛教的生活、经典以至仪轨制度的变迁。其次,作为佛教的"历史",则要立足于坐实的史料考辨,厘清佛教流变的基本事实,"照着(佛教的历史)讲"。再次,作为佛教的通史,则要做到既"通贯"佛教传入中国近二千年的时间,又"通贯"

汉传、南传、藏传三大语系以至台湾佛教的范围。可以说,《通史》在这三方面都做得名副其实。

《通史》洋洋15卷,凡650万字,以汉魏两晋南北朝、隋唐五代、宋辽夏金元、明清民国四个时间段落,在不枝不蔓地勾勒各个时期佛教流变整体风貌的同时,又清晰地展现出佛教本土化、宗派化、伦理化以及居士佛教与人生佛教等理论侧重点。

佛教史旨在还原、展现佛教发展本然的历史。但是,佛教史料又往往是异常复杂的,很多问题通常会仁者见仁、智者见智。《通史》在许多有争议的学术问题上,主张史论并重,采取既继踵前修,又勇于提出自己有理有据独得之见的做法,保持了清醒的学术自觉,可以称得上是整合目前学界成果,同时又能代表当前学术水平的一部学术版通史。

中国佛教史,在某种意义上就是三教互动互渗、相互影响的历史。《通史》将佛教流变置入三教关系的大背景之下,对隋唐以来三教关系的梳理与定位尤有特色,指出:"佛教方面,如果说在隋唐时期,主要通过权实、方便究竟等说法,试图把儒道二教变成隶属于自家所谓直显真源之究竟教的权变说,那么到了宋元时期,这一情形有了一定的变化。由于儒学的复兴和重新崛起,佛教即便在思想方面也失去了相对的优势,此时的佛教徒做得更多的,是强调和突出儒佛的相通处、共同点,进而提倡佛儒交融。作为结果,则是宋元佛教呈现出一种伦理化倾向,而这种伦理化对后世佛教,特别是近现代的'人间佛教'产生至为深远的影响。"(参见《通史》总序,江苏人民出版社2010年11月版,第3—4页)突破了以佛教说明佛教的藩篱,点醒了隋唐佛教权实、方便究竟之说的理论源由,点破了宋元佛教的总括性特征及其与近现代人间佛教思潮的关联,发前人之所未发,确属宏观视野下的真知灼见。

佛教史不是简单的人物史、学派史或宗派史,也不是简单的文献史、思想史或学术史,而是将其展现为佛教与中国古代皇权政治、经济、文化、民俗等在内的社会历史条件和文化背景的不断调整与改铸,《通史》在这方面花了大量的篇幅。李四龙先生将欧美佛学研究从学术史上划分为四个时期,即19世纪20年代至70年代以"佛教文献学"为主导的研究范式,19世纪80年代至二战以佛典校勘、佛教考古、思想解读为特征的文献学、哲学研究范式,二战结束到20世纪70年代更多地兼顾"地区研究",更多地从社会史、政治史的角度切入,80年代以来特别注重把佛教作为一种"活的传统",正在形成一种"社会史"或"佛教人类学"的研究传统(参见李四龙《欧美佛教学术史》,北京大学出版社2009年11月版)。《通史》的这种努力,与当前欧美佛学研究的路径相契。

品读《通史》之余,我在想:如果把写历史拟作叙事,《通史》则是一部关于佛教从混沌走向有序,从学派性佛教到宗教性佛教、从融合性佛教到人生佛教的完整叙事。这种叙事呈现出鲜明的阶段性,而阶段性的叙事又构成一首雄浑壮阔的美妙乐章,演绎出了一幅活色生香的历史画卷。但是,我们在欣赏主线时却容易忽略了华丽的转场。从隋唐佛教的鼎盛到宋元佛教的整合,是中国佛教史上值得格外重视的重要转折,这个转折,正是无数的转场之一。

从纯粹历史的角度说,唐型社会与宋型社会出现了一些微妙的变化。从文化史、哲学史的角度来说,也是如此。比如,儒学的议题由天人关系到心物、心理关系的探究,道教的议题由外丹学到内丹学的转变,佛教由一枝独盛或者说三教并立逐步走向倡导圆融会通或三教一家,等等。这种转折体现在时间点上,则是从唐末,到五代,到宋初。这一时期,是研究中国佛教史一个不可忽略的重要阶段,尤其是此一时期的吴越佛教,对于宋以后佛教血脉的维系与格局,具有重要而深远的影响。《通史》注意到了这一点,并对此进行了简约独到而发人深思的分析,但是,如果对佛教的这一重大转型,能够进一步加大分量,占用一定的篇幅,并给予创造性的解读,则会使《通史》在这一问题上既贯通全史,又贯通重要的历史和理论关节,会使全书更贯通为一气。

《通史》有一个相当精要的总序,可以给读者对中国佛教史有一个相当精准的轮廓。若从读者,尤其是初入门者的角度着想,如果每个阶段均有一个总括性的阐述,说明这一时期的主要议题与叙述框架,概括这一时期的主要问题与历史特点等,这样会使读者对每个阶段佛教史的了解更为方便。

《通史》的出版面世,可以说了却了全球佛教学习、研究者多年的一个夙愿。同时,我们也希望能够尽快看到既有完整叙事,又有华丽转场的修订本的出现,正如赖永海教授在总序中最后所说的。

佛本与人本

关于佛教与儒学的区别,梁漱溟先生在其《儒佛异同论》中,曾说过这样一段话:"儒家从不离开人来说话,其立脚点是人的立脚点,说来说去总归结到人身上,不在其外。佛家反之,他站在远高于人的立场,总是超开来说话,更不复归到人身上——归结到佛。前者属世间法,后者则出世间法,其不同彰彰也。"①谓从总体上、从归根结底的意义上说,儒学是关于人的学问,而佛教则是关于佛的学说。梁先生的这一说法,颇得儒佛分野之要领。考儒家之立说,自孔孟而理学家,虽千言万语,其主旨都是在谈人,谈人的本性,谈人的修养,目标是教人成贤作圣;佛教则不同,其经典浩繁,总有三藏十二部经,学说广博,号称八万四千法门,然归其要者,无非是在论述何谓佛,佛的本质是什么,人有没有佛性,能不能成佛,若能成佛,根据是什么及怎样才能成佛,等等,总之,佛教的出发点和落足点均是"佛"。

一、佛教以佛为本

所谓"佛",本指"觉悟之人",但是随着佛教的不断发展,"佛"的体性、内涵也逐渐发生变化,例如,大乘佛教的"佛"已不像原始佛教那样指"圣人""觉者",而是在相当程度上被本体化了。

考诸印度佛教史,随着大乘佛教的出现,般若学在扫一切相的同时,大谈诸法"实相",把"实相"作为一切诸法的本原。此时之"实相",实际上已是一个穿上佛教服装的"本体"。随着大乘佛教的进一步发展,出现了佛性理论。佛性理论又在般若实相的基础上大谈"如来藏""佛性我"。此"佛性我""如来藏"在印度佛教中具有"佛之体性"与"诸法本体"的意义,例如,大乘佛教对"如来"的解释,即是"乘如实道,来成正觉,来化群生"。此"如"显然是指诸佛、众生的本体。实际上,大乘经论对"真如"是诸法本体有许多十分明确的论述。例如,《唯识论》曰:"真谓真实,显非虚妄;如谓如常,表无变易。谓此真实于一切法,常如

---

① 转引自深圳大学国学研究所主编《中国文化与中国哲学》,东方出版社 1986 年版,第 429 页。

其性,故曰真如。"①此谓诸法之体性离虚妄而真实故谓之真,常住而不变不改故谓之如,说得明白点,乃是本体真实不变之谓。《往生论注》也说:"真如是诸法正体。"②另外,大乘佛教中所说的"法性""法界""如来藏自性清净心"等,其实都是本体之异名。例如,《唯识述记》曰:"性者体义,一切法体故名法性。"《大乘义章》也说:"法之体性,故名法性。"总之,在大乘佛教中,那个作为一切诸法乃至诸佛众生本原的所谓"真如""实相""佛性""法界""法性""如来藏自性清净心"等等,尽管佛经里用了许多诸如"即有即无""非有非无""超相绝言""忘言绝虑"等字眼来形容、表述之,但丝毫不能排除它是一个本体。而且整个大乘佛教都是建立在这个既抽象而又无所不在的本体基础之上的。

当然,正如一切思想理论的发展都有一个过程一样,大乘佛教的本体理论也有一个不断发展的过程。确实,在释迦牟尼时代,释氏自身对诸如世界的本原、本体等总是非但不感兴趣,而且持明确的反对态度,原始佛教的缘起理论在相当程度上就是用以反对传统婆罗门教的"大梵本体"思想。但是,佛教在其往后的发展过程中,由于受到印度传统文化、传统思维模式的影响,被原始佛教从前门赶出去的"大梵本体",到后来又悄悄地从后门跑了进来。例如,到了小乘佛教后期,为了克服业报轮回与没有轮回报应主体的矛盾,就开始出现了"补特伽罗"说。此"补特伽罗"作为轮回报应、前后相续的主体,实际上已是一种变相的实体。此实体虽不是一种严格意义上的"本体",但已孕育着"本体"的雏形。后来,随着大乘佛教把"真如""实相""如来藏""佛性我"本体化,本体论的思维方法逐渐成为大乘佛教一种最基本的思维方法。

佛教之传入中国,一开始时是大小二乘并传的,如汉魏时期由安世高、康僧会等人传入的禅数学即属小乘佛教,但是,由于种种原因,小乘佛教在中国历史上始终没有得到发展,特别到魏晋南北朝之后,大乘般若学与玉柄麈尾之玄风相激扬而蔚为大宗之后,小乘佛教在中国佛教界虽还不能说销声匿迹,但至少已不成气候;与此相反,大乘佛教则迅速发展,在中国佛教界一直占有绝对的统治地位。因此,中国佛教就思维方法说,主要是大乘佛教的思维方法,亦即本体论的思维方法。这种本体论的思维方法突出地表现在把某个抽象的本体作为整个佛教的出

---

① 《唯识论》卷二。
② 《往生论注》下。

发点和落足点。

造成这种局面的原因很简单,由于佛教的出发点和落足点都是"佛",而此时之"佛"已被本体化,因此,抽象的本体就成为中国佛教始终环绕的核心。对此,我们不妨看看中国佛教史上的思想实际。

就以最能体现中国佛教特色的隋唐佛教诸宗为例:天台宗是中国佛教史上第一个统一的佛教宗派,其学说的最大特点是"实相论",或者更具体点说,是"性具实相论",但不管如何称谓,"实相"都是天台学中最核心的一个概念,也是整个天台学的出发点和落足点。在天台宗的学说中,"实相"既是一切诸法的本原,学佛的最终归趣也在于体证"实相"。此"实相",慧思用《法华经》的"十如是"(即如是相、如是性、如是体、如是力、如是作、如是因、如是缘、如是果、如是报、如是本末究竟)表述之,也就是说,所谓"实相",具体地就体现于相、性、体、力、作、因、缘、果、报、本末究竟等十个方面。天台智者则发挥《涅槃经》的"无相不相,名为实相"的思想,指出:"其一法者,所谓实相。实相之相,无相不相。又此实相,诸佛得法,故称'妙有';实相非二边之有,故名'毕竟空';空理湛然,非一非异,故名'如如';实相寂灭,故名'涅';学了不改,故名'虚空';佛性多所含受,故名'如来藏';不依于有,亦不附无,故名中道;最上无过,故名'第一义谛'。"①认为"实相"自身虽无形无相,但它却是一切诸法之本原。智还把"实相"与"如如""妙有""佛性""如来藏"等联系起来,认为这些概念名称虽异,但它们都是指诸法乃至一切众生、诸佛之本体。至九祖荆溪湛然,实相是诸法本体之思想就被表述得更加明确了。湛然学说的一个最基本的观点是"当体即实相",认为世间一切诸法、三千大千世界每一微尘,无不当体即是实相。用湛然自己的话说:"一切诸法皆是法界,无非实相,则诸法皆体。"②也就是说,世间的一切诸法,都是作为"本体"的"实相"的体现,诸法并非在"实相"之外别有其体,其体即是"实相",诸法与"实相"唯有一体。

在华严宗的学说中,一切诸法包括一切众生、诸佛唯有一体的思想表现得更加突出和明显,所不同的是,在华严宗中,此一诸法之本体,不叫"实相",而称之为"法界""一真法界",或曰"如来藏自性清净心"。华严宗的最基本思想之一,是"法界缘起"论。所谓"法界",法藏在《华严

---

① 《大正藏》第三十三卷,第 783 页。
② 《法华玄义释签》卷二。

经义海百门》中说:"入法界者,即一小尘缘起,是法;法随智现,用有差别,是界。此法以无性故,则无分齐,融无二相,同于真际,与虚空界等,遍通一切,随处显现,无不明了。……若性相不存,则为理法界;不碍事相宛然,是事法界。合理事无二,无二即二,是为法界也。"澄观在《大华严经略策》中则说:"法界者,是总相也,包理包事及无障碍,皆可轨持,具于性分;缘起者,称体之大用也。"这两段话的意思是说,随缘显现的事物是法,诸法功用各各殊别,是界。从根本上说,一切诸法是无自性的,它情同虚空、真际,没有形体、性相的差别。就性相不存说,这就是"理法界";但从随缘显现的事物说,它又是事相宛然,这就是"事法界"。而性相不存的"理法界"与事相宛然的"事法界"又是二而不二的。此一包理包事、理事融通之总相,就是"法界"。尽管两段话的表述都比较晦涩,但其意思还是明确的,亦即所谓"法界",它虽然是无形无相的,但却是一切诸法之本原、之本体,世间森罗万象,都是此"法界"缘起之产物,都是此"法界"的"称体起用"。

此外,华严宗还赋"法界"以特别的规定性,亦即认此"法界"是一至纯至净之本体,用华严宗人的话说,叫"一真法界""清净佛智"或"如来藏自性清净心"。由此"清净心"缘起一切众生乃至一切诸佛,这就是华严宗自具特色的"性起"理论。

"性起"理论的一个最基本的观点,就是主一切诸法乃至众生诸佛,都是以此"清净心"为体,都是此"清净心""称性而起"的结果。这正如法藏所说,此清净心乃是"一切诸佛声闻缘觉,乃至六道众生等体"[1]。"诸众生无别自体,揽如来藏以成众生。然此如来藏即是佛智证为自体,是故众生举体总在佛智心中。"[2]基于这个基本思想,华严宗人认为,一切众生之学佛修行及最终之证成佛果,其"本"都是不改不变的,差别仅在于,一个虚妄,一个真实,一个是迷,一个是悟。所以,澄观说:"夫真源莫二,妙旨常均,特由迷悟不同,遂有众生及佛。迷真起妄,假号众生;体妄即真,故称为佛。"[3]也就是说,众生与佛,其"源"其"本"非二,只是由于"迷"与"悟"的不同,才有众生与佛的差别。基于这一思想,华严宗的修行理论几可以用四个字加以概括:"离妄还源"。用通俗、明白一点的语言说,也就是返归、体证清净本体,与清净本体合一——这就是

---

[1]《华严五十要问答》卷下。
[2]《华严经探玄记》卷一。
[3]《大华严经略策》。

学佛之最终目标。

再看看隋唐佛教的另一个重要的宗派禅宗。禅宗的一个最基本的观点是"本心本体本来是佛"。基于这种"心本体"的思维方法,禅宗反对在"心本体"之外去东寻西觅、趋声逐响。慧能说:"听吾说法,汝等诸人,自心是佛,更莫狐疑,外无一物而能建立,皆是本心生万种法。故经云:'心生种种法生,心灭种种法灭。'"①临济宗创始人义玄的老师黄檗断际禅师希运则说:"即心即佛,上至诸佛,下至蠢动含灵,皆有佛性,同一心体。所以达摩从西天来,唯传一心法,直指一切众生本来是佛,不假修行。"②

如果说,中国禅宗的思想大要可以用"即心即佛、顿悟见性"八个字加以概括的话,那么,不论是"即心即佛",还是"顿悟见性",都是以"本体论"的思维模式为其最后的根据。

最后,我们再看看以弘传大乘有宗之法相唯识学为特色的唯识宗。法相唯识宗在中国佛教史上亦称"相宗",它在思想内容、思维特点上与天台、华严之"性宗"有很多区别,但在思维模式上则与性宗无大差别,同样是一种本体论的思维模式——当然,"相宗"与"性宗"的"本体"是不尽相同的。

如果说,作为天台、华严之"本体"的"实相""法界"都是"真如"之别名,那么,作为法相唯识学的"本体",则不仅仅是"真如",而且还有被称为万法之种子的"阿赖耶识"——这是法相唯识学的一个独特之处,亦即有两个"本体",带有二元论的色彩。"相宗"不否认"真如"是万法之"本体",亦认为"真如"是"恒常遍在"的,是一切诸法之最终本原,但"相宗"否认"真如"与诸法有直接的联系,反对万法是"真如"随缘的产物。在"相宗"看来,与万法直接发生联系的,是"阿赖耶识","阿赖耶识"通过第七识"末那识"和前六识(眼识、耳识、鼻识、舌识、身识、意识)辗转相生,"如是如是变",变现出世间诸法,包括诸出世间法,也是"转识成智"的结果。而"相宗"的学说中,"阿赖耶识"之具有本体的性质则是毋庸置疑的。

"阿赖耶识"译名"藏识"或"种子识"等,意谓该识是蕴含一切诸法之"种子",《大乘密严经》称:"依止赖耶识,一切诸种子,心如境界现,是

---

① 《坛经》。
② 《黄檗断际禅师宛陵录》。

为说世间。"①这是说，世间诸法及一切种子都是由"阿赖耶识"派生的；甚至连出世间诸法，也是靠"阿赖耶识"才能证得。此诚如《成唯识论》所说："无始时来界，一切法等依，由此有诸趣，得涅槃证得。"②这些记述都清楚表明，"阿赖耶识"在法相唯识学中同样具有诸法本原、本体之意义。

"本体论"概念，即使在"纯哲学"里面，也是最深层的一个理论范畴。由于它十分抽象，人们往往很难准确地理解和把握它。但是，正如学哲学不能不懂得"本体论"一样，举凡有意于窥探佛学之奥秘者，特别对于那些有意于探讨佛教哲学者来说，佛教的"本体论"不可不知，因为它是贯穿于一切佛教学说（特别是大乘佛教理论）中的一个最基本的思维模式。此外，在佛教与中国古代传统学术、文化相互关系方面，佛教的"本体论"也占有十分重要的地位，以往学术界对这个问题未能给予充分的注意和重视，不能不说是一大缺憾。

二、儒学以人为本

再来看看作为中国传统的儒家学说。儒家学说的思想旨趣，从特定的意义上说，可以一言以蔽之——"人"。儒家创始人孔子的思想重心是"仁学"。所谓"仁"，从语源学的角度说，是二人的组合。《说文》曰："仁，亲也，从人、二。"孔子赋"仁"以道德属性，用来论述人与人的相互关系。在《论语》中，孔子对"仁"有多种说法，或曰"爱人"，或曰"己欲立而立人，己欲达而达人"，或曰"己所不欲，勿施于人"，等等。但不管哪一种说法，都是指"己"与"人""人"与"人"的一种关系。如果说，"仁学"是孔子学说的重心所在，那么，"人"则是孔学的立足点。孔子学说在中国思想史上的地位也许至今还没有一个统一的看法，但是，孔子之注重"人"，极力抬高"人"的地位则是无可置疑、一致公认的。近现代一些思想史家、哲学史家就经常指出：孔子的"仁"是一种"人"的发现，它把人们的视野从"天"转向"人"。这种说法是合乎历史实际的。盖孔子所处的东周，是一个"天""神"统治一切的时代，孔子虽没有公开排斥"天""神"，但一再强调："未知生，焉知死""未能事人，焉能事鬼""子不语怪力乱神"。这种"重人事、远鬼神"的倾向，对春秋时期的思想界确

---

①《大正藏》第十六卷，第 740 页。
②《成唯识论》卷三。

具有振聋发聩的作用,它唤醒当时的圣贤名哲把眼光从"天文"转向"人文"。此后,以"人"为中心的人文思潮,一直成为儒学的主流。

在儒门中,地位仅次于孔子的是孟子,有"亚圣"之称。孟子之学,重心在人性理论和"仁政"学说。"仁政"学说的核心是倡须有不忍人之心,斯有不忍人之政;人性理论则致力于对人之本性的探讨。二者亦都以"人"为对象和归宿。后来的儒家,都循着孔、孟的思想路数走。凡所立论,多不离"人",把"人"视为"天地之德""天地之心""五行之秀气";至汉代的董仲舒,思想路线有所偏移,倡"天人感应",但所讲仍不离于"人",仍把"人"视为"超然万物之上而最为天下贵"者。

儒学至宋又起一高潮。受佛学"佛性本体""心性本体"思想的影响,宋儒也开始谈"天道本体""心性本体",曰"道之大原出于天",曰"宇宙便是吾心,吾心便是宇宙"。但是,理学家"推明天地万物之原"的目的,是为了说明人,说明人性,说明人伦道德之常规。理学家千言万语,无非教人如何"修心养性",如何"存天理,去人欲",如何成贤作圣,与佛教之要人体证佛性、返归佛本体迥异其趣。当然,由于宋儒吸收了大量的佛教思想,因此在心性理论、思想路数等方面带有浓厚的宗教色彩。但是若从归根到底的意义上说,宋儒的心性论是以"人"为本,而佛教的心性论是以"佛"为本;前者教人如何修心养性、成贤作圣,进而"治国平天下";后者则要人"明心见性""寻找主人翁","发现自我的本来面目"。

总之,儒家之学在相当程度上是关于人的学说,是关于人与人相互关系的学说,是一种伦理哲学。这种伦理哲学的思想主旨与理论归趣都在于现实的人、现实的社会,而不像佛教那样从抽象的本体出发,落脚点又回到抽象的本体。儒学与佛学的具体区别也许很多,但此一区别应该说是最根本的。

这里,有个问题须顺便提及,谈论儒家的人文主义,人们很容易联系到西方的人文主义。毫无疑问,因同是人文主义,二者肯定有共同点,这就是都注重人,都以人为中心,都极力抬高人的地位。但是,由于中西方社会历史条件(其中包括思想文化背景)的差异,两种人文主义在思想内容上是不尽相同的,特别在对于"人"的理解上是很有差别的。西方人文主义者之看人,多从生物的、生理的角度着眼,把人视为具有情感、意志和理智的独立个体;儒家人文主义,则往往强调人的社会性和群体性,从人与人、人与社会的相互关系的角度入手,视人为群体的一分子。如果说,西方人文主义的"人"往往较缺乏社会的性质,那么,儒家人文主义的"人"——用韦伯的话说——则没有形成一种独立的人格。实际上,人之为人,应该既是生物的,又是社会的;既是独立的个体,又是群体的一分子;既"直接地是自然存在物",又"是社会存在物"①。如果要进一步探讨人的本质,那么,马克思主义的历史唯物主义则明确地主张:"人的本质并不是单个人所固有的抽象物。在其现实性上,它是一切社会关系的总和。"②

此外,儒家的"人本主义"与西方的"人本主义"还有一个重要差别,即二者所依托的哲学基础或曰二种学说借以建立的思维模式不尽相同。如果说,19世纪德国哲学中的"人本主义"完全是建立在本体论的思维模式基础之上,那么,中国古代儒家的"人本主义"则完全是以"天人合一"的思维模式为思想框架。弄清楚这一点对于准确把握儒家的"人本主义"十分重要。这里,笔者准备提出一个也许将引起学术界争论的问题,亦即当学术界较诸以前更注重对中国古代传统文化的学习、研究和弘扬的时候,当学界对于孔子所创立的儒家的"人本主义"思想多采取一种积极肯定态度的时候,人们应该继续深入一步去思考这样一个问题,亦即说孔子发现了"人",使中国古代思想界出现了从"天"向"人"的转变,说儒家学说的主流是一种"人本主义"思潮,等等,是否意味着孔子或者儒家已经抛弃了"天",或者说已经打倒了"天"呢?儒家学说究竟有没有宗教的色彩?如果有宗教色彩,又主要表现在哪些方面?——这是一个关系到整个中国古代传统哲学之思想内容和思维模式的重大的理论问题,值得人们认真对待。

要弄清楚这个问题,还是先从孔子谈起。作为中国古代思想发展史中的一个环节,孔子思想开始从天道向人事的转变是一个客观事实,但是,如果过分夸大这种转变,甚至认为孔子已经抛弃或打倒"天",孔学已经完全没有天命观念和宗教色彩,而是一种纯粹的人生哲学,那显然是违背历史实际的,也不符合思想发展的一般规律。

人们知道,与世界上许多民族一样,中国的远古文化在相当程度上是一种宗教文化。作为夏、商、周三代统治思想的"天神"观念,就是远古游牧民族原始宗教的继续和发展。这种"天神"观念虽经春秋时期"怨天""骂天"等思想的冲击而逐渐有所动摇,但人类历史上几千年乃

---

① [德]马克思:《1844年经济学哲学手稿》,《马克思恩格斯选集》第四十二卷,第167页。
② [德]马克思:《关于费尔巴哈的提纲》,《马克思恩格斯选集》第一卷,第18页。

至几万年的思想积淀,并非一朝一夕或个别思想家就能轻易冲刷得掉,实际上,不但孔子没有完全抛弃或打倒"天",整个古代思想史,都没有完全抛弃"天"这个外壳,都是在这个既"无声无臭"又至高无上的"天"之下去谈论和探讨各种问题,特别是人事问题——尽管因时代的不同,或称之为"天命"或名之曰"天道",或冠之以"天理",但核心都是在"究天人之际",探讨如何"顺乎天而应乎人"。换句话说,整个中国古代的传统哲学,在相当程度上都是在探讨"天""人"关系问题,都是在"天人合一"这个基本框架内谈道德、做文章,一言以蔽之,这就是中国传统哲学最大、最基本的思维模式。请看事实:

　　孔子的学生子贡说:"夫子之文章,可得而闻也,夫子之言性与天道,不可得而闻也。"①但翻开《论语》,孔子之语及"天"者,为数不少,诸如:"大哉!尧之为君也。巍巍乎!唯天为大,唯尧则之。"②"君子有三畏:畏天命,畏大人,畏圣人之言。小人不知天命而不畏。"③"获罪于天,无所祷也。"④从这些话看,说孔子已经完全抛弃"天",显然是不合适的。如果换一个角度看问题,孔子所以对"天道"谈得比较少,而更注重于人事,是因为天道太玄远深奥,不敢妄加揣测,还是人事更为实际一些,故孔子宁可谈生,不去谈死,宁可事人,不去事鬼。这样去看待孔子的思想,也许比较切合实际一些。

　　孔子之后,中国古代学术思想,特别是儒家哲学,基本上是沿着孔子开辟的道路前进的。与孔子稍有不同的是,孔子因"天道"玄远而罕言之,而孔子后学则往往以"天道"制约"人道",以"人道"上达"天道"为终的,这一点,作为孔学嫡传之思孟学派表现得尤为明显。《中庸》就明言:"天命之谓性,率性之谓道","诚者天之道,诚之者人之道"。把道之本原归诸"天",认为只要体认、扩充"天"之德性,便"可以赞天地之化育""与天地参矣";孟子则直接把"天道"与人的"心性"联结起来,倡"天道""心性"一贯之说。春秋战国时期号称诸子百家,但对后世之学术思想影响最大者,当推思孟学派,特别是该学派之天人一贯思想。

　　汉代大儒,首推董仲舒。董仲舒学说的基本思维模式,是"天人感应",而"天人感应"的思想基础则是"道之大原出于天""天人之际,合而

---

① 《论语·公冶长》。
② 《论语·泰伯》。
③ 《论语·季氏》。
④ 《论语·八佾》。

为一"。李唐一代,儒、佛、道三教并行,作为传统学术的儒家哲学,素以柳、刘为代表。柳宗元、刘禹锡的哲学思想虽与思孟一系的思想稍有歧异,而更接近于荀子,倡"天与人交相胜"①,主张天人各有其职分、功能,但从总体上说,仍不出"天人关系"之大框架,仍不否认天人有其相类、相通之处。至宋代"新儒学",所谈仍不离"天""人"。宋儒千言万语,无非教人"存天理,灭人欲"。其所谓"天理",亦即传统儒学之"天道"。就思维特点说,宋儒走的是一条把天道伦理化和把伦理天道化的道路。他们"句句言天之道,却句句指圣人身上家当。'继善成性',即是'元亨利贞',本非天人之别。"②宋明理学虽有程朱理学与陆王心学之分,但对张子《西铭》之"乾坤父母""民胞物与"思想却众口一词,倍加称赞。究其缘由,即是因为此说最能体现"天人一体"的思想。当然,由于受佛学的影响,理学之"天"已经与传统之"天道"不尽相同。

总之,中国古代儒家学说自孔孟而宋明理学,就其思想内容说,都是一种政治、伦理哲学——以往的学者也都如是说。实际上,这种说法从某种意义上说只对了一半——因为它没有说明这种政治、伦理学说特定的思维模式,把构筑这种政治、伦理学说的哲学框架给忽略了。其实,儒家所重之伦理,所谈之心性,其源头一直在"天",在"天道",是"天道"演化之产物。这里,人们碰到一个中国古代思想史研究中经常遇到的问题,即中国古代儒家学说是否具有宗教的性质以及带有什么样的宗教性质的问题。有人说:中国古代儒家学说较诸西方或印度古代思想而言,其特点之一是不具宗教的性质,不带宗教色彩。私下以为这种说法只是在特定意义上才是对的,也就是说,相对于西方的中世纪哲学与神学完全融为一体,相对于古代印度哲学还未从宗教中分化出来,中国古代哲学与它们是有所区别的。但是,就具有宗教性质而言,就带有浓厚的宗教色彩言,中国古代儒家学说在与宗教关系问题上与西方或印度古代没有什么原则的区别。所以使人产生中国古代哲学无宗教倾向的错觉,主要是由这样两个原因造成的:第一,作为中国古代至上神的"天",不像古代印度或西方的"大梵"或"上帝"那样被本体化或人格化,而是被伦理化。但是,如果说作为人格化至上神的"上帝"是宗教,而作为伦理化至上神的"天"则是非宗教,那么,如何看待近现代以来西

---

① 刘禹锡:《天论》。
②《宋元学案·濂溪学案上》。

方"上帝"的伦理化倾向？难道以伦理化了的"上帝"为最高道德原则的基督教也变成非宗教？——而在古代中国，"天"则一直是世间政治、伦理的最高立法者，"天道"则一直是"人道""人性"之本原——除非有人能够对此提出较有说服力的否定性论据。第二则是研究方法问题，亦即人们对于儒家学说思维模式的把握，往往只顾及作为"后半截"的"人事""伦理"或者政治，而抛弃了作为本源的"天"或"天道"——而中国古代之圣贤名哲实际上一直是在"天"或"天道"的框架里谈道德、做文章，一直是在"天人合一"的思维模式下去阐发他们的学术思想。这里丝毫没有把中国古代儒家学说往宗教推的意思，只是以史实为根据，对以往拦腰砍去"天道"的研究方法提出一点异议。至于目的，则在于说明中国传统的学术思想，特别是作为中国传统学术主流的儒学哲学，始终都是围绕着"天人关系"问题，尽管自儒学的创始人孔子起已开始把着眼点转向"人""人道"，但作为"人道""人性"本原或出发点的"天""天道"，直到宋明理学也没有完全抛弃。甚至可以这么说，整个中国古代思想史，都没有也不可能完成打倒"天"的任务——因为从更深刻的意义上说，以小农经济为依托的古代社会，是永远离不开"天"的，当然不可能去打倒"天"——只有这样去看待中国古代的哲学思想，才是历史的、辩证的态度。

三、儒学思维模式的本体化

关于佛教对儒学的影响问题，以往学界谈得不少，应该说，这些研究对于帮助人们认识佛教与中国古代传统文化的相互关系是很有助益的。但是，笔者近几年来在接触这一问题时，始终有一个感觉，即以往学界之谈论佛教对于儒学的影响，经常着眼于某些具体的问题，如儒家的哪一个说法是受到佛教的影响，哪一个术语源于佛教，或者说某某儒者"出入于佛老"凡数十年，等等。不能否认，这种研究有其合理性，因为任何研究总是从具体问题开始的。但是，正如任何研究又都有一个不断深入、不断发展的过程一样，对于佛教与儒学相互关系的探讨，似不宜老是停留于某些表面的现象，而应该在搞清楚这些现象的基础上，进一步去探讨其更深层、更根本的东西。笔者认为，这个更深层、更根本的东西之一，就是思维模式，或者更具体地说，就是"本体论"的思维模式问题。

为什么这么说呢？先看看儒家学说在思维模式上的历史衍变。

一如前面所指出的，儒家自孔子起其学说就一直建立在"天人合一"的思维模式基础上，但是到了宋儒，这种情况开始发生了变化。宋儒之学，虽然所谈仍不离"天""人"，但此时之"天"与"人"，已不是"合"，而是"天人本无二""天人一体"；宋儒虽然也说"天命""天道""天理"，但宋儒所说的"天理"，意蕴已与以前儒家所说的"天道"颇多异趣。如果说以前儒家所说的"天命""天道"更带有人伦道德之"立法者"的色彩，那么，宋儒之"天理"则在相当程度上是"心性""道心"之异称——二者体一而名二。也就是说，宋儒之学，虽然也主要是一种政治、伦理学说，但它所依据的哲学基础，已经不是"天人合一"，而是"本体论"的思维模式。这一点，我们可以从宋儒之伦理哲学自身得到证明。

在中国哲学史上，对哲学理论之建树，张载可以说是一个值得大书特书的重要思想家。所以这么说，并非因为张载是一个唯物主义思想家，更重要的还在于，张载所建立的"元气本体论"在中国古代史上是一个重要的里程碑。诚然，早在魏晋时期，王弼、何晏就已不同程度地接触到本体论问题，但是，客观地说，魏晋玄学之本体论在相当程度上还只是一个雏形（而且就魏晋玄学说，其本身也受到佛教的影响）。中国古代的本体论，如果就表述之明确、思想之一贯、理论之系统说，当首推张载。张载之本体论，绝不像王弼那样，只停留在某些个别话语（如"以无为本"）上，其"太虚无形，气之本体"①的思想贯彻到他的整个学说之中，特别是他的"天地之性""气质之性"理论与他的"乾坤父母""民胞物与"说，更是具体而系统地体现了他的本体理论。张载之外，宋儒之中，二程、朱子、陆九渊等大家，思维方法也都带有明显的本体论特点。例如，二程的"体用一源，显微无间"②说，朱子的"圣人与天地同体"③说，陆九渊的"宇宙便是吾心，吾心便是宇宙"④说，都是一种本体论的思维模式或以本体论为依托的政治、伦理哲学。尽管这些理学家们在阐发他们的政治、伦理思想时运用了许多传统的范畴，如"天道""人道""天理""心性"等等，但此时之"天道""天理"，已不同于传统儒学之作为社会政治、道德立法者的"天"，而在相当程度上是一个带有本体色彩的哲

---

① 《正蒙·太和》。
② 《易传序》。
③ 《中庸章句》。
④ 《杂说》。

学、伦理范畴。如果说,传统儒学在"天""天道"与"人性""心性"的关系上,主要是在"天人合一"的大框架中谈"天"如何为"人"立法,"人性"如何根源于"天道",人们应该如何"修心养性"以合于"天道",那么,"新儒学"的思维方式则更倾向于"天人本无二,更不必言合",亦即"天道""心性"本是一体,都是"理"(或"心")的体现,在"天"曰"天理",在"人"为"心性"。二者在思维方式上的区别,一是"天人合一"论,一是本体论。"天人合一"论的立足点,是"道之大原出于天","人道"是由"天道"派生的;本体论的基本思想,是"天""人"本是一体,不论是"天道"还是"心性",都是作为本体的"理"(程朱一系)或"心"(陆王一系)的体现,不存在谁产生谁、谁派生谁的问题。虽然从总体上说,宋明理学还没有完全抛弃"天",但其时之"天理",已与传统儒学作为世间万物之主宰和人伦道德之立法者的"天道"不尽相同,它同"理""心性"名异而实同,都是世间万物乃至人伦道德的本体。如果从人类理论思维发展史的角度说,前者较接近于"本源论"或"宇宙生成论",后者则属现代哲学所说的"本体论"范畴。儒学发展到明代之王阳明,又进入了一个新的阶段,或者说进入一种新的境界。王学的一个最突出的特点,就是把"心""性""理"乃至天地万物融为一体。而此"体"用王阳明的话说,即是"良知"。在王阳明的学说中,"良知"是一个生天生地、造化万物的宇宙本体。这正如他在《传习录》中所说的:"良知是造化的精灵,这些精灵,生天生地,成鬼成帝,皆从此出,真是与物无对。"[1]"天地万物,俱在我良知的发用流行中,何尝又有一物超于良知之外。"[2]王阳明的这两句话可视为点睛之笔,即"良知"既"与物无对",又"无一物能超出其外"。也就是说,"良知"既不是具体的事物,但天下万物又都是它的体现,用现代哲学的语言说,也就是"本体"。实际上,王阳明自己就屡屡使用"本体"二字,如他说:"良知者,心之本体,即前所谓恒照者也。"[3]"这心之本体,原只是个理。"[4]"我这里接人,原有此二种,利根之人,直从本原上悟入,人心本体,原是明莹无滞的,原是个未发之中,利根之人,一悟本体,即是功夫,人己内外,一齐俱透了。"[5]"良知即是未发之中,即是廓然大公、寂然

---

[1]《传习录》下。
[2] 同上。
[3]《答陆静原书》。
[4]《传习录》上。
[5] 同上。

不动之本体。"①王阳明在这里所说的"本体",与现代哲学所说的"本体"含义是很接近的,区别仅在于,王学中的"本体"不但是宇宙万物之本原,而且是人伦道德之本根。王学之深刻、细密,在相当程度上即是植根于他的本体理论。如果说宋明新儒家的政治、伦理学说的哲学基础主要是一种"本体论"的思维模式,或者至少是带有浓厚的"本体论"的色彩,那么,现在的问题是,这种"本体论"的思维模式是如何形成的?要弄清楚这个问题,有必要看看隋唐佛教理论的一些特点以及它与传统儒学的相互关系。

正如我们在前面所指出的,佛教注重抽象本体。但是佛教之本体,不管称为"真如",还是叫作"实相""法界",都与中国传统文化中的有关术语及蕴涵不尽相同,这种"本体"较难为中国古代的文人学者直接接受。到了隋唐,受中国传统思想文化的影响,东传之佛教在思想内容及所用术语上都有了较大的变化,其中以中国传统的"人性""心性"去谈佛性最为突出。但是,佛教谈论"人性""心性"时,并没有放弃其原有的思维模式,即其固有的本体论方法,而是用本体论的方法来谈"人性""心性",这就出现了一种现象,即隋唐佛教的佛性理论变成了一种"人性"理论,或者"心性"理论,但这种"人性"与"心性"又与中国传统的"人性""心性"不同,而是一种本体化了的"人性"和"心性"(这一点我们将在下面作具体的剖析和论述),此其一。

其二,隋唐时期,特别是李唐一代,由于政治的开明和国力的强盛,在思想文化上采取一种开放的政策,对儒、释、道三教采取兼收并蓄的态度。这为各种思想文化系统之间的相互交融、相互吸收创造了十分有利的条件。佛教并不以吸收儒家或道教的思想为耻,而儒家虽然没有放松对佛道二教的攻击,但暗地里甚至公开地吸取了佛教的许多思想。加之,由于隋唐佛教的佛性理论在相当程度上已被儒学化,这更为儒学吸收佛教的思想提供了方便。

其三,从理论思维的发展规律看,"本体论"的思维方法,与"本源论"或者"天人合一"的思维方法,在理论思辨上,前者较后者为高。吸收较高层次的理论思辨来丰富和提高自身,这乃是思想理论发展的一般规律。从这个意义上说,儒家之吸收佛教的"本体论"的思维模式,乃是合乎思想理论的发展规律的。

---

① 《传习录》中。

其四，从具体的思想内容说，宋明新儒学亦称"心性义理之学"。此"心性"不是传统儒学作为具体人的现实具体之心性，在宋明新儒学中表现得是十分明显的。例如，不管是张载的"天地之性"，还是程朱的"天理"，不管是陆九渊的"心"，还是王阳明的"良知"，在相当程度上都具有本体的性质，与佛教的"佛性""心性"没有什么本质的区别，因此，要回答宋明新儒学本体论的思维模式是怎么形成的问题，答案只有一个，即受佛教本体论思维模式的影响。

佛性与人性

佛性，原指佛的体性、本性，通常用以指成佛的可能性。作为一种宗教，佛教的最终目的是成佛得解脱，因此，佛性问题是佛教的核心问题。

人性，是指人的本性，或人区别于其他动物的特性。作为一种"人学"，儒学的出发点和落足点都是"人"，因此，人性问题一直是儒学的中心问题。

佛教东传之后，由于儒学是中国传统学术、文化的主流，为了求得在异国他乡的生存和发展，佛教对儒学一直采取迎合、依附的态度；与此相反，也许是唯恐佛教夺走自己原有的地盘，儒学在相当长一个历史时期内对佛教一直采取"不合作"的态度，对它进行坚决的抵制和排斥，企图把佛教"放归桑梓"，或"退回天竺"。但是，思想文化（包括宗教及宗教文化）的存在和发展，往往不依某些人或某个社会集团的主观意志为转移。中国古代思想史的事实证明，尽管作为中国传统文化主流的儒学及另一中国土生土长的宗教（道教）在相当长的历史时期内对佛教一直持排斥的态度，但是，佛教不但没有被"退回天竺"，而且后来成为与儒、道二教鼎足而三的一个重要的社会思潮。更有甚者，中国佛教在相当长的一个历史时期内发展成为世界佛教的中心。就思想理论说，佛教在中国的生存、衍变和发展，在相当程度上是与儒学相互斗争、相互吸收、相互融合的过程。儒、佛之间的相互吸收和融合，除了上面言及的在思维模式方面的相互影响外，还表现在思想内容方面的相互吸纳和改铸。此中尤以作为儒学中心问题的人性学说和作为佛教核心问题的佛性理论之间的相互浸透、相互影响为最突出。下面我们将从儒佛二家思想内容的衍变中加以说明。

一、中国佛教的佛性理论

一如上述，由于大乘佛教中的"佛"已被"本体"化，佛性在印度佛教中，是以一种"抽象本体"出现的，这种情形一直维持到完全中国化了的禅宗出现才告结束。而禅宗佛性理论的最大特点，则是把印度佛教中那个抽象化的"佛性"落实到现实的"人性""心性"上面。为了更好地揭示中国佛教佛性理论的历史发展,为了更深入地说明中国佛教的佛性理论是如何受到中国传统文化特别是儒家"人性"学说的影响,有必要对禅宗以前的中国佛教的佛性理论作一个简要的回顾。

从历史与逻辑相统一的角度说,中国佛教史上较有系统的佛性理论当始自东晋慧远之"法性论"和南朝梁武帝的"真神论"。也许因为是开端,故慧远和梁武帝的佛性理论都带有浓厚的糅合性和过渡性。

所谓"糅合性",亦即不"纯粹",不纯是传统佛教的佛性理论,而是把传统佛教的佛性理论与中国古代某种社会思潮或宗教、文化现象相融合。例如,慧远的"法性论"以"法性"为佛性,此"法性"一语,来自传统佛教,其思想内容也有传统佛教的成分。如慧远以"性空""无性"释"法性",视"法性"之体性为非有非无、空有相即,这无疑具有大乘空宗般若实相的色彩;但是,当慧远把"法性"看成是一种不变的"法真性",执"法性"为实有,承认有一不灭之"神"为报应之主体时,慧远的"法性"又很接近于魏晋玄学的"本无"和中国传统宗教的"不死的灵魂"。例如,元康的《肇论疏》曾引《法性论》的一句话:"问云:'性空是法性乎?'答曰:'非也。'"这说明慧远的"法性"与般若性空不是一回事。性空是由空得名,把性空掉,而"法性"之性为实有,是"法真性"。实际上,慧远的"法性论"更接近于魏晋玄学的"本无说",即都承认有一个形而上的实体,慧远本人就屡屡言及"本无与法性同实而异名",一再强调"至极以不变为性"。

在《阿毗昙心论序》中,慧远还说:"己性定于自然,则达至当之有极。"①意思是说,一切法的自性得自天然,是不改不变的,只有体认此不变之性,才能通达至当之极。这与《法性论》的"至极以不变为性,得性以体极为宗"是同一个意思,都是以不变之真性来谈"法性",这与大乘般若学所说的诸法无自性也是大相径庭的。

此外,从"法性"实有、不变这个基本思想出发,慧远宣扬人的精神是永恒长存的。而此一永恒不变之神,既是报应的承担者,又是成佛的根据。慧远认为,一般人处于生死流转之中,还是"顺化";佛家的宗旨则在"反本求宗",当人的精神反归与法性本体相冥合时,就进入了涅槃境界,精神就转化为"法身"。慧远在描述通过坐禅而达到与法性本体合一状态时说:"运群动以至壹而不有,廓大象于未形而不灭,无思无为

----

① 《出三藏记集》卷一。

而无不为。"①就是说,当人的精神通过修禅而达到"无思无为而无不为"时,就进入了冥神绝境的涅槃境界。在《佛影铭》中,慧远则进一步把"法身"视作独存之精神。晋宋之际的宗炳是慧远的忠实信徒,对慧远的"神"即"法性"说极为赞赏,并作了进一步的发挥,更明确地指出"无身而存神,法身之谓也"②,"无形而神存,法身常住之谓也"③。

　　慧远的"神"即"法性"的思想,更集中地体现在其"神不灭论"中。所谓"神不灭",亦即认为在人身上有一种永恒不灭之"神",此"神"用慧远的话说,是"精极而为灵者也"。"极精则非卦象之所图,故圣人以妙物而为言,虽有上智,犹不能定其体状,穷其幽致。"④也就是说,"神"是一种极精而无以名状的"精灵",故圣人虽有上智,也不能察其体形,穷其幽微。此"神"虽无以名状,但却有"冥移之功",是"化之母""情之根"。其"冥移之功",有如"火之传于薪"。薪虽有穷尽之时,而火却一代一代往下传,永不熄灭(详见《弘明集》卷五)。此"神"又能"感物而动,假数而行。感物而非物,故物化而不灭;假数而非数,故数尽而不穷"⑤。也就是说,它能感应万物而自身又不是物,所以万物化尽,而它却不失灭。并且正是此"不灭之神",乃是人们所以能成佛的根据所在。当人们之"神"返归本体并与本体合一时,人们就进入了所谓的涅槃境界。

　　通观慧远的"法性论",其所谓"法性""法真性""不灭之神"者,实际是一种糅合佛教的"佛性"、魏晋玄学的"本无"和中国传统宗教的"灵魂"的产物。

　　再如梁武帝的"真神论","真神论"的基本思想是以"真神"为佛性,因为众生都有一不死之"真神",故"成佛之理皎然"。

　　吉藏的《大乘玄论》卷三曰:"第六师以真神为正因佛性。若无真神,那得成佛?故知真神为正因佛性也。"吉藏这段话说明梁武帝的"真神论"把"真神"的存在作为人们成佛根据。此中就其作为最终目的的"成佛"说,无疑是来自佛教,但就"真神"之内涵说,则与中国传统宗教所说的"灵魂"没有多大差别。中国古代祸福报应说认为人死之后,灵

---

① 《庐山修行方便禅经序》,《出三藏记集》卷九。
② 《明佛论》,《弘明集》卷二。
③ 《答何衡阳书》,《弘明集》卷三。
④ 《弘明集》卷五。
⑤ 同上。

魂并不随死灭,而是随复受形,生时所做的善恶诸业,来生都会得到报应,而报应的承担者则是不死之灵魂。梁武帝的"真神论"虽把报应主体易名为"真神",在具体论述中换上了一些佛教的术语,但其基本思想与中土传统的灵魂说如出一辙。如在《立神明成佛义记》中,梁武帝说:"如前心作无间重恶,后识起非思妙善,善恶之理大悬,而前后相去甚迥,斯用果无一本,安得如此相续?""神明以不断为精,精神必归妙果。"这表明梁武帝把不断之"心神"作为前后相续、善恶报应的主体;而所谓"必归妙果",也就是必定成佛。

本来,印度佛教的"佛性"与中国传统宗教的"灵魂"是很不相同的,其中最大的区别在于,前者否定实体性,而后者则是一种不灭的精神实体。但是,当人们用中国传统的宗教、文化观念去接受和理解时,就把"佛性"变成了"灵魂",当然,更准确地说,是把"佛性"与"灵魂"糅合起来,变成一种中国化的"佛性"。

所谓"过渡性",是指慧远和梁武帝的佛性思想从理论上说都还不太成熟,属于中国佛性理论的酝酿准备阶段。如果从思想发展的逻辑进程看,中国佛性理论的成熟和系统化,当首推竺道生的佛性学说。

竺道生佛教学说的最大特点是"依义不依语"。考竺道生其人,学识广博,诸流兼综。他曾受业于僧伽提婆,学一切有部义,对《毗昙》等颇有所得;但道生不以《毗昙》为终的,常钻研诸经,斟酌杂论;后与慧观、慧严游长安,从鸠摩罗什习般若学,又深得般若扫相绝言之精义。道生虽通般若,但其学不以般若见长,而尤以"涅槃"为得意。而道生所以得意于涅槃,又是以精通般若为基础。因此,竺道生的涅槃佛性说,完全是以般若实相说为依据,是一种较成熟的又较接近于传统佛教的佛性理论。这一点可以从他对佛性的具体论述中得到证明。

竺道生之谈佛性,或以"体法为佛",认为所谓"佛"者,即在诸法之中,不离诸法而有;所谓"体法",亦即体证诸法,与诸法合一,这也不是别有一物去体证,而是法即佛,体证者,亦即返归本然。换一个说法,所谓"佛"者,也就是"得本称性""归极得本"之谓。竺道生又常以"当理为佛",此谓理体即佛,关键在于当不当理,当理即佛,乖直则是凡夫俗子。而此"理"究竟为何物?也就是传统佛教所说的非有非无、即有即无之"中道理体"。在竺道生的学说中,"法""法性""理""佛性""佛""实相"是名异而实同,它们都是作为抽象本体的"中道实相"之别称。在这里,人们可以看到传统佛教佛性理论的基本思维模式和思想内容,亦即把佛、佛性看成是一个作为一切诸法乃至众生诸佛本原的抽象本体。而竺道生这种佛性理论的建立，与他"依义不依语"的性格有关——他并不是从某一部经典的某一个具体说法或者随顺当时佛界多数人的看法去谈论佛性，而是以大乘佛教特别是般若学的义理为根据建立自己的佛性理论的，这就使得他的佛性理论更接近于传统的佛教。

竺道生在中国佛教史上有"涅槃圣"之称，他的佛性理论的最大贡献是第一个提出了"一切众生悉有佛性"的思想，并很快入主中国佛教界，成为中国佛性理论的主流。隋唐二代，除唯识宗外，其他各个佛教宗派的佛性理论，都以"一切众生悉有佛性"的思想为基础。当然，由于各宗的学术师承不同，所依据的佛教经典也各各殊异，这就造成了各具特色的佛性理论。

天台宗的佛性思想以实相论为基础，认为此"实相"即"中道佛性"之异称，是一切众生乃至一切诸法之本原；反之，一切众生乃至一切诸法也都具有"中道佛性"。这就是智者大师在各种著述中反复言及的"一色一香，无非中道"的思想，后来荆溪湛然进一步把它发展成"无情有性"的理论。同时，天台智者又从"诸法互具"的立场出发，倡"性具善恶"，并以圆融理论为依据，主"贪欲即道"；在修行方法上，更统合"南义北禅"，强调"止观并重""定慧双修"，从而建立起一套比较完整的佛性理论。

所谓"性具善恶"，也就是说，佛性不但像传统佛教所说的那样，是至纯至善的，而且也具有恶性。智此"性具恶善"思想主要是以"三因佛性"说为依据。

所谓"三因佛性"，亦即把佛性分为正因、缘因和了因。智在许多著作中都谈到"三因佛性"，虽然说法不甚统一，但基本上是以非有非无、不染不净之"中道实相"为正因，以般若观照能显诸法实相为了因，以五度功德能资助觉智开显正性为缘因。从思想内容说，智"三因佛性"说的基本观点有二：一是认为缘、了二因具有恶性。例如，当有人问智："缘了既有性德善，亦有性德恶不？"他十分干脆地回答："具。"后来的天台学者评论此答曰："只一具字，弥显今宗。"也就是说，就这一个"具"字，把天台系佛性学说的特点给显示出来了。当然，从逻辑上说，单有"缘了具恶"的思想，尚不能提出性具善恶的结论，因为，人们通常多是以"正因"言佛性的，按照这种理解，只要正因不"具恶"，即便缘、了二因"具恶"，也不能说佛性"具恶"。正是针对这种情况，智进一步倡"三因互具",亦即正、缘、了三因不是相互隔绝的,而是相即互具的。在《法华玄义》等著作中,智指出:如果"十法界离合读之",则"三因互具",因为"诸法实相不出权实","诸法是同体权中善恶缘了,实相是同体善恶正因"①。也就是说,缘了与正因的关系有如诸法与实相的关系一样,是权与实的关系,是一体之两面。因此,"言缘必具了、正,言了必具缘、正,言正必具缘、了。一必具三,三即是一,毋得守语害圆诬罔圣意"②。智此一"一必具三,三即是一"说,从理论方面圆融了其"性具善恶"说,因为,通过"三因互具"说,正因佛性就不单纯是非善非恶、不染不净的,而是亦善亦恶、亦染亦净了。

与"性具善恶"说相联系,天台智者又提出一种称为"贪欲即道"的理论。所谓"贪欲即道",亦即本为佛教视为"三毒""五逆"的根本烦恼、业障,在智看来,本身亦即是"道"。此说于智可作两面观:一是权宜方便、随机摄化;二是三谛圆融、即妄而真。

方便说者,此如智所说:"佛教贪欲即是道者,佛见机宜知一切众生底下薄福,决不能于善中修道……令于贪欲修习止观,观不得止,故作此说。""……若有众生不宜于恶修此观者,佛说诸善名之为道。佛具二说。"②此谓说贪欲即道,是对钝机者,对底下薄福者而言,因这些人不能于善中修道,故作是说,令此类众生于恶中修道;对那些不宜于恶中修道的众生,佛则不说贪欲即道,而说诸善为道。实际上,不管说贪欲即道,还是说诸善为道,都是为了随机摄化,都是一种方便说。

此外,智"贪欲即道"思想更是其圆融无碍理论的具体体现。智的圆融无碍理论,集中表现在其"三谛圆融"说中。"三谛圆融"者,即"空""假""中"三谛相即互具、圆融无碍。"空"离不开"假""中","说空亦即假即中";"假"离不开"空""中","说假亦即空即中";"中"离不开"空""假","说中亦即空即假"。"空""假""中"是"三而一""一而三"的,表面上看是三,实际上,"虽三而一","不相妨碍"。这种理论贯彻到佛性论中,必然得出这样一个结论:大千世界的一切诸法(即佛教所说的"假"),不管它是善法还是恶法,实际上,"亦即空即中"。所谓"中"者,也就是"中道佛性"。这样,贪欲诸恶法之即是佛性,即是道,实是顺理成章的。

---

① 《大正藏》四十六卷,第 934 页。
② 《摩诃止观》卷四下。

当然,天台宗之倡"性具善恶"和"贪欲即道",并没有因此而否认修行。恰恰相反,天台宗历代祖师都十分注重修行,至智更提出一种"止观并重"说。

所谓"止"者,原意是止息散心,专注一境,亦即"禅定";所谓"观"者,即是观想智慧之义。这是佛教的两种修行方法。佛教传入中国后,在修行方法上曾出现过南义北禅的局面,即南方重义理,北方重禅定。到了天台智者大师,把这两种修行方法统一起来,认为"若夫泥洹之法,人乃多途。论其紧要,不出止观二法"①。智在其一生的弘法活动中,屡屡强调此"止观"二法,有如车之两轮,鸟之双翼,不可或缺,不可偏废,如若偏废,即堕邪道。他认为,"止"对治驰荡,"观"破诸昏塞。如果修"止"时间长了,不能开发,即应修"观";反之,如果修"观"既久,暗障还不能破除,即应修"止"。"止"是破除缚结之初门,"观"是断除烦恼之正要。成佛之路,虽然很多,但最重要的就是"止""观"两法,并且必须把"止""观"结合起来,才会卓有成效。

天台宗佛性理论的主要特点,富有创造性,很具中国特色。灌顶就说天台的"止观学说"是"智者说己心中所行法门",智自己也说其"三止"说是"未见经论,映望三观,随义立名"。实际上,不但"止观学说",天台宗的整个学说,多具"六经注我"的特点,因此,与传统的印度佛教比,在许多方面都有很大的变化。

在天台宗之后兴起的是法相唯识宗。唯识宗佛性理论的主要特点,是专门弘扬大乘有宗的佛性学说,把有无"无漏种子"作为能否成佛的依据,由此建立"五种种姓说"。

"五种种姓说"的主要内容,是在佛性问题上把一切众生分为五类:一是"声闻乘种姓"。"声闻"者,意为闻佛声教而悟道。具此种姓者,依佛教义而修行,可证阿罗汉果。二是"缘觉乘种姓"。具此种姓者,可从观察"十二因缘"中证得辟支佛果。三是"菩萨乘种姓"。具此种姓者,将来可证得佛果。四是"不定种姓"。此类众生将来既可证罗汉、辟支佛果,亦可成佛。五者"无性种姓"。此类众生不具有佛性,永远不能成佛。

"五种种姓说"的特点是主张有一部分众生不具佛性,永远不能成佛,因此亦称为"一分无性"说。

---

① 《大正藏》四十六卷,第462页。

"一分无性"说在印度佛教史上,是由瑜伽行派所提倡;在中国佛教史上,汉魏时期的佛教也曾有此种说法。但自竺道生提出"一切众生悉有佛性"并为佛教界所接受之后,"众生有性"思想就成为中国佛性理论之主流。但是,有些佛教经典中又明言"一阐提无性",唯识宗的创始人玄奘西行求法的原因之一,就是想到印度去亲睹真经,弄清楚这个问题。据有关史料记载,玄奘在印度时曾同诸名僧大德讨论过这个问题,认为若将"一阐提"没有佛性的思想搬回中国,可能吃不开,因此准备将此义略去不说。这个想法遭到戒贤法师的严厉斥责。结果,玄奘终于屈从师训,把"五种种姓说"作为一种基本教义带回中国,并把它作为唯识宗的家传秘法,传授给窥基。由于"五种种姓说"把相当一部分人拒于佛门之外,埋下了唯识宗"短命"的种子;加之,他从印度搬回的法相唯识学具有浓厚的经院习气,不适合中国的国情,因此,唯识宗虽然在唐初借助玄奘的声威和李唐王朝的支持曾经盛极一时,但时隔不久,便告消沉,使唯识宗成为一个短命的佛教宗派。

唐代另一个较有影响的佛教宗派是华严宗。华严宗佛性理论的特色是"净心缘起论",认为所谓佛性,也就是"如来藏自性清净心"。此"清净心"至纯至净,毫无杂染,是一切诸法之本原,众生成佛之根据。众生与诸佛原本无差,都是此"清净心"的体现,差别仅在于迷悟不同。世俗凡夫,由于迷真起妄,故假号众生;若能离妄还源,即本来是佛。华严宗这种佛性理论,宗密在其《禅源诸诠集都序》中曾有一个十分概括的论述。他说:"谓六道凡夫,三乘圣贤,根本悉是灵明清净一法界心。性觉宝光,各各圆满,本不名诸佛,亦不名众生。但以此心灵妙自在,不守自性,故随迷悟之缘造业受报,遂名众生;修道证真,遂名诸佛。又,虽随缘而不失自性,故常非虚妄,常无变异,不可破坏,唯是一心,遂名真如。故此一心,常具真如、生灭二门,未曾暂阙。"①宗密此说除了较准确地概括了华严宗的佛性理论外,还点出了华严宗的一个重要特点,即其佛性理论受到曾被疑为"伪经"的《大乘起信论》真如随缘、不变思想的影响。

华严宗佛性学说的另一个重要特点,是其"圆融无碍"理论。此"圆融无碍",华严宗也称为"无尽缘起"。所谓"无尽缘起",亦即缘起的重重无尽。"法界"固然是体,但又不仅仅是体;"缘起"虽然是用,但又不

---

① 《禅源诸诠集都序》卷四。

纯粹是用。体用之间并非悬隔殊绝、情同楚汉,而是体用全收,圆通一际,溶融自在,无尽难名。这种圆融理论具体地体现在其"四法界""六根圆融""十玄无碍"中。而如果就其理论归趣言,最后都是为了说明一切众生,本来是佛。因迷妄而有众生之假号,妄尽还源,即本来是佛。

华严宗佛性理论的圆融性还体现在对以往各家佛性学说的统摄兼融。这一点,突出地表现在其"方便五性"说上。针对以往各家各派对于佛性问题的不同看法,华严宗认为,所谓"五种佛性"说,实际上,是"约机明得法分齐",亦即针对不同根机,方便各述一门,均是随机摄化,其义各不相违。若"终教"以上,即"遍一切众生皆悉有性",至于"圆教",则不但众生悉有佛性,而且"一位一切位",一切众生,"本来是佛"。(详见法藏《华严一乘教义分齐章》卷二)

综观隋唐几大佛教宗派的佛性理论,有一个共同的特点,亦即他们所说的"佛性",都是一种抽象的本体,不管是天台的"中道实相",抑或华严的"如来藏自性清净心",不但用语来源于印度佛教,思想内容上也带有浓厚的传统佛教的色彩。当然,这一说法是从相对的意义上立言,因为,不管是天台的"实相",还是华严的"清净心",它们的内涵已与印度的传统佛教不尽相同,已逐渐地从注重抽象的本体慢慢转向以"心"甚至以"觉心"谈佛性。如天台宗不但倡"心是诸法之本,心即总"①,认为成佛的关键在于能"反观心性""反观心源",而且以"觉心"释佛性;华严宗"唯心"的倾向较天台为甚,其圆融理论就是以"随心回转,即入无碍"为最后依据,至澄观甚至用"灵知之心"解释"本觉",这就使"心"更具有"具体心"的意义。但是,相对于更加中国化或者说完全中国化了的禅宗言,它们则带有更多传统佛教的成分。到了禅宗,这种情况就发生了带根本性质的变化。禅宗作为佛性的"人性""心性",从一定意义上说,固然也是一种"本体",但它已不那么"抽象"了,而是具体落实到现实的"人性""心性"上面。至于禅宗的佛性理论何以会发生这种变化,这正是下面我们所要探讨的问题。

二、儒家的"人性""心性"说

要弄清楚禅宗何以会把传统佛教中的抽象佛性落实到"人性""心性"上,至关重要的一个环节,是必须搞清楚对中国佛教产生重大影响

---

① 《法华玄义》卷一上。

的儒家伦理哲学。

正如前面所说的，儒家学说主要是一种"人学"或曰"人本"哲学，十分自然，人的问题，特别是人的特性、本性问题是儒学所要着重探讨的问题。事情本身正是这样，儒家从孔孟起，就致力于人性的探讨。

也许由于刚刚把视野从"天上"拉到"人间"，孔子虽重"人"，但罕言及"性"，只说了个"性相近也，习相远也"①。到了孟子，情形就开始发生变化。孟子的学说，有相当大一部分内容是在探讨人之所以成为人的"特性"或"本性"问题。

在现行的各种中国哲学史教科书中，几乎都有孟子"性善论"一节，但是，从各种教科书对孟子"性善论"的具体论述看，多是从伦理学的角度，从道德评价、价值判断的角度去讨论孟子的"性善论"，亦即多从作为道德范畴的"善"或"恶"的角度去评析孟子的人性理论。实际上，如果从历史的和哲学的角度去看待孟子的人性理论，人们还可以从孟子的"性善论"中获得一种新的理解。

固然，孟子的"性善论"也有从相对"恶"的角度去谈人性善，但是，应该看到，孟子更有从人之本性"善于"禽兽的本性的角度去谈"性善"的。也就是说，孟子所说的"性善"，并非单指人性"不恶"之善，而是说，人之成其为人，有"优于"或曰"善于"禽兽的地方。

首先看看孟子所说之"性"究竟何所指？这一点，《孟子》载有一段孟子与告子的问答："告子曰：'生之谓性。'孟子曰：'生之谓性也，犹白之谓白与？'曰：'然。''白羽之白，犹白雪之白；白雪之白，犹白玉之白与？'曰：'然。''然则犬之性犹牛之性，牛之性犹人之性与？'"②这段话表明孟子不赞成告子"生之谓性"的说法，他诘问告子：如果以"生"为"性"，那么也就是说，一切白色的东西其性都没有差别，白羽、白雪、白玉之性都相同，犬之性也就是牛之性，牛之性也就是人之性了！他认为，所谓"性"应该是某一个属类的特性、个性，例如，人之性，应该是人区别于其他生物如禽兽等的特性，而不是把一切生物之属性都看成是人之本性。他指出："人之所以异于禽兽者几希，庶民去之，君子存之。"③此谓人之异于禽兽的地方虽然不多，但人之性与禽兽之性是有差别的，小人不懂得爱惜、保存这种"善性"，君子反是，能够存养之，因之

---

① 《论语·阳货》。
② 《孟子·告子上》。
③ 《孟子·离娄下》。

有君子、小人之分野。

对于人与禽兽之性的异同,孟子还以"小体""大体"言之。他认为"小体"者,是人与禽兽所相同者,而"大体"则是人区别于禽兽、人之所以成其为人的东西。在《告子》篇中,孟子指出:"体有贵贱,有大小。无以小害大,无以贱害贵。养其小者为小人,养其大者为大人。"①"公都子问:'钧是人也,或为大人,或为小人,何也?'孟子曰:'从其大体为大人,从其小体为小人。'曰:'钧是人也,或从其大体,或从其小体,何也?'曰:'耳目之官不思,而蔽于物,物交物则引之而已矣。心之官则思,思则得之,不思则不得也。此天之所与我者。'"②此中所说之"大体""小体",古人释之曰:"大谓心志,小谓口腹。"③也就是说,只懂得贪求声色口味之欲者,这与禽兽无多大差别;人之成其为人,特别是要成为贤者圣人,则必须养其"大体",即"心志"。此"心志"乃是"天"所特别赐给"我",即"人类"的"特殊的本性",亦即"人性"。

那么,作为人之特性的"心志"又具体表现在哪些方面呢?孟子又说:"口之于味也,有同耆焉;耳之于声也,有同听焉;目之于色也,有同美焉;至于心独无所同然乎?心之所同然者何也?谓理也,义也。圣人先得我心之所同然耳。故义理之悦我心,犹刍豢之悦我口。"④"口之于味也,目之于色也,耳之于声也,鼻之于臭也,四肢之于安逸也,性也;有命焉,君子不谓性也。"⑤"君子所性,仁义礼智根于心。"⑥这几段话的意思是说,声色味臭之欲,是一种本能,而不是人所独有之本性,人之特性乃在于仁义礼智诸品德,而这些品德对于人来说并不是很成熟和定型的,它往往作为一种"善端"植根于"心",这就是说孟子所说的"恻隐之心,仁之端也;羞恶之心,义之端也;辞让之心,礼之端也;是非之心,智之端也"。在孟子看来,如果没有这种"善端",就不成其为人,故孟子曰:"无恻隐之心,非人也;无羞恶之心,非人也;无辞让之心,非人也;无是非之心,非人也。"⑦因此,如果要对孟子的人性理论加以归结的话,也就是说孟子把"仁义礼智四端"看成是人之成其为人的本性或特性。

---

①《孟子·告子上》。
② 同上。
③《诸子集成·孟子正义》,第466页。
④《孟子·告子上》。
⑤《孟子·尽心下》。
⑥ 同上。
⑦《孟子·公孙丑上》。

笔者以为,这样去看待和谈论孟子的人性理论,才更合乎孟子之本意,也才更能看出孟子如何致力于对于人之"特性"或"本性"的探讨。单纯从"善""恶"的角度去讨论孟子的"性善论",有时容易舍本求末。当然,这种探讨并不是笔者的发明,张岱年先生早在其《中国哲学大纲》中就有这种思想倾向,只是因为是大纲,没有充分展开罢了。此外,早在两千多年前,西汉大儒董仲舒就是从这个角度去评论孟子的人性理论的。他说:"或曰性也善,或曰性未善,则所谓善者各异意也。性有善端,动之爱父母,善于禽兽,则谓之善,此孟子之善;循三纲五纪,通八端之理,忠信而博爱,敦厚而好礼,乃可谓善,此圣人之善。……由是观之,圣人之所谓善,非善于禽兽则谓之善也。使动其端,善于禽兽,则可谓善,善人奚为弗见也?夫善于禽兽之未得为善也,犹知于草木而不得名知。"①

从思想观点上说,董子不赞成孟子的"性善"说,但他把孟子所说的"性善"看成是"善于"禽兽之"善",而非"善""恶"之善,则是明确得不可置疑。时人谈论孟子的"性善论",董子此说不可不知。

孟子之后的另一大儒是荀子。荀子之人性论与孟子很不相同,或者说正相反对。此中所言的"正相反对",不是如学界平常所说的,一个主"性善",一个倡"性恶",而主要指他们对于人之所以成为人的本性的理解上观点的对立;"正相反对"的另外一个含义是他们在人性理论上带有相互批判的味道——此说也许会引起歧义,因为荀子远在孟子之后,何以批判荀子?——荀子对于"人性"的看法有点接近于告子,而孟子对于告子是持明显的批判态度的。

先看看荀子是怎么给"性"下定义的。荀子曰:"凡性者,天之就也"②,"生之所以然者谓之性"③,"不事而自然谓之性"④,"性者,本始材朴也"⑤。在荀子看来,所谓"性"者,乃是天生之本然也,是不可学不可事的。这样去谈论"性",与告子的"生之谓性""食色性也"的观点是相近或者说是相同的。这种观点有一个长处,即指出了"性"之为物,是不可改、不可易的;但这种观点又有一个缺陷,即没有指出所谓"性"者,乃

---

① 《春秋繁露·深察名号》。
② 《荀子·性恶》。
③ 《荀子·正名》。
④ 同上。
⑤ 《荀子·礼论》。

是指此物区分于彼物的"特性",因此,如果孟子在世,他同样可以用批判告子的那些论点去驳斥荀子,亦即"犬之性即牛之性,牛之性即人之性"。

当然,荀子也具体地谈到"人"的"性"。他说:"凡人有所一同:饥而欲食,寒而欲暖,劳而欲息,好利而恶害。是人之所生而有也,是无待而然者也。"①"今人之性,生而有好利焉,顺是,故争夺生而辞让亡焉;生而有疾恶焉,顺是,故残贼生而忠信亡焉;生而有耳目之欲焉,顺是,故淫乱生而礼义文理亡焉。"②"人之性恶,其善者伪也。"③"若夫目好色,耳好声,口好味,心好利,骨体肤理好愉佚,是皆生于人之情性也。"④实际上,不管哪一种说法,荀子都没有道出人之成其为人的"特性",因为不仅仅人,动物也都具有饥而欲食、寒而欲暖、口好味、目好色的本性。荀子所着力加以说明的,只是指出这种"好利恶害"的本性是"恶",顺是,则争斗起而忠信亡。

此外,荀子"性恶"说的另一个重要特点,是严分"性""伪",亦即"性"是本自天然的,不可改易的,而"伪"者,则是后天的人为。他批评孟子的"性善论"曰:"孟子曰:'人之学者,其性也。'曰:是不然,是不及知人之性,而不察乎人之性伪之分者也。凡性者天之就也,不可学不可事;礼义者,圣人之所生也,人之所学而能所事而成者也。不可学不可事而在人者谓之性,可学而能可事而成之在人者,谓之伪,是性伪之分也。今人之性,目可以见,耳可以听,夫可以见之明不离目,可以听之聪不离耳,目明而耳聪,不可学明矣。"⑤

概言之,"性"是先天的本能,"伪"是后天的作为;"性"是不可学不可事的,"伪"是能事而能成的;"性"是不可丧、不可离的,"伪"是有得有失的。荀子严分"性""伪"的目的,是要"化性起伪""弃恶生善"。从这个意义上说,荀子的"性恶论"与孟子的"性善论"是殊途同归。所谓"同归"者:孟子主"性善",是要人"存养""扩充"此"善端",目的是要成贤作圣;荀子倡"性恶",是要人"化性起伪"——而圣人就是积伪的结果,此诚如荀子所说:"积善而全尽,谓之圣人;彼求之而后得,为之而后成,积

---

① 《荀子·荣辱》。
② 《荀子·性恶》。
③ 同上。
④ 同上。
⑤ 《荀子·性恶》。

之而后高,尽之而后圣。故圣也者,人之所积也。"①所谓"殊途",亦即修行的方法不同。孟子主"性善","仁义礼智,非由外铄我也,我固有之也"②。因此,只要"反求诸己",就可得到,走的是一条注重主观内省的道路;荀子则反是,因为"善"乃在于后天"积伪"的结果,因此,他特别重视后天的学习、圣人的教化乃至环境的作用,因此,在荀子的著作中,屡屡出现"习""行""注错习俗"等带有一定实践成分的术语,体现了与孟子不尽相同的修养方法。

进入秦汉,最著名的儒者当推董仲舒。董仲舒的"人性论",前人谈得较多的是其"性三品说",此不复赘,这里拟着重看看他对"人性"自身的解说。

董仲舒对"人性"本身的看法,既不同于孟子,也不同于荀子,就其以"生"、以"质"言"性"说,离告子、荀子近些。在《春秋繁露·深察名号》中,他说:"性之名,非生与?如其生之自然之资谓之性。性者,质也。"这是以生之自然之资、自然之质言性,与告子之"生之谓性"和荀子的"性者,本始材朴"说无大差别;所不同的是,董仲舒并不以此自然之质为恶,同时,他也反对孟子的人生而具有"善端"的说法。他把此"性"与"善"看成"禾"与"米"的关系,曰:"性比于禾,善比于米。米出禾中,而禾未可全为米也。善出于性中,而性未可全为善也。善与米,人之所继天而成于外,非在天所为之内也。"也就是说,"善"虽然出于天生之性中,但"善"并非纯是天然,而是"成于外"的,即有待后天的作为,如禾可生长而为米,但禾不即是米,茧可覆而为卵,但茧非即是卵。人性亦然,人性虽可借助王道教化而成善,但人性本身非即是善:"性待渐于教训而后能为善。善,教训之所然也,非质朴之所能至也。"③董子认为,如果像孟子所认为的那样人性本来具有天然之"善端",这就"失天意而去王任。万民之性苟已善,则王者受命尚何任矣?"④意思是说,如果万民之性本善,那王道教化不是形同虚设了吗?这种说法点破了董仲舒人性学说带有为王道政治作论证的政治色彩。

董仲舒谈人性之善恶,有一特点,即视"善"很高。他坚决反对孟子把"善于禽兽"则称为"善",认为圣人所说之"善",是指"循三纲五纪,通

---

① 《荀子·效儒》。
② 《孟子·告子上》。
③ 《春秋繁露·实性》。
④ 同上。

八端之理，忠信而博爱，敦厚而好礼，乃可谓善"①。对于"善"与"未善"，董仲舒有一个说法，曰："质于禽兽之性，则万民之性善矣；质于人道之善，则民性弗及也。万民之性，善于禽兽者，许之；圣人之所谓善者，勿许。吾质之命性者，异孟子。孟子下质于禽兽之所为，故曰性已善；吾上质于圣人之所善，故谓性未善。"②也就是说，如果以禽兽之性为基点或标准，那么，人性确实是善的；但是如果以人性之善为标准，则万民未能及此善也。孟子说人性善，就其指善于禽兽之性言，这是可以的，但这不是圣人所说之善。对于人性之善恶究竟要以什么为标准这一点上，我与孟子的看法不同。孟子以禽兽之性为基点、为标准，因此称人性善；我所说的善是指圣人之谓善，所以认为人性未善。

那么，如果舍去善恶不谈，董仲舒又是以什么为人性呢？他说："圣人之性，不可以名性；斗筲之性，又不可以名性。名性者，中民之性。"③也就是说，在"三品"中，上、下二品都不可以言性，只有中品之"中民之性"才能代表人之性。在董仲舒看来，上品之"圣人之性"，具有天生之善性，下品之"斗筲之性"，具有天生的恶质，二者都不是他所说的"天质之朴"，因此，都不可以言性。这一说法与我们在开头所说的董仲舒以天然资质谈性是一致的。

此外，董仲舒的人性理论还有一个重要特点，即主张"情性不分"。在他看来："天两有阴阳之施，身两有贪仁之性。"④此中所谓"贪"者，即情欲也，所谓"仁"者，即指善性。此性之与情，乃人一身而二兼："身之有性情也，若天之有阴阳也。言人之质而无其情，犹言天之阳而无其阴也。"⑤这种情性理论对后来的人性理论产生了深刻的影响。如汉之刘向也讲情性，其基本观点是："性情相应，性不独善，情不独恶。"⑥亦即认为情并非像董仲舒所说的有恶而无善。而南北朝之刘昼则主张性善情恶论，他说："人之禀气，必有性情。性之所感者情也；情之所安者欲也。情出于性，而情违性；欲出于情，而欲害情。情之伤性，犹烟生于火而烟郁火，冰出于水而冰遏水。故烟微而火盛，冰泮而水通。性贞则情销，

---

① 《春秋繁露·深察名号》。
② 同上。
③ 《春秋繁露·实性》。
④ 《春秋繁露·深察名号》。
⑤ 同上。
⑥ 荀悦：《申鉴·杂言下》。

情炽则性灭。……故明者刳情以遣累,约欲以守贞。……此全性之道也。"①

情性理论至唐代又起一高潮,自诩远续孔孟道统之韩愈就大讲情性。韩愈情性理论有这样几个基本观点:第一,性是与生俱生的,情是接于物而生的;第二,情与性都有上、中、下三品;第三,情与性都不是纯善或纯恶的,性之下者,"恶焉而已矣",情也有中节不中节之分。

讲情性而与佛教和宋代儒学关系都很密切、影响也最大者,当推唐之李翱。李翱的《复性书》对情性的看法观点鲜明:性善情恶。就其基本思想说,可归纳为以下数端:一者,"性者天之命也","情者性之动也";二者,"人之所以为圣人者,性也;人之所以惑其性者,情也",亦即性是至纯至善的,情是惑障之根源;三者,圣人非无情,百姓非无性,差别仅仅在于:"圣人寂而不动,不往而到,不言而神,不耀而光,制作参乎天地,变化合乎阴阳。虽其情也,未尝有情也。"而百姓者,则"为情之所昏,交相攻伐,未始有穷,故终身不睹其性焉"。他还以清水与泥沙来说明性与情的相互关系,曰:"桀纣之性,犹尧舜之性也,其所以不睹其自发,嗜欲好恶之所昏也,非性之罪也。……水之性清澈,其浑之也,沙泥也。方其浑时性岂遂无有邪?久而不动沙泥自沉,清明之情鉴于天地,非自外来也。放其浑也,性本弗失;及其复也,性亦不生。人之性,亦犹水也。"②李翱这段话,意思很清楚,不拟赘释,这里所要指出的是,如果说李翱的情性理论乃是自董仲舒以来儒家人性理论的继续和发展,那么,在唐代禅宗特别是慧能为代表的南宗禅里,我们可以看到与李翱的情性理论不仅思想相近,而且连比喻、术语都没有多大差别的佛性理论。

除了人性以外,儒家伦理哲学的另一个重要特点是注重心性。这一特点,实际上是由儒学人性理论的思想内容决定的。试以孟子为例,孟子之谈人性善,是从人善于禽兽立论;而人在哪些方面善于禽兽呢?一言以蔽之,心也。人有恻隐之心、恭敬之心、辞让之心、是非之心,而禽兽无之,所以人性善于禽兽之性;而君子又是人中之杰,"君子所以异于人者,以其存心也"③。君子能"以仁存心,以礼存心"④。所以,君子

---

① 《新论·防欲》。
② 《复性书》。
③ 《孟子·离娄下》。
④ 同上。

能超越于凡夫俗子;孟子更经常语及"大人""小人"。"大人""小人"的重要区别之一就是,"大人"能"从其大体""养其大体"("大体"即"心"),而"小人"则只懂得以饮食声色以养其"小体",而"饮食之人,则人贱之矣",何者?"为其养小以失大也"。① 基于这种人性、心性理论,孟子的修养学说把落点放在"反求诸己""存养心性":所谓"大人者,不失其赤子之心也"②,"存其心、养其性,所以事天也"③,"尽其心者,知其性也,知其性则知天矣"④,都是以"心"为最后的落点和归趣。

荀子之重心性,不亚于孟子。先看看荀子对于"心"的有关论述:"心者形之君也,而神明之主也,出令而无所受令。"⑤"天职既立,天功既成,形具而神生,好恶、喜怒、哀乐臧焉,夫是之谓天情;耳、目、鼻、口、形,能各有接而不相能也,夫是之谓天官;心居中虚,以治五官,夫是之谓天君。"⑥"人何以知道?曰心。心何以知道?曰虚壹而静,心未尝不臧也,然而有所谓虚……心生而有知。"⑦从这些论述看,荀子不但把"心"看成人之形体、神明的主宰,而且是知"道"之主体。这种观点对汉代大儒董仲舒颇有影响,董子之论"心",亦把"心"视为身体之"本",曰:"身以心为本。"⑧曰:"凡气从心。心,气之君也,何为而气不随也?是以天下之道者,皆言内心其本也。"⑨曰:"一国之君,其犹一体之心也。隐居深宫,若心之藏于胸。至贵无与敌,若心之神无与双也。"⑩"心"对于人的至关重要性及其主宰作用,决定了以人为出发点和落足点的儒学伦理学说不能不十分注重"心性"。

儒学之重"心",还表现在这样一点上,即宋儒所说的作为历代圣贤心心相传的个人修养和治理国家重要原则的"十六字心传",所谓"人心惟危,道心惟微,惟精惟一,允执厥中"⑪。此中所言之"人心",即是包括人欲在内的现实具体之"心";而所谓"道心",亦即作为"天理"体现的

---

① 《孟子·告子上》。
② 《孟子·离娄下》。
③ 《孟子·尽心上》。
④ 同上。
⑤ 《荀子·解蔽》。
⑥ 《荀子·天论》。
⑦ 《荀子·解蔽》。
⑧ 《春秋繁露·通国身》。
⑨ 《春秋繁露·循天之道》。
⑩ 《春秋繁露·天地之行》。
⑪ 《古文尚书·大禹谟》。

"义理之心"。隋唐佛教的天台、华严、禅宗所说的"心"都带有"真心"和"具体心"双重成分,与儒家这一历代相传的"人心""道心"说,不能说毫无关系。

总之,儒学之重"人性""心性",这乃是作为"人学"之儒学的必然结果,而儒学之在中国古代传统文化中的主流地位,又使得传入中国的佛教不能不受此"人性""心性"理论的影响。

三、中国佛学的人性化、心性化

在本节的第一部分,我们梗概地叙述了中国佛教佛性理论之发展线索,指出了禅宗之前包括天台、华严二宗的佛性理论仍带有传统佛教的抽象本体的特点,在这一部分,我们将着重阐述完全中国化的禅宗的佛性理论所具有的注重"人性""心性"的特点以及这一特点是如何形成的。

与世界上任何事物的发展都有一个过程一样,慧能南宗禅的出现,也不是异峰突起,它既有其先行者的思想成分在,也以当时整个中国佛教的发展为背景。

虽然从总体上说,天台、华严二宗的佛性学说仍具有传统佛教强调抽象本体的性格,但具体而论,作为两个比较具有中国特色的佛教宗派,天台宗和华严宗的佛性学说已经开始出现一种注重"心性"的倾向。例如,在天台宗人的著述中,虽然他们常常以中道实相说佛性,但已逐渐出现把诸法实相归诸一念心的倾向。如慧思就曾以"觉心"释佛性,曰:"佛名为觉,性名为心。"① 智更明确地把"心"作为诸法之归趣,曰:"心是诸法之本,心即总也。"② 并把"反观心源""反观心性"作为修行成佛最根本的方法;智的弟子灌顶也说:"观一念心,即是中道如来宝藏,常乐我净佛之知见。"③ 可见,天台宗的佛性学说已经出现一种注重唯心的倾向。

与天台宗比,华严宗佛性理论的唯心色彩则更浓。本来,华严宗是以《华严经》为宗本的。《华严经》的基本思想之一,是在"法性本净"的传统看法上,进一步阐明一切诸法乃至众生诸佛是平等互即、圆融无碍的。可是,当华严宗人以"十玄无碍""六相圆融""理事无碍"等理论去

---

① 《大乘止观法门》卷二。
② 《法华玄义》卷一上。
③ 《观心论疏》卷三。

解释法界缘起、生佛关系时,就侧重于以"各唯心现故"去解释万事万物乃至众生与佛的相入相即,指出:"一切法皆唯心现,无别自体,是故随心回转,即入无碍。"①他们认为,一切万法乃至诸佛"总在众生心中,以离众生无别佛德故"②,"心心作佛,无一心而非佛心"③,"离佛心外无所化众生……是故众生举体总在佛智之中"④。总之,心佛与众生,是平等一体、相即互融的。从这个思想出发,华严宗侧重于从心之迷悟去说生佛之异同,指出"特由迷悟不同,遂有众生及佛"⑤。

这里有一个问题须顺便说及,即在印度佛教诸经论中,也有"心佛与众生,是三无差别""三界无别法,唯是一心作"等说法,为什么我们把天台、华严二宗的以上的唯心倾向视为中国佛教的一个特色呢?此中之关键,是如何看待二者所说的"心"的内涵。毋庸讳言,由于中国佛教源于印度佛教,其思想内容乃至著述用语,多有沿用印度佛教者在。但是,作为中国佛教,它又多是通过中国僧人的思维方法、心理习惯去理解、去接受的,这就使得同一用语常常具有不同的内涵、意蕴。天台、华严二宗的唯心理论,也具有这一特点。他们所说的"心"虽然也含有与传统相同的作为抽象本体的"真心""清净心"的意思,但是,不容否认亦在一定程度上带有中国传统文化的色彩,特别是作为中国传统文化主流的儒家伦理哲学之"心性"的特点。例如天台宗所说的"觉心""众生心""一念心",虽然也含有作为诸法本体的"实相""真如"的成分,但在相当程度上与儒家所说的"心性"是相通的;至于华严宗常常于"理""事""本""末"外另立一"心",并且屡屡以"各唯心现""随心回转"说诸法的相入相即、混融无碍,此"心"与"法性""真心"当有所区别。也就是说,华严宗所说的"心"既指"真心",又含有"具体心"的意思。虽然后来法藏曾把"十玄门"中之"随心回转善成门"改为"主伴圆明具德门",此中的用心也许是为了避免由于唯心倾向所造成的理论上的矛盾,但这正好从反面说明在法藏的思想中,唯心倾向已达到相当的程度。澄观的这种唯心倾向则更进一步,他甚至用"灵知之心"来解释"本觉",这就使"心"更具有儒家所说的"心性"的性质。

---

① 《华严经旨归》。
② 《华严经探玄记》卷一。
③ 同上。
④ 《答顺宗心要法门》。
⑤ 《大华严经略策》。

如果说，天台、华严二宗把"心"具体化主要表现为一种倾向，那么，至禅宗倡"即心即佛"，把一切归诸自心自性，心的儒学化、具体化就发展到一个新的阶段。也就是说，在天台、华严宗那里，"心"的双重性质主要表现为"真心"的基本内涵与具体心的倾向性的糅合，而在禅宗的佛性学说中，"心"虽然有时也被作为本体"真心"来使用，但就其基本内涵说，与儒家所说的"心性"已接近。这一点我们可以从禅宗的有关著述中得到说明。

首先，我们来看看作为禅宗基本经典的《坛经》。

读过《坛经》的人，大概都会有一个感觉，《坛经》不像传统的佛教经典那样艰深晦涩；而从事中国古代哲学研究的人读《坛经》，则会有另一个感觉，即《坛经》中很多思想和说法都"似曾相识"。

《坛经》的基本思想之一，是"即心即佛"。在《坛经》中，慧能把一切众生乃至诸佛都归结于"自心"，他说："听吾说法，汝等诸人，自心是佛，更莫狐疑，外无一物而能建立，皆是本心生万种法。故经云：心生种种法生，心灭种种法灭。"①（以下凡引自《坛经》之引文，均不再加注）"吾今教汝，识自心众生，见自心佛性。汝今当信，佛知见者，只汝自心，更无别佛。……吾亦劝一切人，于自心中常开佛之知见。故知万法，尽在自心。"显然，慧能这里所说之"心"，已不像传统的佛教经典中的"心"那样虚玄、抽象，而是给人一种较为现实、具体的感觉。当然，仅凭感觉不能作为立论的根据，因此，可以进一步看看慧能的其他论述。

在《坛经》中，慧能说："经文明言自归依佛，不言归依他佛。自性不归，无所归依。今既自悟，各须归依三宝。内调心性，外敬他人，是自归依也。""心地但无不善，西方去此不遥；若怀不善之心，念佛往生难到。""汝今当信，佛知见者，只汝自心，更无别佛。……吾亦劝一切人，于自心中常开佛之知见。""汝自观本心，莫著外法相，法无四乘，人心自有等差。""自归依者，除却自性中不善心、嫉妒心、谄曲心、吾我心、狂妄心、轻人心、慢他心、邪见心、贡高心，及一切时中不善之行，常自见己过，不说他人好恶，是自归依。常须下心，苦行恭敬，即是见性通达，更无滞碍，是自归依。"这里所说的"心""人心""自心"，很难作为传统佛教中那种抽象本体的"真心"来理解，而在相当程度上与儒家所说的那种具有善、恶之人心更接近。

---

① 《坛经》。

此外，在修行方法上，慧能南宗也与在传统儒学中占统治地位的儒家思、孟一系的注重"反求诸己"、走主观内省的道路很相近。禅宗的一个重要思想就是主张"道由心悟""明心见性"。这一思想在《坛经》中表现得非常充分，慧能曾反反复复地语及这一问题。他说："菩提只向心觅，何劳向外求玄？听说依此修行，西方只在眼前。故知一切万法，尽在自身之中，何不于自心顿现真如本性？""佛是自性，莫向身外求。自归依佛，不言归依他佛。自性不归，无所依处。"从理论上说，修行方法是建立在佛性理论基础之上的，既然禅宗把一切诸法乃至众生诸佛都归结于"自心"，那么，要修行成佛，当然只能在此"心"上用力，这与孟子一样，既然把人性之善——仁义礼智信"植根于心"，所谓修养，也就是如何存养、扩充此"善端"。

从以上所列举的思想、资料看，天台、华严特别是禅宗，其佛性理论确实深受儒家心性学说的影响。在学术界，大家有一个比较一致的看法，即都认为天台、华严二宗的中国化色彩比较浓，而禅宗则是中国佛教的代表。但是，这种中国化究竟表现在哪些方面，时人则言之不多。实际上，所谓中国化，在相当程度上则是指儒学化；而所谓儒学化，又相当程度地表现为心性化。因此，中国佛教心性化问题，从一定意义上可以说是理解佛教中国化的一把钥匙。

不过，由于在传统的印度佛教中，对于"心"的问题谈得很多，而传统佛教所说的"心"与中国传统文化中所说的"心"并非那么泾渭分明、一目了然，因此，不论在佛教界，还是在学术界，把二者混为一谈的事是屡屡可见的，这就给从"心性"角度去认识佛教与儒学相互关系特别是相互影响问题造成一定的困难。但是，心性问题之于佛教中国化却是一个至关重要的问题，例如，人们常说"六祖革命"是慧能对传统佛教的一次带根本性的改革，把印度佛教变成了完全中国化的佛教，但是，如果人们进一步问："六祖革命"最根本的"革命"是什么呢？笔者以为，"六祖革命"中最根本性的"革命"就是把传统佛教作为抽象本体的"心"变成更为具体、现实之"人心"，变成一种儒学化了的"心性"。实际上，正是这一改变，导致了禅宗思想的一系列重大变化，其中之最著者，则是把一个外在的宗教，变成一种内在的宗教，把传统佛教的对佛的崇拜，变成对"心"的崇拜，一句话，把释迦牟尼的佛教变成慧能"心的宗教"。

"心性"之外，儒学影响佛教之最大者，当推"人性"问题。由于"人性"问题在传统佛教谈得不多,故中国佛教受儒家"人性"理论的影响就表现得相对的"一目了然"。这亦可以《坛经》为例。《坛经》之谈"人性"俯拾皆是,所谓"人性本净,由妄念故,盖覆真如;但无妄想,性自清净","世人性自本净,万法从自性生。……如天常清,日月常明,为浮云盖覆,上明下暗,忽遇风吹云散,上下俱明,万象皆现","人性本净","自性能含万法是大,万法在诸人性中"。

把佛性直接诉诸人性,这在传统佛教中并不多见。慧能其人,识字不多,文化程度较低,要他从传统印度经典中吸取多少深奥理论,特别是更深一层的传统佛教的思维方式,是比较困难的,而他所处的又是儒学为主流的中国传统文化氛围,因此,不管思维方法,还是使用术语,慧能所具备的是中国文化的传统,而不是也不可能是印度佛教的传统,此其一;其二,儒学作为一种"人学"——如我们在上一节所说的——最注重对于"人性"的探讨,"人性"之术语及思想充斥于儒家和各种典籍之中,包括像"人之初,性本善,性相近,习相远"这样通俗的典籍,都言不离人性,因此,慧能有可能接触并理解这种"人性"说教;其三,中国佛教自进入隋唐之后,在很多方面已被儒学化,如我们在上面所论述的心性化以及与此相应的逐渐注重现实人生,因此,慧能所接触到的佛教,也已是在相当程度上被儒学化的佛教,故其思想与儒学有许多遥相契合之处(加之,佛教在注重人生方面也与儒学有一定的共同点),这就使得慧能可以用中国传统的思想文化去接受和理解佛教;其四,禅宗发展到慧能的老师弘忍时,已相当的中国化了,故慧能的见解能够得到师父的认可和赞赏,并把衣钵传付给他,为其思想的发展创造了条件。——这几点也许是慧能所以会直接用儒家学说中惯用的"人性"去取代佛教的佛性,以及这种"人性佛性论"所以能够得到佛界的承认并不断得到发展的文化背景和历史根据吧!

如果说,慧能的"人性佛性论"是以往佛教融摄、吸收儒家人性学说的一种产物,那么,慧能南宗的盛行,又使得这种儒学化的佛教思想得到进一步深入的发展。这一点,在宋元时期几位著名佛教思想家身上表现得尤为明显。

宋元佛教的儒学化,突出地表现为佛教的伦理化。这种伦理化倾向在一定意义上说,乃是隋唐佛教心性化、人性化的进一步延伸,因为,既然佛教也把着眼点放到人身上,自然要进一步去探讨作为人与人相互关系的伦理道德。

在古代中国,人伦道德之最大者,莫过于"忠""孝"。"忠"是处理君臣关系,"孝"是处理父子关系。二者之中,"孝"尤其是整个封建伦理纲常的基石——因为,"事父为孝子者,事君必为忠臣"——基于这一点,宋元佛教的伦理化,紧紧地扣住了"孝"字。

赵宋一代,站在佛教立场上大讲"孝道"的思想家首推契嵩。契嵩讲"孝"之最有影响的著作,是《原教》《孝论》。以下我们就从《孝论》《原教》及契嵩有关著述入手,看看契嵩是如何把佛教儒学化、伦理化的。

首先,契嵩把"孝"抬到百行之端、诸善之首的至高无上地位,进而又把佛教的孝道大大地世俗化。在《孝论》中,契嵩说:"夫孝,天之经也,地之义也,民之行也。至哉大矣,孝之为道也夫!""夫孝,诸教皆尊之,而佛教殊尊也。"①也就是说,孝之为道,是天经地义的,它在各种道理当中,是至高至大的;世上的各种教派,都提倡、遵从孝道,而佛教更是特别提倡、遵从它。这种说法自然立刻使人们联想到儒学和传统的佛教。

从思想史的角度看,中国古代各种思想潮流(包括儒释道三教在内),向来最重孝道者,当推儒家。儒家学说从某种意义上说,就是建立在孝道的基础上的,直至后来作为儒家整个思想体系核心的"三纲五常"也是"孝道"的延伸和发展。与之相比,佛教虽然也偶然语及"孝",但它绝非传统佛教之核心,更不是佛教诸多义理的基础。而且,传统佛教所说的"孝道",通常都是指所包盖广的"大孝",正如南朝僧人刘勰所说的:"佛家之孝,所包盖远。理由乎心,无系乎发。"②亦即佛家所说的孝,与世俗所说的孝是不尽相同的。世俗所言之孝,多指身体发肤,受之父母,不可损毁,以及跪拜赡养之类,而佛家所说之孝,则是指弘道济世、救众利生,因此,"一人全德,则道洽六亲,泽流天下"③。历史上许多僧人还用老子的"上德不德"来论证佛家剃发弃亲并非不孝,而是"大孝",因为佛教向来是"不以色养为孝"的。传统佛教的这些思想至宋代就发生了重大的变化。例如,契嵩所说的"孝"与传统佛教所说的"孝"就迥异其趣。他不但大谈"色养之孝",如"得减其衣钵之资,而养其父母",而且把父母看成是天下三"大本"之一:"夫道也者,神用之本也;师

---

① 《孝论·原孝章第三》。
② 《灭惑论》,《弘明集》卷八。
③ 《沙门不敬王者论》,《弘明集》卷五。

也者,教诲之本也;父母也者,形生之本也。是三本者,天下之大本也。"①本来,形生之人、物,在传统佛教中是不足为道的,它们都是假象、幻影,何能成为与"道""教"相提并论之一"大本"呢?但是,在中国这块重现实人生的国土上,传统佛教那种以现实人生为苦海、视世俗生活为弃屐的思想和说教,无论如何是难以长期存在的,僧人们从现实生活中终于领悟到,单纯地谈"大孝"已不足以适应国人之需要,因此也就有了契嵩一类的高僧出来倡导与世俗需要较接近的"孝道"了。

其次,契嵩把佛教伦理化的另一个表现,是把佛教的五戒十善与儒家的仁义忠孝统一起来,认为佛教的五戒十善,有益于世俗的仁义忠孝。契嵩认为,佛教"举其大者"可以分五乘,一曰人乘,二曰天乘,三曰声闻乘,四曰缘觉乘,五曰菩萨乘。后之三乘,乃超然之出世者也,世人不可得而窥之;前之二乘者,则与世情"胶甚",亦即与世俗紧密联系在一起。而人乘、天乘中的所谓五戒十善,则与儒教所说的五常仁义,"异号而一体"②。例如:"五戒,始一曰不杀,次二曰不盗,次三曰不邪淫,次四曰不妄语,次五曰不饮酒。夫不杀,仁也;不盗,义也;不邪淫,礼也;不饮酒,智也;不妄语,信也。是五者修,则成其人,显其亲,不亦孝乎?"③

如果说把佛教五戒与儒家五常联系起来,契嵩并不是第一个人,那么,把五戒作为"孝"的一个前提条件则是契嵩所首倡。这也是契嵩把佛教思想伦理化的一个重要特点。他不是一般地谈论五戒与五常的关系,而是把五戒与儒家之仁义忠孝紧紧地联系在一起,强调五戒十善有益于儒家之仁义忠孝。例如在《原教》中,他说:如果一个人具备了五戒十善,"岂有为人弟者而不悌其兄,为人子者而不孝其亲,为人室者而不敬其夫,为人友者而不以善相致,为人臣者而不忠其君,为人君者而不仁其民,是天下之无有也"。也就是说,只要做到五戒十善,那么,世俗之仁义忠孝则一应俱全。

最后,契嵩之所以提倡佛教的儒学化、伦理化,是由于他认为,佛教与儒家一样,其重要目标之一,是劝人为善。在《广原教》中,契嵩说:"古人有圣人焉,曰佛,曰儒,曰百家,心则一,其迹则异。夫一焉者,其皆欲人为善者也;异焉者,分家而各为教者也。圣人各为其教,故其教

---

① 《孝论·孝本章第二》。
② 《辅教编·原论》。
③ 《辅教编·孝论》。

人为善之方,有浅,有奥,有近,有远,及乎绝恶,而人不相扰,则其德同焉。"此谓儒佛各教、诸子百家虽然教名有异,所说不同,但有一个共同点,即都是为了劝人为善。由于为教各异,所以,教人为善的方法各不相同,或深,或浅,或近,或远。但不管是哪一种方法,都是为了使人去恶从善,因此说"心则一"。

从契嵩的"孝论"不难看出,宋代的佛教在伦理化方面已走得相当之远。这里人们又碰到一个问题,即隋唐之后的佛教为什么会被逐渐地伦理化?对此,以往学界多从佛教为了自身的生存和发展,不得不向传统文化靠拢,对传统文化作出让步的角度去解释,实际上,造成这种现象还有其更深层的原因,亦即中国佛教自隋唐之后的逐渐被中国化、儒学化,已经使得这时期的佛教在思想内容方面程度不同地、自觉不自觉地转向以现实的"人"为对象、为中心,而不像传统佛教那样始终环绕那个作为抽象本体的佛性,因此,作为现实的人与人之间相互关系的伦理道德问题,自然成为佛教必须加以探讨的问题。从这个意义上说,隋唐之后中国佛教的伦理化,并不单纯是佛教不得已的一种让步,而是其佛教自身思想发展的一种内在需要和逻辑必然。

理学与佛学

中国佛教发展到隋唐,已成为一股与儒、道二教鼎足而三的重要思想体系和社会思潮。相对以往的封建王朝说,李唐一代政治较开明,国力也最强盛,在意识形态方面较宽容、开放,对儒、释、道三教采取一种兼收并蓄的政策,因之造成了一个三教并存并进的局面。这时期的佛教,高僧辈出,宗派林立,玄奘、法藏、神秀、慧能各领"风骚"几十年,天台、唯识、华严、禅宗各称雄于一代,几大佛教宗派的相继成立和迅速发展,把中国佛教推向一个鼎盛期;在道教方面,借助于"李氏乃柱下之后嗣"的说法,道教在李唐一代被抬到最尊之地位;至于儒学,它本来就是中国传统学术、文化之主流,虽自东汉之后,由于经学自身走入了死胡同,加之魏晋南北朝时期的政治形势等原因,出现了儒学衰、玄学盛的局面,但是作为中国王道政治和宗法制度理论支柱,在魏晋至唐佛、道盛行的几百年时间内,它没有也不可能被吞并掉,而是作为一股强大的社会思潮潜伏着,当唐代的韩愈提出了恢复儒家道统之后,就出现了一种复兴的势头。这时,在中国土地上几个强大的思想文化系统,面临着一场殊死的决战。在这种情况下,三教中的有识之士,都站在维护本教的立场,一方面高唱三教一家;另一方面极力抬高自己,并伺机吃掉对方:道教在"红花白藕青荷叶,三教原来是一家"的口号下面,没有放松对于儒、佛二教的攻击,力图确保或夺回高居于儒、佛之上的地位;佛教则在加强统一内部的禅教合一步伐的同时,进一步通过权与实、方便与究竟等说法,把儒、道二教变成隶属于直显真源之究竟教的权便说;而儒家凭借着自己在中华民族的心理习惯、思维方式、宗法伦理等方面根深蒂固的影响,以及王道政治与宗法制度的优势,自觉不自觉地、暗地里或公开地把佛、道二教的思维模式和有关思想内容纳入自己的学说体系之中,经过唐朝五代之酝酿孕育,至宋明时期终于吞并了佛、道二教,建立了一个冶儒、释、道三教于一炉、以心性义理为纲骨的理学体系。

那么,儒家是怎样吞并掉佛教的?它吸取和融合了佛教的一些什么思想以及是如何吸取的?宋明理学在吸取了佛教的有关思想后,其思想较诸传统儒学究竟发生了一些什么变化?凡此种种,都是研究佛教与儒学相互关系中的一些带根本性的大问题,下面试图从某些侧面对这些问题做一些力所能及的探讨。

一、濂溪之学与佛学

周敦颐是理学的"开山",研究理学与佛学的关系,自然应该先了解周子之学,此其一;其二,佛教对于儒学的最大影响乃在于本体论的思维模式,而周子之学的一个重要特点,是带有浓厚的天道本体及人性本体的色彩,从这个角度说,探讨理学与佛学的相互关系,不妨先看看周子之学。

1. 周敦颐与宋明心性义理之学

周敦颐其人,从他自己的一些诗文论著及后人对他有关品评看,他颇具仙风道骨:他酷爱莲花,著有《爱莲说》,极力称赞莲花的"出淤泥而不染";喜欢隐居山林、吟风弄月,很有一种高适远遁、超然物外之气概。黄庭坚在《濂溪词并序》中说:"茂叔虽仕宦三十年,而平生之志,终在丘壑";蒲宗孟撰周敦颐墓碑碣,也称他"孤风远操,寓怀于尘埃之外,常有高栖远遁之意";周敦颐自己也以唐朝元结自居,曰:"吾乐盖易足,名溪朝暮侵;元子与周子,相邀风月寻。"①据载,周敦颐还常与高僧、道人,"跨松萝,蹑雪岭,弹琴吟诗,经月不还"。他为官三十年,所到之处,遇有山水名胜,必畅游亲观。他曾在一首游道观的诗中说:"久厌尘岔乐静元,俸微犹乏买山钱。徘徊真境不能去,且寄云房一榻眠。"②真有点思隐离俗、飘飘欲仙的样子。但是,周敦颐始终没有放弃其官僚生涯,而只是想当一个身在尘俗、心在方外的"君子"。

周子之学如其人,他既以"出淤泥而不染"的"君子"为理想人格,其学就不能不处处打上"君子"的烙印。黄宗羲在《濂溪学案》中,有一段评述周子思想风格的案语,曰:"周子之学,在于志伊尹之志,学颜子之学。"③周敦颐在自己的诗文论著中也屡屡推赞孔颜乐处:"颜子一箪食,一瓢饮,在陋巷,人不堪其忧,而不改其乐。"④反复强调君子须进德修业、孳孳不息,认为"人至难得者,道德有于身而已矣"⑤。他对孟子的养

---

① 《周子全书》卷十七。
② 《题酆都观三首》。
③ 《宋元学案·濂溪学案下》。
④ 《通书》。
⑤ 同上。

心养性说及《大学》《中庸》的修齐治平思想极表赞赏,在继承孔孟等先儒及《大学》《中庸》等思想的基础上,提出了一套"道体论""性五品说"及"主静"的修养理论,奠定了宋明心性义理之学的基础。后儒对于周子之学的这一历史地位看得真切,评述周子其人其学曰:"周子奋自南服,超然独得,以上承孔孟垂绝之绪。河南二程神交心契,相与疏论阐明而至道复著"①;"宋有濂溪者作,然后天理著,而道学之传复续"②;"周元公开揭蕴奥而天下始知求性命之微"③;"卓哉!其元公乎……宛然一孔子也"④。这些评论有一个共同点,即都指出了周子之学乃是一种上承孔孟余绪之伦理哲学。

但是,周敦颐在世时,其名声并不大,地位也不高,被捧为道学之鼻祖,乃南宋时事。朱熹依照《景德传灯录》作《伊洛渊源录》,以周敦颐为道学开山,后来程朱学说成为社会的统治思想,这一说法遂成定评。可见,周敦颐之于道学,有如禅宗的达摩,道教的张伯端,其崇高地位多出于后人之追尊。当然,道学家所以推濂溪为鼻祖,也不是毫无根据的。

反对对周子其人其学"尊之太高"和"抑之过甚"两种倾向的黄百家是这样评价周敦颐的:"孔孟而后,汉儒止有传经之学,性道微言,绝之久矣。元公崛起,二程嗣之,又复横渠诸大儒辈出,圣学大昌。故安定、徂徕,卓乎有儒者之矩范。然仅可谓有开之必先;若论阐发心性义理之精微,端数元公之破暗也。"⑤后儒熊文端也认为周子之学"上承邹鲁之传,下开洛闽之绪,功在斯文,流泽后世"⑥。看来,周子之学的主要特点,是"嗣往圣,开来哲",上承孔孟邹鲁之绪,下开宋明心性义理之学。对于这一点,《道学传总论》说得更为具体、明白:"孟子没而无传……周乃得圣贤不传之学,作《太极图说》《通书》,推阴阳五行之理,命于天而性诸人者,了若指掌。张作《西铭》,又极言理一分殊,然后道之大原出于天者,灼然而无疑焉。"⑦朱熹在《太极通书总序》中也说:"程先生兄弟语及性命之际,亦未尝不因其说。"⑧这些说法表明,虽然理学之至昌大

---

① 《周子全书》卷首下。
② 同上。
③ 同上。
④ 同上。
⑤ 《宋元学案·濂溪学案上》。
⑥ 《周子全书》卷首下。
⑦ 同上。
⑧ 《周子全书》卷一。

盛,主要得力于张载、程朱诸大儒,但是,首开宋明理学之先河者,濂溪其人也。

2. 周子之学心性本体论与隋唐佛教的佛性本体论

如果说,周子之学的思想内容确如先儒所说的乃远承孔孟之余绪,那么,这里所要着重指出的,则是其思维模式与佛教的关系。

周子之学的思维模式,带有浓厚的天道本体及人性本体的特色。他一方面把天道伦理化,另一方面又把伦理天道化,而他把天道伦理化的目的,是把伦理天道化。周子的《太极图说》,就其思想主旨言,是要"明天理之本源,究万物之始终",但是,作为落点,又常常回到人、人性、人伦道德之常规。他"推明天地万物之源"的目的,是为了说明"道之大源出于天"。这种理论的思想路数与隋唐佛性理论的把佛性人性化,从而使人性佛性化走的是同一条路。

其次,周子把人性天道化及把天道伦理化的一个重要工具,是"立诚"。继承《孟子》《中庸》"诚者,天之道;诚之者,人之道"的思想,周敦颐认为,"无妄则诚",把"诚"视作一种"静无而动有"的神秘的宇宙本性。同时,周敦颐又把"诚"看成是五常之源、圣人之本。他说:"诚者圣人之本。大哉乾元,万物资始,诚之原也。乾道变化,各正性命,诚斯立焉,纯粹至善者也。故曰一阴一阳之谓道,继之者善也。元亨,诚之通;利贞,诚之复。大哉易也,性命之源乎。"①"诚,五常之本,百行之源也。"②

在中国哲学史上,"诚"之具有本体性质,成为本体论范畴,是在隋唐以后的事。具体地说,"诚"之成为一种本体,开其端者,周子其人也。在周敦颐的学说中,"诚"不仅是沟通天人、联结道德与天道的桥梁,而且还是人性、天道之本体。周敦颐思维模式上的这一变化,从儒学系统说,是承接李翱的《复性论》——李翱所要"复"之"性"已在相当程度上具有本体的性格——而李翱之"复性"理论本身就是深受佛教佛性理论影响的产物,此外,对李翱思维模式产生影响的则是隋唐佛教的心性本体理论。由于隋唐佛教把佛性人性化、心性化,使得佛教的佛性与儒家的人性、心性已非绝然悬隔,而在很大程度上是相通的,加之濂溪其人对佛教有相当的接触,他在《太极图说》中用以注入人之灵魂,成为人之

---

① 《通书》。
② 同上。

本性的"无极之真"一词,就是直接来源于唐僧杜顺的《华严经·法界观》。这一切都说明,周敦颐把"诚"本体化,确实直接、间接地受到佛教人性、心性本体论的影响。

"立诚"的思想在周敦颐学说中占有十分重要的地位。薛文清说:"《通书》一诚字括尽。"①黄宗羲说:"周子之学,以诚为本。"②后儒所以这样重视"诚"在周子之学中的地位,盖在于"诚"为偏重于心性义理的宋明理学找到了既是人性、天道又是本体的根据。这一点,明末的刘宗周看得真切,说得更明白。他说:"《通书》一编,将《中庸》道理,又翻新谱,真是勺水不漏。第一篇言诚,言圣人分上事,句句言天之道,却句句指圣人身上家当。'继善成性',即是'元亨利贞',本非无人之别。"③此最后一句可以说是点睛之笔。"诚"之理论贡献,在其"一天人"也!所谓"一天人",亦即"天人本无二",而这正是本体论思维模式的最大特点所在,也是佛教的思维模式与传统儒家"天人合一"思维模式的区别所在。说佛教对传统儒学之最大影响在其本体论的思维模式,这是其中一个重要表现。

3. 周敦颐的"无欲故静"与禅宗的"离相""无念"

周敦颐的人性理论,除了以上所说的认为人的本性来源于天道,主张"以诚为本"外,他还把人性具体地分为五品。在《通书》中,他说:"性者,刚、柔、善、恶、中而已矣。"此谓人性可分为刚、柔、善、恶、中五品。但他认为这五者并不是平等并列的,而是刚柔与善恶相配,成为"刚善""刚恶""柔善""柔恶",再加上"中"而形成五品。

周敦颐认为,刚与善相结合为"刚善","刚善"之性"为义,为直,为断,为严毅,为干固",这可说是一种美德;刚与恶相结合则为"刚恶","刚恶"之性"为猛,为隘,为强梁",这就成为恶德了。"柔亦如之":柔与善相结合为"柔善","柔善"之性"为慈,为顺,为巽",这也是一种美德;柔与恶相结合为"柔恶","柔恶"之性"为懦弱,为无断,为邪佞",这又是一种恶德。这四种性中,"刚善"与"柔善"虽都可算是一种美德,但还不是最高、最完善的德性,最高最完善的德性是"中"。周敦颐说:"惟中也者,和也,中节也,天下之达道也,圣人之事也","圣人之道,仁义中正而

---

① 《宋元学案·濂溪学案上》。
② 《宋元学案·濂溪学案下》。
③ 《宋元学案·濂溪学案上》。

已矣"。①

周敦颐这一"中和"说,既是来源于《中庸》之"喜怒哀乐之未发,谓之中;发而皆中节,谓之和",又为宋儒留下了许多话题。道学家们曾喋喋不休于"未发之中""已发之中",其源盖出于周子此一中和性论。明清之际的黄宗羲在《宋元学案》中曾对此有一总结性案语,曰:"濂溪以中言性,而本之刚柔善恶。刚柔二字,即是喜怒哀乐之别名。刚而善,则怨中有喜,恶则只是偏于刚,一味肃杀之气矣;柔而善,则喜中有怒,恶则只是偏于柔,一味优柔之气矣。中便是善,言于刚柔之间认个中,非是于善恶之间认个中,又非是于刚柔之外另认个中也。此中字,分明是喜怒哀乐未发之谓中,故即承之曰:'中也者和也,中节也,天下之达道也,圣人之事也。'《图说》言仁义中正,仁义即刚柔之别解。"②黄宗羲把刚柔善恶、仁义中正、喜怒哀乐都串了起来,这虽有受宋儒"中和"说影响的成分在,但也一定程度地揭示了周子学说中各种思想的内部联系,以及周子学说与历史上有关伦理思想的关系。

现在有一个问题,即周敦颐一面言人性原于天道,得二五之秀气,是纯粹至善的,一面又说有"刚善""刚恶""柔善""柔恶""中"五品,这岂不前后矛盾?对此,周敦颐自己是这样回答的:在《太极图说》中,周敦颐明确指出"善恶分,万事出"乃是形生神发、五性感动的结果。也就是说,作为得之于天道,吸取了"无极之精"的人的先天本性,它是至纯至善的;但是,当人一旦有了具体形体,有了感触之后,性便会发生偏差,或过或不及,这就有了善恶了。在这里纯粹至善与有善恶之分的区别是先天与后天、抽象与具体的区别。如果说,先天之本性是纯粹至善的,那么,善恶之分则是后天的事。又如果说纯粹至善原是一种抽象的本性,那么,善恶之分乃是一种具体的人性。这一先天后天、抽象具体相互统一的人性理论,周敦颐虽说得不太明确,但基本思想已经有了,后来张载的"天地之性""气质之性"说才把它进一步理论化、系统化。

在《通书》中,周敦颐又用"诚"与"几"两个范畴来说明性本善与性五品的关系,曰:"诚,无为;几,善恶。"对于周敦颐的这句话,后来儒者有许多诠释和争论,或曰:"诚无为,如恶恶臭,如好好色,直是出乎天而系乎人。"③或曰:"诚无为,几善恶。""诚"属天理,则善而已;而"几"者,

---

① 《通书》。
② 《宋元学案·濂溪学案下》。
③ 同上。

动之微也。人体形成之后动而有为,则有善有恶;"天理固当发现,而人欲亦已萌乎其间"。这几种解释虽有其"言之成理"处,但是,"诚"既是全善的,从中萌发出来的"几"又为什么有善有恶、有天理有人欲呢? 对于这一点,胡五峰进一步用"同体异用"解释之;朱熹的学生赵致道则说:"善恶虽相对,当分宾主;天理人欲虽分派,必省宗孽。"这是说,善是主,恶是宾,大理是宗,人欲是孽。明朝的罗整庵则用本末来说明,曰:"周子之言性,有自其本而言者,'诚源,诚立,纯粹至善'是也;有据其末而言者,'刚善,刚恶,柔亦如之,中焉止矣'是也。……读者或有所未察,遂疑周子专以刚柔善恶言性,其亦疏矣。"①凡此诸说,或从体用,或从主宾,或从本末上立论,但都认为周子是以纯粹至善为主、为体、为本,而善恶之分、刚柔善恶,则是宾、是用、是末。应该说,这是符合周子人性论的实际情况的。

既然周敦颐认为人只要有了具体的形质之后,性就会发生偏差,会出现诸如"刚恶""柔恶"等恶的品性,那么,人们怎么做才能弃除这些恶的品性而"至于中"呢? 对此周敦颐提出了一个最根本的原则,就是"主静"。

首先,何谓"主静"?《宋元学案》引了一段前儒有关"主静"的问答,对我们理解这个问题颇有助益,现摘录于下:"或曰:周子既以太极之动静生阴阳,而至于圣人立极处,偏著一静字,何也? 曰:阴阳动静,无处无之,如理气分看,则理属静,气属动,不待言矣。故曰:循理为静,非动静对待之静。"②黄宗羲在这段话后案曰:"循理为静,非动静对待之静,一语点破,旷若发朦矣。"③这话一点不假,濂溪所说之"静",实是指人们应当遵循无极中正之理,不为形体物欲所动,而不是指一动一静之"静"。只有把握这一点,才能准确理解周敦颐所说之"静"的真实含义。实际上,如果说无极是有理而无形,而人们之形体物欲乃阴阳交感的结果,那么,说理属静,而气属动,似也言之有据,顺理成章。在这里,我们看到了理学家们长期争论不休的"天理""人欲"说的雏形,所谓"主静"者,乃是强调人们必须循天理、灭人欲,周敦颐不过还没有明确地这么说罢了。

在《宋元学案》中,黄宗羲对"主静"说还做了许多颇为精辟的说明。

---

① 《宋元学案·濂溪学案下》。
② 《宋元学案·濂溪学案上》。
③ 同上。

他说:"学者须要识得静字,分晓不是不动是静,不妄动,方是静。"①"慎动,即主静也。主静则动而无动,斯为动而正矣,离一步便是邪。"②"圣学之要,只有慎独……动而无妄,曰静。慎之至也。是之谓主静立极。"③黄宗羲用"慎动"—"不妄动"—"动而正"来解释"静",与前儒所说的"循理为静"的意思是相吻合的。也就是人们不可"妄动",而应"慎动",不动则已,动则必须循理而正。这种说法很容易使人们想起禅宗的"离相""无念"说。神宗"明心见性"的修养方法,最后把落点放在"离相""无念"上,认为只要"于一切法不取不舍,即见性成佛道"④,并且主张"我此法门,从上以来,顿渐皆立无念为宗"⑤。而禅宗所说的"无念",亦不是无一切念,而是指无"妄念"、无"邪念"。所以慧能说:"但无妄念,性自清净。"⑥《大珠禅师语录》更载有一段关于"无念"的问答:"问:'此顿悟门,以何为宗?以何为旨?'答:'无念为宗,妄心不起为旨。'问:'既言无念为宗,未审无念者,无何念?'答:'无念者无邪念。'问:'云何为邪念?云何为正念?'答:'念有念无,即名邪念。不念有无,即名正念。'"也就是说,所谓"无念",只是无邪念,非无正念。所谓"邪念",不仅念有著相为邪念,念无著空也是邪念,只有既不著有,也不著无,既不著相,也不著空,才合乎"中道"之理,方为正念。周敦颐的以"循理为静",以"不妄动""动而正"为静,以中正为至善,以中节为达道的人性学说和修养理论,就思维方法说,与禅宗以"离相""无念"为明心见性是遥相契合的。

其次,我们再来进一步看看周敦颐对"主静"说的具体阐释。在《太极图说》中,周敦颐对"静"有一个十分精辟的注解,曰:"无欲故静。"就是说,如果人们能够达到无欲的地步,也就是达到了"静"的境界了。

周敦颐认为,人生在世最紧要的莫过于学做圣人:"圣希天,贤希圣,士希贤。"⑦而圣人可学乎?周敦颐自问自答曰:"圣可学乎?曰:可。曰:有要乎?曰:有。请问焉。曰:一为要。一者无欲也,无欲则静虚动

---

① 《宋元学案·濂溪学案上》。
② 同上。
③ 同上。
④ 《坛经》。
⑤ 同上。
⑥ 同上。
⑦ 《通书》。

直。静虚明,明则通。动直则公,公则溥,明通公溥,庶矣乎。"①这是说,没有欲望,心则虚静,虚静则明白无疑,通晓透彻;能虚静,念头萌动处,则正直公道而无私。这就叫"静虚动直""明通公溥"。他认为,这种精神境界中的人,从思想到行为自然都是善,贫贱富贵不能动其心,"常泰无不足,而铢视轩冕,尘视金玉"②。人能达到这种境界,也就离圣人不远了。

周敦颐还对孟子的寡欲说作了进一步的发挥,他在合州讲学时,为当地学士张宗范作《养心亭说》,其中说:"孟子曰:养心莫善于寡欲。其为人也寡欲,虽有不存焉者,寡矣。其为人也多欲,虽有存焉者寡矣。予谓养心不止于寡欲而存耳。盖寡欲以至于无,无则诚立明通。诚立,贤也;明通,圣也。是贤圣非性生,必养心而至之。养心之善,有大焉如此,存乎其人而已。"③

周敦颐对孟子的寡欲说不太满意,认为应该寡欲以至于无,才能诚立明通,成贤成圣。这比孟子走得更远。实际上,周敦颐的无欲说,与其说来自儒家,毋宁说得自佛教。佛教把贪、嗔、痴三毒视为万恶之源,其中欲就是贪的一种,认为世人正是由于各种贪欲妄想、烦恼惑障,才使自己堕入生死轮回之中,备受各种痛苦,只有彻底去欲离染,断绝一切烦恼惑障,才能见佛性、得解脱。如果说这种"寡欲""节欲""无欲"说并非佛教所专有,而是儒佛道三家所共同提倡,那么,周敦颐的"静虚动直"说就带有更为浓厚的道教和禅家色彩。禅宗佛性理论的一个基本观点,就是认为人之自性,本自清净,只是由于各种妄念浮云、烦恼惑障的盖覆,才不能见自本性,如果能离欲去染,但无妄念,自性即明朗,可了了成佛。道教也主张清静无为、绝欲去智。周敦颐的"无欲故静"无疑受到佛道二教修养理论的深刻影响。可以说,他的整个修养理论是糅合儒佛道三家修养理论的产物。

周敦颐的伦理哲学所以深受佛教佛性论和修养论的影响,除了有其时代的背景,即唐宋时期儒道佛三教交融汇合之趋势外,还有其个人际遇和学术师承的原因。考周敦颐其人,一生与佛教关系颇为密切。据史料记载,他曾参谒禅师,游心神学。黄宗羲在《太极图辨》中曾说:"穆修以无极图授敦颐,周又得先天图之偈于寿涯。"中峰禅师门下的胡

---

① 《通书》。
② 同上。
③ 《周子全书》卷十八。

长孺居士所作的《大同论》中也说:"周子之传,出自北固山鹤林寺寿涯禅师。"朱熹的弟子作濂溪年谱时,也认为周受教于寿涯。从周敦颐的《太极图说》看,这些说法是合乎实际的,因为《太极图说》中的宇宙万物乃至人类形成的理论,与寿涯禅师的《原人论》极其相近。周敦颐还曾拜谒庐山归宗寺的佛印了元禅师,师事东林寺的常聪禅师。常聪门人所著《纪闻》称:"周子与张子得常聪性理论及太极、无极之传于东林寺。"周敦颐本人也常自称"禅客",其所作诗文,常提到与佛有关的事,例如《题大颠壁》云:"退之自谓如夫子,原道深排佛老非,不似大颠何似者,数书珍奇寄寒衣。"至于他所倡之心性之学,周敦颐本人曾经叹道:"吾此妙心,实启迪于黄龙,发明于佛印,然易理廓达,自非东林(常聪)开遮拂拭,无由表里洞然。"这一切都说明,周子之学,得益于佛学者甚多。

二、邵雍之学与佛学

邵雍其人其学与佛学的关系,以往不曾为人们所重视,实际上,邵雍其学在许多方面与佛学有着十分密切的联系。

邵雍之学的最大特征,是"先天象数学"。这种"象数学"在某种意义上说是一种神秘的创世说,讲的是先天地存在并创造万物的原理。这种象数学从天地万物的生成衍化谈起,进而论及人。他首先描绘这样一幅宇宙万物的生成衍化图:太极(或曰"道",或曰"心")一也,不动;其后动而生天,静而生地。天分阴阳,地分柔刚。阴阳又分太阳太阴少阳少阴(亦即日、月、星、辰),叫天之四象;柔刚又分太柔太刚少柔少刚(即水、火、土、石),叫地之四象。由日月星辰而有寒暑昼夜之变化,由水火土石而有风雷雨露之现象,再由八者错综变化而生万事万物。在这幅宇宙生化图中,人处于什么位置呢?邵雍说:"夫人者,天地万物之秀气也","人兼乎万物,而为万物之灵"。[1] 他还进一步指出,人也是由道派生的:"天地尚就是由道而生,况其人物乎?人者,物之灵者也。物之灵未若人之灵,物尚是由道而生,又况人灵于物者乎?"[2]这是说,世间的一切事物乃至于天地,都是由"道"派生的,人为万物之最灵者,当然也是由"道"派生出来的;人不但是"道"派生出来的,而且因其是"得天

---

[1]《观物外篇》。
[2]《观物内篇》。

地万物之秀气"者,因此,人还能兼乎万物——因为相对于物之声色气味言,人有耳目口鼻,而目能收万物之色,耳能听万物之声,鼻能收万物之气,口能收万物之味,"声色气味者,万物之体也;耳目口鼻者,万人之用也,体用交而人物之道于是备乎"①。因此,"万物于人一身,反观莫不全备"②。

邵子"万物之性备于人"的思想,就其思想渊源说,部分来自孟子;但是从邵雍整个思想体系看,这种人备万物之性的人性理论,则是深受隋唐佛教佛性本体论思想的影响。且不论其所谓"体用交而人物之道备"的说法是从"体"之与"用"的角度去谈论"道""万物"与"人"的相互关系,在以下的许多论述中,人们更可以看到邵子之学的佛教本体论的色彩。

邵雍十分赞赏《中庸》之"可以与天地参"和庄子"万物一体"的思想,他对这两种思想的态度与对孟子的"万物备于我"的态度一样,既是借它来阐发自己的"道本体""人性本体"思想,又是利用这种思想为自己"道本体""人性本体"思想做注脚。而最能体现邵雍"道本体""人性本体"思想的,则是他在《观物吟》中所吟的一首诗。诗云:"一物其来有一身,一身还有一乾坤。能知万物备于我,肯把三才别立根。"③这种"一身还有一乾坤"的思想,与华严宗的"毛孔现大千""须弥纳芥子"的思想,又何其相似乃尔。如果说,华严宗借助于"一真法界"之本体,使得世间万物都"一即一切""一金狮子毛即是金狮子""椽即是屋",那么,邵雍之"一身"假若不是"道本体""人性本体"的体现,它又何以能"还有一乾坤"呢!

在《观物篇》中,邵雍对庄子与惠子游于濠梁之上时所说的"鯈鱼出游从容,是鱼乐也"一说大加赞扬,曰:"此尽己之性能尽物之性也,非鱼则然也,天下之物皆然也。若庄子者,可谓善通物矣。"邵雍在这里所赞赏的是庄子的人鱼相通、万物一体的思想。在他看来,万物都是源于天地之道的,人虽为万物之灵,仍是天道本体的一个体现,因此,人之与鱼、与物皆有相通之处。

邵雍基于天道本体的人、物相通思想,还体现在其"观物"说上。在邵雍看来,就人与万物的相互关系言,人能知天地万物之道,故万物之

---

① 《观物内篇》。
② 《伊川击壤集》卷六。
③ 《伊川击壤集》卷四。

道尽于人。人虽是万物中之一物,却能"当非物之物";而人又可进一步分为凡夫与圣人。如果说凡夫作为"人",也都能"当非物之物",那么,作为"圣人",则不但能"当非物之物",而且能"当非人之人"。所谓"当非人之人",亦即能以一人摄一切人,能以一心观万心,能以一世观万世;能以心代天意,口代天言,手代天工,身代天事;能上识天时,下尽地理,中尽人物,通照人事;能弥纶天地,出入造化,进退古今,表里人物。"圣人"何以能如此神通广大呢?邵雍认为,这是由于圣人善于"观物"。所谓善于"观物",非观之以"目",而是观之以"心";非观之以"心",而是观之以"理"。他说:"以目观物,见物之形;以心观物,见物之情;以理观物,见物之性。"①

"以理观物",在邵雍的学说中有时也称之为"以物观物""能反观"。也就是说,圣人所以能以一人"当兆人之人",能以一心观万心,以一世观万世,能口代天言,心代天意,就在于他能领悟到天地之道备于人、万物之道备于身的道理;更进一步说,由于"我"与天地万物都是天道本体的体现,二者同"理"同"性",因此,"以理观物",能"见物之性"。这里,人们可以看到邵雍的"观物"说,就其思维模式说,乃是以本体论的思想作为理论依据。而正如前面所一再指出的,中国古代本体论的思维模式,在相当程度上是来自佛教的。

此外,在修养理论上,邵雍之学受佛教修行理论的影响更为明显。

借助于"天地之道备于人,万物之性备于身"的理论打通天人物我之后,邵雍又把这种天道、人性相为表里的思想贯彻到道德修养论上。

邵雍认为,既然天人是相为表里的,人性天道是相通的,天有阴阳之分,人自然有邪正之别。而人之邪正——邵雍认为——不但根源于"天",而且是"系乎于上"的:"上好德则民正,上好佞则民用邪。"但这又不等于说,圣君之世无小人,庸君之世无君子,仅仅是圣君之世难为小人因而君子多,庸君之世难为君子因此小人多。邵雍通过回顾历史,认为历史只从总的说,是治世少而乱世多,君子少而小人多,究其原因,主要是因为阳一而阴二。当他面对现实时,也认为当时"天下为善者少,而为害者多,造危者众而持危者寡"。他以"畎亩"志士自居,把自己的著作集称为《击壤集》。

既然主张"击壤",说明邵雍虽认为人类社会的道德风尚是每况愈

---

①《观物内篇》。

下的,但不等于说人们对于这种状况是无可奈何的,他主张通过道德教化来移风易俗、变化民情。在《观物内篇》中,邵雍认为,民情虽劣,但只要教之、化之,"民之情始可以一变矣。苟有命世之人,继世而兴焉,则民虽如夷狄,三变而帝道可举矣"。看来,邵雍对于道德教化是寄予希望和充满信心的。不但充满信心,而且还提出了一套修行理论。

邵雍的修养理论要而言之,其端有二:一曰"养心",二曰"慎独"。先看其"养心"说。

邵雍认为,一个人要没有"口过",这比较容易,但若要没有"身过",就比较难了,但是最难的还在于没有"心过"。如果能做到"心已无过",那还何难之有呢?圣人所以能立于无过之地,关键就在于他们"善事于心者也"①。因此,在道德修养问题上,与其言之于口,莫若行之于身;与其行之于身,莫若尽之于心。因为,"言之于口,人得而闻之;行之于身,人得而见之;尽之于心,神得而知之。人犹不可欺,何况神明!是知无愧于口,莫若无愧于身;无愧于身,莫若无愧于心。"②因此,修行之大者,莫过于"养心"。

"养心"既然如此重要,那么,应该怎样"养心"呢?邵雍说:"为学养心,患在不由直道。去利欲,由直道,任至诚,则无所不通。""天地之道直由己,当以直求之,若用智数,由径以求之,是屈天地徇人欲也,不亦难乎?"③

这里,邵雍提出了几条原则:一是"去利欲",二是"由直道",三是"任至诚"。"去利欲"好理解,亦即人们不要为眼前的私利物欲所迷惑,而产生各种邪念恶意;"由直道"即是指人的本性得之于"天"、得之于"道",本自具足,人们的道德修养,实无须舍近求远,离开自身心性,而往东往西,四处寻觅,只要径直体认自己的天赋本性,就可以达到与"道"合一,就能成贤作圣了。他有一首《乾坤吟》的诗,对这种修养作了一个十分形象的概括,诗云:"道不远于人,乾坤只在身。谁能天地外,别去觅乾坤。"④邵雍这种修养理论,与禅宗的修行理论不但思想相近,而且字眼亦类。禅宗创始人慧能在《坛经》中一再强调:"菩提只向心

---

① 《观物内篇》。
② 《观物外篇》。
③ 同上。
④ 《伊川击壤集·乾坤吟》。

觅，何劳向外求玄；听说依此修行，西方只在眼前。"①"一切般若智，皆从自性而生，不从外人。"②"故知一切万法，尽在自身心中，何不从自心中顿现真如本性？"③

其次，邵子之学受佛教的影响，还表现在他对于"心"的理解上。在邵雍的著作中，"心"的含义比较含混，它有时指当下现实之人心，有时又与"太极""道"等同起来。邵雍其"心"的这种双重属性，与隋唐时期的天台、华严、禅宗所说之"心"有时指抽象本体的"真心"，有时又指"当下现实之人心"有相似、相通之处。

指出邵雍"心"的二重性，目的有二：一是说明邵雍的"心"深受隋唐佛教的影响；二是为了说明邵雍的所谓"养心"说，既有"去利欲"通过修心养性达到"心无过"的境界，又有"由直道"，直接体认"心即太极""心即道"，心中自有天赋善性，人们可以通过"养心"，进而达到心与道合、成贤作圣的意义。而这种"由直道""体认自心"的"养心"说，也与隋唐佛教性理论的注重心性，强调"反观自性""反照心源"的思想很相近。

邵雍"养心"说的第三条原则是"任至诚"。所谓"任至诚"，有点类似《中庸》所说的"自明诚"。对于《中庸》的"自明诚"和"自诚明"，邵雍有自己的解释。他说："资性，得之天也；学问，得之人也。资性由内出者也，学问由外入者也。自诚明，性也；自明诚，学也。"④这是说，所谓"自诚明"，这是尽性的事；所谓"自明诚"，则须从学问理会，然后推达于天性。邵雍所说的"任至诚"，亦即从学问理会，从己心推达于天性。邵子认为："先天之学主乎诚，至诚可以神通明，不诚则不可以得道。"⑤也就是说，至理之学，必须达到与天性合一，与道合一，"养心"必须养到从自心直接体认天赋本性，推到天地之道，这样才能达到与神通明，无所不通。邵雍这种由己心直接体认天赋本性、天地之道的修养方法，明显地带有佛教体证佛性、返归本体的印痕。

邵子修养理论的另一个重要内容是"慎独"。"慎独"与"养心"有密切的联系。在一定意义上说，"慎独"是"养心"的一个重要组成部分。但是，邵雍的"慎独"说又有其独特之处，因此，有必要单独予以论述。

---

① 《坛经》。
② 同上。
③ 同上。
④ 《伊川击壤集·心学》。
⑤ 同上。

邵子的"慎独"说是基于这样一种理论基础之上的,即人之善恶,见之于言行,人始得知之;但是,当一个人心中萌发善恶之念时,鬼神则已经知了,因此,君子必须"慎独"(详见《观物外篇》)。他有一首《推诚吟》的诗,诗云:"天虽不语人能语,心可欺时天可欺。天人相去不相远,只在人心心不知。人心先天天弗违,人身后天奉天时。身心相去不相远,只是人诚人不推。"这首诗说的是天人、身心相去不相远,心与天都是欺骗不得的。因人之神则是天地之神,人之自欺,则是欺天地也,因此君子不可不"慎独"。在这里,邵雍把"心"不可欺与"天"不可欺统一起来。如果说,邵雍的"天不可欺"说带有相当浓厚的"上帝临汝,无二尔心"的宗教色彩,把"养心"说宗教化,那么,他的"心不可欺"又把"天不可欺"的宗教理论伦理化。准确地说,邵雍"慎独"的修养说是一种宗教理论与儒家伦理思想的杂拌,是一种宗教化,或者准确点说,是一种佛教化了的伦理哲学。

三、横渠之学与佛学

理学与佛学的相互关系,以张载的思想最具代表性。一方面,张载对佛教的"性空""幻化""寂灭"诸说进行了十分猛烈的抨击,认为佛教的"性空""幻化"说是"以山河大地为见病"①。其所谓"寂灭"者,则是"往而不返";另一方面,在思维模式、修行方法等方面,张载得益于佛教者甚多。这种既反对佛教又大量吸收佛教有关思想的现象,可以说是宋明理学的共同特点。宋明理学家大都是在反佛的口号下,大量融摄隋唐佛教的佛性理论,特别是佛教佛性理论的思维模式。

前面我们已经指出过,宋明理学区别于传统儒学之最根本处,乃在于二者思维模式的不同,并且说及张载"天地之性"的本体论性格。这里我们将进一步看看张载伦理学说及其哲学本体论是如何受到佛教思想影响的。

张载的本体论哲学,在一般的教科书中,通常称之为"自然观"。这种说法严格地说是有欠妥当的,因为"自然观"与"本体论"是两个不同逻辑层次的哲学范畴,不宜混为一谈。所以会造成这种混淆,或者是没有看到张载哲学的本体论性质,或者是认为张载哲学的思维模式不是一种本体论。学术问题,见仁见智,不可强加于人,因此,这里不拟去同

---

① 《正蒙·太和》。

谁争论这一问题,而准备从正面阐释张载的哲学本体论及其与佛教的关系。

在张载哲学中,最能体现其本体论性格的,是其"太虚无形,气之本体"①的命题。但是,张载哲学的本体论又不像王弼那样,只停留于"以无为本"等几句话,而是贯彻到他的整个学说当中,特别体现在其"气论"中。

在张载看来,天地万物,唯一气耳。但气有不同的存在形式,或聚或散,或隐或显。"气聚则离明得施而有形,气不聚则离明不得施而无形。"②但不管是聚之有形,或是散之无形,都是气"变化之各形尔"③。气之聚而有形,则是世上的万事万物;气之散而无形,张载称之为"太虚"。"太虚"与"气"和"万物"的相互关系,张载认为:"太虚不能无气,气不能不聚而为万物,万物不能不散而为太虚。"④也就是说,"太虚"与"气""万物"三者是"通一无二"⑤的。他形象地以"冰"和"水"来说明"太虚"与"气"的关系,曰:"气之聚散于太虚,犹冰之凝释于水,知太虚即气即无无。"⑥就是说,"气"亦即"太虚","太虚"即"气",二者一也,只是"凝""释"不同罢了,而不是像道家所说的那样,万物是由"无"产生的;也不像佛教所说的那样,"万象为太虚中所见之物"⑦。若然,"真所谓疑冰者与"⑧。总之,张载的"气论"始终贯彻这样一个基本思想,即"太虚"者"气"之体,"万物"者"气"之用,"气本之虚,则湛一无形;感而生,则聚而有象"⑨。这种思想之具本体论性质应该说是毋庸置疑的。

以这种元气本体论为哲学根据去说明人、人的本性、人与人之间的相互关系,张载建立了一个颇为完整的伦理思想体系,而此一伦理思想体系与佛教的佛性理论有许多相通之处。

1. "天地之性"与"真如佛性"

首先,张载认为,人与天地万物一样,是由"气"凝集而成的,因此,

---

① 《正蒙·太和》。
② 同上。
③ 同上。
④ 同上。
⑤ 同上。
⑥ 同上。
⑦ 《正蒙·太心》。
⑧ 同上。
⑨ 《正蒙·太和》。

气之本性,就是天地万物的本性,亦即人的本性。而"气"有太虚与阴阳之气两种状态,故"合虚与气,有性之名"①,"性其总,合两也"②。

张载这里所说的"性",并非人所独有,而是一个包括人和天地万物的总概念:"性者,万物之一源,非有我之得私也。"③它包括人性与物性,是人与天地万物之共同根源。这种"性"的特点是"生而无所得","死而无所丧",无所谓生灭,是抽象的、普遍的、永恒长存的。张载称这种"性"为"天地之性"。

其次,张载认为,这种"天地之性"与人的关系,"正犹水性之在冰,凝释虽异,为物一也"④。就是说,虽然每个人的具体形质不同,但无不具有此"天地之性"。张载这种抽象的、普遍的、存在于每一个人身上的"天地之性",用现代的哲学语言说,则是一种"人性一般"或曰"形而上"的"本性""本体"。

在指出人与天地万物之共性之后,张载又进一步论述了人的"类"本性,以及每个人的特殊本性。张载认为,人的本性是由气禀决定的,这种"性"是"形而下""形而后"的。它包括人类的共同本性以及每个人具体的、特殊的本性,张载把这称为"气质之性"。

"气质之性"有两层含义:一是指人类的共同本性,如饮食男女之性。他说:"湛一气之本,攻取气之欲。口腹于饮食,鼻舌于臭味,皆攻取之性也。知德者属厌而已,不以嗜欲累其心,不以小害大,未丧本焉尔。"⑤"饮食男女皆性也,是乌可灭?然则有无皆性也,是岂无对?考诸浮屠,为此说久矣,果畅真理乎?"⑥

这种"气质之性"是人的一种自然欲望、生理要求,是不可或缺、不能消灭的。他反对老庄、释氏以为欲望不是性的观点。

"气质之性"的另一层含义是指每一个人的具体本性。由于各个人所禀之气都不相同,因此,每个人的气质各各有异。有"刚",有"柔",有"宽",有"褊",有"才",有"不才",等等。"天下之物无两个有相似者。至如同父母之兄弟,不惟其心之不似,以至声言形状,亦莫有同者。"⑦由

---

① 《正蒙·太和》。
② 《正蒙·诚明》。
③ 同上。
④ 同上。
⑤ 同上。
⑥ 《正蒙·乾称》。
⑦ 《张子语录》中。

于每个人所禀之气不可能完全相同,因此气质就不可能完全一样;气质不完全一样,气质之性就会各各殊异:有些人善,有些人恶,有些人刚,有些人柔,有些人狭隘自私,有些人豁达大度,等等。

从以上论述可以看出,张载所说的"人性",是一个既包括普遍、抽象、永恒的纯粹至善的"天地之性",又包括作为人类的共性及作为各个人具体本性之相统一的"气质之性"。这就提出了一个问题,这两种"性"之间究竟是一种什么样的关系?

在张载的人性学说中,"天地之性"与"气质之性"并不是两个独立并存的实体,二者亦不处于同一个逻辑层次,而是一种本体与现象、抽象与具体、一般与个别的关系。而人性则是作为本体的抽象的"天地之性"与作为现象的具体的"气质之性"的统一。这样去谈"人性",在中国伦理学说史上还是第一次,它比起中国古代的诸多人性理论,诸如"性善论""性恶论""性三品说"等,更具思辨色彩,更有理论高度,因此也更加完满圆通,解决了中国伦理思想史上许多争论不休的问题。

例如,孟子主"性善论",按照孟子的思想逻辑,人所以能成善,是因为人具有"善端",具有善的本性,那么,何以会有恶呢?如果没有恶的本性,不具恶端,恶又从何而来?而且,孟子本人也没有否认在现实社会中,确实存在着许多恶的现象,诸如以抢劫为生的盗贼,争权夺利的政客,天性淫荡的男女,等等。这些现象又做何解释?还有,孟子说:"富岁,子弟多赖,凶岁,子弟多暴,非天之降才尔殊也。"这简直用后天的环境来谈论人性之善恶了,显然与他的"性善论"大相径庭。"性善论"在理论上的不彻底创造了否定自身的条件,荀子的"性恶论"终于起而代之。

荀子的"性恶论"认为:"人之性恶,其善者伪也。"①人性既然是恶的,那么,何以会有道德行为?何以能成善?荀子认为,一是由于反面的要求,亦即本身缺少什么就需要什么,他说:"凡人之欲为善者,其性恶也。夫薄愿厚,恶愿美。"②二是必须加以"师法之化,礼义之教"或社会的陶冶工夫,即所谓"化性起伪"。从总体上说,荀子的"性恶论"比孟子的"性善论"要圆通一些,但从理论上说,"性恶论"也存在自相矛盾的致命弱点,因为从逻辑上说,所谓内在的反面要求,实际上就是善的要

---

① 《荀子·性恶》。
② 同上。

求,所以荀子的"性恶论"无形中由性恶一元论发展为善恶二元论。

荀、孟之后,不论是"性三品说",还是"性善情恶说",在理论上都很难自圆其说。例如,"性善情恶说"主性尽善,恶由情生。但是,在他们的学说中,"情由性而生",性无不善,而由性所生之情何以会为恶?又陷入了二论背反。这一矛盾直到张载的"天地之性""气质之性"说才得到比较合理的说明。因为在张载的人性论中,人性是作为抽象、一般的"天地之性"和特殊、具体的"气质之性"的统一,而"天地之性"是至纯至善的,"气质之性"则有善有恶,这样,人性,特别是每个具体人的人性,就是一种善与恶的统一。

这里,人们碰到了一个问题,即张载何以会提出这种人性理论?毫无疑问,就其谈论性善、性恶言,张载的人性理论系得自孟、荀诸前儒;但如果就其思维模式说,就其从体用的角度,或者用现代哲学的语言,即从本体论的角度去谈论人性说,则无疑是受到佛教的影响。从张载对于"天地之性"的有关论述看,这种作为抽象的、一般的、具有本体性格的"本性",与隋唐佛教佛性理论中所说的作为一切众生乃至诸佛本体的"真如佛性",不论就思维方法说,还是从具体表述说,都十分相似。如果说,张载的"元气本体论"与佛教的"真如本体论",在以何者为本体这一点上具有根本的区别,亦即一个是以抽象的"真如"为本体,一个是以具体的"元气"为本体;那么,在人性理论上,二者的这一种差别也已不复存在了,因为就其具体内涵说,张载的"天地之性"与佛教的"真如佛性"并没有什么原则的区别,所不同的只是称谓罢了。

2. "善反"与"体性"

张载伦理学说的另一个重要内容是"善反则天地之性存焉"。①

从理论上说,张载提出这种"善反"的修行理论是合乎逻辑的,因为既然每一个人身上都存在着一种至纯至善的"天地之性",修行的最终目标和根本途径当然是如何返归此至纯至善的本性。那么,如何才能返归此至纯至善的本性呢?对此,张载提出"变化气质"的修行理论。

首先,张载认为:"人的气质美恶,与贵贱寿夭之理,皆是所受定分。"②就是说,人的气质是生下来就命定的,具有什么样的气质,每一个人自己是无法选择、无可奈何的。但是,人的气质并不是一成不变的,

---

① 《正蒙·诚明》。
② 同上。

相反,"如气质恶,学即能移"。亦即如果一个人所禀受的气质是恶的,通过学就能改变它;每一个的"气质之性"亦然。如果所禀受的"气质之性"不美,"则学得亦转了"①。"性美而不好学者无之,好学而性不美者有之"②。也就是说,性美的人都好学,好学的人不一定都性美,这里面有一个所学是否得法的问题。

那么,如何学才算得法,才能变化气质? 张载说:"为学所急,在于正心求益。"所谓"正心",首先必须"志壹"。张载认为"志壹"则能动气,亦即只要做到心志专一,则可以变化气质。

其次,张载继承孟子"居移气,养移体"的思想,认为"变化气质"的主要方法,是要养浩然之气。这种浩然之气的特点是"严正刚大",不存在于自然界之中,而是要靠学,靠加强道德修养培植起来的,是靠"集义所生":"养浩然之气须是集义,集义然后可以得浩然之气。"③

那么何谓"集义"? 所谓"义",张载曰:"义者,克己也。"④把"义"释为"克己",这是张载的独特见解。也就是人们必须以义理战退私己,做到无我无私,"无我然后得正己之尽"⑤。

此外,张载还把"集义"解释为"积善"。他说,集义,"犹言积善也"⑥。这是要人们"居仁由义,使动作皆中礼",处处与人为善。达到这种境界,便能"所过者化,所存者神""上下与天地同流"。

最后,张载的"养心集义"说还有一个重要内容,即寡欲论。他认为,由于"气质之性",人人都有利欲之心。如果人们不能尽量地自我克制,尽可能地减少各种欲望,人固有的未然善性就会丧失殆尽。因此,"学者要寡欲"。从思想内容说,这显然是继承孟子的寡欲说。

从以上张载关于"变化气质""养心集义"的论述看,张载的修养理论确实来自儒家,特别是来自孟子的"存心养性"学说。但是,张载的伦理学说并没有就此止步,而当他再往前走的时候,就进入另一境地了。如果说孟子的存心养性最后是要达到"知天""事天",那么,张载伦理学说的最后目标,或者说最后境界,并不是"知天""事天",而是"反性",返

---

① 《张子语录下》。
② 同上。
③ 《经学理屈·学大原上》。
④ 同上。
⑤ 《正蒙·神化》。
⑥ 同上。

归本来存在于自己身上的"天地之性"。这就不是传统儒学的思想了,而与佛教佛性理论所说的存在于一切众生心中的"佛性""人性""心性"更接近。而其所谓"反性"在方法上也与佛教的"体性""反观心性"相同。如果说,张载强调"学"与慧能南宗一味强调"顿悟"不尽相同,那么,与神秀一系主张通过"拂尘看净"诸多修行之后才洞见佛性,所走的则是同一条路。而张载所说的"集义""志壹",也与禅学北宗之强调摄心入定多有相近、相通之处。

3. "民胞物与"与"诸法实相"

张载伦理学说的另一个重要内容是"乾坤父母""民胞物与"说。

所谓"乾坤父母""民胞物与",张载说:"乾称父,坤称母;予兹藐焉,乃混然中处。故天地之塞,吾其体;天地之帅,吾其性。民吾同胞,物吾与也。大君者,宗子之家相也。尊高年,所以长其长,慈孤弱,所以幼吾幼。圣其事德,贤其秀也。凡天下疲癃残疾茕独鳏寡,皆吾兄弟之颠连而无告者也。于时保之,子之翼也;乐且不忧,纯乎孝者也。"①

对于张载的这一学说,宋儒众口一词,均表称赞;历代注家纷纭,且诠释各异,其中,注得最为精当、贴切的,当推南宋的朱熹和明清之际的王夫之。朱子云:"《西铭》大要,在'天地之塞吾其体,天地之帅吾其性'两句。塞是说气……自一家言之,父母是一家之父母;自天下言之,天地是天下之父母。通是一气,初无间隔。'民吾同胞,物吾与也',万物皆天地所生,而人独得天地之正气,故人为最灵。故民同胞,物则亦我之侪辈。"②大意是说,天地万物,均是一气之流行,那气所聚散之太虚,则是万物与人类之本体;既然天地万物都是一气之聚散流行,而人又都共禀此气,那么四海之内自然都是同胞兄弟,天下万物也都是同一族类。因此,人们不但要爱一切人,而且要爱一切物。

再看看王夫之的注解。在《张子正蒙注》中,王夫之说:"乾称父,坤称母。……从其大者而言之,则乾坤为父母,人物之胥生,生于天地之德固然矣;从其切者而言之,则别无所谓乾,父则生我之乾;别无所谓坤,母即生我之坤。惟生我者其德统天以流形,故称之曰父;惟成我者其德顺天而厚载,故称之曰母。故《书》曰:'唯天地父母万物',统万物而言之也。……尽敬以事父,则可以事天者在是;尽爱以事母,则可以

---

① 《正蒙·乾称》。
② 《朱子语类》卷九十八。

事地者在是;守身以事亲,则所以存心养性而事天者在是;推仁孝而有兄弟之恩、夫妇之义、君臣之道、朋友之交,则所以体天地而仁民爱物者在是。人之与天,理气一也;而继之以善,成之以性者,父母以生我,使我有形色以具天性者也。理在气之中,而气为父母之所自分,则即父母而溯之,其德通于天地也,无有间矣。若舍父母而亲天地,虽极其心以扩大而企及之,而非恻怛不容已之心动于所不可昧。是故于父而知乾元之在也,于母而知坤元之至也。……又曰:'继之者善,成之者性',谁继天而善吾生,谁成我而使有性?则父母之谓矣。继之成之,即一阴一阳之道,则父母之外,天地之高明博厚,非可腊等而与之亲。而父之为乾,母之为坤,不能离此而求天地之德,亦昭然矣。"①

　　王夫之的注解讲得更详尽、更深入了,特别是他运用"万物一体"和"继善成性"的思想以说明人伦道德,把乾坤与父母联系起来,指出父母继天地而善吾生,成我性,因此,尽敬以事父,则可以事天;尽爱以事母,则可以事地。这一"事亲则事天"说应该说既符合张载"乾坤父母"说的本意,又做了比较深入的发挥。前儒徐子融也曾说过:"张子《西铭》之意,尽于'事亲则事天'一句。"

　　与"乾坤父母"说主要是讲"事亲则事天"的孝道不尽相同,张载的"民胞物与"说则侧重于讲仁民爱物,爱必兼爱。因为按照张载的元气本体论,天地万物同是一气之聚散流行,而人又共禀此气,因而,四海之内均是同胞兄弟,天下万物都是同一族类。因此,人们不但要爱一切人,而且应该爱一切物。他说:"性者万物之源,非有我之得私也,惟大人为能尽其道。是故立必俱立,知必俱知,爱必兼爱,成不独成。"②"以爱己心爱人,则尽仁。"③

　　这里,有一个问题必须顺便语及,即张载的"民胞物与"说与墨子"兼爱"说的相互关系以及其中所蕴含的思维模式的区别问题。包括宋儒在内,曾经有人认为张载的"民胞物与"说与墨子的"兼爱"说没有什么区别,如杨时就持这种观点。但此说立即遭到程朱的驳斥。程颐曾针对杨时论《西铭》一文,寄书予以批驳,曰:"《西铭》之为书,推理以存义,扩前圣所未发,与孟子性善养气同功,岂墨子之比哉。《西铭》明理一而分殊,墨氏则二本而无分。分殊之蔽,私胜而失仁;无分之罪,兼爱

---

① 《张子正蒙注》卷九十八。
② 《正蒙·诚明》。
③ 《正蒙·中正》。

而无义。分立而推理一,以止私胜之流,仁之方也;无别而迷兼爱,至于无父之极,义之贼也。子比而同功,过矣。"①这段话的意思是说,墨子之兼爱,失事亲之敬,流于无父之弊,张子的《西铭》,倡理一而分殊,明事敬之方,二者不可同日而语。程颐此一思想很受朱熹的赞扬。朱熹在《西铭论》中对《西铭》明理一分殊说作了进一步的发挥,他说:"《西铭》之作……程子以为'明理一而分殊',可谓一言以蔽之矣。盖以乾为父,以坤为母,有生之类,无物不然,所谓理一也。而人物之生,血脉之属,各亲其亲,各子其子,则其分亦安得而不殊。一统而万殊,则虽天下一家,中国一人,而不流于兼爱之弊。万殊而一贯,则虽亲疏异情,贵贱异等,而不牿于为我之私。此《西铭》之大指也。"朱熹此说紧紧抓住"理一分殊",揭示了张载"乾坤父母""民胞物与"说的思想特点及其同墨子"兼爱"说的区别。在朱熹看来,墨子的"兼爱"是有"一"而无"殊",如此必然导致"无父""贼义";而张子《西铭》所提倡的,则"一统而万殊""万殊而一贯",这就可以既不流于兼爱之弊,又不牿于为我之私。

如果说张载"乾坤父母""民胞物与"说之"大指"确实如程朱所说的,在于"理一而分殊",那么,此"理一分殊"思想本身即是深受佛教学说影响的产物,特别是深受华严宗"海印三昧""月印万川"思想的影响。而如果从思维模式上说,"理一分殊"的基点在"理一",或曰"体一"。通观张子之《西铭》,其整个学说是建立在"一体"思想的基础之上的,亦即"万物一体""人类一体"。而此种"一体"思想之受佛教的影响也是显而易见的。大乘佛教的一个基本特点,就是一切诸法,包括众生与佛都是"实相"的体现。中国佛教讲"心性",诸法是"心"的体现,"心生各种种法生,心灭种种法灭""本心本体本来是佛",此"心性"也是一种本体。因此,不管是天台宗说"一色一香,无非中道",华严宗说"一切众生本来是佛",还是禅宗说"本心本体本来是佛",就思维方法说,都是一个意思,一切诸法包括众生、诸佛都是本体的体现,因此"诸法都是实相","众生咸是佛子"。张载的"乾坤父母""民胞物与"说,在具体说法上,虽然与佛教有异,但思想路数则与佛教毫无二致。当然,二者的思想旨趣是不同的,如果说佛教的"众生咸是佛子"说是为了说明一切众生都有佛性,都能成佛,那么张载的"乾坤父母""民胞物与"说的理论落点则在于孝亲事天、仁民爱物。一个是出世的,一个是入世的;一个是宗教的,

---

① 《答杨时论〈西铭〉书》,《程伊川文集》卷五。

一个是伦理的。

从以上的论述可以看出,张载的人性学说完全是一种把儒家伦理学说同佛教的佛性理论融合在一起的、亦佛亦儒的伦理哲学。

四、程朱理学与佛学

二程(程颢、程颐)对佛教亦持两面态度,既反对、排斥佛教,又吸收、融摄佛教的有关思想。他们一方面认为,"若尽为佛,天下却没人去理"①,"杨墨之害,甚于申韩;佛老之害,甚于杨墨。……佛老其言近理,又非杨墨之比。此所以为害尤甚杨墨之害"②。并且要学者对于释氏之说,"直须如淫声美色以远之",不然的话,则会"駸駸然入于其中"③。另一方面,二程对佛教的很多思想又颇表推崇。当有人问及庄周与佛比如何时,程伊川曰:"周安比得他佛!佛说直有高妙处。庄周气象,大抵浅近。"④二程还认为:"释氏之学,又不可道他不知,亦尽乎高深。"⑤可见,二程对于佛学既贬斥,又推崇。

那么,二程为何推崇佛学?他们又反对佛教的什么东西?从有关资料看,二程对佛教最持反对态度的,是其出世思想。他们认为,如果大家都像佛教徒那样,出世离俗,那"天下却没有人去理"。程伊川还反对"学佛者多要忘是非",认为:"是非安可忘?自有许多道理,何事可忘?"又说:"人恶多事,世事虽多,尽是人事。人事不叫人做,更叫谁做?"

另外,二程还反对佛学之玄远疏阔,直言佛教之"山河大地之说与我无关",认为佛学高深莫测,博大不着边际,因此虽能"穷神知化,而不足以开物成务"。对于后期禅宗的"公案""机锋"等,二程亦颇反感,认为这"虽有敬以直内,然无义以方外,故流于枯槁或肆恣"。但是,对于佛教的修行方法,二程是推赞服膺的。他们的治学、修养三部曲——"静坐""用敬""致知",在一定意义上说,是受佛教"戒、定、慧"三学的启迪而推导出来的。"三学"中的"定学",二程尤为推崇且直言不讳:"学者之先务,在固心志,其患纷乱时,宜坐禅入定。"至于禅宗人性化了的

---

① 《二程遗书》卷二上。
② 《近思录》。
③ 同上。
④ 《二程遗书》卷十七。
⑤ 《二程遗书》卷九。

佛性理论,对二程影响更大。程伊川就同意"人性本明"的说法,认为"人性本明,因何有蔽","此须索理会也"①。从有关资料看,二程对禅学接触颇多,也颇通禅理,故而明儒高攀龙说:"先儒唯明道先生看得禅书透,识得禅弊真。"二程的弟子们也多通禅。被称为"程门第一"的谢良佐,朱熹说他的思想"分明是禅";②明清学者说他"终身以禅之说证儒"。被称为"程门高弟"之杨时,亦屡赞禅学。对于这种情况,朱熹曾说:"程门高弟,如谢上蔡、游定夫、杨龟山,下稍皆入禅学去。"

实际上,朱熹对于佛教的态度、与佛教的关系,大体上与二程相似。而就其对佛教的推崇、受佛教的影响说,则比二程更甚。

一方面,朱熹也反对、贬斥佛教。他曾说:"禅学最害道,老庄于义理绝灭犹未尽至,佛则人伦尽坏;禅又将许多义理,扫灭无余,故其为害最深。"③又说:"佛老之学,不待深辨而明,只是废三纲五常这一事,已是极大罪名,其他更不消说。"④这是从伦理的角度反佛。

另外,朱熹还反对佛教的心性说。首先反对佛教把"心"与"性"混为一谈,视若一物。其次反对其空虚心性说,指出:"释氏只是恍惚之间,见得些心性影子,却不曾仔细见得真实心性,所以都不见里面许多道理,致使有存养之功,亦只是存养得他所见的影子,而不可谓之无所见,亦不可谓之不能养,但所见所养,非心性之真耳。"⑤在答李伯谏时又说:"形有死生,真性常在,某谓性无伪冒,不必言真,未尝不在,不必言在。盖所谓性,即天地所以生物之理……曷尝不在?而岂有我之所能私乎?释氏所云真性,不知其与此同乎否也。同乎此,则古人尽心以知性知天,其学固有所为,非欲其死而常在也;苟异乎此,而欲空妄心,见真性,唯恐其而失之,非自私自利而何?"⑥从这两段话看,朱熹并没有整个地反对佛教的心性说,而是认为其所说的心性非真,只是些心性影子,而不是实实在在的心性。朱熹认为,古圣贤哲谈心性,都是在事实上说:"如言尽性,便是尽得此君臣父子三纲五常之道而无余;言养性,便是养得此道而不害。至微之理,至著之事,一以贯之,略无余欠,非虚

---

① 《二程遗书》卷十八。
② 《宋元学案》卷二十四。
③ 《续近思录》。
④ 同上。
⑤ 同上。
⑥ 同上。

语也。"①此说道出了朱学与佛学分歧之所在。盖朱学所重者,乃人伦事理、道德纲常、心性之存养,亦须在这上面用功夫;离此而侈谈心性,妄说虚空,则于实际毫无裨益。《宋元学案》载有朱熹这样一段话:"士而怀居,不足以为士。不是块然守定这事物,在一室闭户独坐便了,便可以为圣贤。自古无不晓事的圣贤,亦无不通变之圣贤,亦无闭门独坐之圣贤。"实际上,朱熹在这里所反对的,是主张出世的传统佛教心性论,而不是唐宋以来主张既出世又入世的中国佛教特别是禅宗的心性论。盖禅宗之心性论,实已背离印度佛教之出世传统和抽象品格,而逐渐把出世与入世融为一体,逐渐把心性具体化、现实化。从慧能到后期禅宗,都一方面把印度佛教的"真心"变成当前现实之人心,另一方面又逐步走上世俗化的道路,如宋代之契嵩、宗杲等人的思想世俗化的倾向已经发展到相当的程度。对于这些禅师及其思想,朱熹就甚表敬重和推崇,亲自向他们问禅学道,并且自认不讳。朱熹自己曾说:"少年亦曾学禅","某于释氏之说,盖尝师其人,尊其道,求之切至矣"。不仅如此,朱熹本人对佛教的修养亦多所取纳,例如他所说的"集中精神,不被物欲所引诱","持敬当以静为主,须于不做工夫时频频体察,久则自熟。……若觉言语多,便须简默;意志疏阔,则加细密;轻浮浅易,便须深沉重厚",这与天台宗智所说的——如果念念不住,如汗马奔驰,即应用"止"以治驰荡;如果昏昏欲睡,静默无记,则应修"观"以破昏塞。修"止"既久,不能开发,易之以"观",修"观"既久,暗障不除,换之以"止"——简直毫无二致。对于禅定、静坐,朱熹更身体力行,且教学生半日静坐,半日读书,故颜元曾说:"朱子教人半日静坐,半日读书,无异于半日当和尚,半日当汉儒。"

在思想方面,朱熹更在许多方面吸取佛教的有关内容,因而造成朱子之学在很多方面都带有浓厚的佛教色彩。例如,朱熹所说的"天理""天命之性",就与佛教特别是禅宗所说的"佛性"颇相近。如果说禅宗所说的"佛性"多是披上一层佛性外衣的人心、人性,那么,朱子所说的"天理""天命之性"则是一种佛性化了的道德本体。外表有异,内涵无大殊。其二,朱熹所说的人物、天地同一本体的天人一体思想,与佛教所说的天地万物乃至众生与佛都是"真如""佛性"体现的本性理论也是遥相契合的。朱熹注《中庸》"博厚配地,高明配天,悠久无疆"文曰:"此

---

① 《续近思录》。

言圣人与天地同体","此谓宇宙大化之道体,与圣人之性体乃同一本体"。注《中庸》"唯天下至诚为能尽其性"一文曰:"人物之性,亦我之性",视天地与人、人物与我同一本性。这些说法与禅宗所说之自性是佛、莫向性外四处寻觅的思想是相通的。其三,朱熹注"致中和,天地住焉,万物育焉"一文曰:"盖天地万物同吾一体,吾之心正,则天地之心正焉;吾之气顺,则天地之气顺矣。故其效验至于此。此学问之极功,圣人之能事,初非有待于外,而修道之教,亦在其中矣。是其一体一用,虽有动静之殊,然必体立而后用有以行,则其实亦非有两事也。"因此,朱子之学"皆反诸身心性情"。这与禅宗之反悟自心、见性成佛实没有多少区别。至于他所说的"于静中体认大体未发时气象分明",更类禅家返照心源、直指本心。其四,朱熹所谓圣人只是教人"存天理、灭人欲"等,更是佛教"去妄证真"之翻版。明清之际的思想家王夫之曾一针见血地指出:朱子"合下连根拔去"之说,"释氏所谓折服现行烦恼,断尽根本烦恼之别尔"①。

　　以上所说的几点,是朱熹人伦学说的一个侧面,它虽不能反映朱子学说的全貌,但一斑窥全豹,借此亦可窥见朱子之学如何深受佛教佛性理论的影响,而逐渐走上注重心性本体、注重反观心源的道路。当然,如果仅就朱学说,似还不能完全归结为佛教的心性之学。因为朱子之言心性,与禅宗是有区别的。禅宗之谈心性,完全视二者为一物,认为三世诸佛,密密相传,都在悟此心之本来面目。但朱熹对心性却另有说法,他认为,在未生之前,可谓之性,却非有心;心属气,性属理,心性非为一物。此一分别,把朱学与佛学特别是禅宗的佛性学说的差别给显示出来了。但是,这一分别并没有使理学与禅学分道扬镳,因为陆王心学很快就出来弥补了这一裂痕。

---

① 《读四书大全说》,第406页。

心学与禅学

与程朱理学比较而言,陆王心学就更加佛教化、禅学化了。如果说周、张、程、朱等理学家与佛教之间常还隔着一层纸,那么,到了陆九渊与王阳明,这层纸在相当程度上说已不复存在了,以至于连朱熹都指责心学"全是禅学"①。

一、陆学与禅学

陆九渊对于朱子之学有"叠床架屋"之嫌的批评,主要指朱熹"心"与"理"为二物。在朱熹那里,"理"是一种"无人身的理性",它在人身上体现为"性",因此,朱熹常常把"性"与"理"等同看待。但是,对于"心"与"理"的关系,朱熹则严加区别,认为作为人身主宰的"心",是一种具有灵明知觉作用的认识主体,不具有万物和道德本体的意义。"心"虽包万理,是"理之所会之地",但"心"不等于"理",即使作为"理"之人化的"性",与"心"也不尽相同。朱熹把"心"分成"道心"与"人心"。"道心""原于性命之正",得之于"理",或曰"性";而"人心"则是"生于形气之私",根源于形体、气质,故又称之为"气质之性"。可见,在朱熹学说中,"心"与"性""理"是既有联系,又有区别的。如果仅仅就"理"而言,陆学与朱学没有多大区别,二者都把"理"视为世界万物的本体,陆九渊也认为"塞宇宙一理耳"②,此理"遍满天下,无些小空阙"③。但是,一进入"心"的领域,二者就出现了歧异。

1. "心即理"与"心即佛"

朱熹的"心"只是一种人身主宰和认识主体,陆九渊的"心"则是一种范围天地、包揽古今的绝对主体。从空间上说,"心"灵明无体,广大无际,天地包罗于其中,四时运行于其中,风雷雨露散发于其中,万事万物成立于其中,所谓"万物森然于方寸之间"④。从时间上说,"心"千古不磨、历劫常存。在鹅湖会上,陆九渊之兄陆九龄曾作诗道:"孩提知爱

---

① 《朱文公文集》卷四十七《答吕子约》。
② 《象山全集》卷十二《与赵咏道》。
③ 《象山全集》卷三十五《语录》。
④ 同上。

长知钦,古圣相传只此心。"①陆九渊对第二句甚为不满,认为人皆有是"心",非唯古圣有之,故和诗云:"墟墓兴衰宗庙钦,斯人千古不磨心。"②此"心"千古不磨,即历劫常存之谓。对于"千古不磨心"的思想,朱熹曾和诗讥讽之:"却愁说到无言处,不信人间有古今。"③对于"心贯古今"的思想,陆九渊是直言不讳的:"心只是一个心,某之心,吾友之心,上而千百载圣贤之心,下而千百载复有一圣贤,其心亦只如此。"④陆九渊之后,其弟子杨简在《吴学讲义》中对此亦多有阐发,曰:"时有古今,道无古今;形有古今,心无古今。"总之,陆学之心,是一个与天地万物并存、历古今而常住的绝对本体,用陆九渊的话说,即是"四方上下曰宇,往古来今曰宙。宇宙便是吾心,吾心便是宇宙"。⑤

陆九渊的"心"除了具有宇宙本体的意义外,它还是人伦道德的本原,这是朱、陆之"心"的另一个重要区别。

朱子谈"心",多强调其灵明知觉作用;陆九渊之"心",则多指道德实体。陆九渊有"本心"一说。何谓"本心"?"恻隐仁之端也,羞恶义之端也,辞让礼之端也,是非智之端也。此即是本心。"⑥也就是说,所谓"本心",亦即仁义礼智四端。但是,以仁、义、礼、智四端言"心",孟子早已有之,因此,杨敬仲又问:"简儿时已晓得,毕竟如何是本心?"据说如是凡数问,陆九渊终不易其说,杨简反复思想不得其意。偶有一日,有一卖扇者诉讼至杨简处,杨简升堂断案之后,又问陆:"如何是本心?"陆九渊说:"你刚才判扇子案时,是者知其是,非者知其非,此即是敬仲本心。"据说"敬仲忽大觉"。可见,所谓"本心",乃是一种先天道德本能的自然流露:"当恻隐时自然恻隐,当羞恶时自然羞恶,当宽裕温柔时自然宽裕温柔,当发强刚毅时自然发强刚毅。"⑦此犹人们见父自然知孝,见兄自然知敬,见孺子之将入井,自然有怵惕恻隐之心,是一种不假造作、不加雕琢的先天道德本性。

以往人们常常把陆九渊所说的"本心"与"心"混为一谈,视二者为一物,实际上,这是一种误解。深入考察陆九渊的著述,二者是有所区

---

① 《象山全集》卷三十五《语录》。
② 《象山全集》卷二十五《鹅湖和教授兄韵》。
③ 《朱文公文集》卷四《鹅湖寺和陆子静》。
④ 《象山全集》卷三十四《语录》。
⑤ 《象山全集》卷二十二《杂说》。
⑥ 《象山全集》卷三十六《年谱乾道八年》。
⑦ 《象山全集》卷三十五《语录》。

别的。如果说"本心"是一种先天的道德本能,那么,"心"则是这些道德的本原和根据。也就是说,"本心"多指天然的道德品性,"心"则是一种道德本体。例如,在陆子的著作中,"本心"多与仁、义、礼、智四善端并提:"四端者,人之本心","人之本心,万善咸具"。而且都是先天具有的:"四端万善,皆天之所予,不劳人妆点"①,"四端皆我固有,全无增添"②。而这种先天的道德本性又是"根乎人心"③的,是"心"这个天地万物乃至人伦道德之本体的自然显露。也就是说,"本心"是一种先天道德本性,而"心"则是宇宙万物以及人伦道德之本原、本体。

陆九渊把"心"作为人伦道德的本体,不可避免地要碰到一个问题,即如何看待"心"与"理"的关系。陆九渊认为,作为宇宙本体的"理",充塞于天地万物之中,无一物能逃遁其间。此"理"之在"人"者,则"未外乎其心",亦即"理"在人身上,集中地体现为"心",或者反过来说,作为道德本体的"心"是作为宇宙本体的"理"的人性化。

在陆九渊的思想体系中,作为道德本体的"心"与作为宇宙本体的"理"是一个事物的两个方面:"理"者"心"之"理","心"者"理"之"心"。而人皆有是"心","心"皆具此"理",因此,"千万世之前有圣人出焉,同此心同此理;千万世后有圣人出焉,同此心同此理;东南西北海有圣人出焉,同此心同此理"④。而此"心"此"理"亦即宇宙万物的本体,人类道德的本原。因此,陆九渊说:"至当归一,精义无二,此心此理,实不容有二。"⑤最后,陆九渊得出结论,曰:"心即理也。"⑥

总之,是析"心""理"为二,还是倡"心""理"合一,这是朱子之学与象山之学的根本分野之所在。象山后学也深深懂得这一点,因此,在坚持"心即理"思想方面都不遗余力。陆九渊的大弟子杨简不止一次地指出:"百圣之切谕明告,诚无以易斯'人心即道'。"⑦袁甫等也喋喋不休于"性即心、心即理",并把它作为立学的根本。可见,"心即理"乃是整个南宋陆学的理论基石。

那么,陆九渊"心即理"的理论,对于考察陆学与禅学的相互关系,

---

① 《象山全集》卷三十五《语录》。
② 同上。
③ 《象山全集》卷二十二《杂说》。
④ 《象山全集》卷十一《与李宰》。
⑤ 《象山全集》卷一《与曾宅之》。
⑥ 《象山全集》卷十一《与李宰》。
⑦ 《慈湖遗书》卷十五《家记九·汎论学》。

究竟给了我们一些什么启发呢？若一言以蔽之，陆九渊的"心"与禅宗所说的"心"，不论在术语上，还是在具体内涵方面，几乎都毫无二致。陆九渊把"心"既视为范围天地、包揽古今的宇宙的本体，又看成是一切道德的本原，这与禅宗之一切诸法乃至一切众生、诸佛都归结于一"心"，此"心"既是一切诸法的本原，也是众生成佛的根据，既是抽象的本体，又是众生当前现实之"人心"，不论在思维方法上，还是思想内容方面，都没有什么根本性的区别。如果说朱熹的析"心""理"为二物，把"心"局限于人，仅仅把"心"看成是一种人身主宰和认识的主体，终于使朱学与禅学存在着较大的区别，那么，陆九渊把"心"与"理"融为一物，把宇宙万物乃至人伦道德的本体直接诉之于"心"，就彻底消除了朱熹与禅学在思维方法与思想内容方面的差别，而更加的禅学化了。

2."切己自反"与"道莫外求"

陆九渊把万端诸善归诸"本心"后，进一步认为学道者最紧要的莫过于切己自反，发明本心。

从思维方法说，陆九渊非常注重根本，讲究整体，因此，在道德修养方面，他主张"先立乎其大"，强调"就本上理会"。因为，凡事都有本末之分，如果不从本上理会，而拘泥于细枝末节，则非惟无益，而且有害，因此，他说："某平时立学观，但常就本上理会。……今既于本上有所知，可略略地顺风吹火，随时建立，但莫去起炉作灶。"①

陆九渊之注重"根本"，也许做得太过分了，因此曾有人批评他："除了'先立乎其大者'一句，全无伎俩。"陆九渊听后，非但不恼不辩，而且欣然答说："诚然。"②可见其对"立大"之重视。

那么，陆九渊所说的"大"与"本"究竟又是什么呢？他认为，茫茫宇宙，上是天，下是地，人居中间，做人最紧要的是"当尽人道"，"须是做得人，方不枉了"，"学者所以为学，学为人而已"③。而如何才能"做得人""尽人道"呢？他认为，最重要的是在"心"上用力。

"本心"的一个最重要的特点，就是"四端皆我固有，全无增添"，因此，涵养德性，自无须向外四处求觅，此即所谓"道不外索"。他说："我学问与诸处异者，只是在我全无杜撰，虽千言万语，只是觉得他底在我

---

① 《象山全集》卷三十五《语录》。
② 同上。
③ 同上。

不曾添得一些。"①"古圣先贤未尝艰难其途径,支离其门户……人孰无心,道不外索,患在戕贼之耳,放失之耳。"②也就是说,为道、做人,千万不要杜撰、造作,特别不可向自身、自心之外去四处寻求,若然,非但无益于涵养德性,而且是对于自心、自性的戕贼。

陆九渊认为,义理之在于人心,实天之所以予我而不可泯灭者,人们所以有时会受物欲的蒙蔽而悖理违义,在于不能反而思之。如果人们能切己自反,反观心性,则道在我矣。因此,当有人问他:"先生之学,当自何处入?"他答道:"不过切己自反,改过迁善。"③在《邓文苑求言往中都》一文中,他进一步指出:"义理所在人心同然,纵有蒙蔽移夺,岂能终泯,患人之不能反求深思耳。此心苟存,则修身齐家治国平天下一也,处贫贱富贵生死祸福亦一也。"④

对于这种"切己自反"的修行方法,陆九渊把它称为"易简工夫"且自视很高。他有一首诗云:"易简工夫终久大,支离事业竟浮沉。"⑤所谓"支离事业",亦即那种不注重"切己自反",而劳力费神于格物穷理等学问的修行方法。此种"易简工夫"与"支离事业"的区别,在朱、陆之间,又常常体现为"尊德性"与"道问学"之争。

朱子提倡"道问学",强调讲学、穷理。讲学不能无议论,穷理即要思索,思索即不能无意见,因此,朱学注重解经注传,议论古今。陆九渊对于朱熹这种做法很不以为然,认为这是"蠹食蛆长于经传文字之间"⑥"藻绘以矜世取誉"⑦"以学术杀天下"⑧。而对于朱熹的所谓"议论""意见",则斥为"邪意见""闲议论",是为学者之病,"本心"之蔽。陆九渊提倡"尊德性""说人品"。他说:"诸处方哓哓然谈学问时,吾在此处与后生说人品。"⑨对于朱陆的这一场争论,黄宗羲评论道:"先生(指陆九渊)之学,以尊德性为宗,谓'先立乎其大,而后天之所以与我者,不为小者所夺。夫苟本体不明,而徒致功于外索,是无源之水也'。同时紫阳(朱

---

① 《象山全集》卷三十五《语录》。
② 《象山全集》卷五《与舒西美》。
③ 《象山全集》卷三十四《语录》。
④ 《象山全集》卷二十。
⑤ 《象山全集》卷二十五《鹅湖和教授兄韵》。
⑥ 《象山全集》卷一《与侄孙睿》。
⑦ 《象山全集》卷十四《与孙睿之三》。
⑧ 《象山全集》卷一《与曾宅之》。
⑨ 《象山全集》卷三十四《语录》。

熹)之学,则以道问学为主,谓'格物穷理,乃吾人入圣人之阶梯。夫苟信心自是,而惟从事于覃思,是师心之用也'。"①

从黄宗羲的这一评述看,朱陆在修行方法上的分歧,实源于道德本体的区别。朱熹以"理"为道德本体,所以注重讲学、议论,格物穷理以尽性知天;陆九渊以"心"为道德本体,所以强调"切己自反",在自己身心上用力。而由于"本心"万端诸善俱足,因此,所谓在自己身心上用力,主要就在于"发明本心"。

当然,陆九渊也认为"本心"经常会遭到各种气禀物欲、意见邪说的蒙蔽,但弃除这些气禀物欲、意见邪说,恢复清明之"本心"的方法,并不像朱熹所说的那样,靠"议论""学问",而应该靠"去欲""剥落"。

如果说,"发明本心"主要是发明"本心"先天固有之"善端",那么,"去欲""剥落"则是为了弃除后天的蔽障、物欲。

陆九渊认为,人都有这样一种通病:"居茅茨则慕栋宇,衣敝衣则慕华好,食糠粝则慕甘肥。"②他认为,"所以害吾心者",就是这种物欲,这种物欲如不弃除,人则"如在陷阱,如在荆棘,如在泥涂,如在囹圄械系之中"③。因为,"欲之多,则心之存者必寡;欲之寡,则心之存者必多。……欲去,则心自存矣"④。至于如何弃除物欲,陆九渊的方法则不同于程朱而接近于佛教,尤其是禅宗。他反对朱熹所说的"存天理、灭人欲",认为"天理人欲之言,亦自不是至论。若天是理,人是欲,则是天人不同矣"⑤。此谓不可把天人分为二截:把性德归诸"天理",把物欲归诸"人心"。所谓"去欲",陆九渊认为主要是把蒙蔽人心的各种私欲、杂染去掉,恢复人心澄明的本来面目。这种方法显然与朱熹的把一切罪恶归诸人心大相径庭,而同《坛经》中所说的人性本净,只是由于各种物欲遮蔽,才使人心、人性不得澄明,只要把这些物欲、染垢弃除,则自心、自性则得明朗的说法十分接近。

弃除各种蔽障、物欲的方法,陆九渊又经常称为"剥落"。在《贵溪重修县学记》中,陆九渊说:"人心有病须是剥落,剥落得一番即一番清明,后来起来又剥落又清明,须是剥落得净尽方是。"

---

①《宋元学案·象山学案案语》。
②《象山全集》卷三十五《语录》。
③同上。
④《象山全集》卷十一《与李宰》之二。
⑤《象山全集》卷三十四《语录》。

另外,对于那些喜欢注解经传,爱好发表"闲议论""邪意见"者,陆九渊提出一种更为独特的方法,即"减担"。他指出:世之治学,多喜欢解经注传,结果经传愈注愈繁,论说越来越多,担子越来越重,如此,则"无能发挥而只以为蔽"。他的方法则反是:"自家只是减他底。"①"到某这里,只是与他减担。"②当把一切意见、邪说都减削弃除了,把一切气禀物欲之蒙蔽都剥落净尽了,"本心"自然澄清明朗,"本心"一明,万善自然显现。能如此,人复何求哉!

对于陆九渊以上所言及的一系列修养方法,人们很容易联系到慧能的《坛经》。不论是"切己自反""道不外索",还是"剥落""减担",人们都可以从《坛经》中找到几乎是完全相同的表述。《坛经》的一个基本思想就是提倡"道由心悟"。慧能谆谆教诫学人"于自心顿现真如本性",切切不可"向身外求",认为"菩提只向心觅,何劳向外求玄"。陆九渊的"切己自反""道不外索"与慧能所说的不但思想相近,具体表述也类似。至于"剥落""减担"说,则与《坛经》所提倡的"离相""无念"说,表述有异,实质无殊。当然,正像《坛经》所说的若有钝根愚者,不能自悟,可找善知识解最上乘法、直示正路一样,陆九渊"发明本心"的"剥落"说,也不反对明师的开导、良友的琢磨。他认为:"人之精爽附于血气,其发露于五官者安得皆正?不得明师良友剖剥,如何得去其浮伪而归于真实?又如何得能自省、自觉、自剥落?"③

对于陆九渊"尊德性"的"易简工夫",朱熹曾给予十分尖锐的批评,斥之为"师心自用""空腹高心,妄自尊大,俯视圣贤,蔑弃礼法"④,认为"其病却在尽废讲学而专务践履,却于践履之中要人提撕省察,悟得本心,此为病之大者"⑤。陆九渊死后,他的有些弟子转学于朱熹,朱熹便借题发挥说:"公们都为陆子静误教莫要读书,误公一生,使公至今已老,此心怅怅然,如村愚聋盲之人。……呼!误人误人,可悲可痛。"⑥朱熹对于陆九渊的这些指责,客观地说,有点夸大其词而有欠公允,实际上,陆九渊并没有尽废讲学,反对读书。他在许多书信文章中也屡屡言

---

① 《象山全集》卷三十四《语录》。
② 《象山全集》卷三十五《语录》。
③ 《象山全集》卷三十五《语录》。
④ 《朱文公文集》卷五十四《答赵几道》之一。
⑤ 《朱文公文集》卷三十一《答张敬夫》之十八。
⑥ 《朱子语类》卷一百二十四。

及读书、学习。例如,他说:"人不可以不学,犹鱼之不可以无水"①,"束书不观,游谈无根"②,"若事役有暇,便可亲书册……无不有益也"③。对于朱熹的批评,陆九渊答辩道:"某何尝不读书来,只是比他人读得别些子。"④所谓"读得别些子",亦即读法不同。陆九渊读书的方法究竟有什么特别之处呢?他说:"书亦正不必遽而多读,读书最以精熟为贵"⑤,"读书之法,须是平平淡淡去看,仔细玩味,不可草草","读书固不可不晓文义,然只晓文义为是,只是儿童之学,须看意旨所在"⑥。也就是说,读书宜精,最求得旨领意。陆九渊的这种读书方法,与他注重"先立乎其大",强调"就本上理会"的思维方法是一致的,与禅宗所提倡"贵在得意"的思想也遥相契合——因为,"经是佛语,禅是佛意",而"意"之为物,乃是只可意会而难以语表言诠的,因此,禅宗强调"得意者越于浮言,悟理者超于文字",主张"莫向言语纸墨上讨意度",提倡"直指默契",甚至于反对经教文字。

陆九渊的修行方法除了注重"就本上理会"外,还主张用"存心""养心"的方法来涵养德性。他认为,此心之良,人所固有,人们的过失在于不知道如何去保养之、灌溉之,反而造作施为,戕贼之,放失之。如果人们能对此心固有之善端,好好保养、灌溉,那么成贤作圣则指日可待。他说:"古人教人,不过存心、养心、求放心。……保养灌溉,此乃为学之门,进德之地。"⑦"此心之良,人所固有,人惟不知保养灌溉,使之畅茂条达,如手足之捍头面,则岂艰难支离事。"⑧此谓用"存心、养心、求放心"的方法以涵养德性,有如以手足卫护头面,是轻而易举的,也正因为如此,陆九渊把它的修养方法称为"易简工夫",而视朱子的方法为"支离事业"。

如果说,陆九渊的"发明本心""切己自反"等方法,在相当程度上是吸收禅宗的修行理论,那么,此"存心、养心、求放心"说,则更接近于孟

---

① 《象山全集》卷三十五《语录》。
② 《象山全集》卷三十四《语录》。
③ 《象山全集》卷三《与曹挺之》。
④ 《象山全集》卷三十五《语录》。
⑤ 《象山全集》卷十四《与胥必先》。
⑥ 《朱文公文集》卷三十一《答张敬夫》之十八。
⑦ 《象山全集》卷五。
⑧ 同上。

子的修养学说。王阳明曾经指出:"陆氏之学,孟氏之学也。"①陆九渊自己也说:"因读《孟子》而自得于心也。"①并常常以复兴孔孟道统之贤者自居,曰:"孟子没,吾道不得其传,而老氏之学始于周末,盛于汉,迨晋而衰矣。老氏衰而佛氏之学出焉,佛氏始于梁达摩,盛于唐,至今而衰矣。有大贤者出,吾道其兴矣夫。"②孔孟之学是否到陆氏而"大段光明",这里可暂存而不论,但有一点则是毋庸置疑的,即陆氏之学既受到佛学的深刻影响,同时又是源于孔孟,特别是孟氏的心性学说的。因此,准确地说,陆氏之学是儒学(特别是孟氏之学)与佛学(特别是禅学)相互融合的产物。

3. "发明本心"与"明心见性"

陆九渊的修养方法虽然既有儒家的,也有佛家的,但就其主要修养方法言,即在"切己自反""发明本心";而禅宗的修行方法细说也有很多,但最根本的,则都是要"明心见性"。这里有必要从总体上进一步探讨一下陆九渊的修养方法与禅宗修行理论的相互关系。

首先,由于陆九渊的"心"与禅宗的"心"内涵意蕴几无差别,都是一种宇宙万物和人伦道德的本体,这就使得二者在如何发明此"心"的方法上多有相通、相同之处。例如,禅宗思想的最大特点,是把一切归诸自心、自性,主张一切诸法,皆从心生,皆从心出,一心"而万法尽通,万法皆备","心生则种种法生,心灭则种种法灭",诸佛亦不例外,非离心而别有佛,而是自心即是佛,若能洞明此一心具万法,自心即是佛的"真理",则与诸佛境界无异。所谓"明心见性",实际上是一个事情的两个方面:唯有"明心",方能洞见佛性本来具足;同时,也唯有"见性",才能明了自心自性本来是佛。陆九渊的"心"也是一个范围天地、包揽古今的宇宙和道德本体,一心而四端具足,万善咸备。因此,为人治学无他,唯在"发明本心"而已,本心既明,即可成贤作圣。

其次,具体而论,陆学在如何"发明本心"问题上与禅学之"明心见性"的方法也多有相近、相通之处。陆九渊之"发明本心",最强调"道不外索",提倡"切己自反",认为本心乃我所固有,因此,欲发明本心,无须向外四处求索,于自家身上用力即可。禅宗在强调自性作佛、不假外求方面表现得更为突出。禅宗认为,所谓佛者,本心本体本来是佛,并非

---

① 《象山全集》卷三十六《年谱》。
② 《象山全集》卷三十五《语录》。

于自心自性外别有他佛,自性若迷,即是凡夫,自性一悟,众生即佛。因此,不可于自性外去寻找弥陀,于自心外去寻找净土,如果不懂得这个道理而向东向西四处寻觅,则非但成不了佛,而且会成为一个"寻声逐响人,虚生浪死汉",千生万劫备受轮回之苦。

  最后,禅宗修养方法的一个重要特点,是倡"直指人心""不立文字"。这种方法自达摩始倡,之后各位禅师代代相传,至慧能更把它作为一条根本原则而大加弘扬。慧能说:"诸佛妙理,非关文字"①,"若取文字,非佛意"②。慧能之后,后期禅宗的禅师们更把"十二部经"视为"拭疣纸",走向骂佛烧经的极端道路。他们认为,"经是佛语,禅是佛意","得意者越于浮言,悟理者超乎文字"③,"佛本是自心作,那得向文字中求"④,因此,主张"莫向言语纸墨上讨意度"⑤。陆九渊的修养方法也不拘于语言文字,认为,不识字,存本心,亦可成贤作圣。他说:"若某则不识一字,亦须还我堂堂做个人"⑥,经常劝人"莫将言语坏天常"。

  第四,禅宗在修行方法上以"顿悟"著称于中国佛教史。被禅宗捧为经典的《坛经》,就其根本思想而言,则在"即心即佛""顿悟见性"。在《坛经》中慧能屡屡言及"于自心中顿现真如本性",要人们从当下之每一念心顿悟"无生法忍"。后期禅宗在"顿悟"上走得更远,甚至认为,"唯有顿悟一门,即得解脱"⑦,把"顿悟"视为成佛得解脱的唯一法门。陆九渊在这个问题上也深受禅宗的影响。例如他虽然认为心蔽须一番一番"剥落",但更主张"悟则可以立改",指出"铢铢而称,至石必缪;寸寸而度,至丈必差"。而"石称丈量",则"径而寡失"⑧,"一是即皆是,一明即皆明"⑨。这些说法更显然视直观顿悟比层层"剥落"更能"发明本心",与禅宗把"顿悟"看成是比渐修更为根本的方法的思路是一样的。

  第五,禅宗之后期,祖师禅一变而为分灯禅。分灯禅倡"平常心是道",在教学传道及修行方法上盛行"棒喝""机锋"。陆九渊在讲学活动

---

① 《景德传灯录》卷五。
② 《高僧传》三集卷八。
③ 《大珠禅师语录》卷下。
④ 《筠州黄檗山断际禅师传心法要》。
⑤ 《大珠禅师语录》卷下。
⑥ 《象山全集》卷三十五《语录》。
⑦ 慧海:《顿悟入道要门论》。
⑧ 《象山全集》卷十《与詹子南》之一。
⑨ 《象山全集》卷三十五《语录》。

中也经常采用这种方法。如以"断扇讼"使杨简悟"本心",以"起立"启发詹阜民体会"本心",等等。张南轩曾评陆子之学"多类扬眉瞬目之机"①。

对于陆学与禅学的关系,朱熹及后儒多有评述,他们称象山之学"大抵用禅家宗旨,而外面却又假托圣人之言,牵就释意"②,"象山阳儒阴释"③。这些评述基本上是符合陆九渊之思想实际的,因为,陆学虽然是以继承孟子之学为标榜,以光复儒学道统为己任,但其思维方法与思想内容,确实大量地采自佛家特别是禅学。

二、王学与禅学

王阳明的思想,基本上遵循陆九渊的路线,即从"心即理"推出"心"是天地万物的本原。有人问王阳明其学说宗旨是什么时,王阳明回答说:"诸君要识得我立言宗旨,我如今说个心即理。"④当然,王阳明并非简单地照搬陆九渊的学说,而是经过自己一番艰苦的摸索。黄宗羲在《明儒学案》中曾语及王阳明思想发展的曲折过程,称"其学凡三变而始得其门",曰:"始泛滥于词章。继而遍读考亭之书,循序格物,顾物理吾心,终判为二,无所得入。于是出入佛老者久之。及至居夷处困,动心忍性,因念圣人处此,更有何道?忽悟格物致知之旨。圣人之道,吾性自足,不假外求。"⑤此谓王阳明一开始为了应付科场,曾以词章记诵为事,继而笃信朱子,致力于"格物穷理",因不满于朱子的析心、理为二,转而出入佛老,又以佛老之弃人伦物理不足道,转而向自身心性,创立心学。此"三变"是指其学说的形成。学说形成后又经历了三个发展阶段:一为"尽去枝叶,一意本原,以默坐澄心为学";二是"专提'致良知'三字,默不假坐,心不待澄,不习不虑,出之自有天则";三是"所操益熟,所得益化,时时知是知非,时时无是无非,开口即得本心"。⑥从这一思想历程看,王学是以"致良知""得本心"为归趣。

"发明本心"的思想本为陆九渊所提倡,但自元代后,随着朱子之学

---

① 《南轩文集》卷二十四《答朱元晦》之十三。
② 《朱文公文集》卷三十五。
③ 《学通辨》自序。
④ 《传习录》中。
⑤ 《明儒学案》卷十《姚江学案》。
⑥ 同上。

被"定为国是,学者尊信,无敢疑贰",①陆学就失去与朱学相抗衡的地位而逐渐"泯然无闻"了。到了明代,统治者为了加强对人民的思想控制,在思想领域里"一宗朱子之学,令学者非五经、孔孟之书不读,非濂、洛、关、闽之学不讲"②,遂使"是朱非陆"说更成定论。朱子之学虽号称"至广大,尽精微,综罗百代",但正如陆九渊所指出的,其格物诸说有支离破碎之偏弊。此偏弊到后来愈益泛滥,至黄翰门下之董梦程与黄鼎、胡方平等,便全抛注重义理之朱学家法,而把朱熹的读书博览"流为训诂之学"③。朱学更支离破碎得使其后学深感仅仅依靠朱学已难以为继,因此,元明二代的许多学者,常常在公开推崇朱学的同时,暗中却在偷运陆学"先立乎其大"的"易简"工夫,孕育着一个"和会朱陆"的思想潮流,此潮流为王学的出现铺平了道路。

王阳明学说的产生,一方面是陆九渊"心学"的继续,另一方面是朱陆合流的产物。首先,王阳明在"是朱非陆,天下之论定久矣"的情况下,冒"天下之讥"的风险,为陆九渊一洗"无实之诬",恢复了"心学"之"圣贤之学"的地位;其二,王阳明为"是朱非陆"说翻案,既没有完全否定朱学,也没有照搬陆学,而是在"是陆非朱"的大前提下"兼综陆朱"。王阳明不但没有公开反对朱熹,而且申明"吾之心与晦庵未尝异也"。而王阳明在继承陆子"心学"的同时,也对陆学进行了许多改造和发展。总之,王阳明在朱陆之间进行了精细的取舍和熔铸,形成"博大、精细"的王学体系。例如,王阳明以所谓"灵明""感应"说,使朱陆关于心物的分歧得以统一,以所谓"致良知"解决朱陆关于知行方面的争论,因此,刘宗周说:朱陆二学"辨说日繁",于是阳明"救之以良知"。④ 而王学本身则是"范围朱陆而进退之"⑤,"似陆而高于陆"⑥。

正如我们在本章开头所指出的,王阳明先是崇信朱学,"遍读考亭之书"。实际上,王阳明不但遍读朱子之书,而且曾经照着朱熹"格物"说所说的,实际地去"格竹子",结果,非但没有格出竹子的"理",反而格出病来,这使王阳明对朱熹的学说产生怀疑,并进而批判求理于事事物

---

① 《道园学古录》卷三十九。
② 《东林列传》卷二《高攀龙传》。
③ 《宋元学案·介轩学案》。
④ 《明儒学案》卷六十二。
⑤ 《明儒学案·师说》。
⑥ 莫晋:《明儒学案序》。

物的格物说,认为这是"世儒之支离,外索于刑名器数之末"①,犹如求孝之理于其亲,如果这样,那么,亲人去世之后,岂不就没有了孝之理了?因此,他认为,孝之理不在亲,而在于"心"。"以是例之,万事万物之理莫不然",②"物理不外于吾心,外吾心求物理,无物理矣"。③ 求理于事事物物之格物说的错误就在于析心、理为二,不知"吾心即物理"。

顺着"吾心即是物理"的基本思路,王阳明进一步阐述了"心外无物""心外无事""万化根源总在心"的思想。按照一般人的看法,事物之是否存在,并不关乎我之"心",此诚如王阳明的朋友所指出的:"花树在深山中自开自落,于我心亦何相关?"但王阳明认为,花树等万物只有通过心之"灵明"的"感应"才会"明白",才会"显现"出来。若无我心,则花树俱"寂"。因此,山中之花与树,都是我心之"灵明""感应"的结果。不仅花树如此,世间的万事万物都是心中"灵明"的体现:"天,没有我的灵明,谁去仰他高?地,没有我的灵明,谁去俯他深?鬼神,没有我的灵明,谁去辨他吉凶灾祥?天地、鬼神、万物离却我的灵明,便没有天地、鬼神、万物了。""我的灵明,便是天地鬼神的主宰。"如此说明"灵明"与万物的相互关系,不可避免会碰到理论上的某些困难。例如,有人就诘问王阳明:"天地、鬼神、万物,千古见在,何没了我的灵明,便俱无了?"王阳明回答道:"今看死的人,他这些精灵游散了,他的天地万物尚在何处?"此谓人死后,精灵游散了,失去了感应的能力,因此,"他的天地万物"便不复存在了。此中所凭借的,是其"感应"理论。

此外,王阳明还借助于"感应之几",来说明"灵明""人"乃至"天地万物""同体"。有人问王阳明:"人心与物同体,如吾身原是血气流通的,所以谓之同体;若于人便异了,禽兽草木益远矣,而何谓之同体?"④王阳明答道:"你只在感应之几上看,岂但禽兽草木,虽天地也与我同体的,鬼神也与我同体的。"⑤所谓"感应之几",亦即"灵明"去感知万物的一刹那。正是通过"灵明"与万物相感应之一刹那,人们体悟到"心"与万物一体,"我"与天地同体。此中之"灵明",在某种程度上相当于陆九渊所说的"心",只是王阳明的"灵明"比陆九渊的"心"更加神秘化罢了。

---

① 《象山先生全集叙》。
② 《传习录》中。
③ 同上。
④ 《传习录》下。
⑤ 同上。

王阳明所以要用"灵明"去取代陆九渊的"心",也许是因为"心"常会被理解为"肉团心"的缘故。当然,由于表述的关系,王阳明的"灵明"之蕴涵不是很确定,王阳明哲学思想中更为确定和成熟的概念是"良知"。

1. "良知"与佛性

"良知"在王阳明的学说中是一个最基本、最普遍、最核心的概念,它有点类似陆九渊的"本心",但具有更广泛的意义:既指一种先天的道德观念,又是一种辨别是非之心;既是一种先天地生、造化万物的宇宙本体,又是主宰身心、衍生五常的道德本体;既无恶无善,又至纯至善。它带有儒家的心性成分,更富有禅宗佛性的色彩。王阳明对"良知"十分重视,曾说:"吾将以斯道为网,以良知为纲。"①

"良知"本是孟子用语,指先天禀赋的先验知识和道德观念,王阳明借用"良知"概念并扩大其蕴涵。在王阳明学说中,"良知"首先是一种先天的道德观念。他说:"良知之学,不明于天下几百年矣。世之学者,蔽于见闻习染,莫知天理之在吾心,而无假于外也,皆舍近求远,舍易求难。……呜呼!可哀也已。"②"良知是天理之昭明灵觉处,故良知即天理。"③"道心者,良知之谓也。"③"见父自然知孝,见兄自然知弟,见孺子入井自然知恻隐,此便是良知。"④以上诸说,表述有异,思想无殊,都在指明"良知"即"天理",即"道心",即天所赋予我之"四端"。可见,王阳明之所谓"良知",首先是指一种先天的道德观念、道德意识。

其次,"良知"还是一种辨别是非的标准。王阳明说:"良知只是个是非之心,是非只是个好恶。只好恶,就尽了是非。"⑤"尔那一点良知,是尔自家的准则,尔意念着处,他是便知是,非便知非,更瞒他一些不得。"⑥在王阳明看来,"良知"如佛家说心印相似,"真是个试金石,指南针",合得的便是,合不得的便非。这种是非标准既是哲学的,又是伦理的;既是认识论的是非标准,又带有宗教道德准则的色彩。

其三,"良知"又是一种生天生地、造化万物的宇宙本体。王阳明说:"良知是造化的精灵。这些精灵,生天生地,成鬼成帝,皆从此出,真

---

① 《心渔为钱翁希明别号题》。
② 《祭国子助教薛尚哲文》。
③ 《答陆原静书》。
④ 《传习录》上。
⑤ 《传习录》下。
⑥ 同上。

是与物无对。"①"天地万物,俱在我良知的发用流行中,何尝又有一物超于良知之外。"②如果单从王阳明这两段论述看,"良知"与天地万物的关系,似是前者产生后者的关系,实际上,王阳明的整个哲学思想早已超出"本源论"的范围,而是一种"本体论"。因此,此中之所谓"生天生地",准确地说,其实际含义是"体现""显现",也就是说,天地万物都是"良知"这一"本体"的"体现""显现"。"良知"之为"本体",在王阳明的著作中有明确的论述,例如他说:"良知者,心之本体,即前所谓恒照者也。"③"良知只是一个天理自然明觉发见处,只是一个真诚恻怛便是他本体。"④这说明,在王阳明的学说中,"良知"是一个比"心"更纯粹的绝对本体,它的特点是比"心"精神化,更不受气禀、物欲之牵蔽,因此,王阳明有时又把"良知"比诸朱熹所说的"天理""道心"。他说:"这心之本体,原只是个天理"⑤,"天理即是良知"⑥,"道心者,良知之谓也"⑦。但是,王阳明的"良知"与朱熹所说的"天理""道心"又不尽相同。朱熹把"性"分为"天命之性""气质之性",把"心"分为"人心""道心"。王阳明反对这种划分,认为,性即一也,心即一也,心之本体即性也:"性,一而已,自其形体也谓之天。主宰也谓之帝,流行也谓之命,赋于人也谓之性,主宰身也谓之心。""心之体,性也。性即理也。"⑧因此,所谓"性""天命之性""天理""道心""良知"等等,在王阳明那里,是同一东西的不同说法,都是指宇宙万物乃至人伦道德的本体。

这里,人们不妨对照一下王阳明的"良知"与禅宗的"心"或者"佛性",二者除了称谓上不同,此外还能有什么区别呢?实际上,王阳明本人对此直认不讳,而不像以往的理学家"犹抱琵琶半遮面",即偷运佛家理论,又显得羞羞答答。王阳明说:"良知之体,如明镜,略无纤翳,妍媸之来,随物见形。……佛氏曾有是言,未为非也。"⑨"不思善不思恶时,认本来面目,此佛氏为未识本来面目者设此方便。本来面目,即吾圣门

---

① 《传习录》上。
② 同上。
③ 《答陆原静书》。
④ 《答聂文蔚书》。
⑤ 《传习录》上。
⑥ 同上。
⑦ 同上。
⑧ 同上。
⑨ 《答陆原静书》。

所谓良知。"①这里所谓"本来面目"者,亦即禅宗所谓"佛性"。禅宗自"藉教悟宗"的如来禅发展到"教外别传"的祖师禅再到超佛越祖的分灯禅之后,便强调寻找"自我",注重发现"本来面目"。此"本来面目"从一定意义上说,也即是众生之本体、本原。学佛修行的终极目的,就是为了发现此本体,体证此本体,返归此本体,与此本体合一,能如此,则可以成圣作佛。王阳明的"良知"说与此很相近:它先把天地万物、人伦道德之本体付诸"良知",然后指出"良知"人人皆有,愚夫愚妇亦不例外,愚者与圣人的区别仅仅在于能不能致此"良知",能致者则是圣人,不能致者则凡夫俗子。可见,王阳明的"良知"说与禅宗的佛性理论,不论思想路数,还是具体蕴涵,都没有什么根本性的区别,因此,王阳明也承认自家的"良知"即是佛家的"本来面目"。

另外,所谓"不思善不思恶时",是指不加任何作为之本然状态,而不是指"良知"本身的善与恶。对于"良知"本身的善恶问题,王阳明另有论述。

在读王阳明著作时,细心的人都可以发现,王阳明对于"良知"善恶问题的说法存在着矛盾。一方面,王阳明的学说曾被他的弟子概括为四句话,曰:"无善无恶心之体,有善有恶意之动;知善知恶是良知,为善去恶是格物。"②王阳明自己也说:"良知即是未发之中,即是廓然大公、寂然不动之本体。"③既然是未发之中,寂然不动,自然无善恶可言。但是,王阳明又多次指出:"至善者,心之本体,哪有不善?"④这就出现了矛盾:良知既是无善无恶的,又是至纯至善的。这个矛盾曾引起学生王畿与钱宽的争论。"汝中(即王畿)曰:'此恐未是究竟话头。若说心体是无善无恶,意亦是无善无恶的意,知亦是无善无恶的知,物亦是无善无恶的物矣。若说意有善恶,毕竟心体还有善恶在。'德洪(即钱宽)曰:'心体是天命之性,原是无善无恶的,但在人有习心,意念上见有善恶在,格、致、诚、正、修,此正是复那体性的功夫。若原无善恶,功夫亦不消说矣。'"⑤

单从理论上说,王畿的推论较合乎逻辑,因为"意"与"物"等都是由

---

① 《答陆原静书》。
② 《传习录》下。
③ 《传习录》中。
④ 《答陆原静书》。
⑤ 同上。

"心之体"派生的,"心之体"既是无善无恶的,"意"与"物"等自然也是无善无恶的。钱宽却以"人有习心"来说明意念上有善恶在,并以此说明修习功夫之必要。据说二人纷争不已,最后到天泉桥畔请王阳明裁决。王阳明说:"二君之见,正好相资为用,不可各执一边。我这里接人,原有二种。利根之人,直从本原上悟入。人心本体,原是明莹无滞的,原是未发之中。利根之人,一悟本体,即是功夫,人己内外,一齐俱透了。其次不免有习心在,本体受蔽,姑且在意念上实落去为善去恶,功夫熟后,渣滓去得尽时,本体亦明尽了。汝中之见,是我这里接利根人的;德洪之见,是我这里为其次立法的。二君本取为用,则中人上下,皆可引入于道。若各执一边,眼前便有失人,便于道体各有未尽。"①这段话,也许有人觉得很是费解,实际上,学过佛教特别是禅学的人,对这段话可以说一目了然。王阳明这里所说的"一悟本体,即是功夫",此是专就"悟"而言。"悟"者,认识、把握本体的最根本、最终极的方法也!因为"良知"属"本体",因此,对此"良知"的把握,"悟"乃是最好的方法,也是最根本的功夫。当然,这只有利根之人才可能做得到。而所谓"其次"者,即主要指"修"。这种"修"也就是除习弃蔽,为善去恶,此犹如神秀所说"时时勤拂拭,莫使惹尘埃",待尘埃弃除净尽,本体自然明了。实际上,单靠这种渐修的方法,是不可能体证本体的,因此,王阳明强调二者应该相资为用。王阳明的本意也许是说对各种根机的人要用不同的方法,利根者用"悟",钝根者用"修",实际上,钝根之"修"如果最后没有"悟"的跳跃,是不可能达到本体的。这是王阳明这段话的一层意思。

此外,对于这段话中所提出的"良知"本身是善是恶的问题,王阳明还有更具体的论述。他以"发用""流弊"说,说明何以"心本体"无善无恶,而"意"却有善有恶。他说:"性无定体……性之本体原是无善无恶的,发用上也原是可以为善,可以为不善的,其流弊也原是一定善一定恶的。……孟子说性,直从源头上说来……荀子性恶之说,是从流弊上说来,也未可尽说他不是,只是见得未精耳。"②此谓从本体上说,"良知"是未发之中,是不受善恶影响的,但是从"发用"上说,心动而产生意念,意念一动,便有了善恶之分;从"源头"与"流弊"方面看,"源头"是晶莹无瑕、完满至善的,"流弊"则有善有恶。为了让学生更好地理解心体、

---

① 《传习录》下。
② 《传习录》中。

意用及源头、流弊的相互关系,王阳明还以花草为喻:"天地生意,花草一般,何曾有善恶之分?予欲观花,则以花为善,以草为恶;如欲用草,复以草为善矣。此等善恶,皆由汝心好恶所生。"①也就是说,心体本来无善恶,善恶纯由意念所生,由于意动而为习气所染蔽,才产生了善恶。王阳明以上"良知无善无恶""意念有善有恶"说,"不思善不思恶时认本来面目"说,等等,如果人们对照一下《坛经》的有关说法,无疑有助于认识王学与禅学的相互关系。在《坛经》中载有这样一件事,当惠明为向慧能求法而赶到大庾岭时,慧能对惠明说了一句话,"惠明于言下大悟",这句话就是:"不思善,不思恶,正与么时,那个是明上座本来面目?"另外,《坛经》还载有一个曾奉命刺杀慧能未遂后出家为僧的侠客,在向慧能请教《涅槃经》之"常""无常"义时,慧能对他说道:"无常者,佛性也;有常者,即一切善恶诸法之分别心也。"王阳明之"良知""意念"善恶说等,不但思想与禅学相通,而且许多措辞、表述亦与佛教特别是禅学相类。

2."致良知"与"悟自心"

按照王阳明"良知"说,"良知"虽是"未发之中,是廓然大公、寂然不动之整体,人人所同具者也",但是,圣人与愚夫愚妇却常常有着天渊之别,原因何在呢?他认为,圣人所以为圣人者,只在其心纯乎天理而无人欲之杂,此犹精金之所以为精,以其色足而无铜铅之杂,又如青天之日而无阴霾之覆,明镜之晶莹而无斑垢驳杂;但是常人却不是这样,而是经常为私利物欲等尘垢所染污障蔽,因此,必须经常为学刮磨,以去其蔽:"圣人之心,纤翳自无所容,自不消磨刮;若常人之心,如斑垢驳杂之镜,须痛加刮磨一番。"②常人愚者之心,为什么会为尘垢所染呢?王阳明认为,主要是常人都有七情六欲之故,而七情六欲一旦沾染上,"则俱为良知之蔽",因此,为学最紧要者,是"存天理,去人欲"。"存天理,灭人欲"为理学家所共同提倡,但"天理"如何存,人欲如何灭,方法却各不相同。程朱强调"居敬""穷理",陆九渊主张"剥落""减担""存心去欲",王阳明则提倡"明心反本""致良知"。

王阳明提出"明心反本"修养方法的根据,一是因为"心"是天地万物之主宰,言"心"即天地万物皆具而又亲切简易,故言学莫若尽乎心;

---

① 《传习录》上。
② 《答黄宗贤应原忠》。

二是因为人心本性具足，毫无欠缺，因此，君子之学，尽心即可，无须向外四处寻觅；三是因为人心本自晶莹，只是为物欲所蔽，才不得明澈，只要除习去蔽，心即可复明。因此，"君子之学，以明其心"①，"君子之学，惟求得其心"②。

至于如何"反本"，如何"明心"，王阳明提出一种"省察克治"的方法，曰："省察克治之功，则无时而可间，如去盗贼，须有个扫除廓清之意。无事时将好色、好货、好名等私逐一追究，搜寻出来，定要拔去病根，永不复起，方始为快。常如猫之捕鼠，一眼看着，一耳听着，才有一念萌动，即与克去，斩钉截铁，不可姑容与他方便，不可窝藏，不可放他出路，方是真实用功，方能扫除廓清，到得无私可克，自有端拱时在。虽曰'何思何虑'，非初学时事，初学必须思省察克治，即是思诚，只思一个天理。"③在这段话中，王阳明借助了那么多的比喻，并不厌其烦地、反反复复地强调的，就是人们对于各种物欲、私念必须经常反省思考，一旦觉察到有好色、好利、好名等念头出现，就应该斩钉截铁地加以克治，只要把各种私心杂念都克除净尽了，天理就自然显现，所谓"去得人欲，便识天理"④。

如果说，王阳明所说的"克治"主要指"去欲"，那么，所谓"省察"，则带有"反身而诚"的意思。王阳明的思维方法，基本是内向型的，即注重于向心体上用功，认为如果心体明净了，则一明俱明，一通俱通，这才是"为学头脑处"。

王阳明的这种思想后来被他的学生进一步明确化为"制欲莫如反本"。据《近溪子集》记载，罗近溪曾对颜山农说自己如何遇病时生死不关心，科举失意不动心，颜山农对此非但不称许，而且说这是"制欲"，非是"体仁"，并告之应该如何扩充天赋四端，罗听后如梦初醒。泰州学派的林春也有类似的悟道经历。据说，他开始进行道德修养时，每天用朱墨两种笔点记，善念点红，杂念点黑，后来，始觉"此治病之标者也，盍其反本乎"⑤。这些都是说，从具体事情上去制欲、去欲，不如反身而诚、体悟自心。

---

①《别黄宗贤归天台序》。
②《传习录》下。
③《传习录》上。
④ 同上。
⑤《明儒学案·泰州学案》。

在心体上用功,王阳明又称之为"致良知"。王阳明对"致良知"十分重视,曾说,"吾平生讲学,只是'致良知'三字"①,"'致良知'三字真圣门正法眼藏"②,"致良知是学问大头脑,是圣人教人第一义"③。

王阳明把"致良知"抬到至高无上的地位,是因为在他看来,能否"致良知"乃是圣人贤者与愚夫愚妇分野之所在。他说:"良知良能愚夫愚妇与圣人同,但唯圣人能致良知,而愚夫愚妇不能致。此圣愚之所由分也。"④

"致良知"所以会成为区分圣愚的关键,王阳明认为,是因为"良知这诀窍,随他多少邪思枉念,这里一觉都自消融,真是灵丹一粒,点铁成金"⑤。人们只要时时于良知上体会,久之便会"豁然有见"。那么,"豁然有见"些什么呢?一言以蔽之,则是见那"本来面目",见那"清净本性"。因为,在王阳明的学说中,"良知"是一个无所不能的清净本体,只因为私欲蔽障,故本体不得明朗,如今若能念念于"致良知",把这些蔽障弃除净尽,本体则复得明朗。本体明朗了,见得了清净本性,自然与圣人无异。王阳明这种"致良知"的修养方法,与禅宗的"明心见性"的修行方法十分相似。禅宗的基本思想之一,是认为佛性本自清净,只因客尘烦恼盖覆,故不能自见,若能离相无念,明心见性,便可识得自家本来面目,成佛作菩萨。慧能还以天常清,日月常明,只因乌云蔽障不得明朗来比喻清净佛性与客尘烦恼的相互关系,王阳明亦有"圣人之知如青天之日,贤人如浮云天日,愚人如阴霾天日"⑥的说法。二者不但思想相通,措辞用语亦雷同。

王阳明"致良知"的注重悟自心、见自性,还体现在他对于"格物"说的解释上。在这一点上,既体现了王阳明的"心学"与程朱理学的分歧所在,更体现了王学接近于禅学的以"心"为一切修行的出发点和归趣的思想。

朱熹认为,认识事物必须通过"格物""穷理",今日格一物,明日格一物,格到一定程度,便会豁然贯通;王阳明反对这种做法,他认为,解

---
① 《寄正宪男手墨二卷》。
② 《年谱》。
③ 《传习录》中。
④ 《答顾东桥书》。
⑤ 《传习录》下。
⑥ 同上。

"格物"为格天下的事物,天下的事物那么多,"如何格得?且谓一草一木亦皆有理,今如何去格?纵格得草木来,如何反来诚得自家意?"①从这段话看,王阳明把落点又放到"诚自家意"上。实际,王阳明非但把落点放到"自家意"上,其出发点也是自家的"良知"。他认为,所谓"致知格物"者,乃是"致吾心之良知于事事物物。……致吾心之良知者,致知也;事事物物皆得其理者,格物也"②。这显然是把朱熹的于事事物物上求其"理",变为在自家身心上做工夫。

3."本体功夫"与"顿悟见性"

王阳明的修养方法几乎在各个方面都深受禅宗修行方法的影响,此中的根本原因,是因为两种修行方法都是建立在本体论的基本之上。而"本体功夫",正如王阳明所说的,"一悟尽透"。这句话,可视为是适于两修行方法的点睛之笔。当然,由于禅宗毕竟是佛教,而王学毕竟属儒学,因此,所悟之对象称谓便不尽相同。在禅宗者,为"心",为"佛性",为"祖师西来意";而在王阳明,则称之为"良知"。所谓"悟",亦即"明心反本""致良知"。王学与禅学的这种差别,由于王阳明"良知"的内涵与禅宗的"心""佛性"已经基本相同,因此,除了称谓有异处,实际上很难再找出二者的区别。

与本体理论及顿悟方法相联系,王阳明在对待经典方面的态度也颇受禅宗的影响。禅宗对于经教典籍的一个基本态度,是倡"教外别传",主张不依经教、直指心源。后期禅宗更把十二部经视为"拭疮纸",强调寻找"主人翁"。这种思想对于王学也产生了深刻的影响,王阳明对于经典也持"六经注我"的态度。他说六经是"吾心之记籍",反对揣摩依仿典籍,强调要自信,主张"但致良知成德性,谩从故纸费精神",等等。

就王阳明自身的思想说,影响他主要是慧能南宗"即心即佛"的佛性理论和"明心见性"的修行方法。但是,到了王阳明后学,这种情况就发生了一些变化。由于后期禅宗逐渐由"直指心源""顿悟见性"发展为提倡"随缘任运""无证无修",王门后学自王龙溪、王心斋以降,也盛行自然无为之风。他们认为,万紫千红,鸢飞鱼跃,无非天机之动荡,花落鸟啼,山峙川流,都是良知之流露,因此主张"率性工夫本自然,自然

---

① 《传习录》下。
② 《答顾东桥书》。

之外更无传","七情不动天君泰,一念才萌意马狂","此心收敛即为贤,敛到无心识性天"。教人工夫应做到如无识小童,嬉游笑舞,皆是鱼跃鸢飞景象,并说:"吾人心体活泼,原来如此。"

从以上各个方面看,王阳明的学说乃至王门后学之受禅的影响,应该说是毋庸置疑的。这一点,不仅时人有此看法,前儒先贤亦多有所评述。明代的刘宗周早就指出:"良知之说,鲜有不流于禅者。"①清康熙年间的学者陆陇其也曾明言:"自阳明王氏倡为良知之说,以禅之实,而托儒之名。"②此后一个说法颇能反映王学特点,即阳明之学,实多以儒家术语、范畴,去阐发禅宗的佛性、心性理论,是儒学其表,禅学其里,若用以往学者的说法,即"阳儒阴释",是佛教与儒学长期相互渗透、相互交融的产物。

---

① 《明史·刘宗周传》。
② 《渔堂文集·学术辨》。

禅与诗书画

儒、释、道并为中国古代三大社会思潮，探讨佛教与中国文化的相互关系，儒、道自然首当其冲。王道政治是中国封建社会上层建筑的核心，探讨佛教与中国文化的相互影响，王法与佛法的相互关系当然不能不谈。但是，华夏文化不但源远流长、历史悠久，而且形式繁多、色彩斑斓，既有博大深厚的宗教、伦理、政治思想，更有诗文、书画等文化形态。如果说前者所体现的是中国古代的学术传统，那么，后者则显示了华夏民族的文化特征。在中国古文化的百花园中，文人学士尤重诗、书、画三者，视之为华夏文化之冠冕。其中，诗更是冠冕上之宝珠。不唯衡量一个人的才华学问，多以诗文为准，甚至科举取士，也常以吟诗作对为主要内容。

一、禅与诗

诗文在中国古文化中的举足轻重的地位，使得我们在探讨佛教与中国文化的相互关系时，不能不顾及它。

（一）禅学与诗人

所谓佛教与诗，主要指中国佛教与诗的关系。中国佛教虽然流传广泛、宗派林立，典籍浩繁、名僧辈出，但隋唐之后，人们常把禅宗作为中国佛教的代名词。因此，探讨中国佛教与诗的相互关系，主要是探讨禅学与诗的关系。

中国之禅学，原非独指禅宗之学。盖佛教传入中土之初，便有安世高一系所传之"小乘禅"。此禅以"安般守意"、数息修禅为特征，故又称"安般禅"。其后又有支娄迦谶所倡以"念佛三昧"为标志的"念佛禅"和由天台诸师所提倡、以止观并重为特点的"实相禅"。凡此诸禅，虽系中国禅学，但均非禅宗之禅。

禅宗之禅学，盖始自达摩楞伽禅。达摩系中国禅宗之初祖，其学以"借教明宗"为号召，以"理入""行入"为标志，倡"凝住壁观"，重"与道冥符"。据《高僧传》载，达摩曾说："入道多途，要唯二种，谓理、行也。"①所

---

① 《续高僧传·达摩传》。

谓"理入",即借教悟宗。深信一切含生之类,具同一真性,只是被客尘烦恼覆盖,不能显了;如果能舍伪归真,凝住壁观,不随言教,凡圣等一,则可与道冥符,寂然无为。所谓"行入",即"报怨行""随缘行""无所求行""称法行"。此"四行"的主旨也在教人要"顺物""安心"。因此,达摩禅的特点主要在"壁观""安心"。这正如唐僧宗密所说:"达摩以壁观教人安心,外止诸缘,内心无喘,心如墙壁,可以入道。"①达摩禅虽教人不随经教,但他自己颇重《楞伽经》。《高僧传》载:"初,达摩禅师以四卷《楞伽》授可曰:'我观汉地,唯有此经;仁者依行,自得度世。'"②因此之故,达摩禅又称达摩楞伽禅。

达摩之后,二祖慧可、三祖僧璨、四祖道信、五祖弘忍,乃至弘忍的上首弟子神秀,基本上都是沿着达摩的路走的。在修行方法上,均提倡独宿孤峰、端居树下,终朝寂寂、静坐修禅。二祖慧可以注重坐禅而闻名;三祖僧璨禅法的特点是"隐思空山,萧然静坐"③;四祖道信更唯山林是托,提倡"闭门坐",教诫门人"努力勤坐为根本";五祖弘忍也提倡"栖神山谷,远避嚣尘"④,认为修禅"如磨镜,尘尽自然见性";直到北宗领袖神秀仍重"时时勤拂拭,莫使惹尘埃"⑤,倡"凝心入定,住心看净,起心外照,摄心内证"⑥,以"住心静观""拂尘看净"为标志。这些禅师的禅法,虽然从总的说,也在逐步中国化,但并非平常所说的代表中国佛教的禅宗的禅学。严格意义上的禅宗,是从六祖慧能开始的。慧能之前,可以说是有禅学而无禅宗。慧能是中国禅宗的实际创始人。

慧能之禅法,在中国佛教史上有"六祖革命"之称。由于慧能对于传统的禅学进行了一系列根本性的变革(详见本书第二章"禅宗"部分),因此,慧能之后的禅学出现了一种前所未有的崭新面貌。这种禅学的主要特点是主张"教外别传,直指人心,不立文字,顿悟见性"。据说此种禅法遥契灵山会上释迦拈花、迦叶微笑之传心法要,注重"以心传心"。实际上这种禅法与其说得自灵山法会,毋宁说是中国古代注重心性之传统文化的产物。如果从佛教系统之渊源关系看,则深受晋宋

---

① 《禅源诸诠集都序》卷二。
② 《续高僧传·达摩传》。
③ 《楞伽师资记》卷一。
④ 同上。
⑤ 《坛经》。
⑥ 《答崇远法师问》,《神会和尚遗集》卷三。

之际竺道生的佛学思想的影响。道生之学,一倡"众生有性",二重"顿悟成佛"。这两种学说都对慧能的思想产生了深刻的影响。慧能开创的禅学南宗,一重心性,倡"即心即佛";二重"顿悟",主"顿悟见性"。其中,"顿悟"思想是慧能南宗区别于神秀北宗的重要标志。盖南宗之禅学,不像北宗那样重依教渐修、拂尘看净,而主张直探心海、顿悟见性,"迷即凡夫悟即佛",一切经教、文字,都是入道成圣之障碍,一切坐禅、修行,也都只是枉受辛苦。佛性在自心,一悟便是佛。一个"悟"字,乃是禅宗的特色所在,也是中国历史上许多文人诗客所以好佛参禅的一个重要原因。

中国古代的诗歌,自东晋之后便与佛教发生了密切联系。魏晋时期,出现了一种"玄言诗",这种诗以玄想、清谈为基调。自西晋之后,由于二张三陆等绮丽诗风的崛起,"玄言诗"一度销声匿迹。但是,时隔不久,以佛教般若学的流行传布为契机,"玄言诗"又死灰复燃,至东晋出现了以《兰亭诗》为代表的玄言诗。当时的许多著名作家如许询、王羲之等都与名僧支遁交游。据《世说新语·文学篇》记载,许询、王羲之、支遁等常在一起谈论老、庄。有一次论及《庄子·逍遥游》时,"支作数千言,才藻新奇,花烂映发",遂使王羲之"留连不能已"。还有一次,支道林、许询、谢安等名僧、清流共聚王濛家,各人均借《庄子》"以写其怀","支道林先通,作七百许语,叙致精丽,才藻奇拔,众咸称善"。"玄言诗"诗人与支遁的交游,可说是中国历史上诗人与名僧交游之先声。

进入南北朝后,诗风又发生了变化,两晋之"玄言诗"逐渐为"山水诗"所代替,这就是刘勰在《文心雕龙·明诗》中所说的:"宋初文咏,体有因革,庄、老告退,而山水方滋。"而"山水诗"之集大成者,当推晋宋之际的谢灵运。清代诗人沈曾植曾说:"康乐(即谢灵运)总山水老庄之大成,开其先者支道林。"[①]

谢灵运在诗歌方面有很高的成就,一生写了许多山水诗。其诗擅长景物刻画,讲究雕琢字句,喜用典故,注重形式,为后人留下不少传诵的佳句。同时,谢灵运十分推崇佛教,认为"六经典文,本在济俗为治耳。必求性灵真奥,岂得不以佛经为指南邪!"[②]尤其推崇竺道生的"顿悟成佛"说,著《与诸道人辨宗论》,把佛教的"渐修""积学"与儒家之"一

---

① 《与金太守论诗书》。
② 见何尚之《答宋文帝赞扬佛教事》。

极"之旨糅合起来,为道生的"顿悟"说作论证。他说:"释氏之论,圣道虽遥,积学能至,累尽鉴生,不应渐悟。孔氏之论,圣道既妙,虽颜殆庶,体无鉴周,理归一极。有新论道士,以为寂鉴微妙,不容阶级,积学无限,何为自绝?今去释氏之渐悟,而取其能至,去孔士之殆庶,而取其一极。一极异渐悟,能至非殆庶。故理之所去,虽合各取,然其离孔、释矣。余谓,二谈救物之言,道家之唱,得意之说,敢以折中自许,窃谓新论为然。"意思是说,佛教认为成佛虽遥,然渐修积学则可达到,故"闭其顿了,开其渐悟";儒家认为圣人很难通过学习达到,即便如颜子也是"殆庶",故"闭其累学,而开其一极"。今有新论道士(即竺道生)立"不容阶级"之说,倡"顿悟成佛"之论,私下颇以此说为是。盖孔氏虽有渐悟之谈,然又有能之旨,今可取其能,至而去渐悟;孔门虽有"殆庶"之说,然其有一极之论,今亦可去其"殆庶"而取其"一极"。如此折中而言,则既可成佛,又非渐悟,合而言之则是"顿悟成佛"。谢灵运此论,糅合孔、释,方法巧妙,主张"顿悟",观点明确。从佛教与诗歌的相互关系看,至少从谢灵运起,"顿悟"与诗便结下了不解之缘。唐代诗僧皎然曾说:"康乐公(即谢灵运)早岁能文,性颖神澈,及通内典,心地更精,故所作诗,发皆造极,得非空王之道助邪?"①"……如康乐公,览而察之,但见性情不立文字,若诗道之极也,向使此道……崇之于佛,则彻空王之奥。"②所谓"空王",即佛教"般若学"。"般若"亦即"智慧",就谢灵运说,此般若智慧集中表现为"顿悟"的思想方法,所谓"明宗极虽微,而一悟顿了"③,"阶级教愚之谈,一悟得意之论"④,说明谢灵运对于"顿悟"说很是推崇。既推崇之,思想受其影响是理所当然的事。

　　谢灵运不仅推崇佛教,而且对于佛教的经典和义理有很深入的研究和造诣。在中国佛教史上,他以参与改译《大般涅槃经》为"南本"而著名。同时,他还写了许多佛教方面的文章,除著名的《辨宗论》外,还写了《佛影铭》《山居赋》《和从弟惠连无量寿颂》等。在诗歌方面,更进一步把佛理与山水相结合,开一代诗风。其《石壁精舍还湖中作诗》《登石门最高顶诗》《从斤竹涧越岭西行诗》等,是这方面的代表作。谢灵运在把佛教与诗歌相结合方面,在中国佛教史和诗歌史上都有着深远的

---

① 皎然:《诗式》。
② 同上。
③ 谢灵运:《与诸道人辨宗论》。
④ 同上。

影响。唐代之鸟窠禅师曾对白居易说:"汝当为在家菩萨,戒施俱修,如谢灵运之俦也。"①

到了唐代,中国古代诗歌进入鼎盛时期。在唐代诗园中,百花竞放,奇才辈出。李白、杜甫、白居易堪称一代诗圣,王维、孟浩然、柳宗元则各具特点。而唐代佛教也是中国佛教的鼎盛期,其时之佛教,各立门庭,自造家风:天台、华严、唯识、禅宗并为四大宗派,玄奘、法藏、慧能各为一代宗师。这时期之诗人于佛教涉足尤深,佛教对诗歌的影响更大。

李白虽以耽道著名,但又传有"宴坐寂不动,大千入毫发"②之句。杜甫虽崇儒,却也有"身许双峰寺,门求七祖禅"③之咏。白居易则佛道兼修。早年白居易不信佛、道,但自江州之贬后,深知仕途艰险,于是寄情于山水诗酒之间,借旷达乐天以自遣,转而炼丹服食,继而皈依佛教,以"香山居士"自许。正如他在《赠杓直》诗中所说:"早年以身代,直赴《逍遥篇》。近岁将心地,回向南宗禅。"④

白居易涉足佛教时间既长,受影响亦深。他与当时的许多名僧多有交往。他早年虽不信佛,但也曾"求心要"于洛阳圣善寺凝公法师。据说凝公曾授以他八个字:"曰观、曰觉、曰定、曰慧、曰明、曰通、曰济、曰舍。"⑤后来又问禅于鸟窠禅师。该禅师有一怪僻,常在松树上栖止修行,故名"窠"。据说有一天白居易来到树下拜访禅师,看到禅师端坐在摇摇欲坠的鹊窠边上,就说:"禅师坐在树上,太危险了。"禅师回答说:"我坐在树上一点也不危险,倒是你的处境才非常危险。"白居易问何以见得,禅师说:"薪火相交,纵性不停,怎能说不危险?"意谓官场沉浮,钩心斗角,危险就在眼前。白居易似乎略有领悟,便问:"如何是佛法大意?"禅师回答说:"诸恶莫作,众善奉行。"白居易对这一回答颇感失望,认为这是三岁小孩也懂的道理。禅师便说:"三岁小孩虽道得,八十老翁行不得。"白居易才颇感禅师所说为是,更作一偈请教禅师,曰:"特入空门问苦空,敢将禅事问禅翁;为当梦是浮生事,为复浮生是梦中?"禅师也以偈回答说:"来时无迹去无踪,去与来时事一同;何须更问浮生事,只此浮生是梦中。"意谓人生本身即梦、即幻,无须对梦与人生横加

---

① 《景德传灯录》卷四。
② 《李太白全集》卷二十三。
③ 《杜少陵集详注》卷十九。
④ 《白氏长庆集》卷七。
⑤ 《白氏长庆集》卷三十九。

区别。此说使白居易颇为折服,遂拜禅师为师。到了晚年,白居易崇佛愈甚,既归心南宗,又信仰净土,如他《重修香山寺毕题二十二韵以纪之》诗所云:"南祖心应学,西方社可投。生宜知止足,次要悟浮休。"①并舍自己的住宅为"香山寺",醉心念佛。此时之诗作受佛教影响更深,如他《香山寺》诗云:"空门寂静老夫闲,伴鸟随云往复还。家酿满瓶书满架,半移生计入香山。""爱风岩上攀松盖,恋月潭边坐石棱。且共云泉结缘境,他日当做此山僧。"诗中充满悠闲飘逸、心泰神宁之意境。

在唐代诗人中,崇佛最甚者当推王维。他早年就信仰佛教,曾"十年座下,俯伏受教"②于道光法师。后来与南、北二系之禅师均有交往,既受北宗神秀一系禅学思想的影响,又受南宗菏泽一系禅学思想的影响。其母崔氏曾"师事大照禅师三十余岁,褐衣蔬食,持戒安禅,乐住山林,志求寂静"③。"大照"即神秀高足普寂,他的弟子王缙"尝官登封,同学于大照"④。王维本人写有《为舜阇黎谢御题大通大照和尚塔额表》《谒璇上人并序》《过福禅师兰若》等,大通即神秀之谥号,璇上人即瓦棺寺道璇,出于神秀门下,福禅师即是受神秀亲传、与普寂同门之义福或惠福。可见,王维与北宗禅师多有接触或"神交"。

王维与南宗的关系则更密切。他与慧能的嫡传弟子神会有直接的交往,并曾向他请教佛法。如他出使南阳时曾在临湍驿遇见神会,并问神会"若为修道得解脱"等。他的许多诗作更常常"遥契南宗",说明王维深受慧能、神会禅学思想的影响。

王维尤其推崇佛教史上的维摩诘居士,取号"摩诘"。《维摩诘经》"净名杜口""文殊绝言"的"不二法门"对禅宗影响极大。王维之推崇禅宗与推崇维摩诘居士是一致的,即均取其离诸语言文字,注重顿悟会意。

此外,王维与华严宗僧人也有所接触,如曾受教于道光法师。对于净土信仰,王维也倾心皈向。他在《西方变画赞并序》中说:"愿以西方为导首,往生极乐性自在。"王维常去听法之香积寺即是净土宗寺院。他还与密宗僧人有来往,如与传扬密教的温古和尚交情颇深。这一切都说明王维对于佛教既十分崇信,且涉猎颇广。到了晚年,王维更"长

---

① 《白氏长庆集》卷三十一。
② 《大荐福寺大德道光禅师塔铭》。
③ 《请施庄为寺表》,赵殿成《王右丞集笺注》卷十七。
④ 《东京大敬爱寺大证禅师碑》。

斋奉佛,焚香独坐,以禅诵为事"。

唐代另一位著名诗人柳宗元也崇信佛教。柳"自幼好佛,求其道,积三十年"①,特别在"永贞革新"失败,被贬永州之后,崇佛弥甚。他曾长期寄居佛寺,与许多僧人有交往,且常以诗文与僧人酬唱应对,为许多僧人写墓碑铭文。如初至永州时,寄居龙兴寺,与重巽和尚交谊甚深,写有《巽上人以竹间自采新茶见赠酬之以诗》《巽公院五咏》等诗,既造语精妙,且参以佛理;与石门长老也交从甚密,留有《法华寺石门精舍三十韵》《戏题石门长老东轩》等诗;并且为龙安海禅师、南岳弥陀和尚、六祖大鉴禅师等撰写了碑铭。

在中国古代诗坛词苑中,诗人与名僧相交游且留下许多趣闻逸事者,当推宋代著名诗人苏东坡。其中,苏东坡与了元佛印禅师交游酬唱的趣闻佳话尤多。例如,有一次,佛印禅师将要登坛说法,苏东坡闻讯赶去,但席中已无空座,禅师便对苏东坡说:"人都坐满了,此间已无学士坐处。"苏东坡一向好禅,便以机锋相答:"既无坐处,我就以禅师四大五蕴身为座。"禅师见苏东坡与他论禅,便说:"我有一个问题问你,如果你回答得出来,那么我的身体就当你的座位,若回答不出,那么你身上的玉带就得留下来。"苏东坡欣然答应。佛印禅师便问:"四大本空,五蕴非有,请问学士要坐在哪里?"苏东坡一时语塞,只好把玉带留下。过后,苏东坡曾为此事作偈,曰:"百千灯作一灯光,尽是恒沙妙法王;是故东坡不敢惜,借君四大作禅床。""病骨难堪玉带围,钝根仍落箭锋机;会当乞食歌姬院,换得云山旧衲衣。"佛印禅师亦作一偈,曰:"石霜夺取裴休笏,三百年来众口夸;争似苏公留玉带,长和明月共无瑕。"

还有一次,苏东坡欲去拜访佛印禅师,就事先写信给禅师,要禅师如赵州禅师迎接赵王那样迎接他。赵州禅师迎赵王是禅史上一段有名公案。据传赵王很尊崇赵州禅师,便上山参拜禅师,禅师不但没出门迎接,而且睡在床上不起来,并对赵王说:"对不起,出家人素食,力气不足,加之我已年老,所以才睡在床上见你。"赵王不但对此没责怪禅师,而且回去之后即派人送礼给禅师,禅师闻讯,赶忙从床上起来,披上袈裟,到门口去迎接。门人对禅师此举感到莫名其妙,便问禅师:"刚才赵王来时,你睡在床上接待他,他的部下来了,你反而到门口去迎接,这是什么道理?"赵州禅师说:"你们不懂,我接待上宾是躺在床上,以本来面

---

① 《送巽上人赴中丞叔父召序》。

目相见；次一等客人，就坐起来相见；再次一等客人，就取世间套俗出门迎接。"苏东坡要佛印禅师如赵州禅师接赵王那样迎接他，亦即要佛印以不接而接的上宾之礼迎接他。但是，当苏东坡快到寺院时，老远就看到佛印禅师在门口迎接他。苏东坡便嘲笑佛印禅师道行没赵州禅师高远。禅师便回敬了一偈，曰："赵州当日少谦光，不出山门见赵王；怎似金山无量相，大千都是一禅床。"意谓赵州不起床之接，是不谦恭而非道行高远，而我到门口来接你亦非离开禅床，因为整个大千世界都是禅床。此答使苏东坡很是叹服。

再有一次，苏东坡在江北瓜洲任职时，和佛印所住之金山寺只有一江之隔。苏东坡向来颇自负，对禅亦然。有一天他作了一偈，曰："稽首天中天，毫光照大千；八风吹不动，端坐紫金莲。"意谓自己的禅定功夫已甚深，已不为世俗之称、讥、毁、誉、利、衰、苦、乐等所动，并派人把偈子送给佛印禅师。禅师看后，在上面批了两个字："放屁！"就让来人把偈子带回去。苏东坡看了批语后，无名火顿起，遂乘船过江来找禅师。一到南岸，佛印禅师已在江边迎候他。苏东坡当即责问禅师：为何秽语相加？禅师故装若无其事，并说："骂你什么呀？"苏东坡遂说起"放屁"批语事，禅师听后呵呵大笑，并说："你不是'八风吹不动'吗？为何被一屁打过江来了呢？"苏东坡听后方感自愧不如。

苏东坡涉足佛教时间很长，交游的僧人多，受影响亦大。清代学者钱谦益曾说："北宋以后，文之通释教者，以子瞻为极则。"①从有关材料看，苏东坡早年就开始接触佛教。在《子由生日，以檀香观音像及新合印香银篆盘为寿》诗中有这样两句诗文，曰："君少与我师皇坟，旁资老聃释迦文。"也就是说，早在与其弟苏辙同窗共读的少年时代，苏东坡就开始接触佛教。苏东坡所以在少年时代就接触佛教，与家庭环境有关。

苏东坡之父亲苏洵于佛教涉足颇深，与当时名僧云门宗圆通居讷和宝月大师等多有交往，僧传还把他列为居讷法嗣。其母亦笃信佛教。父母去世之后，苏东坡曾将他们爱好之遗物施给佛寺。苏东坡在《真相院释迦舍利塔铭叙》中说："昔予先君文安主簿赠中大夫讳洵，先夫人武昌太君程氏，皆性仁行廉，崇信三宝。捐馆之日，追述遗意，舍所爱作佛事。"在《与大觉禅师琏公》中语及舍禅月罗汉，在《四菩萨阁记》中说到舍吴道子画，在《阿弥陀佛颂叙》中说到舍母亲遗留簪珥，以荐父母冥

---

① 《读苏长公文》，《牧斋初学集》卷八三。

福。凡此都说明苏东坡的父母均笃信佛教,而东坡早年曾以父苏洵为师,自然要受"家学"之影响。

成年之后,苏东坡便直接与佛教发生关系。在《王大年哀辞》中,他说:"嘉祐末,予从事岐下,而太原王君讳彭字大年监府诸军……予始未知佛法,君为言大略,皆推见至隐以自证耳,使人不疑。予之喜佛书,盖自君发之。"①如果说苏东坡早年主要受家庭佛教思想氛围之熏陶,那么,自结识王大年并从之习佛后,他便走上自觉"好佛"之道路。起初,他与王维一样,推崇维摩诘居士,有诗为证:"今观古塑维摩像,病骨磊嵬如枯龟。乃知至人外生死,此身变化浮云随。世人岂不顾且好,身虽未病心已疲。此叟神完中有恃,谈笑可却千熊罴……见之使人每自失,谁能与结无言师。"②这里流露出他对维摩诘居士这种"至人"的向往。此后,苏东坡遍游大山名寺,"三百六十寺,处处题清诗"③,广交名僧大德,诸如慧辩、辩才、梵臻、怀琏、契嵩、惠勤、惠思、清顺、可久等。苏东坡自己说:"吴越名僧与余善者十九",可见他结交僧人之广、之多。

苏东坡所结交的僧人中,以诗僧、禅师为多,交谊也最深。特别到了晚年,他对禅表现出特别的兴趣,所谓"久参白足知禅味",说明他既好参禅且"知禅味",并常常把这种"禅味"融入诗中,写出许多富有佛理之传世佳句,诸如"溪声尽是广长舌,山色无非清净身"④,"回头自笑风波地,闭眼聊观梦幻身"⑤,等等。

苏东坡之后,诗人文士中崇信佛教者代有其人,如元之宋濂、明之李贽、清之龚自珍等,都是一些在诗文上有相当造诣,而思想上又深受佛教,特别是深受禅学影响的著名诗人。

总之,自六朝至两宋,在我国古代诗歌和佛教发展史上都是一个重要阶段,其间佛学盛行、诗人辈出。许多诗人涉足佛教,结交名僧,使诗歌创作受到佛教的深刻影响。唐宋之后,由于禅宗盛行,诗人与禅师交游成为一时之风尚,遂使佛界诗坛出现了这样一种情形:一方面,佛教界出现了一批以诗讲佛理之诗僧;另一方面,诗坛上出现了大量以禅入诗、以禅喻诗之禅诗。

---

① 《东坡后集》卷八。
② 《东坡集》卷一。
③ 《栾城集》卷十三。
④ 《续传灯录》卷二十引。
⑤ 《次韵王廷老退居见寄二首》,《东坡集》卷十。

（二）诗僧与禅诗

佛教与诗，多有相通之处。就体裁说，佛教典籍主要分为"长行"与"偈颂"。所谓"长行"，即用散文体直接叙述佛教教义，因文句较长，故名。所谓"偈颂"，即以带韵之短句，重宣"长行"的内容或独立宣讲佛理。前者称"重颂""应颂"，后者称"讽颂""孤起颂"。"偈颂"体制严格，节律固定，类似中国古代之律诗，因之，佛教传入中国后，不少僧人常常以"偈颂"的形式来改造诗，或以偈为诗，唐代之后，偈、诗有时很难做严格的区分。正如唐僧拾得所说："我诗也是诗，有人唤作偈；诗偈总一般，读时须仔细。"[①]

另一方面——正如我们在前面所指出的——由于自六朝之后，中土之诗人与名僧经常相交游、互酬唱，导致许多名僧"能文善诗及歌词，皆操笔立就"[②]，因之在中国诗坛上出现了一批诗僧。这种诗僧自唐之后尤多，往往在中国诗歌史上占有一席之地，如王梵志、寒山、拾得、皎然、贯休等，谈诗者不可不知。

唐代诗僧中，初以王梵志声名最著，影响亦大。王梵志有"通玄学士"之称，其诗"或咏歌至道，或嗟叹凡迷，或但释义，或唯励行，或笼罗诸教"[③]，包罗甚广。但就内容说，多以宣扬佛教因果业报、劝人为善的思想为主，也有对世态炎凉、人间冷暖的描写与讽刺，带有浓厚之道德箴言和世态风俗画的性质。正如敦煌写本《王梵志诗集原序》所云："但以佛教道法，无我苦空。知先薄之福缘，悉后微之因果。撰修劝善，诚罪非违。目录虽则数条，制诗三百余首。直言附事，不浪虚谈。……不守经典，皆陈俗语。非但智士回意，实易愚夫改容。远近传闻，劝惩令善。贪婪之吏，稍息侵渔；尸禄之官，自当廉谨。各虽愚昧，情极怆然！一遍略寻，三思无忘。纵使大德讲说，不及读此善文。"在形式上，梵志诗以通俗见长，语言平实质朴、通俗易懂，既无华丽精彩的警句，也少环境氛围的艺术描绘，似乎平平淡淡，语不惊人，实际上多指事直说，浅切形象，随口信手，自然成章，言近旨远，发人深省，别具一种淡而有味的诗趣。例如，其《吾富有钱时》一诗，以通俗之语言，凝练之笔触，把世事人情与金钱的关系揭露得淋漓尽致，并且运用佛理，警告那些只顾贪图钱财的不义之徒得担心来世的报应。诗曰："吾富有钱时，妇儿看我好。

---

① 《全唐诗》卷八七。
② 《东坡集》卷四十《磨衲传》。
③ 《黄檗断际禅师宛陵录》。

若吾脱衣裳,与我叠袍袄。吾出经求去,送吾即上道。将钱入舍来,见吾满面笑。绕吾白鸽旋。恰似鹦鹉鸟。邂逅暂时贫,看吾即貌哨。人有七贫时,七富还相报。图财不顾人,且看来时道。"王梵志的另一首通俗诗"城外土馒头,馅草在城里。一人吃一个,莫嫌没滋味",更是通俗诗中之佳品,一直为后人所称颂。王梵志的通俗佛理诗对寒山、拾得的诗产生了深刻的影响。

寒山、拾得同为唐代著名诗僧。寒山因长期住于天台山寒岩而得名;拾得本为孤儿,相传为天台山和尚封干拾于路旁,故名。寒山、拾得常交游于山间林下,吟诗作偈,为后人留下了许多诗篇。他们的诗明浅如话,通俗易懂,除宣说佛理外,也描写世态人情、山水景物。诗风幽冷,别具境界。例如,寒山之《杳杳寒山道》一诗,就具有这种风格。诗曰:"杳杳寒山道,落落冷涧滨。啾啾常有鸟,寂寂更无人。淅淅风吹面,纷纷雪积身。朝朝不见日,岁岁不知春。"首联写山水,"杳杳"言山路之幽深,"落落"指溪涧之幽冷,一开头就把读者带入一种冷森森的境界,顿觉寒气逼人。次联写山中幽静,用啾啾鸟啼衬托出四周之冷寂。三联以林中之风雪写出环境之冷峻。尾联诉诸感受:山林幽深朝朝难见天日,心若古井不知春来秋去。这尾联乃点睛之笔,写出了诗人超然物外之冷漠心境。

王梵志与寒山、拾得的诗有一个共同点,即平实质朴、自然洒脱,所谓"皮肤脱落尽,唯有真实在"者是。这种诗风对后来的王安石、苏东坡、黄庭坚、陈师道等诗人产生了深刻的影响。

唐代另一位著名僧人释德诚也写过不少形似平淡无奇、实则意境幽深的诗,其中《船居寓意》最富有代表性。诗曰:"千尺丝纶直下垂,一波才动万波随。夜静水寒鱼不食,满船空载月明归。"诗描写作者驾船垂钓的情景:在清澈平静的湖面上,只有一叶扁舟,当丝纶垂下之时,水面荡漾起一层又一层的波痕。其时其境,既有人,又无人,既动,又静;千尺丝钓,既在鱼,又不在鱼。明月满船,四周空寂,给人一种幽清寂静、身心俱忘之感。

尤其值得一提的是,唐代某比丘尼所写之"寻春"诗。诗曰:"尽日寻春不见春,芒鞋踏破岭头云。归来偶捻梅花嗅,春在枝头已十分。"此诗以"寻春"喻访道。起初,不得入道之法,向东向西四处寻找佛法真谛,结果"踏破铁鞋无觅处",实际上,佛性就在自心,何劳向外求玄?一旦领悟这一点,方觉"春在枝头已十分"。这诗以极其生动形象的比喻,宣扬禅学南宗的思想,亦即学道求法,不可离开自身、自心而四处寻觅,重要的是要领悟"此心此体本来是佛",通过"明心见性",即可发现自我之"本来面目"。这种禅理诗对唐之后的诗作影响极大。朱熹《春日绝句》的"等闲识得东风面,万紫千红总是春"一句,与此诗就异曲而同工;而苏东坡的"谁言一点红,解寄无边春",杨诚斋的"不须苦问春多少,暖暮晴帘总是春"也属此类以春喻禅、以禅喻春之诗。

降至晚唐,释贯休更蜚声于诗坛书苑。贯休之诗擅长景物描写,于自然景物中流露出盎然禅机。例如,其《春晚书山家屋壁》诗曰:"柴门寂寂黍饭馨,山家烟火春雨晴。庭花蒙蒙水泠泠,小儿啼索树上莺。"此诗意在写晚春山家景象。但诗既不写人,也不写情,单写景,由景及人,由景及情:在寂寂的柴门、缕缕的炊烟背后,是晚春雨晴农夫忙于春耕的景象;通过小儿之啼索树上莺,人们体味到鸟儿欢腾雀跃于树上枝头吱喳聒噪的喜雨之情;泠泠水声中的蒙蒙庭花给人一种沁心的宁静,并于宁静中见农忙,于宁静处露生机。此诗虽短小,但正如方东树所说,"小诗精深,短章蕴藉",如此方是好诗。

五代时据说是弥勒佛化身的布袋和尚,也有一首既通俗浅近,又深蕴禅理之好诗。诗曰:"手把青秧插满田,低头便见水中天。心地清净方为道,退步原来是向前。"此诗描写农夫插秧的情景,但其"低头见天""心地清净""退步向前"则深含佛理禅机。且不说"心地清净"用的是佛家语言,其"低头见天",实谓应该低头看世界,反观看自己。至于"退步向前",则更含有佛家忍辱为上,慈悲为怀,"退一步海阔天空"的思想。

赵宋一代,也有许多著名诗僧。其中,前面语及的常与东坡交游的佛印禅师便是较突出的一个人。据史料记载,有一天,苏东坡与秦少游在一起谈禅论诗,恰遇一人走过,满身虫虱,其脏无比。苏东坡便说:那个人真脏,身上的污垢都生出虱子来了。秦少游则认为,虱子不是从身上的污垢生出来的,而是从棉絮中生出来的。为此两人争论不休,便去请佛印禅师评判是非。佛印听后,作了一首诗,诗曰:"一树春风有两般,南枝问暖北枝寒。现前一段西来意,一片西飞一片东。"此诗深含佛教"物我一如"的思想,意谓一切诸法都是因缘而起的,都是"真如实相"的体现,统统是假象、幻影,愚人不知这个道理,故妄加分别,遂有你我东西之不同。但是佛印以诗的形式把这个思想表达出来,既优雅含蓄,又不落一边,真可谓是高手妙着。

总之,唐宋二代,在中国诗坛上出现了一批思想深刻、才华横溢的诗僧。他们的诗往往信手拈来，自然洒脱，言浅意深，别具境界，对当时的诗人、诗风产生了巨大的影响。加之李唐一代，佛教隆盛，五代两宋，禅宗流行，许多文人诗客纷纷学佛参禅，且把自己所学之佛理、所参之禅趣，融入自己的诗文之中，因之唐宋诗坛上出现了一种"以禅入诗""以禅喻诗"的风气。

以禅入诗，可以苏东坡的《琴诗》为代表。诗云："若言琴上有琴声，放在匣中何不鸣？若言声在指头上，何不于君指上听？"这种诗的特点是引佛理、禅意入诗中，如《琴诗》则引《楞严经》的"譬如琴瑟琵琶，虽有妙音，若无妙指，终不能发"的经语佛意，以表达诗人之某种情怀与理趣。

以禅喻诗则不同。它或写田园山水，或写花鸟树木，或吟闲适，或咏渔钓，没有直接言佛谈禅，但在言表意外，却寓有佛理禅意。王维的许多诗作就具有这个特点。我们不妨先看一看王维的一首著名禅诗《终南别业》。诗云："中岁颇好道，晚家南山陲。兴来每独往，胜事空自知。行到水穷处，坐看云起时。偶然值林叟，谈笑无还期。"这首诗以自在安闲的笔调表达了作者在游览山水时与大自然、林中叟亲切交流的情景。首联写自己中年之后即厌世好道，晚年更隐居辋川，优游山水；次联写他独往自游的闲情逸致；三联写诗人之游览漫无目的、随意而行；尾联写作者之行程如行云流水，任其自然。后二联是此诗之禅意所在。"行到水穷处"，一般人可能要兴阑而返，或大为扫兴，王维则不然，"水穷"就坐下来"看云"，并不因此一"穷"而扰乱心中之自在平静。也就是说，一切都不在意，任运自然，随遇而安。如果把王维的这种态度与同样喜欢啸咏于山林的阮籍的态度作一比较，人们就更能体味王维的任运自然之心。据史料记载，阮籍也常常"率意独驾，不由径路，车辙所穷，辄恸哭而返"。王维与阮籍的嗜好大致相同，一喜"兴来独往"，一爱"率意独驾"，境遇也没多大差别，一是"水穷"，一是"车辙所穷"，但所取的态度却迥然有别，一是坐下"看云"，一是"恸哭而返"，可见阮籍虽言寄情自然，但心中之世情却时时放不下，一遇行路不通，便触发出"世路维艰"之感慨，不由"恸哭而返"。王维呢？"水穷"则坐下"看云"，心中无所滞碍，真正是寄逸兴于山水，一任其自然。王维所以能如此超然，不仅仅是个性恬淡所致，更主要是吸取了南宗"任性""无住"之旨。徐增《唐诗解读》卷五云："行到水穷处，去不得处，我亦便止；倘有云起，我便坐而看云起；坐久当还，偶值林叟，便与谈论山间水边之事，相与留连,则不能以定还期矣。于佛法看来,总是个无我,行无所事。行到是大死,坐起是得活,偶然是任运,此真好道人行履,谓之好道不虚也。"徐增把王维这种任运自然的态度同佛教思想联系起来,实非私心臆造。王维自南阳遇神后,便倾心南宗。南宗的主要思想之一是"任运自然""无住""无念"。所谓"无住""无念",正如六祖慧能所说:"于一切法不取不舍","若见一切法,从不染著,是为无念"。也就是说,对一切外境之物,都不生忧乐悲喜之情、执着取舍之意。所谓"任运自然",即是随缘任运,听其自然,饥食困眠,不加造作。正如慧海禅师在回答"和尚修道,还用功否"一问时所说的:"饥来吃饭,困来即眠。"又如百丈怀海所作诗句:"放出沩山水牯牛,无人坚执鼻绳头。绿杨芳草春风岸,高卧横眠得自由。"王维把禅学南宗这一思想融入诗中,通过"行到水穷处,坐看云起时"的形象画面,表现出他默契"任性""无住"之旨的生活态度,人们既可以从中欣赏形象本身的悠然韵味,又可以由此去体会其中所蕴含的哲理、情趣。

  王维的《过香积寺》诗也是一首"字字入禅"之作。诗云:"不知香积寺,数里入云峰。古木无人径,深山何处钟。泉声咽危石,日色冷青松。薄暮空潭曲,安禅制毒龙。"首联写诗人"不知"而访,适见诗人之洒脱不羁,行不数里便入云雾缭绕之境,点出香积寺之深藏幽邃;次联写古木参天的丛林中,杳无人迹,忽然飘来一阵隐隐钟声,使得本已寂静的山林又蒙上一层迷惘、神秘的色彩,越发显得安谧;三联仍着意刻画环境之幽冷,其中"咽危石",使人如目睹亲闻泉水之艰难流淌和幽咽之声,"冷青松"更给幽静之松林涂抹上一层冷淡之余晖;尾联借用"佛法制毒龙"之典故,透露诗人参禅去念之情思。此诗从表面上看是一次探访香积寺的游览活动,实际上是一次求法参禅的过程。且不论诗的末句借用佛教典故,以表现诗人闻法悟道后身心宴然、降伏妄念之意,前面六句也分别从视、听、触觉等几个方面形象写出了作者因"不知"而寻,闻钟声而悟的过程。特别是诗的第二联,以深山之中传来的隐约钟声,表达佛教的召唤,写得空灵超脱,如野云孤飞,不着痕迹,特别富于禅味。

  王维的许多诗都深含佛理禅趣。从表面上看,他所写的多是"空山""日色""青松""翠竹""鸟啼""花笑""流水""钟声"……实际上所表现的多是一个圆满自在、和谐空灵的"真如"境界。这类诗的特点是不以文字、议论、才学为诗,遥契南宗"但睹性情,不立文字"之旨;既写山水景物,又不局限于山水景物,而把自己所感受的禅境,所领悟之禅意,与清秀灵异的山水景物融合在一起,既含蓄隽永、神韵超然,又平淡自然、深入人心,犹如花落香浮、月印水底,又如"羚羊挂角,无迹可求,非有妙悟,难以领略"。苏东坡在评价王维这类诗时说:"味摩诘之诗,诗中有画;观摩诘之画,画中有诗。"

王维除了擅长写富有禅味的山水诗外,由于他崇信佛教,还写了不少纯粹宣扬佛教义理的诗句。如"了观四大因,根性何所有""妄识皆心累,浮生定死媒""空虚花聚散,烦恼树稀稠""眼界今无染,心空安可迷",等等。此外,王维的诗作还经常引佛典入句,如"因缘法""次第禅""雁王""鹿女""三贤""七圣""青莲""水田""初地""化城"等等。这是要相当熟悉佛教典籍才能做到的。

除王维外,柳宗元、苏东坡等著名的诗人,也写了许多把佛理禅意与山水景物糅合在一起、造语精妙且韵味无穷的诗篇。如柳宗元的《巽公院五咏》,就多是借诗谈禅、以禅喻诗之作。其中《禅堂》诗云:"发地结菁茆,团团抱虚白。山花落幽户,中有忘机客。涉有本非取,照空不待析。万籁俱缘生,宜然喧中寂。心境本如同,鸟飞无遗迹。"表现了一种空有俱亡、心物一如的境界。再如苏东坡的"溪声尽是广长舌,山色无非清净身"的诗句,更引佛语入诗,把佛理禅意与"山色""溪水"融为一体,读来别具韵味。

禅对诗的影响,除了表现为许多诗人以禅入诗、以禅喻诗而创作了大量禅诗外,还表现在后期禅宗之禅风对唐宋以后的诗风产生了深刻的影响。

唐宋之后的禅风,有两个显著变化,一是文字禅,一是看话禅,二者又常互相渗透。这种禅法善于"绕路说禅",有时又多在文字技巧上用功夫,走向修饰辞藻之道路,采用偈颂、诗歌等形式谈禅。他们的诗偈对于语言的运用透彻洒脱、生动活泼,精通简要兼而有之,对当时的诗歌创作产生了巨大的影响。禅师们说偈悟道的方式,为诗人们打开了吟风弄月、寻诗觅句的新路。

唐宋禅师们唱颂作偈还有一个重要方式,即转语翻进一层,如神秀作偈"身是菩提树,心是明镜台。时时勤拂拭,莫使惹尘埃",慧能则曰:"菩提本无树,明镜亦非台。本来无一物,何处惹尘埃。"此法亦为诗人所采用,谓为"翻案法"。白居易《寄韬光禅师》云:"东涧水流西涧水,南山云起北山云。"苏东坡《游西菩寺》略翻其意,曰:"白云自占东西岭,明月谁分上下池。"

唐宋之后，禅师与文人交游甚密，禅风与诗风相互影响。史有苏东坡与照觉"论无情话"而献偈，山谷参晦堂闻木樨香而悟道，王荆公更说"吾只以雪峰一语作宰相"，等等。同时，禅师看话头，有时也取诗人名句来接引，如苏东坡之"我持此石归，袖中有东海"，杜牧的"深秋帘幕千家雨，落日楼台一笛风"，崔护的"人面不知何处去，桃花依旧笑春风"等诗句，尤为禅师们所乐引。

诗与禅的相互关系，从方法和内容看，主要是禅对诗的渗透和影响；从形式上说，则禅受诗的影响颇大。正如元好问在《赠嵩山隽侍者学诗》中所云"诗为禅客添花锦，禅是诗家切玉刀"，也就是说，诗的形式使得禅客谈禅不但花样繁多，而且文采飞扬，而禅的方法则使诗别开生面、另具境界。

（三）禅机与境界

所谓禅的方法，唐宋时主要表现为"参公案""斗机锋"。所谓"参公案"，是后期禅宗教学、传道的一种方法，如有人问禅师："如何是祖师西来意？"禅师不作正面回答，而说"庭前柏子树"，或曰"干屎橛"，或曰"藏头白，海头黑"；又如问禅师如何学道才能成佛得解脱，禅师则回答说要上厕所小便。禅师这样回答从表面看，似是答非所问，信口胡说，但禅师本人则认为他已把意思表达出来了，不过意思不在所说的话语之中，而在话语之外、之后，要真正理解其言外之意，不能执着他说的话本身，而要借此去参、去悟。例如禅师用"庭前柏子树"或"干屎橛"去回答"如何是佛法大意"时，参禅的人应通过禅师的各种回答，去领悟到这样一个思想，即这是佛，那是佛，到处是佛，个个是佛，亦即佛法无处不在，"万类之中，个个是佛"①，"青青翠竹，尽是法身，郁郁黄花，无非般若"②。后来的"棒喝"也与此相类似。当有人向禅师求教提问时，禅师不作任何回答，只是莫名其妙大喝一声，或者劈头盖脸、棍棒交加。禅师的用意不在喝声和棍棒本身，而在喝声和棍棒之外，借此喝声、棍棒提醒问者这样提问本身就是违背禅法大意的。因为禅是"言语道断""不立文字"的，"一说似一物则不中"③，"直是开口不得"④，禅师本身当然也不能作任何回答，因此只好借助喝声、棍棒，而行不言之教，让问者

---

① 《黄檗断际禅师宛陵录》。
② 《景德传灯录》卷二十八，《大正藏》第五十一卷，第557页。
③ 《古尊宿语录》卷四。
④ 同上。

自己去悟。所谓"斗机锋"亦然,禅师们所注重的不是诗偈语句本身,而是语外之意,所强调的不是经说言教,而是根机悟性。

重言外之意,重根机悟性,这是后期禅宗的两大特点。《传灯录》的各种机锋、棒喝、话头、公案可谓数以千计,但其中所蕴含的思想方法,均不外乎此。而也正是这两种思想方法,对唐宋的诗歌影响最大。

人们知道,举凡作诗,皆在言志、言情,重言外之意。如若一首诗平铺直叙,表露无余,必将失去诗的特有风格,读起来势必味同嚼蜡。诗的这一特点正好与禅机之重言外之意遥相契合,因此,诗与禅多可相交涉、互沟通。汤显祖曰:"诗乎,机与禅言通,以若有若无为美",正是这个意思。唐宋诗客大谈"韵外之致""味外之旨""超以象外,得其环中""不着一字,尽得风流",也是这个意思。宋人梅尧臣主张诗要"含不尽之意,见于言外"①,仍然是这个意思。

诗还有另外一个特点,即重悟。著名诗论家严羽在品评诗作时,有时甚至把"悟"作为诗的第一要素。他曾以孟浩然与韩退之的诗为例,指出:就学力而言,孟浩然比韩愈差得很远,但就诗作说,孟浩然诗却远在韩愈诗之上。原因何在呢?"一味妙悟而已"。他不完全否认学力的重要性,但认为更重要的是"悟","悟"是第一位的,学力是第二位的。

妙悟对于诗所以重要,是因为诗往往是多义的,常常通过有限的字句给人以无尽的遐想,这唯有妙悟可以胜任。妙悟之诗的好处在于"透彻玲珑,不可凑泊,如空中之音,相中之色,水中之月,镜中之象,言有尽而意无穷"。因此,对于诗歌,"惟悟乃为当行,乃为本色"。清王士禛曾这样评价唐代的某些诗作,曰:"唐人五言绝句,往往入禅,有得意忘言之妙,与净名默然,达摩得髓,同一关捩","王、裴《辋川绝句》,字字入禅……妙谛微言,与世尊拈花,迦叶微笑,等无差别"。②

唐宋之诗,还有一个重要特点,即注重"境界"。所谓"境界",有"物境""情景""意境"之分,有"取境""造境""缘境"诸说。"取境"与"物境"较接近,亦即对于同样的山水景物,由于各人的感受、修养不同,所取之境便有明暗高下之分。皎然说:"取境偏高,则一首举体便高;取境偏逸,则一首举体便逸。"③可见"取境"对诗歌创作至关重要。所谓"造境""情境""意境"均属所造之境,由于各人之心绪感受、根机悟性不同,所

---

① 引自欧阳修《六一诗话》。
② 引自《带经堂诗话》。
③ 皎然:《诗式》。

造之境往往有天壤之别,这就是通常所说的一首诗的"意境"或"境界"。"缘境"则是由诗的意境所引发出来的情思、感受。这三者在诗中常常是统一的,取境高则诗的境界亦高,境界高则所引发之情真。但是"取境"也罢,"造境"也罢,"缘境"也罢,都不是一种有形有象、可言可说的东西,因此,诗的"境界",往往是只可意会而不可言传的。因之,不论作诗、论诗,都得诉诸神领意会,这正如权德舆所言:"凡所赋诗,皆意与境会。"①而要会意,非神悟难以极其致,这就十分自然地把诗人推向注重悟解的参禅之路。从这个意义上说,诗禅联姻实非诗人的主观爱好,而是由于二者之间存在着一种必然的内在联系。

二、禅与书画

在中国古文化中,诗、书、画三者常并提,号为"三绝"。且诗人中不乏精通书、画者在,书、画家也多有通达诗歌之人。

正如历史上的诗歌与佛教有着密切的联系一样,中国古代的书、画与佛教也有不解之缘。一方面,僧人禅师常染指书、画,另一方面,书、画家也多涉足佛教;佛教经常利用书、画来扩大自己的影响,书、画也常以佛教为题材来丰富自己的内容。隋唐之后,佛理禅趣更大量融入书、画之中,书坛画苑处处流露出禅机佛意。纵览中国古代的书、画史,可以毫不夸张地说,不懂得佛教,就不能全面、深入地了解中国古代的书、画。

(一) 书画家与佛教

要了解佛教与书画之因缘,可以先看看书画家与佛教的关系。

中国书法,源远流长,自六朝后,以书法名家者,千百年来,代有传人。在历代书法家中,不少高手出自释门或深受佛教的影响。素有"书圣"之称的王羲之与佛教徒交谊甚深,曾为印度来华僧人达摩多罗舍宅建归宗寺;狂草怀素本身就是一名佛教徒。释门之中,多有善书之人。据僧传及有关资料记载,僧智永,有"退笔成冢"之说;僧怀仁,深得"二王"笔意,唐草无出其右;释贯休,工草隶,时人比之怀素;释登光亦善书,陆希声谓其"笔下龙蛇似有神";释梦龟作颠草,奇怪百出;释景云善草书,学张旭有意外之妙;释文梵善草书,学智永有自得之趣。宋元明清各代,缁流能书者益众。如宋之言法华,苏轼赏其放逸;政禅师,秦观

---

① 《左武卫胄曹许君集序》,《文苑英华》卷七一五。

叹其纯美;元雪庵善直行草隶,尤工榜书,一时禁匾皆出其手;释觉隐喜作狂草,极雄宕之致;明释雪峰洒翰作草,龙掀凤舞,时人誉为诗禅草圣;清代之八大山人、石涛、石浪,既是一代名僧,又是著名的书法家。

与书法家比,画家涉足佛教者尤多。早在魏晋南北朝时,就有许多著名画家染指佛画。最早的如东吴的曹不兴、西晋的卫协和顾恺之。曹不兴根据康僧会带来的佛画仪范写之,身体比例十分匀称。其弟子卫协又画七佛图。卫协的弟子顾恺之更擅长佛画,相传所作有《净名居士图》《八国分舍利图》《康僧会像》等,其中尤以他在江宁瓦官寺所画之维摩诘像为最著名。相传所画之维摩诘"清羸示病之容,隐几忘言之状",极是形象逼真,时人以十万钱争先一睹,遂为该寺募钱百万。南朝之张僧繇也擅画佛像,所作独出心裁,创立了"张家样"。相传他在安乐寺作四条龙壁画,均栩栩如生,其中二龙点睛后即飞去,由此衍出"画龙点睛"之典故。张僧繇之佛画,在当时影响甚大,《历代名画记》说他"笔才一二,而像已应焉。因材取之,今古独步。像人之妙,张得其肉,陆得其骨,顾得其神"。与张僧繇同时,曹仲达享誉于北朝画界。曹画带有域外之风,所画佛像衣服紧窄,近于印度笈多王朝式样。他所创立的"曹家样"与吴道子创立的"吴家样"并称,史有"曹衣出水、吴带当风"之评语。

到了唐代,佛教绘画更盛极一时,其中以吴道子声名最著。他在长安、洛阳两地所作壁画,多达三百余间,且笔迹恢宏磊落、势状雄峻飘逸,使人有"吴带当风"之感。杜甫诗称"画手看前辈,吴生独擅场"。唐初之尉迟乙僧也以擅长佛画闻名于世,曾在长安光宅、慈恩等寺作《降魔变》《西方净土变》《千钵文殊》等壁画,其画"奇形异貌""身若出壁",富有立体感。降至晚唐,出现了一批专工佛道人物画的画家,其中声名最著的当推左全。其画"多仿吴生之迹,颇得其要",用笔最尚风神骨气,后人评之"名高当代,时无俦伦"。另外,范琼也是当时名震三川的佛像画家,据说他在圣兴寺画的天王、大悲像,轰动一时。图中乌瑟摩像,设色未半而罢,笔踪超绝,后人未之能补。咸通年间的常灿亦擅长佛道人物画,其画注重气韵,开宋代"自在在心,不在象也"画风之先河。

五代时期,佛教绘画也很盛行。著名画家如朱繇、厉以真、张南、左礼、王仁寿、杜龟等创作了许多佛教画,释门中人如贯休、智蕴等,也涉足画坛,以画罗汉知名。

宋、元、明、清诸朝,画家涉足佛教,僧人染指绘画,代不绝人。北宋时期的名画家高益、高文进、王道真、李用和、李象坤等创作了大量佛教壁画,场面热烈,富有生活气息。其中高益在大相国寺所作的《擎塔天王》等,曾名噪一时。王霭、王仁寿二人更专工佛道人物画,受到当朝皇帝的垂青。著名画家李公麟也取材佛教,作有《维摩演教图》《罗汉图》等。元代赵孟、刘贯道的《红衣天竺僧卷》《罗汉图》等,工笔重彩、朴素传神,别具风格。明末清初的石涛、八大山人、石谿、弘仁更被称为画坛"四大高僧"。他们的画"自作聪明,无所师承",笔势雄阔,形象传神,对后人产生了很大的影响。

值得一提的是,中国绘画史上曾出现过一种别具风格的禅意画。这种画高远淡泊,超然洒脱,禅机意境,跃然纸上。开其端者乃唐代的王维。

王维性喜山水,耽于禅悦,既工诗,又善画。其诗如画,其画如诗,苏东坡在《书摩诘蓝田烟雨图》中曾说:"味摩诘之诗,诗中有画;观摩诘之画,画中有诗。"王维作画的特点是将墨色泼成深、浅、浓、淡等多种色调,用来表现山石林木,与青山绿水不同,别有一种清雅洒落的自然情趣。此种画风突破过去只限于细线勾描的画法,而改用泼墨山水的方法,使笔法更加丰富,意境更为深远。从画论的角度说,泼墨山水画更注重"妙悟",王维在《山水诀》中说"妙悟者不在多言,善学者还从规矩",此话颇有禅宗"至理越乎浮言""三十年后看山还是山"的味道。实际上,王维之画如同其诗一样,深受禅宗的影响。他所作之《辋川图》等,山谷郁郁,云水飞动,显得清寒、静寂、淡远而又空灵;他的《袁安卧雪图》,雪中有芭蕉,似与常理不合,但却与禅宗跳跃式思维方法遥相符契;他的许多画作,不问四时,以桃杏芙蓉莲花同入一幅,也有禅宗"一念包九世"之意蕴。后人论王维之画曰:"意在尘外,怪生笔端","得心应手,意到便成,故造理入神,迥得天机,此难与俗人论也"。这种寓禅境于画中的禅意画,画史上称之为"南宗"。沈灏在《画尘》中说:"禅与画俱有南北宗,分亦同时,气运复相敌也。南则王摩诘,裁构淳秀,山韶幽淡,为文人开山。若荆、关、宏、璪、董、巨、二米、子久、叔明、松雪、梅叟、迂翁,以至明之沈、文,慧灯无尽。北则李思训,风骨奇峭,挥扫躁硬,为行家建幢。若赵幹、伯驹、伯骕、马远、夏圭,以至戴文进、吴小仙、张平山辈,日就狐禅,衣钵尘土。"如果从画风和禅风的角度看,王维之禅意画主要是受禅学南宗的影响。

王维所开创的禅意画,对后代产生了深远的影响。得王维心要之张璪、王墨,曾盛极一时。有人论张璪之画曰:"非画也,真道也。当其有事,已遣去机巧,意冥玄化,而物在灵府,不在耳目。"此中所言,实系禅家功夫。王墨作画,则泼墨手抹,应手随意,或吟或笑,形似癫僧。

降至宋元,王维开创的南宗禅意画更受推崇。王维被推上南宗始祖的地位,在相当程度上就是宋之苏东坡极力鼓吹的结果。同时,宋时画坛之几大巨子,如荆浩、关仝、董源、巨然等,皆师承王维笔法;米芾父子,更是南宗之一巨擘,其画也颇富禅机意境。米芾曾说:"山水古今相师,少有出尘格者,因信笔作之,多烟云掩映树石,不取工细,意似便已。"这话带有后期禅宗超佛越祖之色彩。米芾之子友仁则曰:"王摩诘古今独步,仆旧秘藏甚多,既自悟丹青妙处,观其笔意,但付一笑耳。"又说:"王维画见之最多,皆如刻画,不足学也。惟以云山为墨戏。"简直是呵佛骂祖。他还有诗云:"解作无根树,能描蒙鸿云。如今供御也,不肯予闲人。"此中之"蒙鸿云",乃是米家之独创画法,能尽江山之妙处,实乃是其胸中禅境之再现。

综观宋、元之后的画坛,其兴衰起落往往与禅学发展密切相关,禅学兴,则画坛昌盛,禅学衰,则画坛冷落,此足见禅学对绘画影响之一斑。

(二)佛教与壁画

佛教对中国古代绘画影响最著者当推壁画。这种影响既表现在魏晋之后的许多壁画多以佛教为题材,还表现在造就了一大批专工佛画之壁画家。

壁画作为我国的一种传统美术,其源可溯至远古时代。早在殷商时期,我们的祖先就从表现生活的角度,创作了许多动物和人像壁画。这些画虽构图简单,形态笨拙,但线条流畅,形象生动。春秋战国时期,许多祠堂、庙宇中绘制了大量有关神话传说、圣贤事迹的壁画。降至两汉,出现了大批的宫殿壁画和墓葬壁画。这时期的壁画,题材极其丰富,从神话传说、历史故事、人物肖像,直至山川风物等都有所表现,广泛地反映了当时的社会生活,是汉代社会的一部形象的百科全书。据王延寿《鲁灵光殿赋》记载,其时壁画"图画天地,品类群生。杂物奇怪,山神海灵。写载其状,托之丹青。千变万化,事各缪形。随色象类,曲得其情。上纪开辟,遂古之初。五龙比翼,人皇九头。伏羲鳞身,女娲蛇躯。鸿荒朴略,厥状睢盱。焕炳可观,黄帝唐虞。轩冕以庸,衣裳有殊。下及三后,淫妃乱主。忠臣孝子,烈士贞女。贤愚成败,靡不载叙。

恶以戒世,善以示后。"可见汉代壁画内容之丰富、包罗之广博,且具有戒恶示善之伦理目的。两汉之后,由于佛教的广泛传布,佛教题材逐渐渗入壁画之中,出现了佛、菩萨、罗汉、伎乐、飞天等形象,与此同时,出现了如顾恺之、张僧繇那样的壁画名家。

魏晋南北朝以后的壁画有一个重要特点,即出现了佛教石窟壁画艺术。由于当时佛教盛行,各朝统治者多崇信佛教,动用了大批的民工、石匠,开掘了许多石窟,其中较著名的有新疆拜城的克孜尔石窟、甘肃敦煌莫高窟、山西云冈石窟和河南的龙门石窟等。在这些石窟中,绘制了大量的佛教本生故事、菩萨、罗汉、天王、飞天等壁画。

新疆拜城的克孜尔石窟是新疆地区诸多石窟中最大的一个石窟群,现存的佛窟约计 235 个,其中有壁画的佛洞约 160 个。这些壁画内容丰富多彩,除了佛经故事外,尚有民间风俗画,以及大量的奇花异木、飞禽走兽,千姿百态,生气洋溢。在绘画风格上,不论画人、画菩萨,多画成裸体形象,乳房画得很大、很突出,近似印度壁画风格。在比例上,几何形少,曲线形多,显得优美,且动态化、舞蹈化。如克孜尔千佛洞一〇一窟中的舞神,胸部扭向左方,肥大的臀部向右方耸出,构成一种优美、温柔的舞蹈形象。人物之服饰朴素、用笔流畅,仅几条飘带,轻纱薄罩,显得飘逸健美。这是一种熔中国传统与外来艺术于一炉的西域画风,是新疆各族人民宝贵的艺术遗产。

甘肃的石窟以敦煌石窟为最著名。敦煌石窟有莫高窟(又名千佛洞、西千佛洞、榆林窟等,其中以莫高窟为最大)。据唐李怀让的《重修莫高窟佛龛碑》载,最早开窟者为乐僔和尚,开凿于苻秦建元二年(公元 366 年),以后经北魏、西魏、隋、唐、五代、北宋、西夏、元、明、清诸代,前后历经一千余年。凿窟千余座,现遗存 492 个,保存着大量壁画,共 4 万 5 千余平方米,按照其高度展开排列起来,长达 25 公里,堪称世界艺术宝库之一。

莫高窟壁画的内容主要是佛本生故事、佛传故事、经变故事、佛像、菩萨像等,其中以佛经故事为题材的"尸毗王割肉救鸽"有 254 窟,"须达拿乐善好施""萨埵那舍身饲虎"亦有 254 窟,"鹿王本生"257 窟。此外还有一些富于想象的神话题材,如女娲、伏羲、飞马、羽人等。在绘画风格上,既有粗犷遒劲的西域画风,又有线条飞舞的汉族传统画法;既用苍劲线条表现地狱的阴森恐怖,又用柔和的粉线、朱线表现极乐世界的美丽图景;既有"上穷碧落下黄泉"的磅礴气势,又有天衣飞扬、树影婆娑的细巧意境;带有明显的汉画风格与域外画风相混合、相融合的特点。

此外,山西的云冈石窟、河南的龙门石窟、甘肃的麦积山石窟等,都是开凿于魏晋南北朝时期的著名的石窟群。这些石窟群都有不少的佛教壁画,但以雕塑为主,于此不赘。

有唐一代是中国佛教的鼎盛时期,其时佛画的发展也空前绝后,尤其是佛寺壁画更盛极一时,以道释人物为题材的壁画遍布全国。据有关资料记载,成都大圣慈寺的九十六院,到宋代还有唐时壁画8524间(两柱间的一堵墙为间),其中佛陀形象1215幅,菩萨形象10488幅,罗汉高僧像1785幅,天王、明王神将263幅,佛会、经变、变相158图。其盛况可见一斑。

佛教自唐极盛之后,至五代十国则呈衰颓之势。其时之佛画,虽从总的说较唐代有所减少,但壁画和山水画仍有所发展。当时的许多名画家尤工壁画,如释贯休,师法阎立本,所作罗汉壁画形态生动,大胆夸张,庞眉大眼,深目高鼻,有"胡貌梵像"的特点;曹仲玄,尤工道释壁画,时人称之为道释人物第一。五代时期的壁画还有一个重要特点,即宗教色彩日减,而世俗化倾向日增。这一倾向至宋更加明显,这与当时佛教的世俗化有着密切的联系。

宋之壁画,出现了一种以画院为中心的集体创作活动。如参加当时大相国寺壁画创作的,就有当时画坛的许多名手,如高益、高文进、崔白、李元济等。从绘画的内容看,所作之"阿育王变相""劳度叉斗圣变相"等,均场面热烈,现实生活气氛很浓。这是当时佛教世俗化在绘画方面的体现。

元明清诸朝,美术虽有向都市转移之趋势,但在一些佛教势力较大的地区,佛教壁画仍很盛行。特别像西藏、内蒙古那样几乎是全民族信教的地区,佛教壁画仍在整个美术中占有十分重要的地位。特别是密宗的造型艺术尤为发达。即便在汉地及一些较发达的都市,寺院壁画也是绘画艺术中的一个重要组成部分。这时期壁画中的菩萨、罗汉、飞天等形象,现实气息更浓,一些佛像人物更接近于当时士大夫和妇女的形象。从壁画的作者看,由于这时期文人学士的画家和画院画家多致力于"院体画"或"文人画",认为壁画是"众工之事",因此这时期的壁画多是"众工"的集体创作。这种组织形式造就了一批民间壁画家,从这些壁画可窥见当时民间画工的艺术水平。①

总之,从中国古代美术史的角度看,绘画是中国古代美术的一个重要组成部分,不懂得绘画,就不能全面了解中国古代美术;如果从绘画史的角度看,壁画则是中国古代绘画极其重要的一个方面,不懂得壁画,也很难全面了解中国古代的绘画。而中国古代的壁画,自魏晋之后,几成佛家之天下,或见诸佛寺,或取材佛教,或出自释门之手。可以毫不夸张地说,如果撇开佛教壁画,中国古代的绘画乃至中国古代美术将顿时失色。

当然,作为一种历史事实,任何人也不会摒佛教壁画于中国古代美术之外,但是,重要的不在于承认佛教对中国古代绘画乃至书法等文化形式的影响,而在于应该进一步指出佛教为什么会和怎么样对绘画、书法等文化形式产生影响。

(三) 佛理禅意与书道画道

关于佛教怎么样影响绘画等艺术创作的问题,铃木大拙在《禅学讲座·禅的无意识》中讲过这样一件事:某一禅寺的住持想叫画家在法殿的天花板上画一条龙,但画家因从没看见过龙而感到为难。住持就对他说:重要的不在于你是否看到过龙,而在于你自己首先得变成一条活生生的龙,把自己的心集中在上面,当你觉得非画不可的时候,你就为它赋形。画家照着住持的话去做,结果在他的无意识中,见到了作为自己化身的龙,并把它画出来,这就是现存于京都妙心寺法殿天花板上的那条龙。由此,铃木说:"只是看是不够的,艺术家必须进入物体之内,从里面去感觉它。"所谓"进入物体之内,从里面去感觉它",实际上是指艺术家不要也不能把自己与对象截然分为二物,艺术创作的过程是作者以自身之无意识去唤醒对象,进而与对象合而为一的过程。这个过程是一种重新创造,而这种重新创造的源泉——铃木认为——是"禅的无意识"。

铃木的这种说法比较玄虚、费解。用中国古代的绘画理论说,实则所谓"心物合一"境界,或者说融禅心于绘画之中。

中国古代绘画向来注重"神韵""意境",至唐宋愈甚。王维开创的文人画,进一步以佛理禅趣入画,把画意与禅心结合起来,成为一种禅意画。这种禅意画至宋蔚为大宗,成为中国古代画苑中的一朵奇葩。

---

① 此节参阅张光福编著的《中国美术史》、周之骐著的《中国美术简史》。

禅意画的特点是不仅知写实，尤其重传神，重妙悟，重心物合一境界。方豪先生在《宋代佛教对绘画的贡献》一文中说："宋代佛教对绘画之另一贡献，则为禅的心物合一境界与禅的空灵境界，使画家不仅知写实、传神，且知妙悟，即所谓'超以象外'。……论画者，喜言唐画尚法，宋画尚理。所谓理者，应为禅家之理，亦即画家所谓气韵。""宋代绘画，仍有佛教题材，唯不在寺塔，而在气势高远，景色荒寒，以表现明心见性的修养。"这里所说的"气韵""传神"和"心物合一境界"，当然不是外境外物的机械摹写，而是一种注入画家主体精神和主观感受的作品，因而更能反映画家的精神世界，更能反映画家自身。清初著名画家石涛和尚所说的"不可画凿，不可沉泥，不可牵连，不可脱节，不可无理，在墨海中立定精神，笔锋下决出生活，尺幅上换去毛骨，混沌里放出光明。纵使笔不笔，墨不墨，画不画，自有我在"，也是这个意思。

唐宋绘画中这种注重反映主观精神、注重反映自我的画风，实际上受到慧能开创的禅学南宗的深刻影响。南宗的基本思想之一是通过"明心见性""发现自我的本来面目"，而唐宋绘画中的高远气势，正是文人画家明心见性修养的体现。

禅学南宗的另一个重要思想——当下顿了、直截便当，也对中国古代绘画产生了深刻影响。画坛南宗诸家，都反对循格、画凿，而主张"一超直入如来地"。《宣和画谱》评南宗巨子关仝之画曰："仝之所画，其脱略豪楮，笔愈简而气愈壮，景愈少而意愈长也。"陈眉公更进一步把画坛的南北二宗与禅学南北二宗直接挂起钩来，他认为："李派（以李思训为首之北宗）朴细，无士气，王派（王维开创的南宗）虚和萧散，此又慧能之禅非神秀所及也。"南宗巨子之一的董其昌更说："行年五十，方知此一派（北宗）画殊不可学，譬之禅定，积劫方成菩萨，非如董、巨、米三家，可一超直入如来地也。"与董其昌并世齐名之李白华也说："古人绘事，如佛说法，纵口极谈，总不越实际理地，所以人无悚听，无非议者。绘事不必求奇，不必循格，要在胸中实有吐出，便是矣。"①这种不循规格、直抒胸怀之画风，无疑受到禅学南宗不拘形式、注重心性思想的影响，而所谓董、巨、米三家的"一超直入如来地"，实乃禅家之顿悟见性、直指便是。至于清初石涛所言的"至人无法，非无法也，无法而法，乃为至法"，更是一派后期禅宗气象。

---

① 转引自无住《禅宗对我国绘画之影响》一文。

关于禅对中国古代绘画的影响,有一则故事似很能说明问题。据说有一位叫吕无咎的中国画家在巴黎留学时,因颇通中国画理,大家都很尊重她,视之为中国画理权威。有一位名气颇大、年事已高的印象派画家拿了一本《六祖坛经》请教吕无咎。吕无咎读了半天,不解其意,只好直言相告:不曾学过。那位老画家大吃一惊,说:"你们中国有这么好的绘画理论,你都不学,跑到我们法国来究竟想学什么呢?"不论这个故事是否属实,不管那位印象派画家的说法是否过于夸张,但禅学对于中国古代绘画的深刻影响,却是毋庸置疑的历史事实。

绘画之外,佛理对于中国古代的书法也有着深刻的内在的影响。

我们知道,佛法虽广,其要者无出于戒、定、慧三学。夫戒者,主要是收束身心,定者,则在专志凝神,而般若智慧,则使人穷妙极巧。此三者均与书法之道相通。其中,尤以禅定之功与书法之道关系最为密切。汉蔡邕《笔论》云:"夫书,先默坐静思,随意所适,言不出口,气不盈息,沉密神彩,如对至尊,则无不善矣。""书圣"王羲之也说:"夫欲书者,先凝神静思,预想字形,令意在笔前,然后作字。"柳公权则说:"用笔在心,心正则字正。"这些议论,都深契佛家禅观之旨。可见,佛理与书道实多有相通之处。

禅教合一与佛儒合流

宋代佛教,就思想发展说,有三个方面值得关注:一是宋元禅学;二是宋元天台学;三是宋元时期的禅教合一与儒佛合流。

一、宋元禅学

中国佛教自会昌毁佛之后,由于社会历史条件的变化,各宗均呈颓势,唯禅学南宗一枝独秀。而禅宗自唐末、五代之后,又"一花开五叶",出现了五祖分灯,其中:沩仰创立并繁兴于唐末五代,开宗最先,衰亡亦最早,前后仅四世,仰山慧寂后四世即法系不明;法眼在五宗中创立最迟,兴于五代末及宋初,至宋中叶即告衰亡;云门一宗勃兴于五代,大振于宋初,至雪窦重显时宗风尤盛;曹洞宗自云居道膺后即趋衰微,从芙蓉道楷后宗风再振,丹霞子淳下出宏智正觉,倡"默照禅",是赵宋一代禅学之一大代表;临济在五宗中流传时间最长,影响也最大,以至于有"临天下"之说。该宗自石霜楚圆下分出黄龙、杨歧二系,大盛于宋中叶,至佛果克勤下出大慧宗杲,倡"看话禅",风行一代,对后世影响至为深远。从传法世系上说,此五宗均出于惠能门下,属南宗禅;从禅宗自身的发展史说,此五宗均属"分灯禅"。为了能更好地把握宋代禅学的思想特质,有必要先看看此时的禅学较诸以往的禅学在哪些方面发生了变化。

(一)从"不立文字"到"不离文字"

宋元禅学有一个不同于前期禅宗的重要地方是出现了许多"语录""灯录",甚而"评唱""击节"。如果说,前期禅宗曾以"教外别传""不立文字"为号召而在中国佛教界独树一帜,那么,此时期的禅宗则又由"不立文字"一变而成为"不离文字"。

宋元禅学的"不离文字",如溯其源头,盖来自汇集各种"公案"及对"公案"的注解。

所谓"公案",原指官府之案牍,禅宗借用它指前辈师祖之言行范例,并以它作为判断当前是非的准则,或以此机缘语句去探讨"古德"的意蕴禅趣。正如中峰和尚在《山房夜话》中所说的:

或问：佛祖机缘，世称公案者何耶？幻曰：公案，乃喻乎公府之案牍也。法之所在，而王道之治乱系焉。公者，乃圣贤一其辙，天下同其途之至理也。案者，乃记圣贤为理之正文也。凡有天下者，未尝无公府；有公府者，未尝无案牍。盖欲取以为法，而断天下之不正者也。……夫佛祖机缘目之曰公案亦尔。（中峰和尚）①

克勤禅师在《碧岩录》第九十八则评唱中也说："古人事不获已，对机垂示，后人唤作公案。"所谓"逗机锋"，实际上也就是对"公案"之疑参，禅师之间或者师徒之间通过各种隐语、比喻、暗示甚而拳打脚踢、棒喝交加来绕路说禅。

因此，所谓"公案"，说得明白一点，即是通过某种暗示，绕路说禅，如《五灯会元》中所记载的，二祖慧可曾因其"心未宁，乞师与安"，达摩曰："将心来，与汝安。"过了许久，慧可说："觅心了不可得。"达摩便说："我与汝安心竟。"这也就是后来所谓"公案"。自马祖道一之后，此种绕路说禅的方法就逐渐盛行，至黄檗希运时，就蔚然成风，以致希运禅师竟说："若是丈夫汉，须看个公案。"此类"公案"至宋时已有数千则之多，当时的禅师就把它们汇集成编，因之出现了多达数百万字的各种《语录》《灯录》等（如《景德传灯录》《天圣广灯录》《建中靖国续灯录》《联灯会要》《嘉泰普灯录》）。对于这种现象，《文献通考》曾评之曰：禅宗"本初自谓直指人心，不立文字，今四灯总一百二十卷，数千万言，乃正不离文字耳"。② 也就是说，禅宗至宋，已由原来的"不立文字"发展成"不离文字"。

宋代禅宗的"公案"虽有文字，但这种文字往往十分简略、晦涩，意义极是含混。因之，赵宋以后，就有许多禅师出来为这些"公案"作注。据有关资料记载，最早出来为"公案"作注的是临济存奖一系的汾阳善昭禅师。他作《颂古百则》，绕路说禅，其后，天童正觉、投子义青、丹霞子淳、雪窦重显四禅师均有颂古之举，史称"禅宗颂古四家"（详见谭《莘绝老人颂古直注序》）。③ 此四家除雪窦重显出自云门外，天童正觉、投子义青、丹霞子淳皆属曹洞。

所谓"颂古"，一般至少包含两个部分：一是"拈古"；二是"颂古"。

---

① 《山房夜话》卷上。
② 《文献通考》卷二二七。
③ 《续藏经》第一辑第二编第二二套第三册，第二五三页。

"拈古"者,也就是拈出"古则"(亦即"公案");"颂古"则是对所拈出之"公案"加以评颂。例如,汾阳善昭禅师在其《颂古百则》中先拈出慧可于达摩处立雪断臂、请求安心的"古则"后,再加以评唱曰:"九年面壁待当机,立雪齐腰未展眉。恭敬愿安心地决,觅心无得始无疑。"又如云门文偃禅师在拈出"世尊初生下,一手指天,一手指地,周行七步,目顾四方,云:'天上天下,唯我独尊'"之古则后说:"我当时若见,一棒打杀给狗子吃,却图天下太平。"①

禅师们按照自己的理解对"公案"加以评颂之后,"公案"自然较为明白、易懂一些。但是,这些禅师的评颂,往往语言简略,意蕴含蓄,许多评颂本身,就不太容易理解,为了使这些"公案"能更加明白、易懂一些,有些禅师又在前人"评颂"的基础上,进一步对原有之"公案"及"评颂"进行重新"评唱"和"击节"。这方面最有影响的当推赵宋之圜悟克勤和宋、元之际的万松行秀。

圜悟以其《碧岩录》闻名于禅宗史。此外,他还有《击节录》二卷。《碧岩录》是对云门雪窦重显的《颂古百则》加以评唱;《击节录》即是对雪窦的《拈古百则》加以"击节"。二者都是对雪窦"颂古"和"拈古"的注释,所谓"雪窦颂百则,圜悟重下注脚"是也。《碧岩录》对《颂古百则》的注释,采用篇前加"垂示"(亦即总纲),颂中加"着语"(亦即夹注),同时再加以"评唱"(亦即具体发挥),使得"公案"更加明白、易懂。

万松行秀的"评唱"主要是注释天童正觉的《颂古百则》。他有《从容庵录》六卷,在正觉《颂古百则》的基础上增加"示众""着语""评唱",也使正觉所拈、颂的"公案"更加易于理解。

"评唱""击节"之盛行,给当时禅宗至少带来两个结果:一是使得禅师们注重文字技巧,走上舞文弄墨的道路,失却禅宗"不立文字"的本色;二是"评唱""击节"的目的,就是为了使人容易"理解",但是,"禅"本身就是只可意会,不可言传,不可以义理加以解释的,正如大慧宗杲所说的:参禅"是一超直入如来地","须是直心、直行","拟议思量已曲了也"。② 可见,"评唱""击节"本身就与"经是佛语,禅是佛意"的思想相违背。因此,注重文字技巧、强调义理解释的"评唱""击节"十分自然地、渐渐地受到某些深得禅之底蕴的禅师们的抵制和反对。首先起来反对

---

①《五灯会元》卷一五。
②《大慧普觉禅师宗门武库》。

这种文字、义理禅的,就是《碧岩录》的作者——佛果克勤的高足大慧宗杲。

据宋净善重集的《禅林宝训》记载,由于当时各种《语录》《灯录》《评唱》《击节》,泛滥成灾,造成禅学界专尚语言文字,而"不明其本",因此大慧宗杲把各种语录、灯录之刻版一并烧掉。反对把"公案"作为正面的文章去理解,并提出了一种新的参禅方法,也就是从"公案"中提取某一语句,作为话头,执着不舍地对它进行内省式的参究,这就是曾经对宋元及往后禅学产生过深远影响的所谓"看话禅"。

(二) 看话禅

"看话禅"的特点,不像当时社会上盛行的各种评唱、击节、拈古、颂古那样,注重对各种"公案"进行注释、理会,而是提倡:① 单参一个"话头";② 并且对此"话头"之参究必须做到行住坐卧,时时提撕,专心致志,念念不忘;③ 是在参究过程中,应该返观自己,提起疑情,并且必须一疑到底,疑到山穷水尽处,"大死一番";④ 是要蓦然咬破疑团,疑团一破,则朗然大悟,生死心绝而诸佛现前。下面我们从这三个方面来看看"看话禅"一些特点。

1. "但举话头"

大慧宗杲"看话禅"的入手处是"只看个话头"。"和尚(宗杲)只教人看狗子无佛性话……狗子还有佛性也无?无。只恁么教人看。"也就是说,参禅既不能像以往的"颂古""评唱"那样专在语言、文字上讨意度,曲指人心、说性成佛,也不能今日参一个话头,明日参一话头,而是应专就一个话头历久真实参究,只要还没达到"洞见父母生前面目","誓不放舍本参话头"。一时参不透,参一年,一年参不透,参一生。死死咬住本参的话头,毫不放松,一参到底。当然,所参的话头不局限于"狗子佛性"话,也可参"父母未生之前,如何是本来面目"等,而宗杲后之高峰原妙禅师则专参"万法归一,一归何处"。原妙禅师在《开堂普说》中曾这样描述他苦参此话头的情形:

疑着万法归一,一归何处?自此疑情顿发,废寝忘食,东西不辨,昼夜不分,至于一动一静,一语一默,总只是个一归何处,更无丝毫异念。……如在稠人广众中,如无一人相似。从朝至暮,从暮至朝,境寂人忘,如痴如迷。忽有一日在诵经时,抬头忽睹五祖演和尚真。蓦然触发日前仰山老和尚问拖死尸句子,直得虚空粉碎,大地平沉,物我俱忘,如镜照镜。①

2."时时提撕"

大慧"看话禅"的第二个特点就是要"时时提撕"。所谓"时时提撕",也就是时时处处,行住坐卧,死死咬住这一话头,毫不放松。在《大慧普觉禅师语录》中,宗杲说:

> 常以生不知来处,死不知去处,二事贴在鼻孔尖上,茶里饭里,静处闹处,念念孜孜,常似欠却人百万贯钱债,无所从出,心胸烦闷,回避无门,求生不得,求死不得,当恁么时,善恶路头,相次绝也。觉得如此时正好着力只就这里看个话头。僧问赵州:狗子还有佛性也无?州云:无。看时不用博量,不用注解,不用要得分晓,不用向开口处承当,不用向举起处作道理,不用堕在空寂处,不用将心等悟,不用向宗师处领略,不用掉在无事匣里。但行住坐卧,时时提撕:狗子还有佛性也无?无!提撕得熟,口议心思不及,方寸里七上八下,如咬生铁镢,没滋味时,切勿忘志,得如此时,却是个好消息。②

在这段文字中,宗杲一连用了九个"不用"。总之,不用思量分晓,不用求知求解,只要一心一意咬住那个没义味之话头,时刻都不要放松,越是觉得没滋味,越是不要放弃,长此以往,好消息就在后头。对于宗杲这种"时时提撕",后来的禅师把它比作"如鸡抱卵""如猫捕鼠""如饥思食""如渴思水""如儿思母",时刻也不能放松,否则将功亏一篑。同时,这种"时时提撕",还必须专就一个话头,如看"无"字,要紧在"为什么狗子无佛性"上用力;看"万法归一,一归何处"要紧在"一归何处";若参念佛,要紧在"念佛者是谁"。切切不可见异思迁,今日一话头,明日一话头,如此则永无得悟之期。尤其是在参到精疲力竭、心灰味穷之时,千万不要打退堂鼓,因为此时也许正是大悟之前夜。正如《大慧普觉禅书》中所说的:"行提撕,坐也提撕,提撕来,提撕去,没滋味,那时便是好去处,不得放舍,忽然心花发明,照十方刹,便能于一毛端,现宝王刹,法微尘里,转大法轮。"

---

① 《高峰和尚禅要》,《续藏经》第一辑第二编第二七套第四册。
② 《大慧普觉禅师语录》卷二一。

3. "提起疑情"

大慧宗杲"看话禅"的第三个特点,就是在死死参究某一话头的时候,必须不断地提起疑情。在"看话禅"看来,"疑以信为体,悟以疑为用。信有十分,疑有十分;疑有十分,悟得十分",①"大疑之下,必有大悟"。(《禅家龟镜》)此谓疑是悟的前提条件,是悟的必经路径,所谓"不疑不悟,小疑小悟,大疑大悟"是也。至于疑,至少有这样两层含意:一是疑什么?二是怎么疑?对此,我们先听听禅师们是怎么说的。

在《高峰和尚禅要》中,原妙禅师是这么说的:

> 先将六情六识,四大五蕴,山河大地,万象森罗,总溶作一个疑团,顿在眼前……行也只是个疑团,坐也只是个疑团,着衣吃饭也只是个疑团,屙屎放尿也只是个疑团,以至见闻觉知,总只是个疑团。疑来疑去,疑至省力处,便是得力处,不疑自疑,不举自举,从朝至暮,粘头缀尾,打成一片,无丝毫疑缝罅,撼也不动,趁也不去,昭昭灵灵,常现在前。②

此段话的意思是说,先将内情外色,溶作一个疑团,然后死死咬住这个疑团,行住坐卧,屙屎放尿,甚至地动山摇、山崩地裂,都不放松。这种说法似乎比较空泛,不易把握。有些禅师的解释就比较具体,例如,明末无异元来禅师所作之《博山和尚参禅警语》中有这样一段话:"做工夫,贵在起疑情。何谓疑情?如生不知何来,不得不疑来处;死不知何去,不得不疑去处。"也就是说,所谓"提起疑情",疑个什么呢?疑个生究竟是从何处来的?死又是到何处去了?然后紧紧抓住这个话头,历久真实参究。再如高峰禅师的"万法归一,一归何处"之疑,也是一例。万法归一,一又归于何处呢?"便就在一归何处上东击西敲,横拷竖逼,逼来逼去,逼到无栖泊、不奈何处,诚须重加猛利,翻身一掷,土块泥团,悉皆成佛。"(《续藏经》第一辑第二编第二七套第四册)所谓"万法归一一归何,只贵惺惺着意疑,疑到情忘心绝处,金鸡夜半彻天飞"。③ 上面这两段话,如果说"一归何处"是指疑个什么,那么,所谓"东击西敲、横拷竖逼"及"只贵惺惺着意疑,疑到情忘心绝处"则在说明"怎

---

① 宗杲:《示信洪居士》。《续藏经》第一辑第二编第二七套第四册。
② 《续藏经》,第一辑第二编第二七套第四册。
③ 同上。

么疑"。

对于怎么疑问题,宋、元之际的中峰和尚有一个十分形象的说法,叫"大死一番",在《示云南福元通三讲主》中,中峰和尚说:

> 近代宗师,为人涉猎见闻太多,况是不纯一痛为生死,所以把个无义味话头,抛在伊八识田中,如吞栗刺蓬,如中毒药相似。只贵拚舍形命,废忘寝食,大死一番,蓦忽咬破,方有少分相应。你若不知此方便,于看话头起疑情之际,将一切心识较量动静,妄认见闻,坐在驰求取舍窠臼中,或得暂时心念不起,执以为喜,或昏散增加,久远不退,承以为忧,皆不识做工夫之旨趣也。①

中峰禅师这里所说的"大死一番",主要是指参话头应该抛弃一切心识计量、见闻取舍,而应该忘餐废寝地死死咬住所参话头,几至于拚舍身命,如痴如愚。这种情形,高峰和尚有一段更为生动的论述。在《高峰和尚禅要·示众》中,他说:

> 直得胸次中,空劳劳地,虚豁豁地,荡荡然无丝毫许滞碍,更无一法可当情,与初生无异。吃茶不知茶,吃饭不知饭,行不知行,坐不知坐,情识顿净,计较都忘,恰如个有气底死人相似,又如泥塑木雕底相似。

这后句最是形象、逼真,所谓"大死一番",亦即参话头必须参得如"有气的死人""泥塑的木雕",一切情识、见闻、计较全无,如痴如愚,吃茶不知茶,吃饭不知饭。用克勤等禅师的话说:"养得如婴儿相似,纯和冲淡""终朝兀兀如痴,与昔婴孩无异"。又如达摩参禅,心如墙壁,夫子三月忘味,颜回终日如愚。倡"看话禅"的禅师们认为,只有经过这样"大死一番"之后,才有希望借助于某一机缘,如灵云桃花,香严击竹,长庆卷帘,玄沙䂎指,突然得悟,"绝后复苏"。而此中之关键是要"蓦然咬破"疑团。

4. "蓦然咬破"

"蓦然咬破"在参禅中是十分重要的一环。在"看话禅"看来,参禅

---

① 《天目中峰和尚广录》卷四之上。

者的提起疑情、大死一番本身并不是目的,目的是看破疑团、绝后复苏。这是因为,"疑情不破,生死交加;疑情若破,则生死心绝矣"。① 而要看破疑团,最重要的在话头上用力,这正如大慧宗杲所说的:"千疑万疑,只是一疑。话头上疑破,则千疑万疑一时破;话头不破,则且就上面与之厮崖。若弃了话头,却去别的文字上起疑,经教上起疑,古人公案上起疑,日用尘劳中起疑,皆是邪魔眷属。"② 这也就是我们在上面语及的"但举话头""时时提撕",不要随便更换话头,更不能半途而废;而应该专在此话头上与之"厮崖",直到把此话头看破为止。

当然,更重要的在于,如何看破。"看话禅"认为,要看破话头,不可以理论,不能以义解。如果"于言句上作路布,境物上生解会,则堕在骨董袋中,卒捞摸不着"。③ 因为"道贵无心,禅绝名理","唯忘怀泯绝,乃可趣向回光骨烛,脱体通透,更不容拟议,直下桶底子……一了一切了"。④ 所谓"直下桶底子,一了一切了",用通常的话说,就是"豁然贯通",用禅宗的语言说,就是"顿悟",用"看话禅"自己的话说,或如大慧宗杲所言"蓦然打发,惊天动地,如夺得关将军大刀入手,逢佛杀佛,逢祖杀祖,于生死岸头得大自在,向六道四生中游戏三昧"。⑤ 或如高峰禅师所说:"跳来跳去,跳到人法俱忘,心识路绝,蓦然踏翻大地,撞破虚空,元来山即自己,自己即山。"⑥ 如香严智闲禅师,被沩山禅师的"父母未生之前,如何是本来面目"一问,苦苦参究数年,后终于"偶抛瓦砾,击竹作声,忽然省悟"。⑦ 这种"蓦然咬破",有如现代哲学所说的"飞跃",或曰"思维的中断",只有通过这一"飞跃",才能大彻大悟、超佛越祖。可见,看破疑团的关键,或者说"看话禅"的关键,乃在于"悟",或者更准确点说——"顿悟"。

"禅无文字,须是悟得。"(《大慧普觉禅师语录》卷一六)这可说是宗杲对"看话禅"的一个画龙点睛般的概括。我们在前面所说的一切,诸如"但举话头""时时提撕""提起疑情""大死一番"等等,都是为了达到"蓦然咬破"——豁然贯通而大彻大悟这一最后的目标。当然,这一大

---

① 《大慧普觉禅师语录》卷二八。
② 同上。
③ 《示璨上人》,《续藏经》,第一辑第二编第二五套第四册。
④ 同上。
⑤ 《大慧普觉禅师语录》卷一九。
⑥ 高峰原妙:《示众》,《续藏经》第一辑第二编第二七套第四册。
⑦ 《五灯会元》卷九。

彻大悟的到来,绝对必须是顺其自然的,而不可去求、去等。也就是不可有丝毫"待悟之心","切忌作知解求觅,才求,即如捕影也",①而是"必须自然入于无心三昧"。②按照"看话禅"的基本思想,"禅无你会底道理。若说会禅,是谤禅也。……若不妙悟,纵使解语如尘沙,说法如涌泉,皆是识量分别,非禅说也。"③也就是说,禅法非思量、分别之所能解,参禅亦非一切有作思维之所能及,做工夫既不是一种学问,也不可以事说,尤不可以理论,更不容以义解,"当知禅不依一切经法所诠,不依一切修证所得,不依一切见闻所解,不依一切门路所入,所以云教外别传"。④

至此,我们看到这样一种现象,如果说五祖分灯后的禅宗有一种逐渐从"不立文字"转向"不离文字"的倾向,那么,大慧倡导的"看话禅"又出现一个转机,开始从"文字禅"中摆脱出来,提倡直指见性;如果说超佛越祖的分灯禅较之前期禅宗注重心悟言,更主张"纯任自然、无证无修",那么,宗杲以后的"看话禅"则又开始强调"顿悟",当然这种"顿悟"是在专参某一公案话头,经过"大死一番"后"蓦然"而得的。

不过,说"看话禅"使中国禅宗的禅风发生了重大的变化,丝毫不等于说宋元时期的禅宗是"看话禅"的一统天下,实际上,在赵宋一代,除了大慧宗杲所倡导的"看话禅"之外,当时的禅宗,另有一股禅风也颇具影响,这就是由宏智正觉倡导的"默照禅"。

"默照禅"的最大的特点,是以看心静坐为根本,认为无须多少文字语言,只要默默地静坐,便可萌生般若智能,洞见诸法本源,这有如宏智正觉在《默照铭》和《语录》中所说的:"默默忘言,昭昭现前","廓尔而灵,本光自照,寂然而应,大用现前"。⑤

从某种角度说,"默照禅"带有向传统禅学复归的色彩。它与达摩的"面壁而坐,终日默默"很相类似,所不同的是,"默照禅"也拈、颂公案,如宏智本人就有《颂古百则》留传于世,且颇有影响。当然,后来的"默照禅"禅师可能就不太注重公案之参究,而更注重于摄心静坐、潜神内观,也许正由于这一点,导致了后来"看话禅"对"默照禅"的批评和

---

① 《示璨上人》,《续藏经》第一辑第二编第二五套第四册。
② 《续藏经》第一辑第二编第二〇套第四册。
③ 《天目中峰和尚广录》卷五之下。
④ 《天目中峰和尚广录》卷一一之上。
⑤ 《宏智正觉禅师广录》卷一。

攻击。

就私交说,大慧宗杲与宏智正觉的个人关系不错,如宏智正觉在临终前曾把后事托与宗杲;但就禅学思想说,二者则颇多差异。因此,二禅之间终于出现了论争和相互指责,宗杲本人就曾直接批评"默照禅"。他说:"近年以来,有一种邪师说默照禅,教人十二时中是事莫管,休去歇去,不得作声。恐落今时,往往士大夫为聪明利根所使者,多是厌恶闹处,乍被邪师辈指令静坐却见省力,便以为是,更不求妙悟,只以默默为极则。"(《大慧普觉禅师语录》卷二六)《五灯会元》中也记载有宗杲对默照禅的攻击:

> 少林九年冷坐,刚被神光觑破;
> 如今玉石难分,只得麻缠纸裹。
> 老胡九年话堕,可惜当时放过;
> 致令默照之徒,鬼窟长年打坐。①

宗杲的这段话把"默照禅"与"达摩禅"联系起来是不无道理的,正如我们在前面指出的,"默照禅"确实带有达摩"面壁而坐,终处默默"的特点。更有甚者,宗杲还斥责"默照禅"最后只能落得个二乘甚至外道的境界。在《答陈少卿书》中,宗杲指出:"邪师辈教士大夫摄心静坐,事事莫管,休去歇去,岂不是将心休心,将心歇心,将心用心。若如此修行,如何不落外道二乘禅寂断见境界,如何显得自心明妙受用、究竟安乐、如实清净、解脱变化之妙?"从这段话看,一个是注重"摄心静坐",另一个则强调"自心明妙受用"。如果把它们放到禅宗史上去考察,则前者无疑较接近于传统的"禅定",而后者则无疑更接近于中国化了的禅宗的"道由心悟"。

总之,"看话禅"与"默照禅"的思想差别是多方面的,但是如果对它们的思想差别作一概括,最根本的则无疑是,一个注重"静坐",一个强调"妙悟"。而"看话禅"的盛兴、流行,则使得中国禅宗自宋、元之后更加走向注重"妙悟"的道路。

---

① 《五灯会元》卷一九。

二、宋代天台学

宋代天台的山家、山外之争，从表面上看，是"道统"之争，亦即究竟谁是天台正统，但是由于争论的内容几乎涉及天台宗所有重要的教义，而且从理论思辨的角度说，具有相当的深度，这就使得这场争论远远超出了宗教的范围，而具有极其重要的理论价值和哲学意义。

一、隋唐天台宗所注重的是"天台三大部"，即《法华玄义》《法华文句》《摩诃止观》，赵宋一代的天台宗，则更强调"天台五小部"，即《金光明经玄义》《金光明经文句》《观音玄义》《观音义疏》《观无量寿佛经疏》。

二、真心、妄心观。山家派的倡"妄心观"，更具有中国化的色彩，即逐渐把作为抽象本体的"真心"改变为当前现实之人心，亦即"妄心""阴识心"，这也许是山家何以会战胜山外的一个原因。而山外之所以倡"真心观"与宋元时出现一种交融汇合的趋势有关，华严宗自清凉法师起，就逐渐吸收天台宗的"性具说"，而天台宗的湛然法师，也采华严宗的"真如缘起"思想，山外派"真心观"有浓厚的华严色彩。

三、心具与色具。山外严分心、色，把心归诸理，把色归诸事，有理事隔绝、心色二元之嫌；这一点，尤其是他们所谓"无情之色""不能独头自具三千"的说法最具有代表性。这种说法本身就十分明显地把某些色法（即所谓"无情之色"）排除在心法之外，带有明显的心色二元的倾向；反之，山家派在这个问题上则始终坚持心色一如的立场，主张心法遍于色法，色法遍于心法，且心之与色，即事即理、互收互具。其所依据的无疑是天台智者大师和荆溪湛然的当体实相论的思想。如果用现代哲学语言说，山外的思想属现象、本质二元论；山家则是彻底的实相一元论。

四、心、佛与众生三者的相互关系。山外派把心归属于理，把众生与佛归属于事，指心为能造，判众生与佛为所造。这一点，知礼在《十义书》中屡屡提及。他认为，心、佛与众生三法，从随缘的角度说，三者均属事；从不变的角度说，三者均属理。论理，则三法皆理；论事，则三法皆事。绝不可把三者刈裂开来，以理释心，以事释生、佛。

五、别理随缘。由于湛然的学说中吸收了大量华严宗思想，这就为宋代的天台学留下了许多话题。针对山外常常以湛然所融会的华严宗"真如随缘"的思想置说立论，知礼乃撰《十不二门指要钞》，详细论述真如随缘与圆教的关系，指责山外诸师用华严宗"真如随缘"的思想来破坏天台宗圆教义理，认为如果单说真如随缘，而不说性具三千，这只是别教隔历之说，还不是圆教。

考诸隋唐佛教诸宗派，对于真如随缘问题大致有这样两种态度：一是主张真如唯有不变义，无随缘义，这是唯识家的看法；二是主张真如具有不变、随缘二义，持这种看法的代表性宗派是华严宗。在天台宗方面，智顗时代由于如来藏缘起与阿赖耶识缘起问题尚没有引起佛界的关注，因此，智顗对于真如缘起问题罕与语及；降至荆溪湛然时代，由于《起信论》大行，华严宗又盛辨如来藏缘起与阿赖耶识缘起之不同，严分"凝然真如"与"随缘真如"的差别，因此荆溪屡屡言及真如的不变与随缘。尽管湛然在这一问题上的基本观点与华严宗并不完全相同，但他的许多说法，诸如"真如是万法，由随缘故；万法是真如，由不变故"（《金刚錍》），"不变随缘故为心，随缘不变故为性"（《止观大意》），很容易与华严宗的真如观混同起来，终于导致山外一系认为天台宗的真如观与华严宗的真如观没有什么区别。实际上，天台与华严在真如随缘上有重要的区别：

第一，虽然华严宗也说"真如随缘"，但只是说"真如心"随缘，"真如理"随缘，"如来藏自性清净心"随缘，"真心"随缘；但天台宗所说的随缘则不仅指"真心""佛智"，也指"无明""烦恼心""阴识心"，从事造的角度说，无明、烦恼则是"能造"，也就是"无明随缘"。

第二，知礼认为天台宗之随缘与华严宗随缘义的最大区别在于，华严宗所说的随缘是"缘理断九"，而天台宗是在性具的意义上谈随缘。知礼指出，终教、别教等虽然也谈随缘，但由于他们所说的随缘，是把佛界与九界截然分开，以佛界为能造，九界为所造，把真如作为唯一的随缘理体，认为或者只是此理随缘成九界，或者须断除九界才能灭尽无明进入佛界，完全没有真如遍收九界，本性自具三千的思想，如此的真如随缘观，虽然说尽众生即佛，佛即众生，烦恼即菩提，生死即涅槃的话，实际上毫无圆教相即之义。

第三，山家、山外在真如随缘问题上的以上两点区别，如果从理论上说，又可以归结为对于真如与事相、佛界与九界是一体还是二体问题。从双方论争的有关资料看，山外派的思想有真如超然于事相之外、佛界与九界二体隔绝之嫌；而山家的思想即可一言以蔽之："当体全是"。

第四，山家、山外在"真如随缘"问题上的思想歧异还表现在，山外从其随缘观推出非情无性的理论；山家则反是，从真如的不变、随缘，得出无情亦有佛性。在《别理随缘二十问》中，知礼认为，说无情非性，其一违背了《金刚碑》的思想，其二真如既然随缘而不变，那么为什么又说在有情物则有佛性，在无情物则无佛性呢？这在逻辑上岂不是矛盾吗？

六、理毒性恶。山外派主"理毒"非理性自身之毒，理性自身是无染的、清净的，但是清净的理性能与无明惑染"合"，此具惑的理性全体即具毒义，这就是智圆在《请观音经疏阐义钞》所说的："法性之与无明，即无染而染，全理性成毒名理毒"；山家派则反对这样去解释"理毒"，认为所谓"理毒"，即是理性自身之毒，此毒乃理性所本具。知礼认为，按照《阐义钞》的说法，其所说的事毒、行毒是理性本来具有的？还是理性自身本无，随缘之后由于无明惑染才生起的？如果是指理性本无，因迷、因无明惑染才生起的，这显然不符合台宗圆意；如果事、行之毒是理性本具的，这岂不就是"性恶"吗？这也就是所谓"理毒性恶"。

综观山家、山外在"理毒性恶"问题上的争论，一个是站在"缘理断九"的立场，倡法界本净（或曰"理性本净"），只是由于无明惑染，才有毒、有不净；反本成佛时，则须断除九界，灭尽烦恼，舍妄证真；另一个则主张无明惑障为法界所本具。

至此，人们可以发现，山家、山外的一系列争论，可以归结为两个大的方面：一是观，二是教。观即有真心、妄心观之争。真心观主要源于《华严经》和《大乘起信论》等佛教经典的"净心缘起"和"真如缘起"论；妄心观则主张以当下现实心、阴妄心、具体心为观想对象，这是一种在相当程度上被中国化或者说被儒学化的佛教修行理论。山家派所以能够在论战中取胜，除去知礼等人的据理力争外，这也许也是一个十分重要的因素，此一现象说明佛教的中国化乃是一个不以人的主观意志为转移的客观规律。教则包括"心具色具""别理随缘""理毒性恶"等问题。问题虽多，但归结起来，特别从理论上说，主要是围绕一体还是二体的争论。山外派在诸如色心、生佛、无明与法性等问题上处处流露出二体的思想，带有浓厚的二元论倾向；山家派则始终坚持一元论的立场，始终视色心、生佛、无明与法性为一体，主张诸法相即互具，所依据的是智者大师创立的性具实相论思想，正因为如此，山家派向来被视为天台宗之正统；与此相反，山外派则带有相当程度的华严宗色彩。

三、宋元时期的禅教合一与禅净合流

赵宋一代的禅宗在与经、教关系问题上也逐渐发生了变化。如果说，以往的禅宗通常多强调"教外别传"，亦即强调"禅"与"教"的区别，那么，赵宋以后的禅宗，则出现一股把禅、教融为一体，提倡禅教合一的潮流。

（一）禅教合一

在赵宋一代，提倡禅教合一的主要代表人物是延寿、赞宁和契嵩。他们分别从以下几个方面论证禅与应该合一、可以合一。

首先，如唐圭峰和尚宗密所说的："经是佛语，禅是佛意，诸佛心口，必不相违。"心传之佛意与言诠之佛语，本身亦非截然对立、互不兼容的，而是相为表里，可以而且应该互相统一的。

其次，延寿还从禅还须看教的角度，说明禅之与教，不但不互相矛盾，而且可以相辅相成，相得益彰。

延寿认为，在对待经教问题上，重要的不是经教本身，而是如何对待经教问题。在《宗镜录》中，延寿认为，对于经教言诠，不可笼统而论，而应该具体分析。如果执着文句，随语作解，妄生知见，这犹如弃鱼守筌、因指忘月；相反，如果能因言悟道，藉教明宗，那么，经教言诠则可以成为入道得悟之资粮。

再次，禅与教的统一、合一，还有一个如何"统"、如何"合"的问题，对此，延寿的观点十分明确，即"举一心为宗"，亦即以禅之"心"去统各家学说。洋洋上百卷的《宗镜录》，就是按照这一原则编纂起来的。

（二）禅净之异同与合流

禅教关系在宋元时期集中体现为禅净关系。禅之与净，从思想层面说，既有许多共同点，也有诸多殊异处。

共同点：都崇尚简便易行。禅宗以明心见性、顿悟成佛为号召，主张直探心海，寻找众生的本来面目；净土宗则以"信、愿、行"为宗，以"横出世间"之"易行道"为标志，提倡"下手易而成功高，用力少而得效速"的念佛法门。

禅净二宗虽然都以简易见长，但具体的简易方法却不尽相同，而在佛性理论、修行方法和解脱依据等方面，二者更存在着诸多差异：

1. 禅宗倡即心即佛，心外无别佛，"唯心净土"是其思想发展的合乎逻辑的结果。净土宗人对此种说法颇不以为然，认为"唯心净土"的

说法,是把真俗混为一谈。依净土宗人看来,六祖之否定西方,乃是依真心立说,不是约俗谛言。就真不碍俗说,佛国在心,不妨十方净土宛然。他们认为,对于内证功夫很深的利根人,说佛国在心自无不可,但是对于广大凡俗众生,不可妄唱"唯心净土""自性弥陀"之高调,而应把西方净土作为追求的目标,只要能进此极乐世界,成佛便指日可待。因此,净土宗以劝人往生西方乐土为一宗思想之归趣。

所谓西方净土,亦称西方极乐或极乐世界,它是"净土三经"所着力宣扬的一块毫无苦疾杂染、唯有法性之乐的"无上殊胜"的清净乐土。据佛经记载,此极乐世界位于"娑婆世界"(即凡俗众生所居住的现实世界)以西四十亿佛刹,是净土宗人精心构筑的一个彼岸世界。

与净土宗明确承认在现实世界之外存在一个彼岸世界不同,从般若实相思想发展过来的禅宗的佛性学说,把净土乃至整个佛国完全归诸自心自性,从而得出自性弥陀,自性之外无弥陀,佛国在心,自心之外无净土的"唯心净土"说。

禅宗自慧能之后,就把即心即佛作为一宗思想之标志。在此即心即佛思想基础上,禅宗建立了一整套自家的佛性理论。在对待净土问题上,禅宗也以其即心即佛的思想为依据,把净土归结为净心、净意,这有如慧能在《坛经》中所说的:"迷人念佛生彼,悟者自净其心。所以佛言:'随其心净,则佛土净。'……心地但无不净,西方去此不远;若怀不善之心,念佛往生难到。"从表面上看,慧能并没有完全否定西方净土,且引经文为证,但从思想内容看,慧能否定了离开顿悟、心净能往生西方的说法。按照慧能的理论,人有两种而法无不一,迷者念佛能否往生西方呢?慧能认为,如果执迷不悟,不净其心,即使念佛,西方亦路遥难到。因此,对于下根人,对于迷者,尽管经文上分明说有西方净土,但对他们是可望而不可即的。至于悟者、上智之人,西方净土是否存在,能不能往生呢?按照慧能的说法,即便真有净土,也是一种方便设施,并非终极目的。因为,在慧能看来,能否成佛的关键在于迷或者悟,只要开悟,见西方则在刹那。而所谓净土,并非如净土教所说的位于娑婆世界以西的极乐世界,而是众生自净其心、大彻大悟之后的一种境界。这种清净佛土,只要随其心净,便即现前,无须往东往西四处寻觅,向外寻觅只是大痴人,永远成不了佛。这种净土在自心的思想,实则后来所说的"唯心净土"。

自慧能之后,唯心净土、自性弥陀的思想就成为禅宗佛性学说中的基本思想。佛教史上有"一宿觉"之称的玄觉在其著名的《永嘉证道歌》中唱道:"法身觉了无一物,本源自性天真佛。""但自怀中解垢衣,谁能向外夸精进。"意谓佛乃自性之佛,因此,一切修行于自心自性上用力足矣,用不着向外四处寻觅。

唯心净土、自性弥陀的思想在中土的弘扬传布虽多得力于禅宗,但如果从思想之渊源流变及发展过程看,这种思想并不纯属禅宗的发明,例如《维摩诘经》就明确主张:"若菩萨欲得净土,当净其心。随其心净,则佛土净。"

2. 唯心净土说与西方净土说由于它们各自的特点,导致了禅宗与净土宗在解脱的根据、解脱的方式和途径等问题上的种种差别。例如禅宗倡即心即佛、心外无净土,因此注重自心之觉悟,强调自性自度;相反,净土宗视极乐世界乃佛为济度众生而以愿力化成之清净乐土,因而提倡以"信愿行为宗",强调"乘佛愿力",仰仗于诸佛菩萨慈悲普度。与此相联系,主唯心净土之禅宗,主张解脱不离世间,所谓"佛法在世间,不离世间觉";宣扬西方极乐世界之净土教则主张出离秽土,往生净土,强调三品九级往生;在解脱途径上,禅宗所讲之修行,侧重于修禅;而净土教之修行,则强调念佛。当然,禅净二宗的这种种差别也不是绝对的,更不是一成不变的,而常常是异中有同,同中有异,相互包含,相互渗透,而就其发展趋势看,又日趋合流,最后,终于走上禅净合一的道路。

禅宗的自性自度的思想,在六祖慧能及其弟子的思想中表现得十分明显,到了后期禅宗,这种思想有了更进一步的发展。后期禅宗所说之佛,多指本源自性天真佛,因此,多主张纯任自然,不加造作,反对读经坐禅,甚至发展到呵佛骂祖。此时之禅宗,已由超佛而越祖,完全打破一切外在的偶像,把解脱完全付诸自心自性。

与禅宗之注重自信、强调自度正好相反,净土宗更注重于诸佛菩萨的慈悲普度。根据净土教的思想,现实世界的苦难是客观存在而且不可避免的,人们想在现实世界得到解脱是不可能的。而且由于众生生死业重,靠自力求得解脱是不可能的,因此,欲求得解脱,最好而且最简单的办法是先往生净土而后作佛。而要往生净土,无须依靠自力,也不必历世苦修,只要信仰弥陀,而后发愿,加上坚持念佛,阿弥陀佛就会来迎接他到西方极乐世界去。善根成熟的,固然可以证得佛果,恶业深重者,亦可以预入圣流。所以能这样,是因为阿弥陀佛在因位时曾立下了宏愿,立誓济度一切愿意往生净土之人,因此众生可以乘此愿力,往生极乐。

是自度还是佛度,是依靠自力还是仰仗佛力,这是唯心净土与西方净土在解脱论上的一个带根本性的区别。这个区别所以带有根本性质,是因为它乃是解脱之根据所在。禅宗所以倡导自性自度,是因为禅宗所说之佛,非心性之外别有他佛,而是自性是佛,本心即佛,若能悟此本心本体本来是佛,即与佛无异。而净宗所以仰仗佛度,是因为他们所说之往生、成佛,完全根据阿弥陀佛之愿力,若失此愿力,众生则无往生、成佛之希望。因此,众生如果想得到解脱,只好完全仰仗于诸佛菩萨之慈悲普救。

3. 理即佛与究竟即佛。如果按照佛教的理论,所谓即心即佛,主要是从理论上立言,亦即从理论上说,一切众生,无不本具佛性,自性弥陀。而净土教是一种重行重事的佛教宗派,因此,在净土教看来,唯心净土所说之即心即佛、自性弥陀,只是一种"理即佛"。"理即佛"虽然从本体上说,与佛同俦,但如果一味昧理废事,不修不行,那就有如一个饿急之人,却拼命研究各种美味佳肴之烹调法,把馆子里的各种菜谱背得滚瓜烂熟,而对摆着现成的饭菜不动筷子,整天挨饿。因此,只停留于"理即佛",成佛将遥遥无期。

净土教以行路喻理事,曰:理如知路线,事如会行肯行,理事兼备,如既知路线又会行肯行,当然可以达到目的地。如果由于自身智能浅薄,不知路线,但是只要会行肯行,再加上有指路碑也可以到达目的地。而佛教经论,前贤古德之著述或事迹,就是这种指路碑。只要肯潜心修行,沿着佛教经论所指引的路线走,同样可以达到成佛的目的。何况阿弥陀佛曾发愿要来迎接他们去西方乐土,因此,即便无理,不足为患。相反,如果只有理而不会行不肯行,这有如整天坐谈而不举寸步一样,永远到不了目的地。他们举例说:周利盘陀伽极钝,佛只教念"扫帚"二字,尚且记了"扫"忘了"帚",记了"帚"忘了"扫",但他始终坚持念这两个字,不稍放松,终至情息惑尽,证阿罗汉果。提婆达多聪明慧敏,曾学过各种神通,能通六万法藏,却不免生堕地狱。最后,他们得出结论,佛法能度一字不识之愚夫愚妇,不能度心智聪慧而不肯修行之人。如果我们把这种思想与禅宗之"道在心悟,不关六度万行"等思想加以比较,就可以发现二者截然不同:一个重信仰,一个重智能;一个重悟解,一个重实行。而造成这种差别的根本原因之一,是禅宗所说的即心即佛之

"佛",是指"理即佛",而净土教所说之"佛",是指因圆果满之"究竟佛"。

当然,净土教重行,这只是从总体上说。实际上,多数提倡净土教之名僧,并不全然废理,也不完全否定唯心净土。他们一般都主张真俗兼举、理事并重。他们认为,所谓唯心净土,是依真谛立言,而如果依真而说,则一法不立,佛且无着落处,哪有极乐世界!但从真不碍俗说,净土不乖唯心之理,唯心也不否定西方净土。生亦即无生,无生亦即生,只有知道这个真空妙有之绝对中道,才能体会到弥陀净土之本来面目。因此,有些净土教以秽心转净心释众生生净土,从这一点上说,西方净土说与唯心净土说又不无其相互契合处。

正因禅净之间不无共通之处,至宋元二者逐渐走上了融合的道路。宋元佛教各宗各派都既重视净土法门,注意净土实践,又多注重禅修。在修行方法上多提倡禅净双修。如延寿之参禅、念佛四料拣:

> 有禅无净土,十人九蹉路;无禅有净土,万人万人去;
> 有禅有净土,犹如戴角虎,无禅无净土,铁床并铜柱。①

从此一"四料简"可以看出,"有禅有净土"才是最上法门,实际上,这种主张禅净双修、禅净合流的思想,宋元之后已成为一种时代的潮流。

四、宋元时期的佛儒交融

宋元时期佛教之交融汇合,不仅表现在佛教内部各宗各派之间的相互渗透,而且表现为融摄儒、道二教的思想。到了宋元时期,终于出现了儒、释、道三教思想的大交融,作为产物,则是溶三教于一炉的宋明理学的产生。这里不准备全面论述宋元时期三教合一的总体情形,而拟通过智圆、契嵩、宗杲等几位思想家的有关著述,探讨此一时期从佛教方面倡佛儒交融的有关情况。

宋元时期从佛教方面倡佛儒交融之最著名者当推天台宗山外派代表人物孤山智圆。智圆自号中庸子,因"中庸"乃儒家经典之名,又向来被视为儒家之思想和传统术语,故有人问智圆:"中庸之义,出于儒家,你是佛教徒,怎么剽窃儒家语以自号呢?"智圆答曰:

---

① 《净土指归》卷上。

夫儒释者,言异而理贯也,莫不化民,都是教人迁善远恶也。儒者,修身之教,故谓之外典也;释者,修心之教,故谓之内典也。惟身与心,则内外别矣。生民,岂越于身心哉? 二教,其共为表里乎!①

这段话的意思是说,儒学之于释教,虽然言说不同,但道理是一致的,都是为了教化民众,使之习善远恶;儒学乃修身之教,所以称之为外典,佛教乃治心之教,故称之为内典;身之与心虽然有内外之别,但人之为人,岂能越乎身心之外,所以二教实正好互为表里。从这个意义上说,我智圆以儒家语为号又有什么不好呢?

其次,智圆进一步指出:

非仲尼之教,则国无以治,家无以宁,身无以安。国不治,家不宁,身不安,释氏之道何由而行哉! 故吾修身以儒,治心以释……呜呼! 好儒以恶释,贵释以贱儒,岂能庶中庸乎?②

此说简直把儒教作为释教的基础。因为如果没有儒教,则不能治国、宁家、安身,既然国不能治,家不得宁,身无以安,那佛教以什么为依托呢? 所以,他提倡用儒修身,以释治心,拳拳服膺,不敢有丝毫懈怠,目的正在于至于理而达于道,怎么能说是放弃佛道呢? 至于好儒而恶释,或者贵释而贱儒,二者都是违背中庸之道的,换句话说,他所以用"中庸"为号,就是表明他在儒释之间采取了一种不偏不倚的"中庸"立场。

第三,智圆更以佛教之"中道"说儒家之"中庸"。当人以"儒之明中庸也,吾闻之于《中庸》篇矣,释之明中庸,未之闻也"为诘时,智圆说:"释之言中庸者,龙树所谓中道义也。"并以佛教之不落有无、不荡于空、不胶于有之中道义去说儒家"过犹不及"之中庸。最后,智圆说:"世之大病者,岂越乎执儒释以相诋","故吾以中庸自号以自正,俾无咎也"。③这说明智圆是有意用"中庸"之号来使自己与儒释之间持调和的态度。

智圆对自己取号"中庸"的这一系列辩释,基本上把他为什么要提倡佛儒交融及其在佛儒调和问题的主要思想表述出来了。因为从智圆

---

① 《中庸子传》上。
② 同上。
③ 同上。

的有关著述看,其在调和佛儒方面,主要有以下一些观点:

其一,儒教修身,释教治心,二者互为表里。他认为儒是"域内"之教,"域内"之事,诸如修身、齐家、治国、平天下等等,舍儒不可他求,所谓"非仲尼之教则国无以治"者是。虽然此教"谈性命焉,则未极于唯心;言报应焉,则未臻于三世",①亦即在探性灵之真奥及明三世之因果方面,儒教并不擅长,但就今生今世言,则"不可一日而无之矣",因为没有它,则国无以治,家无以宁,身无以安。至于佛教,它是"域外之教"。"域外则治于心矣",亦即其功在于探性灵之真奥,明三世之因果。虽然如此,"实有毗于治本矣",亦即它对于修身、治世也不是全然没有益处,正如以往的僧人所说的,如果天下人都能持五戒、修十善,则皇帝可以坐致太平。因此,释氏"之训民也,大抵与姬公、孔子之说共为表里"。②

其二,儒释二教都能迁善远罪,有益教化。这一思想是前一观点的延伸与具体化。从儒教方面说,其要修、齐、治、平,自然不能没有礼仪教化,使人去恶从善;就佛教言,它的所有教义,几乎也都有这一功能。"何耶?导之以慈悲,所以广其好生恶杀;敦之以喜舍,所以申乎博施济众也;指神明不灭,所以知乎能事鬼神之非妄也;谈三世报应,所以证福善祸淫之无差也。使乎黎元迁善而远罪,拨情而反性。"③正是基于这样的思想,智圆认为:就拨情复性的深浅而言,或者就论事之远(如佛谈三世)、近(如儒明今生今世)说,二教不得不有小异,如果把三教视为一物,混同看待,"或几乎失矣";但就"迁善而远罪,胜残而去杀"言,则二教"不得不同也"。④

其三,智圆不仅倡佛儒交融,而且明确地主张儒、释、道三教合一。在《三笑图赞并序》中,智圆曾对东晋庐山慧远送晋帝、桓玄"以虎溪为界,而送道士陆修静、儒者陶渊明"则过之矣",大表感叹,并作赞曰:

> 释道儒宗,其旨本融,守株则塞,忘筌乃通。
> 莫逆之交,其惟三公,厥服虽异,厥心惟同。
> 见大忘小,过溪有踪,相顾而笑,乐在其中。

---

① 《四十二章经序》。
② 《翻经通纪序》。
③ 同上。
④ 《四十二章经序》。

此谓儒、释、道三教外表虽异,其心则同。慧远、陆修静、陶渊明三公因能见大忘小,得鱼忘筌,所以能够相顾而笑,乐在其中。在《谢吴寺丞撰闲居编序书》中,智圆也说:"夫三教者,本同而末异,其于训民治世,岂不共为表里?"①此中之"其于训民治世,岂不共为表里"说,甚为重要,亦即三教之相为表里,或者说三教交融汇合之联结点,乃在于"训民治世",也就是说,宋元时期的佛教,已不像以往的佛教争相以"方外"之教相标榜,而是在相当程度上关注世间、强调入世。实际上,智圆的这一说法绝不是他一个人的看法,而是在相当程度上反映了宋代佛教的特点,亦即世俗化在赵宋一代已成为时代的潮流,这一点,在契嵩的思想中有更明显的表现。

其四,智圆在儒佛关系乃至三教关系问题上的态度有一点是值得特别注意的,这就是他在《谢吴寺丞撰闲居编序书》中所说的:"是以晚年所作,虽以宗儒为本,而申明释氏,加其数倍焉。往往旁涉老庄,以助其说。"此中之"以宗儒为本"说,至关重要,也就是说,在赵宋一代即便像智圆这样的高僧,也出现了"以宗儒为本",尽管他在后面又补充了"而申明释氏,加其数倍焉",但是其"本"仍在于"儒"。这一点说明宋代的佛教在儒化方面已经走得很远。对此,我们不妨比较一下同样提倡三教合一的唐僧宗密的有关思想。宗密的《华严原人论》是中国佛教史上提倡三教合一的最有代表性的著作,但是,宗密的三教合一,明确地以佛教作为"合一"的归趣,而儒之与道在那里充其量只是个铺垫,它们都是佛教的一个阶段,是佛教发展过程中一个较低的层次,这也许与李唐时期佛教之隆盛有关;但是到了宋代,随着儒之复兴以及佛教之衰微,终于使得即便是佛教徒自身,也不敢像李唐时代那样去看待和对待儒教了,这也许就是智圆公然提出"以宗儒为本"的其中一个重要原因吧。

在赵宋一代倡佛儒交融的,除智圆外,契嵩是另一个重要代表。契嵩在调和佛儒方面,甚至比智圆走得更远,思想也比智圆具体、深刻,他作《原教》《孝论》十余篇,明儒释之道一贯。

第一,契嵩兼融佛儒中最有特色的是其"孝论"。在契嵩的"孝论"中,他除了把"孝"作为百行之端、诸善之首外,还把佛教的"孝道"大大地世俗化。在《孝论》中,契嵩说:

---

① 《续藏经》第一辑第二编第六套第一册卷二十二。

夫孝,天之经也,地之义也,民之行也。至哉大矣,孝之为道也夫!

夫孝,诸教皆尊之,而佛教殊尊也。

也就是说,孝之为道,是天经地义的,它在各种道理当中,是至高至大的;世上的各种教派,都提倡、遵从孝道,而佛教更是特别提倡、遵从它。这种说法自然立刻使人们联想到儒学和传统的佛教。

从思想史的角度看,中国古代各种思想潮流(包括儒释道三教在内),向来最重孝道者,当推儒家。儒家学说从某种意义上说,就是建立在孝道的基础上的,直至后来作为儒家整个思想体系核心的"三纲五常"也是"孝道"的延伸的发展。与之相比,佛教虽然也偶然语及"孝",但它绝非传统佛教之核心,更不是佛教诸多义理的基础。而且,传统佛教所说的"孝道",通常的都是指所包盖广的"大孝",正如南朝僧人刘勰所说的:"佛家之孝,所包盖远。理由乎心,无系乎发。"(《灭惑论》,《弘明集》卷八)亦即佛家所说的孝,与世俗所说的孝是不尽相同的。世俗所言之孝,多指身体发肤,受之父母,不可损毁,以及跪拜赡养之类,而佛家所说之孝,则是指弘道济世、救众利生,因此,"一人全德,则道洽六亲,泽流天下"①。历史上许多僧人还用老子的"上德不德"来论证,佛家虽剃发弃亲,并非不孝,而是"大孝",因为佛教向来是"不以色养为孝"的。传统佛教的这些思想至宋代就发生了重大的变化。例如,契嵩所说的"孝"与传统佛教所说的"孝"就迥异其趣。他不但大谈"色养之孝",如"得减其衣钵之资,而养其父母",而且把父母看成是天下三"大本"之一:"夫道也者,神用之本也;师也者,教诰之本也;父母也者,形生之本也。是三本者,天下之大本也。"本来,形生之人、物,在传统佛教中是不足为道的,它们都是假象、幻影,何能成为与"道""教"相提并论之一"大本"呢?但是,在中国这块重现实人生的国土上,传统佛教那种以现实人生为苦海、视世俗生活为弃屣的思想和说教,无论如何是难以长期存在的,僧人们从现实生活中终于领悟到,单纯地谈"大孝"已不足以适应国人之需要,因此也就有了契嵩一类的高僧出来倡导与世俗需要较接近的"孝道"了。

---

① 慧远:《沙门不敬王者论》,《弘明集》卷五。

契嵩兼融佛儒的另一个重要的思想特点,是把佛教的五戒十善与儒家的仁义忠孝统一起来,认为佛教的五戒十善,有益于世俗的仁义忠孝。

契嵩认为,佛教"举其大者"可分为五乘,一曰人乘,二曰天乘,三曰声闻乘,四者缘觉乘,五者菩萨乘。后之三乘,乃超然之出世者也,世人不可得而窥之;前之二乘者,则与世情"胶甚",亦即与世俗紧密联系在一起。而人乘、天乘中的所谓五戒十善,则与儒教所说的五常仁义,"异号而同体"(《辅教篇·原教》)。例如,契嵩说:五戒,始一曰不杀,次二曰不盗,次三曰不邪淫,次四曰不妄语,次五曰不饮酒。夫不杀,仁也;不盗,义也,不邪淫,礼也;不饮酒,智也;不妄语,信也。是五者修,则成其人,显其亲,不亦孝乎?① 如果说把佛教五戒与儒家五常联系起来,契嵩并不是第一个人,那么,把五戒作为"孝"的一个前提条件则是契嵩所首倡。这也是契嵩兼融佛儒思想的一个重要特点。他不是一般地谈论五戒与五常的关系,而是把五戒与儒家之仁义忠孝紧紧地联系在一起,强调五戒十善有益于儒家之仁义忠孝。例如在《辅教篇》中,他说:如果一个具备了五戒十善,"岂有为人弟者而不悌其兄,为人子者而不孝昆其亲,为人室者而不敬其夫,为人友者而以善相致,为人臣者而不忠其君,为人君者而不仁其民,是天下之无有也。"(《辅教篇·原教》)也就是说,只要做到五戒十善,那么,世俗之仁义忠孝则一应俱全。

第三,契嵩之所以提倡佛儒交融,还由于他认为,佛儒二教有着一个共同的目标,即劝人为善。在《广原教》中,契嵩说:

> 古人有圣人焉,曰佛,曰儒,曰百家,心则一,其迹则异。夫一焉者,其皆欲人为善者也;异焉者,分家而各为教者也。圣人各为其教,故其教人为善之方,有浅,有奥,有近,有远,及乎绝恶,而人不相扰,则其德同焉。

此谓儒佛各教、诸子百家虽然教名有异,所说不同,但有一个共同点,即都是为了劝人为善。由于为教各异,所以,教人为善的方法各不相同,或深,或浅,或近,或远。但不管是哪一种方法,都是为了使人去恶从善,因此说"心则一"。从劝人为善之心一去谈佛儒可以而且应该

---

① 《孝论·戒孝章》。

交融,以往的僧人曾经反复阐述过,智圆也有类似的说法,因此这里不详加论列。

第四,契嵩之倡佛儒交融,还由于他认为佛主治心,儒主治世,治心者能佐治世。在《寂子解》中,契嵩说:

> 儒佛者,圣人之教也。其所出虽不同,而同归乎治。儒者,圣人之大有为者也;佛者,圣人之大无为者也。有为者以治世,无为者以治心。治心者不接于事,不接于事则善善恶恶之志不可得而用也;治世者宜接于事,宜接于事尝善罚恶之礼不可不举也。其心既治,谓之情性真正,情性真正则与夫礼仪所导而至之者不亦会乎?!①

这段话的意思是说,儒佛二教虽然所出不同,但都是圣人之教,都以"治"为归趣。所不同的是,儒是有为之学,旨在治世;佛乃无为之教,旨在治心;治心之佛教虽然不介入世俗之善善恶恶,但如果把世人之心治好了,其情性则真正淳厚。情性既真正淳厚,自然与儒家礼仪所要达到的目标是一致的,这岂不是有益于治世吗?在这里,契嵩同样把"治世"作为佛儒交融的落点所在。可见,在赵宋一代,世俗化已成为佛教向儒学靠拢的一个重要特点。

在倡佛教世俗化方面,宋代另一位著名禅师,即"看话禅"的倡导者大慧宗杲也很具有代表性。沿着禅宗"运水与搬柴,皆神通妙用"的道路,宗杲进一步倡喜怒哀乐,乃至世俗的一切事务,都是第一等做工夫,他甚至认为,在家人比出家人更有利修行,为什么呢?因为出家人,出家了,远离六亲,一意只是打坐修行,没有世间的许多烦恼,因此,比较省力;而在家参禅,则开眼闭眼皆是尘俗事务,时时有许多烦恼惑障缠身,因此,需要更强信心和力量。但正因为如此,更能打透禅关,结出道果,这有如维摩诘居士所说的:高原陆地,不生莲花,卑湿污泥,乃生此花。

随着佛教的儒学化和世俗化,赵宋一代出现了僧侣、禅师与士大夫相互交游、酬唱的局面。一方面,僧人多与士大夫交往,如大慧宗杲之与张九成,佛印了元之与苏东坡,天衣义怀之与杨亿,大觉怀琏之与王

---

① 《镡津文集》卷八。

安石,黄龙祖心之与黄庭坚,等等;另一方面,士大夫参禅者更多,从上层官僚如王安石、杨亿、张商英等,到理学家如周敦颐、二程、朱熹、陆九渊,无一不热衷于参禅或出入于佛老。当时的佛教界,僧侣们常常是真乘法印与儒典并用;而在儒学界,士大夫们也多是既深明世典,又通达释教。佛儒之间虽然在某些个别问题上仍还有相互对立和相互排斥的现象,但从总体上说,确呈现出一种相互汇合、交融局面。这种交融汇合从严格的意义上说甚至不限于儒佛二教,而是在当时社会上处于主导地位的儒、释、道三种思想潮流均加入了交汇之洪流,以至出现了诸如"红花白藕青荷叶,三教原来是一家"等说法。

　　这个时期的佛教所以发生这种变化,究其原因,大体有二:一是中国是一个注重现实人生、讲究实际的国度,全然地不顾世俗的人伦纲常,过多地强调脱尘离俗,是不适合中国国情的,是注定要被摒弃的;二是中国佛教自隋唐之后,就受到儒家心性、人性学说的深刻影响,各种佛教理论本身已是相当程度上被儒学化、伦理化,因此,注重人伦、强调入世,在一定意义上说,已不是不得已而做出的一种"姿态",而是佛教自身的一种需求,是当时伦理化了的佛教思想的一种合乎逻辑的表现。这后一个原因从某种程度上说也许更重要和根本——因为当时佛教界之谈佛儒交融,多非"违心"之谈,而都是从佛教思想体系自身,去谈佛儒二教不但可以融汇而且应该融汇。宋元佛教的这一特点,对以后的佛教有着极其深刻的影响。

顿悟见性与修心养性

传统佛教与传统儒学在思维模式、思想内容和最终目标上的差异，是由中印两国不同的社会历史条件、思想文化背景造成的，而这种差异本身又导致二者在修行方法上的不同。如果说，传统佛教与传统儒学在思维模式、思想内容和最终目标上的差异主要表现为：一、前者是"本体论"，后者是"天人合一"；二、前者注重抽象的"佛性"，后者注重现实的"人性""心性"；三、前者追求成佛作菩萨，后者讲究成贤作圣，那么，由之造成的两种修行方法的差别，则主要表现为前者注重顿悟见性，后者强调修心养性。

一、反本归极与顿悟见性

从以上对于佛性的有关论述已经可以看出，大乘佛教已不像原始佛教那样把灰身灭智、了脱生死作为修行的最终目标，而是以反本归极、体证佛性为旨趣。这种变化使得大乘佛教已不像原始佛教那样强调累劫修行，而是更注重般若智慧和顿悟见性。

就中国佛教来说，自魏晋南北朝之后，占主导地位的是大乘佛教。与之相应，中国佛教的各宗各派在修行方法上虽然不全然否定"渐修"，但从总体上说，多是以顿悟为极致——笔者以为，这种看法大概不至于遭到非议。

以中国佛教史的事实为例，中国佛教发展史上的一位关键人物是竺道生。竺道生的佛教思想大要有二：一是主"众生有性"，二是倡顿悟成佛。

竺道生的"顿悟"，史上亦称之为"大顿悟"，借以区分较之以前的支、安二法师的"小顿悟"。"小顿悟"的基本观点是，主张前六地非悟真性，至七地始悟无生；七地虽悟无生，但功行未满，尚未究竟证体，仍须进修八、九、十三地方能最后证体。而竺道生的"大顿悟"则认为，十住之内，无悟道之可能，皆是大梦之境，十住后之"金刚心"，方能豁然大悟，把一切结惑断得干干净净。慧达《肇论疏》述竺道生的顿悟义曰：

　　两顿悟者，两解不同。第一竺道生法师大顿悟云，夫称顿者，明理不可分,悟语极照。

以不二之悟,符不二之理。理智恚释,谓之顿悟。

《大般涅槃经集解》卷一也引竺道生序文之言曰:

夫真理自然,悟亦冥符。真则无差,悟岂容易?不易之体,为湛然常照,但从迷乖本,事未在我耳。

此谓竺道生以法性理体,本有无差,涅槃佛性,湛然常照,以能悟之智,符不二之理,故为顿悟。理既不可分,故悟则全悟,不容阶级。

在《妙法莲华经注》中,竺道生从另一个角度说明既得无生,则无须再进修三地:

得无生法忍,实悟之徒,岂须言哉!……夫未见理时,必须言津,既见于理,何用言为?其犹筌蹄以求鱼兔,鱼兔既获,筌蹄何施?

意谓既得无生,则超乎言象,此犹鱼兔既得,筌蹄可弃。如果于七住已得无生,后又须进修,此则守指忘月,得筌忘鱼。竺道生的这种思想,他还有一个更明确的表述,曰:

夫象以尽意,得意则象亡;言以诠理,入理则言息。自经典东流,译人重阻,多守滞文,鲜见圆义。若亡筌取鱼,始可与言道矣。①

可见,道生之学,贵在"得意",而意之可得者,舍"顿悟"别无他途。

据史料记载,自竺道生倡理超象外、顿悟成佛后,时人多"推报之"《续〈高僧传〉》载僧旻的话说:"宋时重道生,顿悟以通经。"可见,道生之顿悟说在南北朝时已成为时代之风尚。

竺道生后,弘扬"顿悟"说最力者,是南朝刘宋时的谢灵运。

谢灵运著有《与诸道人辨宗论》一文,对道生之顿悟义极表推赞,而其特点是糅合孔、释。他说:

---

① 《高僧传·竺道生传》。

> 释氏之论,圣道虽远,积学能至,累尽鉴生,方应渐悟。孔氏之论,圣道既妙,虽颜殆庶,体无鉴周,理归一极。有新论道士,以为寂鉴微妙,不容阶级。积学无限,何为自绝?今去释氏之渐悟,而取其能至;去孔氏之殆庶,而取其一极。一极异渐悟,能至非殆庶。故理之所去,虽合各取,然其离孔、释矣。余谓二谈救物之言,道家之唱,得意之说,敢以折中自许。窃谓新论为然。

这段话的大意是说,释教认为成佛虽遥,然渐修积学可以达到,故"闭其顿了,开其渐悟";儒学则认为圣人很难通过学习而成,即使如颜子也只是"殆庶",故"闭其累学,而开其一极"。今有新论道士(即竺道生)立"不容阶级"之说,反对渐修积学,私下以为此说为是。盖释氏虽有渐悟之谈,然其有能至之旨,今可取其能至而弃其渐悟;而孔门虽有"殆庶"之言,然其又有"一极"之论,今亦可以去其"殆庶",取其"一极"。如此折中而言,则既可成佛,又非渐悟,合而言之,则是顿悟成佛。

谢灵运对竺道生顿悟说的申述与发挥,还表现在他对诸道人的答辩中。在答僧维"若资无以尽有者,焉得不之渐悟"之问时,谢灵运说:

> 夫累既未尽,无不可得;尽累之弊,始可得无耳。累尽则无,诚如符契,将除其累,要须谤教。在有之时,学而非悟,悟在有表,托学以至。但阶级教愚之谈,一悟得意之论矣。

此谓累未尽,不可得"无",累尽之后,"无"乃可得。故悟在"有表"。"有表"者,道生"象外"之谓也,亦即得忘象之义。故说"阶级教愚之谈,一悟得意之论"。

针对"悟在有表"的"象外"之论,僧维再问:若"涉学希宗,当日进其明","若日进其明者,得非渐悟乎?"谢灵运答道:

> 夫明非渐至,信由教发。何以言之?由教而信,则有日进之功;非渐所明,则无入照之。然向道善心起,损累出垢伏。……非心本无累。至夫一悟,万滞同尽耳。

此谓由教而信,乃有日进之功,但悟理得意,非渐修能至。由教日进之功虽可损垢伏累,然这仅谓之学;只有"万滞同尽",乃可谓悟。此与道生之"见解名悟,闻解名信"的思想是相通的。

在三答僧维问中,谢灵运进一步阐发了学者为渐、为假、为权,悟者名照为顿、为真、为常、为智、为见理的思想。僧慧驎问真假二智何异?谢灵运答道:

> 假知者累伏,故理暂为用;用暂在理,不恒其知。真知者照寂,故理常为用;用常在理,故永为真知。

此谓假知乃是伏累,寂照方为真知。当慧驎更问:理在心,累亦在心,将何去之?谢答道:

> 累起因心,心触成累。累恒触者心日昏,教为用者心日伏。伏累弥久,至于灭累,然灭之时在累伏之后也。

这是说信修仅是伏累,悟理为灭累。那么,伏累、灭累又有什么区别呢?谢灵运说:

> 伏累、灭累,貌同实异,不可不察。灭累之体,物我同忘,有无一观。伏累之伏,他己异情,空实殊见。殊实空、异己他者,入于滞矣。一有无,同物我者,出乎照也。

此谓伏累有物我己他之分,空实有无之殊,入于滞碍,故非真悟;灭累乃达物我同忘有无并观之境界,故滞同尽,乃真悟也。这个思想与道生以见不二之理为顿悟相类。

谢灵运之顿悟说,虽然在具体表述上与竺道生的说法不无差别,但就其理论根据说,则与竺道生一脉相承。其与诸道人的往复论难,千言万语在说明闻教信修可由积学渐悟,但悟理须在"有表",得意则应在"象外",此实道生"入理言息""得意忘象"之再唱。

竺道生倡导的"顿悟"思想,经谢灵运的大力阐发、弘扬之后,在南北朝佛教界的影响进一步扩大,虽然当时也有一些僧人对此说颇持异议,但由于顿悟之修行方法毕竟是大乘佛教反本归极、体证佛性终极法门,因此,从总的来说,日渐受到佛教界的重视。进入隋唐之后,这种倾向就愈发明显。

隋唐佛教主要是宗派佛教。由于隋唐佛教之各宗对佛教学说多持兼融汇合的态度,故其时之顿、渐两种修行方法,不像南北朝时那样处于相互对立的两端,而是往往通过判教,把顿渐两种思想纳入同一学说体系中,但二者的地位并非完全平等,而是有高低深浅之分。一般地说,都是以顿悟为深、为实、为了义,而以渐悟为浅、为权、为方便说。天台是这样,华严亦然。

天台有"化法四教"和"化仪四教"之分。其中"化仪四教"是以众生之机缘不一,从形式上分全部佛说为"渐、顿、秘密、不定"四种。所谓"渐"者,则是次第行、次第学、次第入道。所谓顿,即从初发心,即坐道场。《摩诃止观》谓天台传南岳三种止观:一渐次,二不定,三圆顿,"渐则初浅后深,如彼登梯","圆顿初后不二,如通者腾空"。从天台智者的思想看,在此三种止观中,他以圆顿为究竟。但亦不全然废弃渐悟,而是主张大小渐顿相资为用。当有人问及如何相资为用时,他说:

> 小闻于大,耻小而慕大,是为顿资小;佛命善吉转教,大益菩萨,是为渐资顿。①
>
> 若带小明大,是渐顿相资,若会小归大,是顿渐泯合。②
>
> 当知即顿而渐,即渐而顿。③

华严宗吸取了天台的判教学说,以法分五教,曰"小乘教""大乘始教""终教""顿教""圆教"。法藏有时又把中间的三教更分为渐顿二教。从法藏对于渐顿二教位次的安排看,他无疑是视顿教比渐教高出一头。澄观也有同样的思想,他在《大华严经略策》中说:

> 夫教有浅深,根有胜劣。从微至著,渐教诱于劣机;初心顿圆,圆教披于上士,即圆信圆解,万行圆修,顿悟顿成,万德圆备。

可见,澄观也是把渐教视作诱于劣根之浅教,而视圆教为极致。这与法藏于顿后更立一圆的思想是一致的。

---

① 《法华玄义》卷二上。
② 同上。
③ 同上。

如果说，天台、华严二宗虽然把"顿"视为比"渐"更究竟之法门，但尚未把它作为创宗判教的唯一标准，那么，到了禅宗（特别是慧能南宗），顿悟见性、顿悟成佛的思想则成为创宗立论之纲骨。

慧能之重顿悟，《坛经》言之凿凿、俯拾皆是，自无须一一赘述，这里简撮几条，以窥大概。他说：

> 故知一切万法，尽在自身中，何不从自心顿现真如本性。
>
> 我于忍和尚处，一闻言下大悟，顿见真如本性，是故将此教流行后代，
>
> 会学道者顿悟菩提，令自本性顿悟。
>
> 若悟无生顿法，见西方只在刹那。不悟顿教大乘，念佛往生路遥。
>
> 迷来经累劫，悟则刹那间。

慧能这里所说的"顿悟"，较之以前所说的"顿悟"更进一步，如果说，以前佛教界所说的顿悟尚且还须以渐修为基础，那么，到了慧能，其顿悟说则可以不假修习，当下大悟，立地成佛。此种不假修习、当下大悟的修行方法经慧能倡导之后，就成为禅宗的一个基本原则，慧能后学多循此路而行，且越走越远。慧能的嫡传弟子神会曾以"利剑斩束丝"比喻以顿悟断除一切烦恼业障，并以顿、渐为标尺，把神秀为代表之北宗推到"傍门"之地位；此后马祖门下的慧海和怀海的弟子希运更把顿悟思想推到了极致，视之为"唯一法门"，慧海曰："唯有顿悟一门，即得解脱。"①希运更说：历世苦修，"只是历劫枉受辛苦耳"②，"纵使三祇精进修行，历诸地位，及一念证时，只证元来是佛，向上更不添一物。"③提倡"直下便是，运念即乖，然后为本佛"④，"直下顿了，自心本来是佛，无一法可得，无一行可修，此是真如佛"⑤。

总之，中国佛教自竺道生之后，"顿悟"的修行方法一直为佛教界所注重。虽然多数思想家并不主张完全废弃"渐悟""渐修"，但一般总是

---

① 《顿悟入道要门论》。
② 《筠州黄檗山断际禅师传心法要》。
③ 同上。
④ 同上。
⑤ 同上。

以"顿悟"为究竟、为极致,把"顿悟"摆在比"渐修"更高的地位。这里人们碰到这样一个问题,为什么中国佛教会把"顿悟"作为一种更根本的修行方法?

要回答这个问题,必须联系到中国佛教的基本的思维模式,即本体论的思维模式问题。

从理论上说,"顿悟"的修行方法是与特定的思维模式相对应的,换句话说,当佛教发展到以本体论作为一种最根本的思维模式后,其修行方法必定要随之发生相应的变化——因为"本体"之为物,是"无声无臭""无形无象"的,它不同于某种有形有象的"实体"。如果说,实体是可以由"部分"相加而成,那么,再多的"部分"相加也不能构成"本体"。因此,对于本体的把握不可能通过积累"部分"的认识来实现,用佛教的术语说,要"得本称性""反本归极"唯有"顿悟",不能"渐修"。诚然,大乘佛教并没有完全否定"渐修",但是这种"渐修"只能为"顿悟"创造条件,奠定基础,用竺道生的话说,只是"资彼之知",虽不无"日进之功",最终目标之实现,则非"顿悟"不可。因此,大乘佛教多以"顿悟"为极致。

大乘佛教对于达到最高境界何以要"顿悟"而不能"渐修"曾有过许多颇为深刻的论述。例如,相传为僧肇所著的《涅槃无名论》就说过这样一句话:"心不体则已,体应穷微。而曰体而未尽,是所未悟也。"这是对"渐悟"说的驳斥,意谓对于本体之体悟,不悟则已,既悟则属全体,不可能这次悟此部分,下次悟另一部分——因为——本体是不可分的,或者说,"理"是不可分的。对此,竺道生及后来的禅宗更有详尽的论述。

在竺道生看来,所谓佛者,即"反本称性""得本自然"之谓,而此"本"乃无形无相、超绝言表的,故不可以形得,不可以言传,而贵在得意,因此,道生倡"象外之谈""得意之说";又,此本体乃一纯全之理体,是一而不二的,故体悟此本体的智慧也不容有阶级次第之分,而应以"不二之悟,符不分之理"。可见,竺道生的"顿悟"学说,完全是以本体之理不可分的思想为基础。

至于禅宗,更提倡"经是佛语,禅是佛意",禅只可意会,而不可言传。此中之理论根据,也是把"本来是佛"之"本心本体"视为一包罗万象之整体,对此"本心本体"之证悟,只能"默契意会""直下顿了",故禅宗倡"以心传心""直指便是",反对在语言文字上讨意度。

总之,不管是竺道生还是禅宗,甚至于天台、华严各宗,尽管它们具体的思想内容不尽相同,但在一点上是共同的,即由于它们都以本体论的思维模式为依托,因此,都以"反本归极""体证佛性"为终的,都把"回归本体""与本体合一"作为最高的境界,而此一最高境界的实现,又都借助于"悟",特别是"顿悟"。

二、成贤作圣与修心养性

与佛教的最终目标是成佛作菩萨不同,儒家的最高理想境界是成贤作圣或曰"内圣外王"。由于最终目标的不同,儒家的修行方法也与佛教诸多殊异。

基于"天人合一"的思维模式,儒家把道之大原归诸"天",因此,作为儒家理想人格的圣贤,一个最基本的要求就是要能够体认天道,进而与天道合一。而综观儒家的修养理论,体认天道的最基本方法,就是通过修养心性,以上达天道,此诚如孟子所言:"尽其心者,知其性也,知其性者,则知天矣;存其心,养其性,所以事天也。"①

对于如何修心养性,儒家有一个颇为完整的理论体系,此理论体系最突出的一个特点,就是强调主观内省,这一点,从儒家创始人孔子起,就十分重视。他认为,只要"内省不疚,夫何忧何惧"(《论语·颜渊》),因此,对于自己,他"吾日三省吾身"②;另一方面,他谆谆教诫弟子"为仁由己"③,认为"君子求诸己,小人求诸人"④。

此一思想对于后来儒家的修养理论具有十分重要的影响,作为孔门"亚圣"的孟子及往后的许多儒者,都非常注重"反求诸己",把它作为修心养性的一条最基本的原则。可以这么说,儒家修养理论中的许多具体修行方法,都是由这个基本原则派生出来的。

就具体修行方法而言,最为儒家所强调的是"存心养性"。由于儒家从孟子起就把"心"作为人所以区分于禽兽或者君子区分于小人的一个重要标志,因此,如何存养此"心性",就成为如何成贤作圣的关键所在。孟子曰:大人者,不失其赤子之心。⑤ 君子所以异于人者,以其存心

---

① 《孟子·尽心上》。
② 《论语·学而》。
③ 《论语·颜渊》。
④ 《论语·卫灵公》。
⑤ 《孟子·离娄下》。

也。① 此谓"大人"之所以成为"大人"、君子之所以成为"君子",关键就在于他能保存天命之性,即"赤子之心",使其不失。他对那些"鸡犬放则知求之""人心放不知求"②者大发"哀哉"之感叹,认为这是舍人路而不走,去君子而不求,良可悲矣!

此外,对于天命之心性,不能仅是"存之",而且还要"扩充"之,扩充此心性中固有的"善端"。孟子认为,"凡有四端于我者,知皆扩而充之矣,若火之始然,泉水始达。苟能充之,足以保四海;苟不充之,不足以事父母。"③也就是说,人生固有之"善端",本很微弱,有如星星之火,既可扩充之而成燎原之势,亦可因不善守之而熄灭,二者的结果是大不一样的,如能扩充之,"足以保四海",如不能扩充之,则连孝事父母这种最基本的人伦道德也不会具备。另一方面,对此"心性"还要能善于养护,而"养心"的最好办法是"求放心",此诚如孟子所说的"学问之道无他,求其放心而已矣"④。所谓"求放心",实际上就是要清心寡欲,尽量减轻"心"的负累,因此,他说:"养心莫善于寡欲。"⑤孟子此一寡欲养心说对后儒具有很大的影响,宋明理学家的"存天理,灭人欲"说,就思想渊源说,实出于孟子。

先秦另一大儒荀子也十分注重"心""养心"。他把"心"视为"知道"的主体:"人何以知道?曰:心。"⑥至于如何"养心",他与孟子的"寡欲"说不尽相同。他认为,在对待情欲问题上,不管是纵欲还是寡欲、禁欲都是错误的,如果一味放纵情欲,这是不符合礼义的,势必引起争乱;反之,如果一味地提倡寡欲乃至禁欲,这也不符合人的本性,因为情乃性的本质之所在,而情之发作即是欲,人的情欲应该得到一定的满足,因此,荀子提出"礼以养情"说,曰:

> 礼起于何也?曰:人生而有欲,欲而不得,则不能无求,求而无度量分界,则不能不争。争则乱,乱则穷。先王恶其乱也,故制礼义以分之,以养人之欲,给人以求。使欲必不穷乎物,物必不屈于

---

① 《孟子·离娄下》。
② 《孟子·告子上》。
③ 《孟子·公孙丑上》。
④ 《孟子·告子下》。
⑤ 《孟子·尽心下》。
⑥ 《荀子·解蔽》。

欲，两者持而长，是礼之所起也。故礼者养也。①

孰知乎恭敬辞让之所以养安也，孰知乎礼义文理之所以养情也。②

也就是说，先王所以制作礼义，乃在于养情，使作为性之体现的情欲既能得到一定的满足，又不至于因情欲而引起争斗，因此，寡欲、禁欲说既不合乎人的本性，又是对礼义的否定。按照荀子的看法，对于情欲的正确的态度，应该是遵循礼义法度，对人的情欲进行合理的节制，使其适可而止，而人是可以做到这一点的，因为人有一最可宝贵的东西——"心"。他说：

欲不待可得，而求者从所可。欲不待可得，所受乎天也；求者从所可，所受乎心也。所受乎天之一欲，制于所受乎心之多计，固难类所受乎天也。人之所欲生甚矣，人之所恶死甚矣，然而人有从生成死者，非不欲生而欲死也，不可以生而可以死也。故欲过之而动不及，心止之也。心之所可中理，则欲虽多，奚伤于治！欲不及而动过之，心使之也。心之所可失理，则欲虽寡，奚止于乱！故治乱在于心之所可，亡于情之所欲。③

这段话的意思是说，人的欲望是随时都有的，而要满足这些欲望，则总是从可能的方面去争取。情之与欲，乃人之天性，而根据是否可能去追求欲望的满足则出于心的作用。由于人心总能从多方面去考虑问题，因此不会离开既定的条件去无休止地追求。正因为这样，生虽是人之所共欲，而死虽是人之所共恶，但却有宁死而不愿意苟生者在。此中之关键，在于心之权衡制约作用。如果心之取舍是合理的，那么，欲虽多不为害；如果心之取舍是不合理的，那么，欲望再少也是不能止乱。故治乱在心不在欲。从这一段话看，虽然在对待情欲上荀子与孟子态度不同，但在注重心之作用上却是相同的，都把心作为修行的关键所在。

通过内省工夫去体认"天道"的修行方法，儒家"诚"的理论有更详

---

① 《荀子·礼论》。
② 同上。
③ 《荀子·正名》。

尽的论述。《孟子》曰:"是故诚者,天之道,思诚者,人之道也。"[1]荀子也说:"君子养心莫善于诚,致诚则无事矣,唯仁之为宗,唯义之为行。诚心守仁则形,形则神,神则能化矣。"[2]《中庸》继承孟子理论并吸收荀子思想,也说:"诚者,天之道,诚之者,人之道。""自诚明,谓之性,自明诚,谓之教。"此中之"诚",实是一种作为圣人本性之原的道德规范,亦即"天道";而所谓"思诚""诚之""明诚",则是一种主观内省工夫,儒家认为,通过这种主观内省工夫,人们就可以由"心""性"上达于"天道",从而达到"天人合一"的境界。这有如《中庸》所说的:"唯天下至诚,为能尽其性;能尽其性,则能尽人之性;能尽人之性,则能尽物之性;能尽物之性,则可以赞天地之化育,则可以与天地参矣。"可以说,这就是传统儒家在修行方法上所遵循的最基本的思想路数及其所要达到的最高境界,亦即通过对当下心性的内省工夫,使之上达于"天道",进而实现"天人合一"之最高境界。

儒家主观内省的修养方法还有一个重要特点,即提倡"慎独"。所谓"慎独",亦即在他人所不闻不睹、闲居独处之时,也能够小心、谨慎,一言一行都合乎道。此种修行方法始见于《荀子》。在《不苟》篇中,荀子曰:"夫此顺命,以慎其独者也。"意谓人们的一言一行要顺乎"天道",即使在无人独处时也要谨慎不苟、诚实无欺。后来被列为《四书》,对后儒特别是宋明理学产生深刻影响的《大学》《中庸》都十分强调"慎独"的方法。《大学》曰:"诚于中,形于外,故君子必慎其独。"《中庸》对"慎独"的方法更大加张扬曰:

  君子戒慎乎其所不睹,恐惧乎其所不闻,莫见乎隐,莫显乎微,故君子慎其独也。
  君子内省不疚,无恶于志。君子所不可及者,其唯人之所不见乎。诗云:"相在尔室,尚不愧于屋漏。"

从这些论述看,"慎独"的修行方法特点有二:一是表里如一,亦即"至诚";二是始终一贯,亦即在在处处、时时刻刻都不放松。而贯穿于二者之中的,即是反省内求,亦即发扬天性中固有之"诚"。可见,反省

---

[1]《孟子·离娄上》。
[2]《荀子·不苟》。

内求始终是儒家修行理论中一条最基本的原则。

这里所要进一步指出的,是儒家的反省内求,始终不离自家身心,其落点则在于治国平天下,这与佛教的通过"顿悟"而"反本归极"是迥异其趣的。如果说佛教的"反本归极",最终目标是与佛性本体合一,那么,儒家的一切修养,最终目的则是"内圣外王"。"内圣"者,心性符合于"天道""天理";"外王"者,"修齐治平"是也。故自《大学》至宋儒,一再强调"意诚而心正,心正而后身修,身修而后家齐,家齐而后国治,国治而后天下平",①二者之不同彰彰也。

三、明心见性与复性明诚

从理论思维的角度说,佛儒在修行方法上的差异,是由二者思维模式的不同造成的,而随着佛儒二家在思维模式、思想内容等方面的相互浸透、相互吸收,隋唐之后的儒学逐渐朝着本体论的思维模式方向发展,而隋唐以降的佛教也大量吸收了儒家人性、心性论的思想内容,这就导致了儒佛在修行方法上的相互靠拢,佛教的反本归极,逐渐变成禅宗的"明心见性",而儒家的"修心养性"也逐渐发展为"复性""明诚"。

禅宗的"明心见性",慧能及往后的禅宗言之甚详。在《坛经》中,慧能就说:"不识本心,学法无益;识心见性,即悟大意。"此谓心乃一切诸法之本,学佛学法的最终目标,就是洞见此心之"本来面目",如果不识此心,纵使你饱读千经万论,也徒劳无益。所谓"见性",即发见自心本具佛性,自性本来是佛。实际上,"明心"与"见性"是一个事情的两个方面,唯有"明心",方能见佛性本自具足,而所谓"见性",亦即明了自心本来是佛。

根据禅宗的基本理论,人心本来一切具足,人性本来明朗清净,只是由于众生横生妄念,执著外境,故不识自心,不见自性。如果能灭诸妄念,离诸外境,也就是见性成佛。慧能说:

> 汝之本性,犹如虚空,了无一物可见,是名正见;无一物可知,是名真知。无有青黄长短,但见本源清净,觉体圆明,即名见性成佛,亦名如来知见。②

---

① 《大学》。
② 《坛经》。

于一切法不取不舍,即见性成佛道。①

这种于一切法不取不著,慧能也称之为"无念",并且把它作为禅宗修行方法之根本,曰:"我此法门,从上以来,顿渐皆立无念为宗。"②

所谓"无念",按照荷泽神会和黄檗希运的说法,也就是顿息诸缘、断绝妄想、无思无虑、一切不动于心:

> 决心证者,临三军际,白刃相向下,风刀解身,日见无念,坚如金刚,毫微不动。纵见恒沙佛来,亦无一念喜心,纵见恒沙众生一时俱灭,亦不起念一悲心。此是大丈夫,得空平等心。③

> 故知一切诸法皆由心造。……如今但学无心,顿息诸缘,莫生妄想分别,无人无我,无贪瞋,无憎爱,无胜负,但除却如许多种妄想,性自本来清净,即是修菩提法佛等。④

此真是泰山崩于前而不动心,白刃加于颈而不变色,对一切法都不分别执著,断绝一切妄想思虑。禅宗认为,如能修养到这步田地,就能发明本心,见性成佛了。这种修行方法,按照宗密的说法,乃是整个禅宗特别是南宗的根本法门。在《中华传心地禅门师资承袭图》中,宗密说:

> 荷泽宗者……是达摩来之本意也。……即此立寂之知,是前达摩所传空寂心也。……顿悟空寂之知,知且无念无形,谁为我相人相。觉诸相空,真心无念,念起即觉,觉之即无。修行妙门唯在此也。故虽备修万行,唯以无念为宗。

从禅宗"以无念为宗"及对"无念"的解释看,禅宗修行方法的落足点已从传统佛教所欲"反"之"本"和所欲"归"之"极"不尽相同,前者的特点是返归抽象本体,后者则强调在自家心性上用功——虽然这种用功带有道家"无为而不为"的味道,即离却一切妄想、断绝一切思虑,但

---

① 《坛经》。
② 同上。
③ 《荷泽神会禅师语录》。
④ 《黄檗断际禅师宛陵录》。

它的目的还是为了发明此"心",洞见此"性"。当然,禅宗所说之"心性",并非与传统儒家所说的"心性"完全一样,客观地说,它还是带有本体之特征,但应该承认,它比传统佛教的抽象本体无疑要现实、具体得多。

修行方法之于儒家,隋唐之后,也逐渐发生变化。如果说,隋唐之前的儒家往往侧重于自家身心的修养,那么,隋唐之后的儒学则逐渐把修行方法归结为"复性""明诚"。此种修行方法之肇端者,当推唐代大儒李翱。

李翱于修行方面的代表作是《复性书》。《复性书》共三篇。上篇总论性情及圣人;中篇评论修养成圣的方法;下篇勉人修养之努力。全书以恢复孔孟道统为号召,以《周易》《大学》《中庸》为典要,以开诚明致中和为致义,以去情复性为旨归,以弗思弗虑情则不生为复性之方。从表面上看,该书所据均为儒典,所语亦多属儒言,其目的也在于恢复孔门道统,但是,如果不停留于表面现象,而深入到思想内部,就不难发现,该书之思想旨趣乃至表达方式,与中国佛教的佛性理论,多有相近或相通之处,以致从某种意义上可以说,《复性书》是以儒家的语言讲佛教的佛性理论。

《复性书》的落点,在教人如何成贤作圣。李翱认为:"人之所以为圣人者,性也。"但"性"并非是圣人所独有,而是一切众生皆悉具有的。圣人与凡夫的区别不在于性之有无,而在于圣人得天命之性,而不为情所惑,凡夫俗子则反是,溺于情而不知其本,"故虽终身而不睹其性焉"。这有如水性常清澈,但由于夹杂了污泥沙石,故浑浊不堪。如果"沙不浑,斯流清矣"。圣人就是这样,他们不为凡情所惑,故性常清明。至于如何才能做到不为凡情所惑,李翱认为,最基本的方法是"弗思弗虑"。当有人问及"人之昏也久矣,将复其性者,必有渐也。敢问其方"时,李翱答道:

> 弗虑弗思,情则不生;情既不生,乃为正思。正思者,无虑无思也。……焉能复其性邪?曰:如之何?曰:方静之时,知心无思者,是斋戒也。知本无有思,动静皆离,寂然不动者,是至诚也。①

---

① 《复性书》。

这段话的意思是说,只要弗思弗虑,情则不生,情既不生,则无以惑其性;而动静皆离者,寂然不动之谓也,此亦即至诚,至诚则不但可以尽人之性,而且可以尽物之性,"赞天地之化育,与天地参矣",此亦即复其天命之本性。

这种修行方法与禅宗的"离相""无念",简直如出一辙,难怪韩愈叹道:"吾道萎迟,翱且逃矣";宋石室祖说得更直截了当,曰:"习之复性书,盖得之于佛经,但文字援引为异耳。"

循着李翱这种"复性"的思路,至宋代进一步发展为"善反本性"的修行方法,张载就是主张这种方法的代表。他认为,每一个,都兼具有"天地之性"和"气质之性"。"天地之性"是至纯至善的,而"气质之性"则有善有恶;"天地之性"虽无形无象,但它与人的关系,有如水性之于冰,太虚之于气,乃是一切共有之本性;而"气质之性"则是人具有形质之后具体之情性,对于各个人是各各殊异的,因此导致有"刚""柔""宽""褊""才""不才"等等区别。那么,君子与小人、圣人与凡夫的区别在哪里呢?张载认为,"视其善反不善反而已","善反之则天地之性存焉"(《正蒙·诚明》),也就是说,圣人并非没有"气质之性",其"气质之性"亦不是全然是善的,凡夫也不是没有"天地之性",他们所具有的"天地之性"同样是至纯至善的,区别仅在于圣人"善反",即善于发明、洞见进而返归此至纯至善的天地之本性,而凡夫则为"气质之性"所桎梏而不知反、不善反,故难于超凡脱俗。从以上的论述可以看出,如果说,李翱所"复"的"天命之性"还能说它就是一种具有本体性质的"本性",那么,张载所"反"的"天地之性"则无疑是一种具有本体性格的本性。在这里,人们看到了李、张二氏与传统儒学修行理论的分野所在,前者注重通过自家身心的修养,进而上达天道;后者则是主张通过"弗思弗虑""变化气质"等方法,从而达到返归具有本体性格之本性。这后一种的修行方法受佛教修行理论的影响是显而易见的。

宋代儒家修行方法之不同于传统儒学,还表现在"自明诚""自诚明"等理论上。

这里有一个问题应该首先搞清楚,亦即应如何看待儒家所说的"诚",更具体点说,应该如何看待宋儒所说之"诚"与传统儒学所说之"诚"的区别。

在谈论儒家的"诚"时,以往有不少著作和文章有这样一种看法,亦即认为自孟子、荀子、《中庸》至宋明之理学家,他们所说的"诚"都是指圣人的一种"境界"。如果此说成立，也就是说，天之道，即圣人之道，圣人之性。这就意味着，传统儒学的"诚"已具有本体的意义。

实际上，这种看法是值得商榷的。考诸儒家思想发展史，"诚"之成为圣人的一种境界，当是后儒的思想，特别是宋明理学家们的思想，而不是传统儒学的思想。因为，在传统儒学那里，虽然是以"天人合一"的思维模式为依托，但这种"合一"，多少带有二物合而为一的味道，亦即"天道"是源，"人道"是流，"天道"是本，"人道"是末，尽管圣贤可以通过"尽心""思诚"达到与天道合一的境界，但"天人"并非原本是一体，只是到了宋儒，才提出了所谓"天人本无二，更不必言合"的思想。此中之关键，乃是受到佛教"反本归极"修行理论的影响。

确实，在宋明理学家那里，"诚"成为一种至高无上的宇宙和道德本体。理学开山祖周敦颐在《通书》中说："诚者，圣人之本。大哉乾元，万物资始，诚之源也。"此后，不管是理学还是心学，都既把"诚"作为"天之道"，又把"诚"作为一种人伦道德之本体。认为要成贤作圣，最根本的修养工夫，就是要"明诚"。朱熹说："诚则无不明矣，明则可以至于诚矣。"（《中庸章句》）张载也说："儒者则因明致诚，因诚致明，故天人合一，致学可以成圣，因得天而未始遗人。"[①] 王守仁则说："良知无所伪而诚，诚则明矣。自信，则良知无所惑而明，明则诚矣。"（《传习录》）虽然理学家与心学家在强调"自明诚"与"自诚明"上有分歧，理学家讲"自明诚"，注重"道问学"；心学家们讲"自诚明"，强调"尊德性"，但二者都把发明、洞见此道德本体作为最根本的修行方法，把"至于诚"、与本体合一作为最高的道德境界，这一点，陆王心学表现得尤为明显。他们所谓"发明本心"和"致良知"，实际上就是发明此道德本体并进而与此本体合一。这自然使人想起禅宗的"明心见性"。禅宗"明心见性"之旨趣无非要人悟得此"本心本体本来是佛"；而宋儒之"自诚明"也罢，"自明诚"也罢，乃至"发明本心""致良知"等，也同样是要人发明此作为"天道""人道"之本体的"诚"或者"本心""良知"，字眼虽有小异，思想路数完全毫无二致，都是强调"明本""反本""与本体合一"。

由于宋明理学也把"明本""反本"作为一家思想之归趣，这就使得理学家在修行方法上也逐渐走上注重证悟的道路——因为对于本体的体会只能采取意会或证悟的方法。对此，朱子有"豁然贯通"之说，陆子

---

① 《正蒙·乾称》。

更提倡"悟则可以立改",以致张南轩曾批评陆学"多类扬眉瞬目之机",王阳明说得更加直接和明白:"本体工夫,一悟尽透。"实际上,当理学采用了佛教的本体论的思维模式和把"明本""反本"作为一家思想之归趣之后,在修行方法上一定要走上注重证悟的道路。

佛道之争与佛道交融

佛教作为一种外来宗教,当它刚传入中国时,极力攀附中国传统文化,特别是作为道教前身的"神仙道"和"黄老道"。因之,东汉年间,佛教被看成是神仙道术的一种,社会上也常常黄老、浮屠并称兼祀。在教义方面,佛教也仿效"神仙道""黄老道",因此,佛被看成是能飞行变化之神仙至人,清静无为也成为佛教的一个基本思想。在传教方面,佛教也采用与中国古代幻术相类似的方法,如用"断舌复续""钵中生莲""口内吞针"等魔术宣传佛法,扩大影响。但是,佛教的根基在印度,它的许多思想与中国传统文化(其中包括"神仙道""黄老道")有很大差别,甚至格格不入,因此,初传佛教的许多思想和做法,慢慢地受到来自两个方面的攻击与反对:一是佛教内部,二是中国传统文化。

在佛教内部,随着佛经翻译的日渐增多,教徒们有机会较全面地了解印度佛教的"本来面目",这就使某些较忠实地理解了印度佛教基本思想的义僧对当时流传的佛教产生了怀疑,认为它的许多教义违背了印度佛教的本意,如把佛、罗汉列入神仙者流,视"神不灭"为佛法的根本义等,进而以正统的佛教批判汉地的佛教。

另一方面,初传的佛教也遭到中国传统文化的抵制和排斥。其中,尤以儒、道二教对它的攻击为甚。如果说,前面一种批判(即来自佛教内部的批判)旨在用正统的印度佛教取代当时已经"失真"了的佛教,那么,后一种批判(即来自传统文化的批判)则欲置佛教于死地,把它赶出中国,退回天竺。

在对待佛教问题上,儒、道两家常站在同一战线,共同批判、反对佛教。但佛教对儒、道两家的态度却经常有所区别。对于儒家、儒学,由于它是古代中国的王道政治、宗法伦理的根基所系,在中国士大夫中具有根深蒂固的影响,因此,佛教对它多采取靠拢、迎合、调和的态度。对于道教,佛教则多采取以牙还牙、奋起反击的做法。因此,在中国历史上,佛、道之争显得更为尖锐、激烈。之所以会出现这种情况,除了道教不像儒家、儒学具有强大的政治、思想背景,对它的反击或攻击不会直接危及佛教的生存和发展外,还因为佛、道在许多基本观点上是直接对立的。例如:"佛法以有形为空幻,故忘身以济众;道法以吾我为真实,故服食以养生。"①"释氏即物为空,空物为一;老氏有无两行,空有为异。"②"仙化以变形为上,泥洹以陶神为先。"③老"自然之化",佛"因缘而生"④;释称"涅槃",道言"仙化";释云"无生",道言"不死",等等。当然,如果从佛道关系的整个历史看,思想、教义的歧异并不是佛道之争的主要原因,倒是诸如夷夏之辨、孰先孰后、谁更有利于中国的王道政治、谁更近于中国的传统伦理等问题,常常成为二者争论的焦点。

  早在汉魏时期出现的《牟子理惑论》就辑录了当时包括道教徒在内的中土人士对佛教违背中国传统的纲常伦理的指责,认为以中国的孝道而论,"身体发肤,受之父母,不敢毁伤",但"沙门"剃头去须,"何其违圣人之语,不合孝之道也"⑤。再者,"福莫过于继嗣,不孝莫过于无后。沙门弃妻子,捐财货,或终身不娶,何其违福孝之行也"⑥。孝道,是中国传统伦理的根本所在,而"身体发肤,受之父母"乃中国之古训,"不孝有三,无后为大"是华夏之格言,佛教的剃头出家、弃妻子、捐财货正好为道教的排佛提供了口实。因此,在这个问题上,道士常常与儒者结盟,指责佛教"脱略父母",使得"父子之亲隔"。并且在此基础上,进一步攻击佛教"捐六亲",使得"夫妇之和旷";"舍礼义",使得"友朋之信绝";"蔑帝王",使得"君臣之义乖"。⑦ 总之,佛教违背了古代中国的一切纲常伦理,因此是"入国而破国,入家而破家,入身而破身"⑧的洪水猛兽。唐朝清虚观道士李仲卿曾著《十异九迷论》,在对佛、道之伦理观进行比较的基础上,猛烈地抨击了佛教的有关思想。李仲卿说:"老君之教,以复孝慈为德本;释迦之法,以舍亲戚为行先。"⑨"老君作范,唯孝唯忠";"释教弃义弃亲,不仁不孝"。"夫礼义成德之妙训,忠孝立身之行本。未见臣民失礼,其国可存;子孙不孝,而家可立。今……箕踞父兄之上,自号桑门;傲慢君王之前,乃称释种。不仁不孝,已著于家;无礼无恭,复形于国。斯则门门出枭獍之子,人人养豺狼之儿,抚臆论心,良可痛

---

① 谢镇之:《与顾道士书》。
② 慧琳:《白黑论》。
③ 《南史·顾欢传》。
④ 《广弘明集》卷八。
⑤ 《弘明集》卷一。
⑥ 同上。
⑦ 详见《广弘明集》卷七、卷十五。
⑧ 《弘明集》卷八。
⑨ 详见法琳《辨正论》。

矣!"①"夫国以民为本,本固则邦宁。是以赐及育子之门,恩流孕妇之室。故子孙享祀,世载不亏,虽至孝毁躬,不令绝嗣,故得国家富强,天下昌盛。未闻人民凋尽,家国可存。今佛教即不妻不娶,名为奉法;唯事早逝,号得涅槃。既阙长生之方,又无不死之术,斯一世之中,家国空矣。"②

李仲卿这一番话,可以说是对道教在伦理观上批判佛教的总结,亦即从忠、孝、仁、义这些华夏民族纲常伦理中最核心的东西入手,抨击佛教的"破身""破家""破国"——最后以王道政治为落点。

"浮屠害政""桑门蠹俗",这是道教和儒家一起反对佛教的另一个重要根据。他们常常从历史的和现实的两个方面,力陈佛教对于王道政治的危害。或曰:"唐虞无佛图而国安,齐梁有寺舍而祚失"③,或曰:"三皇无佛而年永,二石有僧而政虐"④"天皇地皇之世,无佛而祚延,后赵后魏以来,有僧而运促"⑤,指出沙门"无益于时政,有损于治道"⑥,是"五横"之一,认为"损化在于奉佛,益国在于废僧"⑦。

从佛教危害王道政治这一点上去反佛,堪称绝招。因为在古代中国,王权是凌驾于一切之上的,如果道教和儒家能够拿出较充分的证据说明佛教对王道政治确实是一个威胁,那么佛教徒们即便有再大的神通,也难逃被诛除的命运。"三武灭佛"就是一个典型的例子。

道教与佛教冲突,斗争的另一个中心问题是"夷夏之辨"。早在《牟子理惑论》中,就有关于这一斗争的记述。当时的排佛者以孔子之"夷狄之有君,不如诸夏之亡"和孟子之"吾闻用夏变夷,未闻用夷变夏者也"为根据,认为学佛无异于舍华夏、学夷狄,"不已惑乎"⑧。自汉魏之后,儒、道两家都把"夷夏之辨"作为诋排佛教的一面大旗,在这面旗帜下频频向佛教发起进攻。南朝宋道士顾欢作《夷夏论》,一面倡佛、道一致之论,一面以"夷夏有别"反对佛教,认为:"舍华效夷,义将安取?"⑨此

---

① 法琳:《辨正论》。
② 同上。
③ 《广弘明集》卷十五。
④ 同上。
⑤ 同上。
⑥ 《广弘明集》卷十二。
⑦ 《广弘明集》卷六。
⑧ 《弘明集》卷一。
⑨ 《南史·顾欢传》。

后,更有许多道教徒和儒者一起,指出佛生西域,教在戎方,化非华俗,故应尽退天竺,或放归桑梓。他们认为,华戎两个民族禀性不同,华人"禀气清和,合仁抱义,故周孔明性习之教;外域之徒,禀性刚强,贪欲恣戾,故释氏严五戒之科"①。《三破论》作者更视佛教为"三破"之法,认为它"不施中国,本正西域",因为"胡人刚强无礼,不异禽兽",故兴此教,"欲断其恶种"②。降至李唐,儒者反佛尤烈,道人紧随其后,"夷夏之辨"仍是他们的一个重要武器。道士们自持道教礼仪"出兹东夏","盖华夏之古制",抨击佛教"左衽偏袒""非预人伦,实夷狄之风",故应退回天竺。

总之,道教之反佛,多与儒家结成同盟,并从纲常伦理、王道政治、夷夏之辨等立论,而这三方面正是中华民族之社会政治制度、思想文化传统、民族心理习惯之特点所在,因此,常常把佛教推至相当艰难的境地,特别有几次,道教借帝王之手,几乎把佛教推至绝境,这就是历史上著名的"三武灭佛"。

"三武灭佛",均与道教有关。第一次是北魏太武帝毁佛。魏太武帝是一个崇信道教的皇帝,曾经自号为"太平真君"。其宰相崔浩与道士寇谦之关系至深,交从甚密,并把他推荐给太武帝,颇得太武帝信任。之后,崔、寇常在太武帝前对佛教"数加非毁",并劝帝灭佛。当时北方地区的民族矛盾比较尖锐,所谓"夷夏之辨"比较突出。后赵时就曾有著作郎王度上奏石虎说:"佛,外国之神,非诸华所应祠奉。"朝士多同意王度所说,无奈石虎倖佛颇甚,加之他本身就是"戎人",故下书曰:"朕出自边戎……应从本俗。佛是戎神,所应兼奉。"③但是,在古代中国,华夏一直被视为中华民族之正统,这种思想不仅在士大夫中根深蒂固,而且在一定程度上成为一种民族心理,像石虎这样的统治者是很难得到士大夫和汉族民众的支持的,因此,其政权是很难稳固和长久的。魏太武帝是一个有为之君,他深深地懂得这一点,加之,自得寇谦之后,太武帝崇信道教,这一切为太武帝灭佛提供了思想的和政治的基础。正好当时西北地区发生了由盖吴领导的农民起义,帝乃亲征西伐,在长安一僧寺中发现大批武器和妇女,崔浩当时随帝西伐,"因进其说",帝乃大怒曰:"此非沙门所用,当与盖吴通谋,规害人耳!"遂"命有司诛一寺",

---

① 《弘明集》卷八。
② 同上。
③ 《晋书·佛图澄传》。

其后,又"诏诛长安沙门",且下诏全国:"彼沙门者,假西戎虚诞,妄生妖孽,非所以一齐政化,布淳德于天下者","朕承天绪,属当穷运之弊、欲除伪定真,复羲农之治。其一切荡除胡神,灭其踪迹"。① 从这一诏示看,魏太武帝灭佛的主要目的是:灭胡神,复羲(伏羲)农(神农)之治,一政化,布淳德于天下。这几乎涵盖了以上我们所指出道教对佛教的三个方面,即纲常伦理、王道政治和夷夏之辨。可见,道之反佛,是煞费苦心、击中要害的。

第二次灭佛即北周武帝灭佛,也与佛道之争有关。北周武帝在位时,道士卫元嵩与张宾屡排佛教,"帝纳其言,信道轻佛"。又因北周武帝是依靠关西汉族立国的,故又崇信儒术。这便形成儒、道连同王权一起反对佛教的形势。但此时之反佛,多取和缓形式:帝召百官、儒生、道士、和尚数百人举行大会,讨论儒、佛、道三教优劣先后问题。初欲定"儒教为先,佛教为后,道教最上",但因意见不统一,且遭到佛教徒的强烈反对,故未成定论。后三教又辩论多次,且著书互相对骂(如佛徒甄鸾的《笑道论》和道士所著的《道笑论》则然),虽然北周武帝偏袒道教,欲废佛教,但因佛教的极力抗争及道教的不太争气,未能驳倒佛教,结果北周武帝只好连同道教一并废除。这次佛道之争的结果是两败俱伤,二者都成了王道政治的牺牲品。

第三次灭佛也与道教排佛有一定的关系。据史料记载,唐武宗即位前就颇好道术,即位之后,更崇信道教,以道士赵归真为师,并召罗浮山道士邓元起进京。之后,赵归真、邓元起及衡山道士刘元靖经常"排毁释氏",屡请武宗灭除道教以外的宗教。加上当朝宰相李德裕也赞同此说,终于酿成会昌五年(公元845年)的灭佛事件,史称"会昌法难"。这次"法难",对佛教打击极大,从此之后,佛教便进入了衰落时期。

在同佛教的斗争中,道教的最终目标是消灭佛教,或把佛教赶出中国,但是,由于种种原因,这一目标未能实现,即使是几次借帝王之手的"灭佛",也往往是暂时的胜利,过了不久,佛教不但死灰复燃,而且发展更快。因此,道教在反佛过程中,除了力求消灭它外,还常常与佛教争正统、争先后。据《后汉书·襄楷传》记载,在东汉时已有"老子入夷狄为浮屠"一说。后来的道士便添油加醋,造出一部《老子化胡经》,说老子西行到印度,在那里创立了佛教,并收释迦牟尼为徒。此经旨在表明

---

① 《魏书·释老志》。

老子早于佛陀,道教比佛教高出一头,但却引来了几百年的争论,直到唐高宗时还要采取御前会议来解决。佛教在这个问题上则采取针锋相对、以牙还牙的态度,造出《清净行法经》,谓:"佛遣三弟子震旦教化,儒童菩萨,彼称孔丘;净光菩萨,彼称颜回;摩诃迦叶,彼称老子。"把道教教主说成是释迦牟尼的弟子,意谓道教当在佛教之后。佛道孰先孰后之争,实际上是在争势力,争社会地位,一旦它们被皇帝钦定了位次,则对自身的生存和发展具有至关重要的意义,因此,双方在这个问题上常常使出浑身解数,十八般武艺同时并上:或无中生有,造谣诽谤;或歪曲事实,肆意夸大;有骂和尚为"秃驴"的,有笑道士为"狂鬼"的;有斥佛教为"丧门"的,有指道教为"鬼道"的;道教攻击佛教是"胡法乱华",佛教则斥责道教是"左道惑众";更有甚者,有时双方如村夫泼妇,互相对骂,《笑道论》与《道笑论》则是一例;有时双方代表赤膊上阵,直接斗法,如汉明帝年间的设坛布阵、互烧经书,等等。当然,如果佛教只满足于这种对骂、斗法,它就很难在中国站稳脚跟。佛教想在中国求得生存和发展,至少必须对道教和儒家所提出的那些带根本性的问题有个较圆满的解释和回答,否则就很难避免被摒弃的命运。佛教对道教的斗争,首先表现为这种自卫性的辩白和辩白性的自卫,其后在自卫中伺机反击。

对于道教和儒家关于佛教有违中国纲常伦理的指责,佛教以老庄学说、儒家圣事分而辩之。如曰:"苟有大德,不拘于小"①,"妻子财物,世之余也;清躬无为,道之妙也"②。这有如《老子》所说:"名与身孰亲,身与货孰多。"③又如"许由栖巢木,夷齐饿首阳,孔圣称其贤"④。同时,佛教更经常用自己的理论,如出家在家之说、方内方外之谈去进行辩解。曰:在家处俗,"则是顺化之民,情未变俗,迹同方内,故有天属之爱,奉主之礼","出家则是方外之宾,迹绝于物。其为教也,达患累缘于有身,不存身以息患;知生生由于禀化,不顺化以求宗"⑤。因此,佛教"遁世以求其志,变俗以达其道。变俗则服章不得与世典同礼,遁世则宜高尚其迹"⑥。也就是说,在家奉法,乃是顺化之俗民,故应有父子之

---

① 《弘明集》卷一。
② 同上。
③ 同上。
④ 同上。
⑤ 《弘明集》卷五。
⑥ 同上。

亲,君臣之礼;出家乃方外之宾,其旨在体极求宗,而求宗则不应存身顺化,故应遁世变俗,去世俗之恩爱礼义。他们还常常以释典也有奉亲尊师敬君之教,说明在家处俗,自应事亲奉主,尽孝致敬。并说:"孔以致孝为首,则仁被四海,释以大慈为务,则化周五道。"①认为释教的大慈与中国传统的仁孝思想是殊途同归。另一方面,他们又以出家修道有成,则"道洽六亲,泽流天下,虽不处王侯之位,亦已协契奥极,在宥生民"②,说明佛教"内乖天属之重而不违其孝,外阙奉主之恭而不失其敬"③,把在家出家、方内方外、佛教学说与传统文化机智地统一起来。

对于道、儒关于佛教"有损国治"的指责,佛徒多以释教去杀劝善等教义将使民淳政和、有以佐教化、可以利国治来说明。对于"有僧政虐"的责难,他们多引用历史典故加以驳斥,如指出:"周斩傅首,岂见佛经?秦坑儒士,非关释事;礼崩乐坏,未睹浮屠;战国无主,何关僧伪?"说明政虐非释法之罪,诈短非僧尼之过,相反,佛教的教义对于维护王道政治极有助益:所谓"十人持五戒,则十人淳谨矣","百人修十善,则百人和厚矣","传此风训,以遍宇内","即陛下所谓坐致太平者也"。也就是说,如果佛教遍布全国,则皇帝可坐享太平了。

在"夷夏之辨"问题上,佛教徒多以中国古代之圣贤不乏出自外族之人予以回答。如指出:"禹生西羌,舜生东夷,孰云地贱而弃其圣?丘欲居夷,聃适西戎,道之所在,宁选于地?"④"由余出自西戎,辅秦穆以开霸业;日䃅生于北狄,侍汉武而除危害。何必取其同俗而舍于异方。师以道大为尊,无论于彼此;法以善高为性,不计于遐迩。"⑤就地域而言,佛教徒还以中国历史上的"伊洛不夏""吴楚翻成华邑"为例,说明夷之与夏,并非一成不变,指出:"四海之内,方三千里,中夏所据,亦已不旷。伊洛不复,而鞠为戎墟;吴楚本夷,而翻成华邑。道有运流而地无恒化。"⑥佛教徒的这些反驳,显然具有一定的说服力,而且在一定程度上纠正了以地理论法之高下、以种族论人之优劣的偏见,对于扫清佛教在中土流行传布道路上的障碍,无疑起了一定的作用。

---

① 《广弘明集》卷十八。
② 《广弘明集》卷五。
③ 同上。
④ 《广弘明集》卷一。
⑤ 《广弘明集》卷十四。
⑥ 《广弘明集后序》。

在回答、驳斥道教、儒家对佛教的种种责难的同时,佛教从来没有放松对道教的攻击。他们认为,"孔老设教,法天以制,不敢违天;诸佛说教,诸天奉行,不敢违佛"①,孔老之于佛教,有如萤烛之于日月,丘垤之于泰岳,"道有九十六种,至于尊大,莫尚佛道也"②。因为,在佛教看来,《老子》充其量也只是"导俗良书,非出世之妙经"③,"止是世间之善,不能革凡成圣"④;而佛则"关无穷之业",乃出世之妙典,"陶方寸之虑","探性灵之真奥"⑤,因此,"岂得不以佛经为指南",以佛教为究竟。

对于"老子五千文"及《庄子》一书,佛教徒尚能手下留情,至于"三张"之符箓咒语、葛洪之仙丹道术,佛教徒则直接斥之为"鬼道""伪法",认为后来的道教是对《老》《庄》的歪曲和篡改,尽量把道教与道家区分开来,指出"仙教非道""服法非老"。如僧慧通就说:"老子著述,文指五千。其余淆杂,并淫谬之说也","老氏著文五千,而穿凿者众,或述妖妄以回人心,或传淫虐以振物性"。⑥ 谢镇之在《重与顾道士书》中也认为:"其中可长,唯在五千之道,全无为用。"⑦道安著《二教论》,详论佛道二教之差别,并指出:"今之道士,始自张陵,乃是鬼道,非关老子。"⑧佛教徒把老、庄与道教区分开来,这在认识史上是有意义的。当然他们的着眼点不在认识问题,而是企图借此给道教以更沉重的打击。许多佛教徒不但强调二者的区别,而且往往借老、庄学说以反对道教。例如,南朝齐代的明僧绍就用老庄的有关学说反对道教的长生说,曰:"道家之旨,其在老氏二经;敷玄之妙,备乎庄生七章。而得一尽灵,无闻形变之奇;彭殇均齐,未睹无死之唱。故恬其天和者,不务变常,安时处顺。夫何取长生?"⑨可见,佛教在反对道教方面也是绞尽脑汁、不遗余力。

综观佛道斗争的历史,人们可以看到,佛教在传入中土之后,曾遭到包括道教在内的中国的传统思想、王道政治、民族心理习惯等多方面的顽强抵抗和强烈排斥。为了确保自己能在异国的土壤中扎下根来,

---

① 《广弘明集》卷十四。
② 同上。
③ 《弘明集》卷十八。
④ 《弘明集》卷十一。
⑤ 同上。
⑥ 《弘明集》卷七。
⑦ 《弘明集》卷六。
⑧ 《广弘明集》卷八。
⑨ 《弘明集》卷六。

佛教徒们不得不力求更多地了解和把握中国的传统文化,以便于自卫和反击。如他们为了说明佛教不违背中国古代的纲常伦理,首先就必须了解这些纲常伦理;为了说明佛教无碍于而且有益于中国的王道政治,首先就得熟悉王道政治;为了指出老庄与道教的区别并以老庄学说反道教,首先自己得精通老庄学说。这样一来,佛道之间,又出现了一种耐人寻味的情形:一方面,道士们为了有效地抵制和排斥佛教,确保自己在斗争中取胜,就努力学习佛法;另一方面,佛教徒为了对付道教的攻击,使自己站稳脚跟,就用心钻研道书。在斗争方法上,双方又经常采取既把对方视为异端邪说,贬得毫无足取,又自觉不自觉地、私下或公开地从对方学说中吸取某些对自己有用的东西来丰富、充实和完善自己,力求使自己成为一个既包含对方又超出对方的庞大的宗教学说和思想体系。这样,佛道之间的关系就出现了既互相排斥、互相斗争,又互相吸收、互相融合的局面,并且由总体上的互相排斥、斗争,逐渐过渡到互相吸收、互相融合。

佛教之吸收道教思想,是从它传入中土的第一步就开始了。虽然当时道教作为一个有组织的独立宗教还未建立,但作为道教前身的"神仙道"与"黄老道",已在社会上广为流传。佛教吸收这两家思想之多,以致使人把它理解成"道"之一种,称之为"佛道"①。当时佛教之学"道",几近于鹦鹉学舌。神仙家讲"存神养性,意在凌云"②,佛教则讲"飞行变化""能隐能彰"③;神仙家讲"长生不死""羽化登仙",佛教则讲"旷劫寿命,住动天地"④;"黄老道"讲恬淡寡欲、清静无为,佛教也讲寡欲、无为,曰"道之言导也,导人致于无为"⑤;"黄老道"讲"抱朴""守一",佛教也讲"守一得度",等等。至魏晋,名僧更学作为道家经典之《老》《庄》。史传称竺道潜"或解方等,或解老庄",慧观"注《法华经》,探究老庄",支道林"雅尚老庄",慧远"尤善老庄",等等,说明学《老》解《庄》在当时佛教界已成风尚。这种大量学习《老》《庄》的结果,必然对佛教的思想、教义产生影响。朱熹就曾说:佛教学说虽"层见叠出、宏远微妙,

---

① 《牟子理惑论》。
② 《老子铭》。
③ 《四十二章经》。
④ 同上。
⑤ 《弘明集》卷一。

然推其所自,实本《老子》高虚玄妙之旨"①。

不但前期佛教受老庄学说的影响,后期禅宗的思想受老庄学说影响尤为明显,如所谓"郁郁黄花,无非般若,青青翠竹,尽是法身"等。"无情有性"思想与庄子的"物我齐一"思想如出一辙;其"万类之中,个个是佛"的思想与庄子的"道无所不在"学说也相通;至于在佛性论上注重"反本归原""寻找主人翁""发现自我之本来面目",与老庄之"返归自然""与道合一"等思想亦相类似;修行方法上的"饥食困眠""随缘任运"更明显地受到老庄"自然无为"等思想的影响。

更有甚者,有些佛教徒还直接仿效道教徒之炼丹吃药,以求长生。天台宗三祖慧思就曾立誓"入山修习苦行","学五通仙,求无上道","愿先成就五通神仙,然后乃学第六神通,受持释迦牟尼十二部经及十万佛"。"愿诸贤圣佐助我,得好芝草及神丹!……足神丹药修此愿,借外丹力修内丹。"②这简直把神仙丹药视为入佛之路径和铺垫。唐代名僧湛然在《止观辅行传弘诀》中也引入道教服丹成仙的思想,大谈"金丹""大仙"。③ 大盛于唐朝肃、代、德三代之佛教密宗,更吸收了大量道教的东西,如咒语、手印、修炼术等。其"即身成佛"思想亦与道教"即身成仙"相类似。道教之"三丹田"说,也为密宗所采用,以表"生身如来""菩萨居所"和"果德佛身"。密宗的经典中还出现了诸如"青龙""白虎""泰山府君""司命""司禄"等道教诸神,这一切无疑都是援道入佛的表现。

当然,佛教之援道入佛,往往把它作为入佛之舟楫、权便之设施,不可让它凌驾于自己之上。这一点,在唐代大倡三教合一的著名僧人宗密那里表现得最充分。宗密在《原人论》中一方面说:"孔、老、释迦皆是至圣,随时应物,设教殊途,内外相资,共利群庶。"另一方面又说:"虽皆圣意,而有实有权。二教唯权,佛兼权实。"因为,就"策万行,惩恶劝善,同归于治"说,"则三教皆可遵行"。但若要"推万法,穷理尽性,至于本源,则佛教方为决了"。宗密的这一说法实际上是唐宋之后的佛教徒对于儒、道二教的一种基本态度,因为这时期的儒、释、道三教已出现一种合流的倾向,佛教想完全吃掉对方实无可能,因此,就采用既承认对方,吸收对方某些于己有用的思想的同时,又贬对方为权便,视自家为究竟的做法。当然,这只是佛教徒的愿望而已,儒、道二教是不会自认

---

① 《文献通考·经籍考》五十三。
② 《南岳思大禅师立誓愿文》,《大正藏》卷四十六,第791页。
③ 《止观辅行传弘诀》卷七。

低劣、甘拜下风的,这里我们不妨看看来自道教方面的反应。

道教对于佛教,长期来一直坚持一种较强硬的反对态度,但是,当斗争的现实证明要完全消灭或排斥佛教是不太可能的时候,或者当道士们看到佛教的经典和教义并非毫不足取之后,他们也常常自觉不自觉地、暗地里或公开地吸收或剽窃佛教的经书或教义。例如,道教之《黄庭》《元阳》《灵宝》《上清》等经,就在相当程度上是仿照或采撷佛教之《法华》及《无量寿佛》等经。对于这种现象,南朝宋代之谢镇之曾说:"道家经籍简陋,多生穿凿,至如《灵宝》《妙真》,采撮《法华》,制用尤拙。"①唐代释法琳也曾指出:"自名道士而实是学佛家僧法耶。学又不专,盖是图龙画虎之俦耳,何不去鹿巾,释黄褐,剃须发,染袈裟,而归依世尊耶?"又如南朝道士陶弘景之《真诰》一书,也有不少思想是采自佛教的《四十二章经》,对此,宋朝的朱熹曾指出:"道书中《真诰》末后有《道授篇》,却是窃佛家《四十二章经》为之。"②不但如此,道教中不少思想教义,乃至名词术语,也多有仿效佛教的,诸如轮回报应、地狱托生、毗卢遮那、药王、血湖、地狱、诸天,等等。朱熹曾嘲笑佛道二教这种互相仿效的情形,曰道教"自家有个宝珠,被他窃去了,却不照管,亦都不知,却去他墙根壁角,窃得个破瓶破罐用,此甚好笑"③。"理致之见于经典者,释氏为优,道家强欲效之,则只见其敷浅无味;祈祷之具于科教者,道家为优。释氏强欲效之,则只见其荒诞不切矣。"④朱熹前一个说法也许是出于维护传统文化的立场,因此是偏向道教的;后一个说法是公允的。盖佛道二教,就义理而言,佛教实远出于道教之上;就科教礼仪说,道教确超过佛教。也许正因这样,佛教才仿效道教之科教礼仪,道教才吸收佛教之义理,故这种相互取长补短的做法,亦非全属"荒诞不切"。

在吸收佛教的义理和修行方法方面,北宋之后的全真道走得最远。全真道一反传统道教的注重符箓斋醮、仙草丹药,而强调反省心性、闭炼内修,与唐之后的禅宗直探心源、强调明心见性的修行方法遥相符契。全真道从其创始人王重阳起就很少谈仙论丹,其弟子马丹阳也排斥金丹、导引、辟谷、房中等术,吕洞宾也一再指出斋戒、休粮、导引、吐

---

① 《与顾道士书》,《弘明集》卷六。
② 《朱子语类》,《文献通考》卷二百二十四。
③ 同上。
④ 《文献通考·经籍考》。

纳、采阴、服气等是"傍门小法"。他们认为，大道无名无形，但无所不在，每个人心灵中都有，只看你寻觅不寻觅它。人只要"穷万物之理，尽一己之性，穷理尽性以至于命，全命保生以合于道"，就可以与"大地齐其坚固而得其长久"①。这种思想既同儒家之"穷理尽性"说，又类禅宗的"向心觅佛"的"本心"论。吕洞宾还有一个与佛教如出一辙的"三剑"说，在南宋吴曾所撰的《能改斋漫录》里，有一吕洞宾的"自传"。其中，吕洞宾说："世言吾卖墨，飞剑取人头，吾甚哂之。实有三剑，一断烦恼，二断贪嗔，三断色欲，是吾之剑也。"②这不但思想取自佛教，语言亦类佛。

全真道南宗之张伯端，更倡道禅合流。在《悟真篇》的序文里，张伯端说："因念世之学仙者十有八九，而达真要者，未闻一二。仆既遇真诠，安敢隐默？罄所得成律诗九九八十一篇，号曰《悟真篇》……及乎篇集既成之后，又觉其中惟谈养命固形之术，而于本源真觉之性，有所未究，遂玩佛书及《传灯录》，至于祖师有击竹而悟者，乃形于歌颂诗曲杂言三十二首，今附于卷末，庶几达本明性之道，尽于此矣。"张伯端这段话对道教吸取、仿效佛教禅宗之"直探心源"的修行方法直言不讳，而且把佛教之"达本明性之道"看得比传统道教的"养命固形之术"更高。《悟真篇》还把学道分成三个境界："先以神仙命脉诱其修炼，次以诸佛妙用广其神通，终以真如觉性遣其幻妄，而归于究竟空寂之本源。"③这里不但照搬佛教的许多名词术语，如"真如觉性""究竟空寂"等，而且把神仙修炼作为归于佛之"空寂本源"之阶梯，真是谦恭、坦诚得可爱。当然，这主要是修养心性、返本归原的思想在当时已成为一种不可逆转之时代潮流。

佛道之间的相互渗透，在历史上不仅表现为吸收义理，仿效科仪，而且还表现在——如有些佛教徒竟然炼丹修仙一样——有些道教徒也事佛敬僧。在这一点上，表现最突出者，当推南朝道士陶弘景。据法琳之《辨正论》称："子是南人，躬学茅山道士冲和子之法。冲和子与陶弘景隐居，常以敬重佛法为业。但逢众僧，莫不礼拜，岩穴之内，悉安佛像，自率门徒，受学之士，朝夕忏悔，恒读佛经。"④不但如此，陶弘景到了

---

① 《钟吕传道集·论大道》。
② 《能改斋漫录》卷十八。
③ 《悟真篇拾遗·禅宗歌颂诗曲杂言》。
④ 《广弘明集》卷十三。

晚年,"曾梦佛授其菩提记云,名为胜力菩萨。乃诣县阿育王塔自誓,受五大戒"①。临死时,又遗嘱"冠巾法服……通以大袈裟覆衾蒙首足。……道人道士(指佛徒)并在门中,道人左,道士右。"②这究竟是道士,抑或是佛徒,实很难分清。

不唯陶弘景如此,南北朝时已有不少名士道人都是佛道并重。如南齐名士张融就认为道与佛在根本思想上是一致的,并要人在他死后让他"左手执《孝经》《老子》,右手执《小品法华经》"③。

实际上,自南北朝之后,佛道之间已出现一种相互融合的趋势。当时之文人名士、道徒高僧,倡佛道一致乃至三教一致之论者甚众。东晋时的宗炳在《明佛论》中就曾指出:"孔、老、如来,虽三训殊路,而习善共辙。"④北周道安的《二教论》也载有"三教虽殊,劝善义一,教迹虽异,理会则同"⑤的话。南朝之张融、周颙都是倡三教一致的人物,两人曾讨论过三教相互关系问题。后周颙著《门论》,称释道本无二致,曰:"昔有鸿飞于天……越人以为凫,楚人以为乙。人自楚越耳,鸿常一鸿也。"⑥李师政的《内德论》也有同样的思想。他说:"夫释老之为教,体一而不二矣。同蠲有欲之累,俱显无为之宗……理非矛盾之异,人怀向背之殊。"⑦也就是说,佛道本无二致,只是人们看问题的角度不同,所以才有种种差别产生。至隋唐,由于佛道二教之融合趋势愈发明显,所以尽管两教之间也存在着各种斗争,但气氛相对地比较缓和。从白居易所记之唐时三教争论的情况看,当时之争论有如一场讨论会。正如《新唐书·徐岱传》中所记述的:"始三家若矛楯然,卒同归于善。"唐德宗时的比部郎中郭雄在其所著的《忠孝寺碑铭》中也说:"儒、释、道三教均以忠孝为宗";⑧与韩愈同时之名僧神清著《北山录》,也极力主张三教融合,曰:"释宗以因果,老氏以虚无,仲尼以礼乐,沿浅以洎深,藉微而知著,各适当时之器,相资为美。"⑨唐代名僧宗密更是倡三教合一的代表人

---

① 《南宋·陶弘景传》。
② 同上。
③ 《南齐书·张融传》。
④ 《弘明集》卷二。
⑤ 《弘明集》卷八。
⑥ 《弘明集》卷六。
⑦ 《弘明集》卷十四。
⑧ 《全唐文》卷五百一十一。
⑨ 《大正藏》卷五十二。

物,他虽贬儒、道为"权",但认为都是"惩恶劝善,同归于治",故"三教皆可遵行"。① 至宋代,三教合一之势更猛。当然,对于如何合一各教各有打算。道教常常一面高喊"红花白藕青荷叶,三教原来是一家"的口号,一面加紧对儒、佛的攻击,企图夺回在唐时曾经高居于儒、佛之上的地位;佛教则在加快统一内部禅教合一步伐的同时,进一步通过权与实、方便与究竟等说法,试图把儒、道二教变成隶属于其"直显真源"之究竟教的权便说。当然,二者最后都没有敌得过儒家。儒家凭借着自己在中华民族的心理习惯、思维方式等方面根深蒂固的影响,以及王道政治与宗法制度方面的优势,公开地或暗地里把释、道二教的有关思想内容渐渐地纳入自己的学说体系与思维模式中,经过唐朝五代之酝酿孕育,至宋明时期终于基本上吞并掉释、道二教,建立起一个冶儒、释、道三教于一炉,以心性义理为纲骨的理学体系。

---

① 宗密:《华严原人论》,《大正藏》卷四十五。

祖师禅的儒学化与分灯禅的老庄化

佛教的中国化,从学理层面说,主要表现为受儒家思想的影响,逐渐走上心性化、人性化的道路,进而逐步走上伦理化和把出世与入世统一起来的道路,这一点集中体现在作为中国佛教代表的禅宗身上。

这里所说的禅宗,主要指以慧能创建的作为中国为代表的禅学南宗,亦即经过"六祖革命"后的禅宗。

一、"六祖革命"与祖师禅

所谓"六祖革命",也就是慧能对传统佛教进行了一系列带根本性的改革。六祖慧能究竟对传统佛教进行了哪些带根本性变革,他为什么会进行这种改革?这种改革与中国传统文化究竟有什么关系?

(一) 由真如佛而心性佛

原始佛教以释迦牟尼为佛,除了释迦佛之外,不再有其他的佛,其他众生也不具有佛性。到了大乘佛教,十方世界有十方佛,无量世界有无量佛,但此时之佛(或曰佛性),多具有抽象本体的性质,如真如、佛性、法性、如来、如来藏、中道实相等。到了慧能,作为抽象本体的佛性已不多见或几乎不见,而易之以中国人较易理解和接受的心性。例如在《坛经》中,慧能一再强调:"自心是佛,外无一物而能建立。""菩提只向心觅,何劳向外求玄?!""佛知见者,只汝自心,更无别佛。""佛是自性,莫向身外求。"这些论述,清楚说明慧能已把佛性直接诉诸人之心性。

现在有一个问题,亦即谈论心性,并非慧能之独创,佛经也屡屡言及:"心佛与众生,是三无差别","三界无别法,唯是一心作";天台宗也讲"佛名为觉,性名为心"主张"反观心源""反观心性";华严宗也明言:"心心作佛,无一心而非佛心",并把佛性直接称为"如来藏自性清净心";唯识宗也一再强调"三界唯心,万法唯识","心生则种种法生,心灭则种法灭",等等。既然如此,为什么我们倡即心即佛视为"六祖革命"的一个重要内容呢?这里牵涉另一个更为重要的问题,即如何理解慧能所说的"心"与传统佛教乃至天台、华严、唯识诸宗所说之"心"的差别。

有一种看法认为,慧能所说的"心"与传统佛教乃至天台、华严诸宗所说的"心"一样,都是指"真心""如来藏自性清净心"。如果这种说法可以成立,那么,所谓"六祖革命"就没有多大意义了——因为慧能的所谓"即心即佛"只不过在重复前人的思想,毫无"革命"内涵和意义。当然,事实并非如此,为什么独有慧能南宗之倡"即心即佛"称得上"革命"呢?这里也许有一个哲学上常说"度"的问题,尽管天台、华严二宗也谈心性,亦把佛性心性化,但它们所说的心性,虽含有现实人心的成分,但在更大程度上是指抽象本体之"真心",充其量只具有从抽象"真心"向"现实人心"过渡的性质。但是在禅宗那里却不同,慧能南宗所说的"心",虽然也常不同程度地具有抽象"真心"的性质,但从根本上说,是指当下现实之人心,这一点,慧能的《坛经》有许多直接的论述:

> 内调心性,外敬他人,是自归依也。
> 心地但无不善,西方去此不遥;若怀不善之心,念佛往生难到。
> 汝自观本心,莫着外法相,法无四乘,人心自有等差。
> 自归依者,除却自性中不善心、嫉妒心、谄曲心、吾我心、狂妄心、轻人心、慢他心、邪见心、贡高心,及一切时中不善之行,常自见己过。

慧能这里所说的"自有等差"的"人心"、与"外敬他人"相对应的"内调心性"以及所谓善、不善心、嫉妒心、谄曲心等,很难作为传统佛教中那种抽象本体的"真心"来理解——因为"真心"是没有内外、善恶之分的——而在相当程度上与儒家所说的那种具有善、恶之现实人心更接近。禅宗"心性"内涵的这一改变,导致了禅宗思想的一系列重大变化,其中之最著者,则是把一个外在的宗教,变成一种内在的宗教,把传统佛教的对佛的崇拜,变成对"心"的崇拜,一句话,把释迦牟尼的佛教变成慧能"心的宗教"。

(二)由佛度师度而自性自度

原始佛教依靠佛度,后来之佛教强调佛度、菩萨度及师度,到了慧能禅宗,注重自度。《坛经》载有这样一段记述:据说弘忍把衣钵传给慧能后,担心有人害他,就连夜把他送到江边。上船后,五祖弘忍把橹自摇,慧能说:请和尚坐,弟子来摇橹。五祖说:应该是我渡汝,不可你却渡我。慧能便说:弟子迷时,须和尚渡,今我已悟矣,理应自渡。渡名虽一,用处不同。慧能生在偏处,语又不正,蒙师教旨传法,今已得悟,应该自性自度。五祖忙说:如是如是。从这段话看,慧能是借过江自渡来比喻学佛求解脱应该自度,而不可一味依靠佛度、师度。这个思想,在日后的弘法活动中,慧能做了进一步的发挥,在对弟子说法时,慧能说:"善知识,大家都说:'众生无边誓愿度',且不是慧能度。各须自性自度。是名真度。"慧能这一自性自度的思想,后来被他后学做了进一步的发挥,如慧海在《顿悟入道要门论》中说:"众生自度,佛不能度,若佛能度,过去诸佛,如微尘数,一切众生总应该度尽,何故我等至今,流浪生死,不得成佛。当知众生自度,佛不能度。"①此谓如果佛能度众生的话,众生早已度尽,哪有今日之生死中我及诸多众生?!

被称为黄檗禅师的希运对此一自性自度的思想进一步做了更为深入的阐释,当裴休问希运佛度众生否?希运则从众生心本是佛,佛即是众生心,众生即佛,佛即众生,众生与佛,元同一体,"何处有佛度众生,何处有众生受佛度?"②黄檗希运这段话揭示了慧能禅宗讲究自性自度的理论依据,即因为佛不是某种外在信仰、崇拜对象,而是众生之自心自性,因此佛不能度众生,众生必须自度,可见,把佛诉诸众生之自心,乃是禅宗改变传统佛教的强调佛度为众生自度的根据所在。

(三)由修禅静坐到道由心悟

印度佛教讲历劫苦修,禅宗以前的中国佛教也强调依经教修行,即便是禅宗的前几祖,也都讲"藉教悟宗",强调"拂尘看净,方便通经"。在修行方法上,自达摩至弘忍乃至神秀,都十分注重修禅静坐。达摩之禅,以壁观而著称,二祖慧可亦以注重坐禅而闻名,三祖僧璨更提倡"隐思空山,萧然静坐",四祖道信更以山林是托,提倡"闭门坐",五祖弘忍亦提倡独处幽栖,潜形林谷,长辞俗事,养性山中。总之,慧能之前的几代祖师均以独宿孤峰、端居树下、终朝寂寂、静坐禅修为特点。五祖弘忍以后,出现了南能北秀,后由此发展为南北二宗。南北二宗虽同属禅宗,但在修行方法上却有很大的差别,据《坛经》记载:禅宗分为南北二宗后,当时北宗神秀听说慧能在南方讲学多直指人心,便暗地派其门人志诚去偷听,并一再嘱咐他:"但坐听法,莫言吾使汝来。汝听得,尽心记取,却来说吾。"不料志诚到曹溪后,一听慧能说法,"言下便悟",随即

---

① 《大珠禅师语录》上。
② 《黄檗禅师宛陵录》。

起而礼拜,把自己的身份、来意说与慧能听,慧能便问志诚,神秀平时是怎样教他们修行的,志诚说:教师常教导他们要住心观静,长坐不卧。慧能听后即答道:"住心观静,是病非禅;长坐拘身,于理何益?!"并作了一偈,曰:"生来坐不卧,死去卧不坐,一具臭骨头,何为立功课。"此一记载也许是南宗后学为了抬高本宗而渲染加工而成的,但它至少表明南北二宗对于住心坐禅修行方法的态度迥然不同。

《景德传灯录》还有一则记载,说唐中宗曾派薛简宣召慧能进京,慧能以疾婉言谢绝。薛简请慧能教示禅法,并说:京师大德多以坐禅会道,不知大师的看法如何? 慧能答道:会道岂在坐禅,佛经上说,谈说如来坐卧,即是邪道。何以故? 如来"无所从来,亦无所从去。无生无灭,是如来清净禅;诸法空寂,是如来清净坐。"

实际上,在慧能看来,佛法功夫,全在于觉与不觉、悟与不悟。不悟则凡则是众生,一念既悟则智则圣。一本《坛经》几乎都在讲"道由心悟""迷凡悟圣"的道理。例如慧能一再强调:"前念迷即凡,后念悟则佛。""不悟,即佛是众生;一念悟,众生是佛。""自性迷即是众生,自性觉即是佛。""道由心悟,岂在坐哉?!"

慧能禅非坐卧、道由心悟的思想后来为其后学所继承和发挥,如作为慧能传人之神会就经常斥责凝心静坐,他在回答崇远法师有关提问中说:"若教人凝心入定,住心看净,起心外照,摄心内证者,此是障菩提。"并且指出:"今言坐者,念不起为坐;今言禅者,见本性为禅。所以不教人坐身住心入定。"《荷泽神会禅师语录》也记载神会注重"觉""悟",而反对禅坐,如他说:"觉了者即是佛性,不觉了即是无明。""悟之乃烦恼即菩提,迷之则北辕而适楚。""悟在于心,非关六度万行。六度万行只是方便法门。"这与传统佛教之谈修行、禅坐大异其趣。

(四)由依教修行到不立文字

传统佛教都十分注重经教,即便是五祖之前的"如来禅",也讲"藉教悟宗",提倡"拂尘看净,方便通经"。但到后来禅宗逐渐走上"不立文字"的道路,有些文献资料说,"不立文字"之始唱者是达摩,因达摩说过:"我法以心传心,不立文字。"实际上,真正把不立文字作为自家禅法的一个基本原则的,则始自慧能,这正如杨亿在《〈景德传灯录〉序》中所说的:真正提倡不立文字,直指心源,不践阶梯,径登佛地的,始自慧能,据《景德传灯录》记载,慧能在去黄梅参拜五祖的路上就已有这种思想。慧能在去黄梅路经韶州时,曾遇到一位尼姑在读《涅槃经》,慧能听过之后，就为她解说经中之义理，尼姑见他精通义理，就拿着经书向慧能问字，慧能说："字即不识，义即请问。"尼曰："字尚不识，曷能会义？"慧能答道："诸佛妙理，非关文字。"①《高僧传》中也记载慧能常说："若取文字，非佛意。"②慧能之后，不立文字的思想更盛行，慧海说："莫向言语纸墨上讨意度。"③"愚人向文字中求，悟人向心而觉。""得意者越于浮言，悟理者超于文字。"希运也说："佛本是自心作，那得向文字中求？!"④

实际上，慧海和希运的这几段论述已经点示出慧能禅宗提倡不立文字的依据所在，亦即因为佛是心作，禅是佛意。既然佛是心作，则不能也不必要向东向西四处寻求；既然禅是佛意，最好的办法当然是"得意而忘言，悟理而遗教"。而要"得意"，最重要的就是"悟"而不是"修"，因此慧能禅宗最后把落点放到"心悟"上。

（五）由出世间求解脱而即世间求解脱

传统佛教主张远离尘俗、出世潜修自不待言，即便是禅宗的前五祖，也都是比较重林谷而远人间，都提倡独处狐栖，潜形山谷，泯迹人间，杜绝交往。这种情况自慧能之后就发生了根本性的变化。慧能在《坛经》中就屡屡语及解脱不离世间问题，如他说："佛法在世间，不离世间觉；离世觅菩提，恰如求兔角。""若欲修行，在家亦得，不由在寺。自家修清净，即是西方。"自慧能大力提倡解脱不离世间之后，禅宗乃至整个中国佛教逐渐朝着既入世又出世的道路发展，最后终于发展成为一个世俗化的宗教，此中"六祖革命"仍然是一个关键性的环节，这正如玄觉在《永嘉证道歌》中所说的："游江海，涉山川，寻师访道为参禅。自从认得曹溪路，了知生死不相关。"

慧能后学根据慧能"佛法在世间，不离世间觉"的思想，进一步批评了传统佛教乃至先前祖师们的所谓须先居山、后乃能识道的看法，认为，"须先识道，后乃居山"，为什么呢？因为如果尚未识道而先居山，但见其山，必忘其道。虽然隐居深山表面上看是远离尘嚣，终朝寂寂，十分有利于修行，实际上，如果不识道，则山林之中的鸟兽鸣咽、松枝萧索，也足以使人心烦意乱；反之，如果已经识道，则人间亦寂。此一先识道后居山标志着禅宗已向世俗化、社会化方面迈开了一大步，后来的禅

---

① 《大正藏》第51卷，第35页。
② 《宋高僧传》卷八。
③ 《大珠禅师语录》卷下。
④ 《筠州黄檗山断际禅师传心法要》。

宗则进一步把世间与出世间打成一片，提出"不动意念而超彼岸，不舍生死而证涅槃"。至于后期禅宗，则进一步主张混俗和光，作一个本源自性天真佛。

隋唐之后，由于政治、经济和社会文化背景等方面原因，盛行于隋唐时期许多佛教宗派相继式微，但慧能开创的禅宗却能一枝独秀，且经久不衰。这里，有一个问题十分值得人们去做进一步的思考，亦即禅宗为什么不会随同其他佛教宗派一起走向衰落？它凭借着什么逐渐发展成为中国佛教的代表？

以往有些学者在回答隋唐之后为何各宗均告式微而禅宗独盛时，曾把它归结为隋唐之后寺院经济的瓦解和经典文书的毁坏。诚然，寺院经济的瓦解和经典文书的被毁的确是那些依靠寺院、经教的宗派走向衰微的重要原因之一，而禅宗在这方面所遭受的打击也确实最小，但这绝不是禅宗独盛的根本原因。禅宗独盛的根本原因，从思想层面说，是它深得儒家学说之底蕴和真谛。从社会条件说，则是它适应了中国古代的小农经济。而这二者又是相互统一的，因为儒学本来就是植根于小农经济基础之上的。既然如此，要回答慧能禅宗为什么能够起用战胜其他宗派而独盛，为什么能够成为中国佛教的代表，从某种意义上说，首先得回答儒学何以在中国古代几千年久盛不衰？何以能成为中古代学术思想的主流？考诸中国古代诸子百家，儒家只是其中之一支，其历代之代表人物并不见得比各家高明多少，其思想也不是特别精深博大，体系亦非特别严谨，但是，他们有一个最大的长处，即适应时势，符合国情，所提出的主张，能够适合中国古代小农经济和宗法制度，这也是儒学成功的根本原因所在。禅宗亦然，禅宗的思想不像天台、唯识、华严等宗派那样博大精深，也没有非常严谨的思想体系，但它却能为广大民众乃至士大夫所接受，从而成为中国佛教的代表。这种现象从理论上说，亦即"理论在一个国家的实现程度，取决于理论满足这个国家的需要程度"。①

二、"平常心是道"与分灯禅

"平常心"出自怀让门下的马祖道一之口，他说："道不用修，但莫污染。但有生死心，造作趋向，皆是污染。若欲直会其道，平常心是道。

---

① 马克思：《〈黑格尔法哲学批判〉导言》。

何谓平常心？无造作,无是非,无取舍,无断常,无凡无圣。"①

从马祖道一的这段话看,所谓"平常心",即是本自天然、不加造作、无是非善恶、无取舍断常之"心",这种"心"与慧能在《坛经》中所说的有是非善恶之心显然是不同的,而正是这种不同,导致了前后期禅宗在佛性理论、修行方法上出现了诸多差异。

(一)由"众生有性"到"无情有性"

由于前期禅宗以当下现实之心说佛性,必然导致一个结果,即前期禅宗之佛性,多对有情众生而言,而不遍及无情物,这一点在作为祖师禅嫡传的神会身上表现得尤其突出。据《神会语录》记载,牛头山袁禅师与神会曾有这样一番问答:

问:佛性遍一切处？
答:佛性遍一切有情,不遍一切无情。
问:先辈大德皆言道:"青青翠竹,尽是法身,郁郁黄花,无非般若。"今禅师何故言道,佛性独遍一切有情,不遍一切无情？
答:岂将青青翠竹同于功德法身？岂将郁郁黄花等于般若之智？若青竹黄花同于法身般若,如来于何经中说与青竹黄花授菩提记？若是将青竹黄花同于法身般若,此即外道说也。何以故？《涅槃经》具有明文,无佛性者,所谓无情物也。②

神会此说是对祖师禅即心即佛说的一个绝妙注解,如果惠能所说的"心"是指恒常遍在的"真心",神会无论如何不会如此作答,正因为惠能所说的"心"主要是指有情众生之"心",因此,神会极力反对"翠竹法身""黄花般若"说。可见,祖师禅所说的"心",系指具有觉性、悟性的有情众生之"心",并以此为佛性。

与祖师禅不尽相同,分灯禅对于佛性的理解则是另一番景象。

据有关资料记载,惠能后学南岳一系从马祖道一起,就开始出现"一切法皆是佛法"的倾向。宗密在《中华传心地禅门师资承袭图》中评马祖道一的禅法曰:"洪州禅意,起心动念,弹指动目,所作所为,皆是佛性全体之用,更无别用!"在《圆觉经大疏钞》中,宗密也指出洪州禅强

---

① 《景德传灯录》卷二十八。
② 《荷泽神会禅师语录》。

调"性在作用":"所谓起心动念,扬眉瞬目,皆是佛性全体之用,更无第二主宰。"①这种"性在作用"的思想虽还不是"无情有性",但已开始把佛性泛化、日常化、世俗化。惠能后学的另一系自石头希迁起,也开始谈论"无情有性"。据《五灯会元》记载,当道悟问"如何是佛法大意"时,迁曰:"不得不知。"悟曰:"向上更有转处也无?"迁曰:"长空不碍白云飞。"问:"如何是禅?"迁曰:"砖碌。"问:"如何是道?"迁曰:"木头!"②与此同时,禅宗另一系统的牛头禅自中唐之后也开始谈论"无情有性"。牛头山威禅师弟子慧忠就明确主张"无情有性"。据《指月录》记载,有僧问慧忠:"哪个是佛心?"慧忠曰:"墙壁瓦砾是。"僧曰:"与经大相违也。《涅槃》云:'离墙壁无情之物,故名佛性。'今云是佛心,未审心之与性,为别为不别?"慧忠曰:"迷即别,悟即不别。"僧曰:"经云:佛性是常,心是无常,今云不别何也?"慧忠曰:"汝但依语不依义。譬如寒月水结为冰,及至暖时,冰释为水。众生迷时,结性成心;众生悟时,释心成性。若执无情无佛性者,经不应言三界唯心。宛是汝自迷经,吾不违也。"③慧忠此说虽依义说"无情有性",但还借助于"迷""悟",五祖分灯后之禅宗,谈"无情有性"时就更直截了当了。

分灯禅盛行"话头""公案",而谈得最热闹的是"如何是祖师西来意""什么是佛法大意",对它的回答则是五花八门。有曰:"庭前柏子树";有曰:"春来草自青";有曰:"山河大地";有曰:"墙壁瓦砾"。更有每下愈况者,曰:"厕孔"是佛,"干屎橛是佛"。总之,在这时期的禅师眼里,不但一花一叶,无不从佛性中自然流出,一色一香,皆能指示心要,妙悟禅机,而且连最污秽、肮脏的"厕孔""干屎橛"等,也都是真如佛性的体现。这与祖师禅之反对青竹法身、黄花般若的思想实在颇异其趣。

指出祖师禅与分灯禅佛性思想之歧义在某种意义上说是比较容易的,但更重要的还在于应该进一步弄清楚为什么会造成这种歧异?其根本原因是什么?

考诸中国禅宗史,分灯禅所以在佛性思想上会发生这种变化,主要是由于分灯禅所说的"佛性"与前期禅宗所说的"佛性"已不尽相同。前期禅宗之言"佛性",主要指有情众生当前现实之人心;而后期禅宗所说之"佛性",则主要是指恒常遍在之"真心"。此一歧异实是造成两种禅

---

① 《圆觉经大疏钞》卷二。
② 《五灯会元》卷五。
③ 《指月录》卷六。

法在修行理论和佛性学说上诸多差异的根本原因。前期禅宗以"人心"为"佛性",此心是有觉性、悟性的,因此强调"欲求佛道,须悟此心",注重"道由心悟""明心见性";主张只有有情,才有佛性,反对"青竹法身""黄花般若"说;与此不同,作为后期禅宗佛性的"真心"是遍及一切万物的,因此合乎逻辑地得出"万类之中,个个是佛"和"性自天然,不假雕琢"的结论。

(二)由"道由心悟"到"无证无修"

马祖"平常心是道"的思想,为后学大开了方便之门,其弟子怀海便进一步说:"有修有证……是不了语;无修无证……是了义教语。"① 把一切修证看成是方便设施,把无修无证看成是究竟、了义。怀海弟子希运更倡"众生本来是佛,不假修行"。(《宛陵录》)"当体便是,运念即乖"(《钟陵录》),认为"语默动静,一切声色尽是佛事"。② 至于从怀海门下分出的沩山灵佑仰山慧寂和希运弟子临济义玄等,就越走越远,进入了以参公案、逗机锋为标志的"分灯禅"了。

惠能后学的另一系统青原行思、石头希迁,也在另一条路上把顿悟禅法不断推向前进。

与洪州禅相类似,石头禅自天皇道悟、药山惟俨以后,也出现提倡任性逍遥、不讲任何修证的倾向。药山曾以一句"云在天,水在瓶"闻名于禅宗史;天皇道悟更提倡"任性逍遥,随缘放旷","但尽凡心,别无圣解"。丹霞禅师主张"性自天然,不假雕琢",以"天然"为号,以"烧佛"出名。潮洲大颠则是"扬目瞬眉、一任风颠;语默动静,妙阐幽玄"。由这一系发展出来的洞山良价曹山本寂和云门文偃、法眼文益等,更是要把佛"一棒打杀给狗子吃,却图天下太平"。

中国之禅,还有一系原来不甚为人重视,近几年来有些学者(如印顺)经过研究,认为此系禅法非同寻常,不可小视,它才是中国禅的根源所在——这就是牛头法融所创立的牛头禅。印顺在《中国禅宗史》中曾经指出:

印度禅蜕变为中国禅宗——中华禅,胡适以为是神会。
其实,不但不是神会,也不是惠能。中华禅的根源,中华禅的

---

① 《古尊宿语录》卷一。
② 《宛陵录》。

建立者,是牛头。应该说,是"东夏之达摩"——法融。①

这里不想对胡适和印顺的说法多加评论,而拟探讨一下牛头禅对后来分灯禅的影响。

牛头禅的根本思想,是"虚空为道本""忘情以为修"。或曰:"无心合道""无心用功"。按宗密《中华传心地禅门师资承袭图》的诠释:

> 牛头宗意者,体诸法如梦,本来无事,心境本寂,非今始空。……既达本来无事,理宜丧己忘情。情忘则绝苦因,方度一切苦厄。此以忘情为修也。②

此谓大道本虚空,诸法如梦幻,一切诸苦皆由情识所系,如能忘情丧己,本来无事,则个个原来是佛。按照这种思想,一切修证无疑都是多此一举、枉费心机。《景德传灯录》载,道信传给法融的"法要"就是"任心自在,莫作观行,行住坐卧,触目遇缘,总是佛之妙用。快乐无忧,故名为佛"(《景德传灯录》卷四)。这种思想与祖师禅的"道由心悟"颇多异趣,而与分灯禅之无证无修的思想更接近。实际上,从思想渊源说,超佛越祖之分灯禅,并非完全出自惠能的祖师禅,而在相当程度上是吸收了牛头禅的思想。

所谓分灯禅,主要指五祖分灯后的禅法。此种禅法的其中一个重要特点,就是我们在前面已略有语及的,在修行方法上主张无修无证,提倡随缘任运、纯任自然。例如,临济义玄就主张"佛法无用功处,只是平常无事","屙屎送尿,着衣吃饭,困来即眠"。并说:"看经看教,皆是造业",要人们"不看经""不学禅","总教伊成佛作祖去"。③ 沩山灵佑也主张不假修证,并说:"修与不修,是两头话",百丈怀海评其禅风曰:"放出沩山水牯牛,无人坚执鼻绳头,绿杨芳草春风岸,高卧横眠得自由。"长庆大安禅师"在沩山三十来年,吃沩山饭,屙沩山屎,不学沩山禅,只看一头水牯牛"。④ 沩山弟子香严智闲也是因掘地击竹,豁然得悟,他曾因此作一偈曰:"一击忘所知,更不假修治;动容扬古路,不堕悄然机。"

---

① 印顺:《中国禅宗史》,第128页。
② 《续藏经》第一辑第二编第一五函第五册。
③ 《古尊宿语录》卷五。
④ 《五灯会元》卷四。

(《景德传灯录》卷一一)福州灵云志勤禅师也曾在沩山门下因见桃花而悟道,并作一偈曰:"三十年来寻剑客,几回落叶几抽枝;自从一见桃华后,直至如今更不疑。"①至于洞山禅,更是"出入于洪州、石头,近于牛头而又进一步发展。"②洞山良价曾依牛头法融的"无心合道"作一偈曰:"道无心合人,人无心合道;欲识个中意,一老一不老!"此谓道体无所不在,亦遍身心,人无须用心,自然合于道。这实际上是牛头"无心合道""无心用功"思想的再版。云门宗文偃禅师更欲一棒把佛打杀给狗子吃闻名,这种呵佛骂祖的作风与当时盛行的主张纯任自然,强调做本源自性天真佛的思想是一致的。因为既然佛是每个人本自天然的,因此任何读经修行、求佛求祖,都是自寻束缚、枉受辛苦。正是基于这一思想,五祖分灯后的禅宗,常常在提倡绝学无为同时,出现了许多呵佛骂祖,甚至于"逢佛杀佛,逢祖杀祖"的现象。

总之,五祖分灯后的禅门各宗,虽然具体宗风上各有特点,但由于它们同属禅宗,且同属分灯禅,故各宗之间多有共同点,用元代中峰明本禅师的话说:"所谓五家宗派者,五家其人,非五其道。"③明本还认为,禅门五宗,"亦非宗旨不同,特大同而小异"。同者,即同是"少室之一灯";异者,即"语言机境之偶异"。天如惟则禅师也指出:"五家宗派,盛衰不齐,盖由师家机用死活之不等耳。"④如此谈五宗的异同,现代的学人有时不太容易理解,实际上,各宗之异,只是在教学方法上略有不同,亦即在启发学人开悟的方法上略有不同,如,或棒打,或吆喝,或答非所问等等。

至此,我们不妨把前后期禅宗的修行方法做一个简略的比较:前期以惠能为代表的祖师禅禅法,最注重的是"道由心悟",强调"直指心源、顿悟见性"。此中最关键的是"心悟"。这正如惠能所说的:"于自心中顿现真如本性""迷即凡夫悟即佛"。这种修行方法与祖师禅把一切归结于自心自性是分不开的,因为自心一切具足,于自心上用力即可。而于自心用力的最好办法即是"悟",因此,祖师禅的修行方法几可以"道由心悟"概括之;与此不同,分灯禅最注重的是"本自天然"。既然一切天然具足,人们又何必去修证求"悟"呢?凡事随缘任运可矣,因此主张

---

① 《景德传灯录》卷一一。
② 印顺:《中国禅宗史》,第 409 页。
③ 《天目中峰和尚广录》。
④ 《天如惟则禅师语录》卷二。

纯任自然，不加造作，做一个本源自性天真佛；认为举足下足、施为动静，一切语默啼笑、行来出入皆是菩提道场，运水搬柴，无非妙道，穿衣吃饭，尽是佛事。

（三）祖师禅的儒学化与分灯禅的老庄化

人们知道，我国是一个文明古国，各种传统文化源远流长、绚烂多彩。早在先秦时期，就曾出现过诸子烽起、百家争鸣的局面。虽然先秦诸子的学说后来大多被淹没，但有两家学说不但没有被淹没，而且日益发展，成为左右中国古代学术文化的两大思想潮流，这就是以孔孟为代表的儒学和以老庄为代表的道家思想。

儒学的最大特点是重"人"，其出发点和落足点都是"人"，是一种以"人"为中心的人本主义思潮。就思想内容说，儒学的主旨是探讨人与人之间的相互关系，是一种研究人伦道德的伦理哲学。这种伦理哲学自子思、孟子开始，就出现一种倾向，把人伦道德及其修养归结于心性，《孟子》已有"尽其心者知其性，知其性则知天"之说；《中庸》则强调"天命之谓性，率性之谓道"；《荀子》主张"心者道之工宰"；《大学》则大讲"正心""诚意"。这一切无不提倡由尽心见性以上达天道，由修心养性而转凡入圣。儒家的这种思想对后来的中国佛教产生了深刻的影响，南北朝后的一些中国化色彩较浓的佛教宗派，就开始注重心性。天台宗的学说虽以中道实相为标志，以性具善恶为特点，但最后却把实相归结于一念心，认为"心是诸法之本，心即总也"，①主张佛性即是"觉心"，修行的关键在于能"反观心源""反观心性"。华严宗虽以《华严经》为宗本，主张佛性缘起，但在具体阐述其缘起理论时，却日益突出"心"的地位和作用，以"各唯心现故""随心回转"等说法去论述生佛诸法的相融互即。禅宗不但中国化色彩浓，而且本身就是一种中国化的佛教，它受儒家心性学说的影响亦最深、最烈。禅宗祖师提倡"即心即佛""明心见性"，其所说的"心"就接近于儒家所说的作为道德主体的"人心"，而与传统佛教所说的作为抽象本体的"真心"不尽相同。其所说的"性"，也带有浓厚的人伦道德的色彩，是有情众生之人性，而不同于传统佛教所说的作为一切诸法抽象本体的"真如佛性"。实际上，祖师禅的强调心性及其对心性内涵的改变，即把原来作为抽象本体的"心""性""人心化""人性化"，已经在相当程度上决定了其佛性学说和修行理论只能主

---

① 《法华玄义》卷一上，《大藏经》第33卷，第685页。

张"众生有性"和注重"道由心悟"。到了唐末五代之后,这种情况开始有所变化。由于儒家的复兴,特别到了宋代,由于新儒学的出现,隋唐佛教从儒家那里吸收来的思想,又被新儒学摄取去,佛教的地盘大大缩小,新儒学则上升为"显学"。而就"心性"理论说,它原就是儒家的"道传",此时之佛教如果继续在"心性"问题上与儒家纠缠,就很难显出自家之特色,因此,宋元之后的禅宗,在思维方式上便掉头一转,向道家靠拢,由注重"人心"一变而崇尚"自然",倡"性自天然""不加造作"。

考诸道家思想,其最大的特点,就是强调"自然"。老子已有"人法地,地法天,天法自然"①和"以辅万物之自然而不敢为"②的说法;庄子进一步发挥老子"道法自然"的思想,把"道"进一步泛化、物化、自然化,认为"道"无知无为、无所不在,主张逍遥放任、坐忘成真。老庄哲学在其往后的发展过程中对如下几股社会思潮产生了深刻的影响:一是道教,二是玄学,三是中国佛教。而对中国佛教的影响又主要表现在对魏晋般若学和后期禅宗(包括后来成为分灯禅主要思想来源的牛头禅)的影响。

老庄、玄学对牛头禅的影响,印顺法师的《中国禅宗史》和褚柏思的《中国禅宗史话》都有较详细的论述,他们称牛头禅为"玄学化的牛头禅"。这种评判是恰切合理的。考牛头法融及其弟子的禅法,不但基本思想与老庄、玄学相近,而且许多字眼也相类似。例如法融的"忘情为修""无心合道",与庄子的"逍遥放任""坐忘成真"就很接近。法融后学遗则的思想更是老庄化,如《宋高僧传》叙述遗则的自悟曰:"则既传忠之道,精观久之,以为天地无物也,我无物也,虽无物而未尝无物也。此则圣人如影,百姓如梦,孰为死生哉?至人以是能独照,能为万物主,吾知之矣。"此中之"天地""至人""如梦""独照"均为老庄语,其受老庄思想的影响可见一斑。

分灯禅受老庄思想影响更深,其佛性遍在"个个是佛"的思想不但与庄子的"道无所不在"的思想相通,而且说法上也颇类似。例如,分灯禅不仅以"墙壁瓦砾"说佛性,而且每下愈况,或曰"厕孔",或曰"干屎橛"。《庄子·知北游》有一段记述:

---

① 《道德经》。
② 《庄子·天道》。

东廓子问于庄子曰:所谓道恶乎在?庄子曰:无所不在。东廓子曰:期而后可?庄子曰:在蝼蚁。曰:何其下邪?曰:在梯稗。曰:何其愈下耶?曰:在瓦甓。曰:何其愈甚邪?曰:在屎溺。

分灯禅谈佛性之每下愈况,与庄子论道之无所不在,何其相似!

分灯禅的另一个重要思想是主张纯任自然、不加造作,这与老庄之强调"自然无为"更是如出一辙。老子主张"辅万物之自然而不敢为",庄子提倡"虚静恬淡、寂漠无为",二人都反对雕琢斧凿、造智造巧,而主张逍遥放任、返璞归真。

分灯禅还有一个特点就是盛行"棒喝""机锋"、拳打脚踢甚至斩蛇杀猫、烧佛烧经,这与庄子的"鼓盆而歌"和玄学家的放浪形骸也多有相类相通之处。

总之,分灯禅之深受老庄、玄学的影响正如祖师禅之深受儒家学说的影响一样,都是无可置疑的。如果说,祖师禅因受到儒家心性学说的影响而提倡"即心即佛""道由心悟",那么,分灯禅则在老庄自然学说的影响下,走上了佛性遍在、纯任自然的道路。

佛法智慧与智慧人生

如果说作为宗教的佛教,主要是在教人"诸恶莫作,众善奉行";那么,蕴涵着深刻佛理的佛法智慧,其最大功用,则是让人做一个"明白人",做一个有智慧的人。

一、般若智慧与空即是色

所谓"佛法智慧",也就是佛经中所说的"般若智慧"。这种般若智慧在佛教中的地位,有句话说得最精辟,就是"般若是为诸佛母"[①],也就是说,整个佛法是由般若智慧催生出来的,般若智慧是整个佛法的理论基石,我甚至称之为"细胞"。所谓"细胞",亦即整个佛法大厦,是由般若智慧构建起来。这种般若智慧集中体现在《大般若经》和《大智度论》等佛教经论中。大般若经的浓缩本是《金刚经》,《金刚经》的进一步浓缩是《心经》。它们的核心思想,都可以归结为一个字——"空"!所以在某种意义上可以说,懂得"空",就懂得"般若智慧"。

那么,何谓"空"?

一般人说"空",常常是相对于"有"来谈"空",相对于"存在"来谈"空",当这个事物或现象没有了、不存在了,那就是"空"。这种看法与佛教所说的"空"的本义可以说是差之毫厘,失之千里。佛教所说的"空",不但不是相对于"有"、相对于"存在"来谈"空",而是就"有"本身、就"存在"本身来谈"空"。作为佛教般若思想浓缩本的《心经》有一个偈句,曰:

色不异空,空不异色;
色即是空,空即是色。

这个偈语有三重含意:
第一,色与空没有任何差别。
第二,色自身就是空(当体空)。

---

① 《大智度论》三十四。

第三，色当下就是空（当下空）。

佛教所讲的"色"，就是我们日常所能看得见、摸得着、有质碍的现象或者事物。既然看得见摸得着，怎么是空呢？对此，《中论》有一个"三是偈"可以说是对"空"最经典诠释和阐述：

因缘所生法，我说即是空。
亦为是假名，亦是中道义。

意思是说，世间的万事万物都是因缘和合而生的，都是特定条件的产物。既然它是特定条件的产物，那么当条件不复存在时，这个事物也就消亡了。因此，任何事物都不是一成不变的实体，从这个意义上说，它是没有自性的，"无自性故空"（这就是"因缘所生法，我说即是空"）。但是事物既然已经产生了，作为一种现象，你不能说它不存在；只是由于这种存在是特定条件的产物，它会随着条件的变化而变化乃至消亡，因此，这种存在充其量只是一种临时性的存在，因此，只能说是一种假名（"亦为是假名"）。人们对于世间存在的任何事物，都不能孤立地、静止地，凭其一时的存在与否去论其"有""无"，而应该用动态的、立体的视觉和观点去看待它们，从既"空"又"假"两个角度去看待它们，只有这样，才能说认识和把握了佛教的"中道义"（"亦是中道义"）。所以，空宗在印度佛教也叫"中观学派"。所谓"中观"，实际上是一种思维方法，一种综合、立体、多元、动态的思维方法。

因此，所谓"空"，不是去回答有没有、存在不存在的问题，而是教你应该怎样去看这个事物：

第一，不能静止地去看这个事物，应该看到任何事物都是在不断发展变化的，是刹那生灭、念念不住的。

第二，不应该孤立地看任何事物，而应该从多个角度，多元、立体地去看一切事物。

所以，说到底，所谓"空"，它是一种思维方法，是一种动态、立体、多元的思维方法。这种动态、立体、多元的思维方法，就是构建这个严密而庞大的佛法思想体系和思维大厦的细胞。

"空""般若智慧""缘起理论"，在佛教中可以说是名异而实同，都是指一种动态、多元、立体的思维方法。这种思维方法对于佛教的产生和发展厥功至伟。

从佛教史上看,悉达多王子之所以能证成佛果,成为"释迦牟尼",六年的苦修固然不无作用,但决定性的原因,应该说是他在菩提树下由定发慧,"大彻大悟"到人生乃至一切诸法都是一个因缘而起,缘尽而灭之念念不住的过程。从这个意义上说,缘起理论确实是释迦牟尼的"母亲"。

悉达多"成佛"后在"初转法轮"时所说的两个佛教基本教义(即"四圣谛"和"十二因缘"),实际上是释迦牟尼用他所悟到的缘起理论,从纵、横两个角度去解释人生的。"四圣谛"是从人身构成的角度,以五蕴和合说无我,以无我说空,以无我、空的角度去认识和破解人生的各种烦恼与痛苦。"十二因缘"则是从人生都是一个念念不住的过程的角度去说无常,以无常说空,从无常、空的角度去认识与破解各种烦恼和痛苦。可以这么说,佛教用以分析与破解烦恼、痛苦的,是一种思维方法,而这种以无我、无常说空的思维方法在佛教学说里也叫缘起论、般若智慧或"空性智慧"。从这个意义上说,"般若智慧"不但是佛陀的"母亲",也是"佛教"的"母亲"。

二、佛法智慧与智慧人生

"佛教"从表面上看,是一种"出世法"。但究竟而论,佛教最具"人间性":佛陀出生在人间,在人间为人说法,旨在救度众生离苦得乐。不论创教"初心",还是立论旨趣,都立足"世间",着眼于"人"。谈论佛法智慧,自然应"不忘初心",着眼于"人",服务于"人生"。

综观佛教的历史发展和当今世界佛教之格局,佛教在中国的传播和发展,应该说是最为广泛且经久不衰的。此中的原因也许有很多,但最主要的,当是契理契机!

所谓"契理",是指中国佛教一直秉持"佛为一大事因缘出现于世,开示悟入佛之知见"之创教初衷,把让众生懂得佛法智慧,用佛法智慧弃除烦恼、化解心结、净化心灵、提升心境,进而达到"佛"之境界为宗旨。

所谓"契机",即是善于把传入中国的佛教,与当时当地的社会历史条件和思想文化背景相融合,对传统的佛教进行创造性的改造,使之成为一种与中国人之根机相因应的具有中国特色的佛教。这种具有中国特色的中国佛教,如果从学理层面说,主要表现为儒学化。

中国古代文化素有"诸子百家""三教九流"等说法。但自汉代"独尊儒术"之后,儒家思想逐渐成为中国古代社会的主流意识形态。儒家思想与古代印度的思想比,有两个非常重要的特点:一是比较注重现实人生,二是比较强调入世。受儒家思想的影响,中国佛教相对于印度佛教说,出现了几个重要的转向:一是逐渐从"真空"转向"妙有";二是逐渐从注重"佛本",转向强调现实人生;三是逐渐从注重出世,转向把出世与入世统一起来,强调"即世间求解脱"。

所谓"妙有",用天台智者大师的话说,就是"佛性"。与印度佛教一直比较注重"真空"不同,进入隋唐以后,佛性理论就成为中国佛教的主流。而随着慧能南宗把"佛本"转向"人本",把"佛性"诉诸"心性"后,在中国佛教"佛法智慧",主要表现为"心法智慧"。因是之故,本书在谈论佛法智慧与智慧人生时,将着重从心法智慧角度探讨其与智慧人生的相互关系。

(一)佛主治心　善待"自家宝藏"

《涅槃经》上有一个千百年来一直口口相传"贫女宝藏"的故事,说的是有一个贫女,经常在自家门口向路人求乞。有一次,贫女向一位过路的长者乞讨时,那位长者告诉她:"你自家院子里藏有那么多的金银珠宝,你干吗整天在门口向路人求乞呢?"贫女不信。长者就说:"那请你花点气力,把自家院子里的杂草铲除干净,再往下挖,就可以看到那些自家宝藏了。"贫女说:"除非你告诉我那些金银珠宝所藏的具体位置,不然我是不会干的。"长者见贫女执迷不悟,就亲自动手在其家院子里挖掘出好多金银珠宝。

此"贫女宝藏"所蕴含的思想,就是一直被教界视为"佛陀本怀"的"自家宝藏"。所谓"自家宝藏",意为如来佛性,众生本具,只是由于无始以来被无量烦恼所覆盖,所以芸芸众生,往往不识自家本来面目。佛教传入中土之后,类似的情况一直在重复着。仍然有许多不识佛教根本精神的善男信女,置自家宝藏于不顾,于自身之外四处去探寻"如何是佛法大意""什么是祖师西来意""哪个是我未生之前的本来面目",而喜欢向东向西四处寻觅。

千百年来,多少善男信女、禅师信众,为了追寻佛法,探求"祖师西来意",走南闯北,奔走江湖,真真是"游江海,涉山川,寻师问道为参禅",结果都是"尽日寻春不见春,芒鞋踏遍陇头云"——又有几个求得佛法真谛,参到了真实的"祖师西来意"呢?

在最能体现中国佛教特质的禅宗里,作为佛陀本怀的"自家宝藏"

又在哪里呢？禅宗创始人慧能大师是这么说的："自心是佛，外无一物而能建立。"

一个"心即佛"，可谓石破天惊！佛在哪里？在古印度？在西方极乐净土？在东方琉璃世界？——既是又不是！慧能说，佛就在你的心里，关键看你悟与不悟：一念迷，即是凡夫；一念悟，即是佛——禅宗"道由心悟"的修行理论，正是以"心即佛"的佛性理论为思想的基础和理论的依托。

但是，在现实世界里，这个一切具足，能让人成贤作圣、成佛作菩萨的"自家宝藏"，却常常被人们忽视甚至淡忘了。佛经中有一个"四夫人喻"的故事，颇能发人深省：

一个富翁娶了四位夫人，一个比一个漂亮，大富翁最喜欢年轻貌美的四夫人，绫罗绸缎、珍饰钻戒，应有尽有。对三夫人也宠爱有加，交际应酬，出双入对，都带着三夫人；二夫人精明干练，大富翁把家中的田园家产都交给二夫人掌管；至于大夫人，结发糟糠，早已被大富翁遗忘。

随着年纪的增加，大富翁身体渐渐衰弱枯萎，心想，一旦眼睛一闭再也睁不开了，那黄泉路上也不能太凄凉了，总得有个伴呀。找谁呢？他平时最喜欢四夫人，如果黄泉路上有她做伴，那倒是很令他欣慰的。一问，四夫人说，痴人说梦，我正值花样年华，年纪轻轻的，好日子刚开头，怎能跟你一起死呢？

对三夫人谈及此事，三夫人大惊失色，我年轻貌美，好日子没过几天，日后还要去寻找如意郎君，享受人生第二春。

富翁又去问二夫人，二夫人淡淡地说，我怎能陪你去死呢，你走之后，你留下的那么大一份家业，还要我去给替你管理呢。当然，念在夫妻一场份上，我会把你厚葬，安葬在山头上，你就安心地去吧。

最后，富翁对大夫人说，平时把你冷淡了，现在要走了，实在没有资格要求你陪我去走黄泉路。

大夫人说，我生是你的人，死是你鬼，何妨自古就有"糟糠之妻不可弃"的明训。嫁鸡随鸡，嫁狗随狗，我心甘情愿与你一起去走黄泉路。

四位夫人各有所喻：四夫人代表身体，大限来时，四大失调，五蕴离散，只剩下一具臭皮囊。

三夫人喻亲朋好友，当撒手人寰时，念在昔日情谊，举行隆重的送别仪式，堆上一抔黄土，埋骨青山。

二夫人喻田园家产，当一口气接不上来，千万家财，都落入他人之手。

大夫人喻自个的心，和自己形影相随，生死不离，所谓"万般带不去，只有识相身"。识即心识，但平时最容易忽略淡忘。

《五灯会元》卷三也载有这样一个"公案"：

大珠慧海初参马祖，祖问，从何处来？曰，从越州大云寺来。祖曰，来此有何事？曰，来求佛法。祖曰，我这里什么都没有，求甚么佛法?！自家宝藏不顾。抛家散走作什么?！曰，那个是慧海的自家宝藏？祖曰，正在问我的这个人就是你的自家宝藏。一切具足。更无欠缺，何假外求。大珠慧海听后猛然醒悟，自识本心。

在作为中国佛教代表的禅宗那里，佛已经转向内心，既然"佛是自心作"，且本性风光，人人具足，只要反求内心，自能当下证得，因此，对于这个"自家宝藏"，人们确实应该多多珍重，善加对待。

在儒释道三教中，儒门也有个"自家宝藏"，这就是被儒门"亚圣"孟子用于界定人之成其为人、人之异于禽兽的"仁义礼智""四端"。主流儒家之讲"修心养性"，就是以此人所固有的"四端"为基础，进而通过"慎独""求放心""存夜气""善养浩然之气"等方法，逐渐扩充善端、涵养德性，使自己成为一个真正意义上的"人"。而作为"主治心"的佛门，在如何"止散乱心""专注一境"，乃至化解心结、净化心灵、提升心境、"明心见性"等方面，则有更多、更具可操作性的"修心"法门和"治心"的方法，诸如小乘禅之"安般守意"，实相禅之"止观并重"，达摩禅之"九年面壁"，北宗禅之"住心观净"，南宗禅之"道由心悟"，至后期禅宗，更有"参公案""逗机锋""看话头"，乃至"灵云桃花""香严击竹"等"悟理得意""直指便是"诸多法门。

其实，究竟而论，历史上不论是"教门"还是"宗门"的诸多"修心""治心"方法，其源盖出于释迦牟尼所创立的"戒、定、慧"三学。作为佛教创始人的释迦牟尼的十大称号（即如来、应供、正遍知、明行足、善逝、世间解、无上士、调御丈夫、天人师、世尊）中之"调御丈夫"，即指佛能调伏众生之烦恼心结，化解其无明妄想，令其获得最终之解脱。所以佛教界、学术界常称佛陀是当时最好的心理医生，是故佛有"调御丈夫""大医王"之称。

所谓"大医王"，也就是世间最好的医生，但佛并不是给人治疗身体方面的疾病，而主要是治疗心理方面的疾病，排除众生的烦恼，疏导和化解众生的心理问题。

人生在世，几乎每个人、每一天都会碰到很多事，有些人总是喜欢把许多事搁在心里，千般思量，万般计较，甚至习惯于"庸人自扰"，自寻烦恼。因此，如何学会排除烦恼、化解心结、调整心态、淡定心境；如何提高人们的心理免疫力，培养一种积极健康的心态，已经成为"智慧人生"的一个十分重要的组成部分。

实现智慧人生，就"治心"而言，主要体现在两个方面：一是如何管理好自己的"心"，二是如何开发心性智慧。

现代心理学认为，要培养一种健康的心理，不但要正确认识自己，还要学会管理自己。不但要进行理性的管理，还要进行情绪的管理。理性管理的一个较低，也是最基本的层次是要学会忍耐。佛门常写有一个大字"忍"，这个"忍"说说简单，做起来委实不易。

人一旦有情绪、有怨气特别是愤怒时，不但会破坏心态、心境，而且会做出许多不可理喻乃至匪夷所思的事，所以佛经说"一念瞋心起，百万障门开"。佛经（如《百喻经》《譬喻经》《箭喻经》等）里常常借助许多故事和比喻，去劝导人、教化人。佛经中有个"万钱买一偈"的故事，就十分耐人寻味，说的是一个人在外经商好几年，年关将至，商人很是想念家里的老母亲和妻子，决定回老家一趟，就上街去买礼物。跑了好多商店，都觉得没有什么合适的礼物。后来在一家店铺门口看到一个告示："专卖偈语，一偈万钱。"他觉得好奇，就问店老板："什么偈语这么值钱？"店老板告诉他："你把一万钱留下，我把偈语给你，如果你届时发现这偈语确实值一万钱，这笔生意就算成交。如果你觉得不值，我可以把一万钱退还给你，如何？"商人看那店老板挺实在的，加上这次出来经商，运气不错，赚了不少钱，真把那偈语给买下了。

话分两头，商人那天回到家里已是亥时，家人已睡，为了不惊动她们，商人自己开门，悄悄进屋。映入眼帘的一幕顿时使商人如五雷轰顶：自家媳妇床前竟有两双鞋子——这不明摆着吗？这个贱妇竟然把奸夫带到家里睡觉！商人二话没说，到厨房操起菜刀，准备把这对"奸夫淫妇"一起"解决"掉。突然之间，商人想起当时曾用万钱买过一偈，店老板曾嘱咐过他关键时刻可打开偈语。他打开一看，竟是这样一个偈语：

向前三步想一想，退后三步想一想，
瞋心起时细思量，放下怒火最吉祥。

看过偈语之后,商人觉得偈语所说颇有道理,就把菜刀藏到身后,把媳妇唤醒。媳妇听到丈夫的声音,一骨碌爬起来,高兴地说:"相公,太好了,你回来啦,妈妈生病了,一直念叨着你呢。"——原来,前段时间商人母亲突患重病,为了更好地照看婆婆,媳妇让婆婆睡到自己床上,以便晚间照顾她老人家。商人一听,连连自言自语:"一万钱买一偈,太值了!太值了!!"媳妇见丈夫前言不搭后语,如堕云里雾中,以为丈夫急出毛病来了。商人就把一万钱买了一个偈语的事告诉了媳妇,媳妇听后,也觉得这偈语和卖偈语的人也"太神了"。

对于心的管理的另一个重要层次就是使心态平和、心境淡定。要使心态平和、心境淡定,佛教中有一个非常行之有效的法门,就是"禅修"。禅修的种类很多,从印度的瑜伽、小乘的安般守意,到中国佛教的如来禅、北宗禅、默照禅等等。所有的禅法都有一个共同点,就是通过调整呼吸达到心态的平静与和谐。这方面现代西方已经很盛行,成立了许多禅修中心,作心理咨询、心理治疗。在现代心理治疗中,常用深呼吸来减轻压力,如著名心理学家纽伦伯格博士在《摆脱压力》一书中说:"许多与压力有关的抱怨,不论是生理、心理或是情绪——皆因不正确的呼吸所造成。幸运的是这类的抱怨,通常只要学习正确的呼吸法即可解决。"可见佛教的禅修与现代情绪管理方法上具有相当程度的一致性。

如果说禅修的主要功能之一是管住心,在佛教修行方法中,属于"止持";那么,作为佛教修行方法中另一个重要法门的"作持",对于调整人们的心态甚至提升人们的心境,也常常会发挥十分重要的作用。佛门的修持不但注重对治不良情绪和心态,也十分注重对优良情绪和心境的培养,如对"四无量心"的修习,对于培养和引发慈、悲、喜、舍等优良情绪,也至关重要。修习"慈"而生"与乐心",修习"悲"而生同情心,修习"喜"而欢喜心,修习"舍"而生布施之心等。先从自身观起,然后推己及人,平等普覆一切众生。这种修习对于培养人的道德素质,改变人格结构,具有非常重要的现实价值和社会意义。

"作持"门对于禅宗(特别是慧能南宗)而言,更重要的还在于"寻找主人公""发现自我",所谓"尽日寻春不见春,芒鞋踏遍陇头云。归来笑捻梅花嗅,春在枝头已十分",这就是"明心见性",发现和实现自我,这在现代心理学中属于更高的一个层次。著名心理学家马斯洛认为,现代情绪管理学的目标正是培养"自我实现型"的人,认为这是真正健康、高度发展和成熟的人。

"自我实现"的人,不会刻板地抑制自己的情绪;他们行为的一个典型特征,是自由抒发与他们当时的感受相关联的情绪;他们不必约束自己的情绪,他们有充分感觉的自由;他们应付新的情景而不必事先计划应该怎样作出反应。心理健康的人从心所欲而不违私衷,因此能自然地生活于自己所处的环境中。这样的人,为自身情绪所开拓的是恬然情真而又理性深蕴的乐土,能使情绪成为有益于人生实践、人生健康的天然"盟友"。(参见《卡耐基情绪管理手册》)

这种境界用孔子的话说,就是"七十而随心所欲不逾矩"。

(二)学会放下 "日日是好日"

根据心理学家们的长期研究,包括进行社会学的调查统计,发现快乐和幸福感是一种具有十分浓厚的主观色彩的东西。它与财富、名誉、地位等并没有必然的联系,而与人的心态往往密切相关。

所谓心态,就是人们在各种情境下的心理状态,包括顺境、逆境以及在各种重大的荣辱得失面前的心理状态。

大量的心理学研究和社会统计资料表明,保持乐观情绪的第一要素是不苛求。所谓不苛求,实际上就是要对自己有一个客观的定位和合理的预期,不要经常有太多的非分之想、非分之求,否则其结果只能是"心比天高,命比纸薄"。这也是中国古人常说的"知足常乐"。

实际上,在人的现实生活中,要保持乐观的情绪,经常有一个良好的心态,除了应该对自己有一个合理定位、知足常乐外,怎样学会放下,有时显得更为重要。

佛教称人世间为"娑婆"世界。"娑婆"为"堪忍"之义,意为众生所居住之阎浮提,为三恶五趣杂会之所,有杀盗淫等罪过,贪瞋痴诸烦恼。生活在此世间的众生,须安于五趣十恶,忍受诸烦恼痛苦。

且不论佛经中所说的诸如生老病死等谁都逃脱不了大烦恼、痛苦,实际上,几乎所有的人,每天都会碰到很多的事。工作中的问题、难题另当别论,即便是日常琐事,乃至于亲人朋友间的拌嘴、误会,也常常把人折磨得心力交瘁、疲惫不堪。更有甚者,有些人心里总是搁着很多事,吃饭不好好吃,睡觉不好好睡,千般思量,万般计较。有时领导不经意间的一个眼色,会让他莫名其妙地好几天都惶惶不可终日,这种心态用"庸人自扰"去比喻是最恰切不过的。从现代心理学的角度说,这也是一种不良的心理,如果任其发展,到一定的程度,就会成为一种心理疾病。

化解这种"心结"的"药方"有二:一是要"想得开",二是要"放得下"。"想得开",可以根据佛法的"缘起"思想,弄清楚事情发生的缘由始末,找到出现问题的原因,再依照佛法所说的"诸法因缘生,诸法因缘灭",创造条件使事情朝着好的方向转化和发展。这比起在那里捶胸顿足、寝食不安要好得多。实际上,许多事情时过境迁之后,你会发现,当时觉得"乌云压顶""天之将倾",结果只是虚惊一场、小事一桩。

"想得开"还有另外一个重要的法门,就是凡事不要太执著。

对于佛教所说的不要执著,常常被人误解,误读为不奋斗、不进取、不追求。实际上,这与佛教所说的不执著是南其辕而北其辙。佛教所说的不执著,是指"不住相"。何为"不住相"?"相"即现象、事相。在佛教看来,一切现象、事相都是因缘而起的,都是特定条件的产物,条件变化了,现象、事相本身也就会跟着发生变化,因此,一切现象事相都是变化无常的,但是有些人总是习惯于用一种固定的、僵化的眼光去看特定现象和事物,事物变化了,他不会跟着变化,而是一根筋,这就叫执著。这种执著往往害人不浅。社会上就常有因失恋而一蹶不振乃至走上自杀之路现象,这种人从思维方法上讲就是太执著、一根筋。谈恋爱也叫谈对象。当初双方之所以打得火热,是因为情投意合、两情相悦。但是,后来情况发生了变化,"对象"的思想发生变化了,或物质的要求发生了变化,另一方则不会随着变化了的"对象",去调整自己的想法和做法,单相思,一厢情愿,甚至死缠烂打,把自己折磨得死去活来,这就太执著了!

在这个意义上,所谓不执著,就是要能"看得开"。看清楚哪种追求、作为和奋斗是合理、积极、有意义的,哪种做法是不合理、消极乃至错误的。只有这样,才能有所为,有所不为。该放下的放下,该提起的提起,既放得下,又提得起。既完成了该做的事,又做得很开心。开开心心做着该做的事,做好该做的事,何乐而不为呢?

当然,"想得开""放得下"看似简单,真正能做到,委实不易。从某种意义上说,这是一种思维方式。这种思维方式有时是需要训练的。恩格斯曾经说过,对一个思维方式的训练,除了学习以往的哲学,没有其他更好的办法。佛法中的般若智慧,就是一个蕴涵着十分深刻且富有人生哲理的思想宝库,其中之人生哲理,对于人们化解心结、淡定心态乃至提升心境,确实多有助益。

禅门典籍中有许多富有人生哲理的"公案","坦禅师背女子"就是一个广为流传的"公案":

有一次,坦禅师带着一个小沙弥出门行脚,途中遇到一条河流,正好那天下雨,河水涨了不少。师徒俩正琢磨着找到水流较缓地方蹚水过去,正好又来了个女子,看样子挺急的。一问才知道他娘家有急事,让她赶快回去,哪知道遇到河水上涨,急得直跺脚。坦禅师问明就里,就肩背女子、手牵着小沙弥,蹚过河了。

过河之后,小沙弥几次靠近师父,好像要同他说什么事,但几次都欲言又止。师徒俩走了一两里路,小沙弥终于忍不住了,凑近师父就问,师父,你平时不是一直教导我们出家人不近女色吗,你刚才怎么背着那女子过河呀?师父听后,哈哈大笑,曰,我过河后就把那女子放下了,你还一直背到现在,累不累呀!

有首禅诗虽然不能说家喻户晓,但至少对于多数人来说,也是耳熟能详的,那就是《日日是好日》:

春有百花秋有月,夏有凉风冬有雪。
若无闲事挂心头,便是人间好时节。

在日常生活中,如果真能做到凡事看得开、放得下,心无挂碍,知足常乐,岂不就"日日是好日"了!

(三)看淡得失 "平常心是道"

所谓"平常心",语出禅宗祖师马祖道一之口,《景德传灯录》卷二八载有马祖这样一句话:"道不用修,但莫污染。何为污染?但有生死心,造作趋向,皆是污染。若欲直会其道,平常心是道。谓平常心,无造作,无是非,无取舍,无断常,无凡无圣。"(《大正藏》第五十五卷,第440页)也就是说,所谓平常心,即是本自天然,不加造作,随缘任运,无证无修。这句话后来广为流传,其含义已经远远超出佛教的范围。

前几年有位拿过数十次世界冠军的乒乓球选手来南大访问,她当时在某市的团市委工作。政府拟让她出面组建国学院,她说是来南大"取经"的。座谈时我请教了她一个问题,你们在大型国际比赛时,特别是决赛时,经常劝诫队员要保持一颗平常心,从多数结果看,实际效果如何?能否就你自己的切身体会,说说其中最关键的东西是什么?她说:"最主要是要把结果看得淡一些。"这句话可以说一语中的,非常深刻。实际上,在关键的时候能否真正保持一颗平常心,最深层次的原因,是你把眼前的利害得失看得多重。只要你内心太看重眼前的利害得失,口上说一万遍的"平常心"都没有用。佛典上记载有这样一个故事:

有位无著禅师住在广东梅岭的一个山坳里。禅师喜隐遁潜修,日常杂事由他的侍者替他打理,有一天侍者跑来对禅师说:"有个瓜农在山口卖瓜已经有好几年了,最近那位老头为了招揽生意,玩了个噱头,在店铺外贴了张告示,今后他所卖的瓜都不过秤,只用手掂量算斤两。如果顾客不认同他手掂量的斤两,可以复称。复称的结果如超出手掂重量三两以上的,均可以不必付钱,免费送瓜。"

禅师听后,就问侍者:"你也想吃免费的瓜吗?"侍者说:"那当然了。"禅师随即从柜里拿出一大锭的银两,交给侍者并说:你去瓜果铺挑个大一点的瓜,然后把这一大锭银两拿给卖瓜的师傅,告诉他如果复称后小于三两,这锭银两就是你的了。如果超过三两,我可要把银锭和瓜一起拿走哦。瓜农一看,自己几个月也赚不到这么一个大银锭呀,当瓜上手后,犹豫了一下,重新掂量了一次,结果一复称,足足超出半斤以上,只好眼巴巴看着侍者把瓜和银锭一起拿走了。

一代文豪苏东坡常与佛印禅师"逗禅机",在禅宗史上留下了许多脍炙人口"公案"。其中苏东坡自称自己的禅修已达到心如止水、"八风吹不动"的境界,结果让佛印禅师一个"屁"字打过长江的故事最耐人寻味。

当时苏东坡在瓜州任职,江对面就是佛印驻锡的金山寺。有一天苏东坡突来灵感,赋诗一首曰:

稽首天中天,毫光照大千。
八风吹不动,端坐紫金莲。(八风:称讥毁誉利衰苦乐)

随后立即让人把诗送给佛印禅师,禅师看后,在诗背后写了两个字:"放屁!"让侍者把诗送还给苏东坡,苏东坡看后,大动肝火,火急火燎地乘渡船过江找佛印评理。刚上码头,佛印已在那里等他多时。一见面,苏东坡不客气地说,老东西,你怎么知道我要过江来呀?佛印哈哈一笑,你的禅修功夫我还不了解吗?放个"屁"不就把你打过江来了吗?!

(四)换位思考 "退步是向前"

布袋和尚有首《插秧歌》寓意深刻,且脍炙人口。诗云:

手把青身插满田,低头便见水中天。
六根清净方为道,退步原来是向前。

这首禅诗教人对于插秧这件事,不能只从现象上去看("退步"),更要看到其结果(秧插满田);不能只从一个角度去看("退步"),而应该善于换个角度去看("向前");这首禅诗所蕴含的"禅意",从思维方式的角度说,叫"换位思考"。

在禅宗典籍中还载有这样一个故事:一位姓张的老太有两个女儿,一个做雨伞生意,一个在卖布鞋。张老太天天愁眉苦脸。下雨了,为那个卖布鞋的女儿发愁,担心她的鞋卖不出去;天晴了,又为那个做雨伞生意的女儿发愁,怕她的雨伞店没有顾客。有一天,一位禅师路过张老太门口,见她唉声叹气的,就问张老太所为何事。张老太如实相告,禅师哈哈一笑,对老太说:"你不会换个角度想吗,下雨了,就想到那个卖雨伞的女儿,她店里肯定顾客盈门;天晴了,就想到那个卖鞋子的女儿,她的生意应该很不错。这样不就天天很开心吗?"老太一试,还真的有效。

星云大师在当今佛教界是一位具有非常大影响力的佛门长老,他许多讲演,经常用一些通俗、易懂的小故事来阐发佛理,深入浅出,既形象生动,又让人在"听故事"过程中,体会到"舍"与"得"的关系、"放下"与"提起"的关系、"前进"与"后退"的关系、"持戒"与"自由"的关系,等等,使人深受启发,回味无穷。记得有一次我带宗教学大专班到扬州鉴真图书馆上课,正好大师到图书馆来,我就请大师给这批学生(全部是出家众)上一课,大师很爽快就答应了。出乎意料的是,大师讲课的题目是"五戒与自由"。

依照常理,五戒在佛教修行法门中属"止持",亦即多叫人"不能""不得"做什么,似乎与"自由"正好相反,但听过大师的课,大家都明白了,表面上许多正相反对的东西,其实却多是"相反相成"的:你不杀生、不偷盗、不邪淫,亦即不犯戒、不犯法,也就不会受到戒律的处罚、法律的制裁,你自己自由了,他人的生命、财产、人身也不会受到侵犯,也自由了。

星云大师的人间佛教思想,蕴涵着十分丰富而深刻的人生哲理,非常值得人们去认真思考和深入探讨。大师著述中的很多偈语、格言,诸如"退一步海阔天空,让三分何等清闲","改变外在的环境,不如改变内在的心境。就如一池落花,两样心情。有人怜惜好花飘零,有人却喜花果将熟",凡此等等,无一不闪耀着佛法智慧和人生哲理之光。

善于换位思考,这确实是佛法智慧中一个非常闪光的思维方式,它不仅有益于佛门的修行,同时又非佛门的"专利",它普遍适用于社会、人生。在现实生活中,人们面对的一切事物都是客观存在的,但每个人的主观感觉和解释却各各有别。而主观感觉和解释的殊异,往往会导致完全不同的结果,这一点也是不同的思维方法对同一件事情或事物发展变化会产生巨大影响(或反作用)的一个非常重要的表现。民间有个故事可以说对此做了一个很好的注脚:

有个秀才去考状元,做了三个梦,第一个梦见高墙上种白菜;第二个梦见下雨了,自己戴斗笠又打了一把雨伞;第三个梦见心爱的表妹与自己背靠背地躺在床上。他觉得这三个梦有寓意,不一般。他找了一个算命先生帮他解梦。算命先生说,完了,你没戏了,你考不上的,早点回家吧。算命先生说,白菜种在了墙上,白忙活,根本活不了;你戴了斗笠又打了一把雨伞,多此一举;你和你的表妹背靠背躺着,背时,没戏了,没希望。秀才很沮丧,回到旅馆收拾东西,准备回家。店老板问明了情况后说,我也会解梦,我觉得你很有希望:高墙上种白菜是"高种(中)",戴了斗笠又打雨伞是有备无患,你和你的表妹背靠背躺在床上说明你翻身的时刻即将到来。我认为你肯定会考中的。秀才听了店老板的话大受鼓舞、信心倍增,后来考了一个探花。同样的一件事情,有时从不同角度、用不同的思维方式去对待它,结果会截然不同。有一句名言非常值得人们细细玩味:"有些人在机会面前看到了困难,有些人在困难面前发现了机会。"

(五)中道思维 "立体观世界"

对于"空性智慧",笔者在本书第二章开头就把它解读为:"是一种思维方法,一种综合、立体、多元的思维方法。"对此,我们可以从释迦牟尼"大彻大悟"后,站在"缘起论"的高度来俯瞰世界、俯瞰人生说起。

人们经常喜欢用"看破红尘""看破生死"来形容那些具有相当境界的圣人、智者具有大智慧,也经常用来指释迦牟尼的境界。但释迦牟尼从创立佛教至今已经有两千多年的历史了,而今天的现实世界里照样红尘滚滚,芸芸众生照样生生死死。那么所谓"看破红尘""看破生死"究竟是什么意思呢？其实,"看破红尘""看破生死"说的不是"红尘"和"生死"本身,而是就"看破红尘"者立言,亦即"看破红尘"者是从什么角度、站在什么高度、用什么方法去看待"红尘"和"生死"的。就释迦牟尼而言,他是站在"缘起论"的角度和高度,去看待世间之万象和芸芸众生之生死,认为一切都是特定条件的产物,其间既没有"造物主",也没有"创世主",一切都"因缘而生,因缘而灭"。因此,"看破红尘""看破生死",与世间的"滚滚红尘"和众生的"生生死死"了不相关,它特指"看破红尘"者看待"红尘"角度和高度。

  实际上,在现实生活中,人们对于同一种现象、同一个问题,经常会有各种不同的看法,有时甚至会产生截然不同乃至完全相反的判断和看法。如果从辩证思维的角度说,此中所有的看法(即便是截然相反的看法),也未必就一定"此是彼非"。有时往往是各种看法都有其道理和根据。德国古典哲学家黑格尔对"真理"曾经有过一个著名的命题——真理"本质上应是一个体系""真理就是全体"。

  为什么说真理"本质上应是一个体系"？"真理就是全体"呢？黑格尔自己曾这样解释说："真理作为具体的,它必须是在自身中展开其自身,而且必定是联系在一起和保持在一起的统一体。"[①]就是说,从辩证的观点看,真理不仅仅是认识同某个客观事物或客观事物的某一个方面的一致或符合,而应该是认识同包含着相互联系的一切事物和事物的一切方面的整体的一致或符合。他以花为例,认为,花的规定性是多方面的,如香味、形状、颜色,等等。如果只是孤立地认识花的各种规定性,这对于花的真理性认识毫无帮助；只有把各种规定性放到作为花的整体中去认识,才能获得花的真理性认识。黑格尔的这种思想无疑是哲学史上真理观的一大进步。在研究黑格尔《逻辑学》的过程中,列宁对黑格尔关于"真理是全体"的思想极表赞赏并作了进一步的发挥。列宁指出,要真正认识事物,就必须研究和把握它的一切方面、一切联系,"真理只是在它们的总和中以及在它们的关系中,才会实现"[②]——因为任何客观事物的规定都不是单一的而是复杂多样的,不是孤立的,而是相互制约、普遍联系的。因此,作为真实反映事物的真理,就不应是彼

[①]《小逻辑》,商务印书馆1980年版,第56页。
[②]《列宁全集》第38卷,第209页.

此分离的抽象规定,而应是客观事物各种规定性的统一,即对事物固有的各种特性以及事物之间的联系的全面性的认识。

佛法智慧几千年来之所以能够得到众多著名哲学家、思想家的认同和推崇,极其丰富尤其是深刻的哲学思想应该是其中一个重要原因。由于任何事物都是众多方面、层面、侧面的聚合体,因此,任何一个角度都很难全面、完整地了解和把握事物的"全体"——这就决定了多元思维在正确、全面认识事物中,有着极其重要的意义和作用。从某种意义甚至可以说,对于某一事物的认识的深度和高度,相当程度取决于观察和研究的角度! 在一次多数听众是研究自然科学的专家学者的讲座上,我曾提出过一个观点:如果从理论上说,举凡能够提出来的问题,最终都会得到解决的,关键看你是不是找准了角度,用对了方法。星云大师有句话说得非常富有哲理。他说:"一个人的思维模式,不能只是单向的直线,要从前后、左右、上下、正反多方思虑,换个角度,往往就会转圜出新机。"

以多元思维、立体思维为核心的佛法智慧,不但大量地表现在作为中国佛教代表禅宗的许多脍炙人口的偈语和"公案"里,也常常融入那些富有禅意的"禅诗"中,苏东坡的《题西林壁》可以说是这方面的代表作。诗云:

横看成岭侧成峰,远近高低各不同。
不识庐山真面目,只缘身在此山中。

也就是说,想认识庐山的真面目,不能只躲在庐山里面,也不能只从一个角度、一个侧面去看,而应该从东西南北等各个不同角度去看,最好是跳到高处去俯瞰,那才能真正认识庐山的真面目。

(六)念念不住 "真理是过程"

"刹那生灭""念念不住",这在佛经中是最常见的字眼之一,意思是说,一切诸法、世间万物,无时无刻都处在不断生灭、不断变化发展的过程中。

禅宗典籍中有个"老婆子卖点心"的"公案",对于佛教"念念不住"的思想是一个极佳的注解:

德山禅师未悟道时,已经精究诸经,善解经义,他讲解《金刚经》,天下丛林都公认他是第一流的法师,时人皆称他为"周金刚"。他以为千劫学佛威仪,万劫学佛细行,然后才能成佛。时值南宗兴盛,德山认为南宗慧能所说的"即心即佛"是魔说,感到愤而不平,故决心南下,捣其巢穴,灭其种类,以报佛恩。

有一天,他挑着青龙疏抄出蜀,经湖南澧阳,路上遇一卖饼婆子,德山便息肩买点心。婆子指着他所挑的那些经书问道,你肩上所挑的是些什么文字?德山曰:青龙疏抄。婆子曰:讲什么经典的?德山答道,注解《金刚经》的。婆子曰,我有一问,你若答得对,可免费施与点心;若答不出来,且到别处去,这里不给点心。德山曰,但问无妨,你可出题。婆子曰,《金刚经》有云:过去心不可得,现在心不可得,未来心不可得,未知和尚,要点那个心?德山顿时茫然无对。

在这个"公案"中,老婆子对于《金刚经》的核心思想——"一切有为法,如梦幻泡影;如露亦如电,应作如是观",真可谓活学活用!实际上,唯物辩证法的一个最基本的观点,也是认为世间万事万物,都是处于普遍联系和不断发展变化的过程中,因此,人们的认识也必须随着事物的发展变化,不断地发展变化,只有这样,才能对客观事物有一个正确的认识,并由此形成一个"辩证的真理观"。

"辩证的真理观"认为,真理作为多种规定的综合,它本身不是僵死的、一成不变的,而是活生生的、不断发展变化的,它随着客观事物和人的认识能力的发展而不断发展。这个思想用黑格尔的话说,叫"多样性在流动中"[1],列宁则把它简明地概括为"真理是过程"[2]。

为什么真理会是一个不断发展着的过程呢?这首先是由认识客体的本性决定的。客观事物的多样性的统一不是僵死的、静止的,而是不断发展的。这主要表现在,任何客观事物都是诸多方面的综合,诸多规定的统一,其中的各个方面、各种规定性自身都处于不断的发展过程中;同时,任何客观事物或客观事物的各个方面又都与周围的事物或事物的其他方面存在着广泛的联系,这就造成各个事物既是自身,又是他物;客观世界是无始无终、永不休止地运动发展的,事物内部以及事物之间的相互作用必然带来这样一个结果,任何客观事物的规定性,始终处于不断的流动变化之中。既然如此,作为多样性统一的客观事物在人们思想中的再现,就不应该是僵死的、静止的。

---

[1]《哲学史讲演录》第1卷,第37页。
[2]《列宁全集》第38卷,第315页。

其次,真理的过程性还由于作为反映客观事物的主观能力也是不断发展的。由于人们思维能力是一个不断发展的过程,因此,在认识事物的广度和深度方面,都表现为一个不断发展的过程。

再次,真理所以是过程,还由于主观追随客观、思想与对象的一致是一个不断发展的过程。任何一个真理性认识的最基本的要求,就是必须与客观事物相一致、相符合。既然客观事物与人的思想时时刻刻都处于不断发展变化的过程之中,就很难想象主观与客观的一致是静止的摄影或摹写。在这个意义上,与其说真理像"照片",不如说真理像"录像"。认识主体这架摄像机随着对象的运动不断调整自己的角度、焦距、光圈和速度,把客观对象的各个方面及每一个动作,如实地反映出来。人们的每一个真理性认识,实际上也只是整个认识运动的一个部分、一个片段。每一个真理既是以往的过程的结果,又是当下的过程本身,还是今后的过程的起点。

对于真理是发展过程的思想,黑格尔和马克思主义创始人都有许多深刻的论述。恩格斯指出,黑格尔哲学的真实意义和革命性质,"是它永远结束了以为人的思想和行动的一切结果具有最终性质的看法",而把哲学所应当认识的真理看成"不再是一堆现成、一经发现就只要熟读死记的教条"。他还说:"真理是包含在认识过程本身中,包含在科学的长期的历史发展中。"①列宁的《哲学笔记》摘录了许多黑格尔关于真理的论述,并且指出,"思想和客体的一致,是一个过程","认识是思维对客体的永远的、没有止境的接近。自然界在人的思想中的反映……处在运动的永恒过程中,处在矛盾的产生和解决的永恒过程中"②。

长期以来,笔者之所以潜心于佛法智慧、佛教哲学的研究,重要的原因之一,就是佛法智慧、佛教哲学中确实蕴涵着十分丰富,尤其是十分深刻的辩证思维和人生哲理,是一个有待于深入发掘的人类思想宝库。而这种佛法智慧和佛教哲学,对于人们科学思维方法的训练,具有十分重要价值和意义。

经常听到这样一句话:"性格决定命运。"实际上,从归根结底的意义上说,这句话只说对了一半——因为性格是由思维方式决定的,因此可以把这句话改为"有什么样的思维方式,就有什么样的命运"!

---

① 《马克思恩格斯选集》第 4 卷,第 212 页。
② 《列宁全集》第 38 卷,第 208 页.

经藏汇编与佛典释译

研究传统文化,研读经典、原著是一门必修课。要修好这门课,一是要有"坐冷板凳"的精神,耐得住寂寞。二是要"阅藏知津"。任何人都不可能把所有的古代文献都读完。那么,哪些该读?哪些不一定读?哪些应该先读?必须精读?哪些可以浅尝辄止?所有这些,都关系到阅读经典的质量和效果。因此,对于各门类的经典进行一些精选、汇编,为不同的阅读者、研究者提供相应的阅藏参考,这是一件十分重要的"基础性建设"。从20世纪90年代起,我和我的同道、学生们,把相当大的一部分时间和精力,用在对于佛教经典的精选、汇编、注译和诠释上。

1992年出版的《佛典辑要》,是我带着学生对《金刚经》《心经》《中论》《不真空论》《成唯识论》《维摩诘经》《坛经》等重要佛教经典进行精选、注译和解读的一部著作。其后,又编纂出版了包括道教的《太平经》《阴符经》和《悟真篇》在内的《佛道要籍》。

20世纪90年代做的一个比较大的佛典编纂工程,就是我同中国社会科学院世界宗教研究所王志远研究员一起,与台湾星云大师、佛光山文教基金会合作,组织了海内外数十位学者,共同编纂《中国佛教经典宝藏》(白话版),我除了组织大陆学者完成了其中50本经典的精选、译注工作之外,自己承担了《维摩诘经》《楞伽经》《梁高僧传》《唐高僧传》和《宋高僧传》的注译工作。

《中国佛教经典宝藏》(白话版)除了对所选经典进行注释并翻译成白话文外,还得对该经典之篇章结构、主要义理、译本源流、历史影响和时代意义等进行诠释和解读。因此之故,该套丛书20几年来在海内外学界、教界等都产生较大和较为持久的影响。

《维摩诘经》是对中国佛教产生最大影响的一部佛教经典。我既十分看重该经在中国佛教发展史上的重要作用,对于该经也用力最多。故在编纂《中国佛教经典宝藏》时,自己首先挑选了该经进行注译、诠释,并把这部《维摩诘经释译》视为自己研读经典的一个较具代表性的著作,故特摘选了该书之"题解""源流"和"解说"。

一、《维摩诘经》释译

（一）题解

《维摩诘经》，凡三卷，计十四品，姚秦鸠摩罗什译。

依照通例，本经可分为序分、正宗分和流通分三大部分。第一品为序分，记述法会之缘起；第二品至第十二品为正宗分，为一经之主体；末二品为流通分，盛赞受持弘传本经之功德。

第一佛国品，记述释迦牟尼佛在毗离城外的罗树园与众集会，宝积长者子说偈赞佛并请佛为与会大众"说诸菩萨净土之行"，以此揭开了本次法会之序幕。

第二方便品，言维摩诘居士虽"深植德本""久成佛道"，但仍在社会各界（上自王宫，下至酒肆；上自大臣，下至士庶）方便示教，摄化群生。为饶益众生，其以方便现身有疾。以其疾故，国王大臣，长者居士，皆往问疾。维摩诘居士又以身疾，广为说法。

第三弟子品，言佛遣声闻乘弟子舍利弗、大目健连、大迦叶等前去探视维摩诘居士，众弟子皆以往昔自己之小乘境界或小乘的修行方法，曾遭到维摩诘居士的呵斥不敢前往问疾。

第四菩萨品，言佛又遣弥勒、光严童子等大乘菩萨前去探视维摩诘居士，众菩萨亦以自己之道行、境界不及维摩诘居士而不敢前去问疾。

第五文殊师利问疾品，言佛遣作为大乘菩萨智慧代表之文殊师利前去探视维摩诘居士。通过文殊师利菩萨与维摩诘居士的往复论难，深入阐析了"空""菩萨行"等大乘精义。

第六不思议品，记述维摩诘居士通过示现神通（如"借座灯王"），宣扬大乘佛教广窄相容、久暂互摄、须弥纳芥子、七日涵一劫之不可思议解脱法门。

第七众生品，通过维摩诘居士与文殊菩萨对论应如何观察众生现象及天女与舍利弗论辩男女之身相等，揭示男女无定相、众生如梦幻，破除小乘众对于"法"的执著。

第八佛道品，通过文殊菩萨与维摩诘居士对论"云何通达佛道"及"何等为如来种"，阐明众生身即是如来种及"行于非道，是为通达佛道"的入世即是出世的大乘菩萨精神。

第九入不二法门品，通过维摩诘居士与文殊师利及法自在等菩萨对论"何为入不二法门"，表明法自在菩萨等之以消除我、我所对待并非真入不二法门,唯有"文殊无言,维摩杜口"才是遥契"释迦灵山拈花,迦叶微笑"之心传。

第十香积佛品,记述维摩诘居士运用神通力,派遣化身菩萨到众香国取回香饭度众及借助众香国诸菩萨对娑婆世界由鄙视到赞叹的转变,说明大乘菩萨舍己利他、与众生同甘苦共患难的无限悲心。

第十一菩萨行品,通过香积佛国诸菩萨向释迦牟尼问法,演绎出菩萨当修"尽、无尽"两种法门,揭示大乘菩萨应当不住世间、不离世间,地狱不空、誓不成佛。

第十二阿佛品,通过维摩诘居士以"如自观身实相"回答佛问"何等观如来"及以"无没生"回答舍利弗问"汝于何没而来生此",说明一切诸法如同梦幻;进而通过佛告舍利弗,维摩诘居士乃是从清净之妙喜国来生此娑婆世界的大菩萨,说明大乘菩萨"虽生不净佛土,为化众生,而不与愚暗而共合"。

第十三法供养品,记述释迦牟尼佛为天帝等称说此经之功德,指出信解受持此经即是以法供养如来;如能做到"依义不依语,依智不依识,依了义经不依不了义经,依法不依人",即是"最上法供养"。

第十四嘱累品,记述佛以法咐嘱弥勒菩萨,令其广为流通传布,并借释迦牟尼佛之口,点出此经之经名。

从思想义理而论,经中有两句话可以说是本经思想的点睛之笔:一是"菩萨欲得净土,当净其心。随其心净,则佛土净",二是"菩萨行于非道,是为通达佛道"。

"唯心净土"是大乘佛教的一个基本思想,许多经典都曾不同程度地语及它,但唯有此《维摩诘经》谈得最是直截了当、生动透彻,对中国佛教的天台、华严、禅宗的影响也最大。经中通过对舍利弗等小乘众执著于外境外法、怀疑此土污秽不净的弹斥,指出只要"深心清净,依佛智慧,则能见此佛土清净"。中国佛教自天台之后,逐渐出现一种"唯心"的倾向,就其思想渊源说,则主要来自《维摩诘经》。

认世间出世间不二,主张既出世又入世,这是《维摩诘经》另一个重要的思想特点。维摩诘居士本身就是一个为化度众生而出入世间乃至入诸淫舍酒肆而又能一尘不染的大悲菩萨,经中屡屡告诫诸大乘菩萨应该"随所化众生而取佛土",这种出污泥而不染、入世俗而化他的既出世又入世精神,对整个中国佛教产生了极其深刻的影响。

作为一种思维方式,或者说作为一种传法方式,《维摩诘经》的"不二法门"在中国佛教史上的影响也非同一般,所谓"文殊无言,净名杜口"与"释迦灵山拈花,迦叶微笑"一道,成为禅宗以心传心、不立文字的经典的和历史的根据。

还有一点应该提及的,就是《维摩诘经》具有十分浓厚的文学色彩。举凡治文学史的,几乎没有不知道它;历史上有许多诗人画家、文人墨士十分推崇《维摩诘经》,认为把它摆在文学史上,也是一部绝代佳作;自隋唐直至明清,以此经为题材写成之变文小说、辞赋戏曲等更是数不胜数。《维摩诘经》的这一特点,除了它在体裁结构方面表现为故事形式外,还得力于此经译者之生花妙笔。

《维摩诘经》在中土共有七译,但影响最大、流传最广的,当推姚秦鸠摩罗什之译本。本书则以鸠摩罗什译之金陵刻经处本为底本。

鸠摩罗什(344—413),又作"鸠摩罗什婆"或"鸠摩罗耆婆",意译为"童寿",是中国佛教史上四大译经家之一。

据有关史料记载,罗什祖籍天竺,生于西域龟兹国(今新疆库车一带),7岁随母出家,先习小乘,后改学大乘,遍参天下名宿,博览大小乘经论,誉满西域诸国。前秦苻坚闻其声德,嘱吕光攻下龟兹后,速将罗什送回关中。后因苻坚被杀,吕光割据凉州,自立为凉王,罗什遂羁留凉州十六七年。弘始三年(公元401年),后秦姚兴攻破凉州,罗什始得东至长安,被姚兴尊为国师,并请入逍遥园。自此之后,罗什开始了其大规模的译经传法活动。其弟子众多,号称门人三千,道生、僧肇等著名佛教思想家都出自其门。其所译经典,据《出三藏记集》载为三十五部,二百九十四卷,据《开元释教录》载,为七十四部,三百八十四卷,其中,尤其对于中观学派经典的传译为最系统。罗什之译经,不但在数量罕有其匹,而且义理圆通,文体顺畅,颇受时人及后世之推崇,此《维摩诘经》译本亦然,故本书取罗什之译本为底本。

(二)经典(含原典、注释、翻译)

(三)版本源流

作为一部大乘佛教的代表性经典,《维摩诘经》在中国佛教史上一直备受关注,自严佛调于汉灵帝年间译出第一个汉译本后,在中土先后总别共有七译;至于义注疏释,更是代不绝人,注本迭出;以下拟就《维摩诘经》之版本及历代之注疏作一简要介绍。

1. 版本

据有关资料记载,《维摩诘经》在中土,先后总别有七译:

一是后汉严佛调译，名《古维摩经》，凡二卷，早已佚失；

二是吴支谦译，名《维摩诘说不思议法门经》，亦名《佛说维摩诘经》《普入道门经》《佛法普入道门经》，《佛法普入道门三昧经》，凡二卷，今犹存，收于《大正藏》第十四册，第五百一十九页至五百三十六页；

三是西晋竺叔兰译，名《毗摩罗诘经》，凡三卷，早已佚失；

四是西晋竺法护译，名《维摩诘所说法门经》，凡二卷，早已佚失；

五是东晋祇多密译，名《维摩诘经》，凡四卷，早已佚失；

六是姚秦鸠摩罗什译，名《维摩诘所说经》，凡三卷，今犹存，且是最为通行之译本，收于《大正藏》第十四册，第五百三十七页至五百五十六页；

七是唐玄奘译，名《说无垢称经》，亦名《无垢称经》《佛说无垢称经》，凡六卷，今犹存，收于《大正藏》第十四册，第五百五十七页至五百八十七页。

以上诸译，就翻译之缜密、精确言，当推唐玄奘之译本；就文笔之顺畅、流传之广泛说，则要算罗什所译的《说维摩诘所说经》，后人不论讲解抑或注疏《维摩经》，多以此本为依据。

2. 注疏

自《维摩诘经》在中土译出之后，讲习注解该经者代有其人，且多是一些颇具影响的高僧大德，如东晋的僧肇、竺道生，隋之吉藏、智顗，唐之窥基、湛然等。这些注疏，或着力于经文之解读，或侧重于义理之诠释，对于扩大《维摩诘经》之影响，传扬《维摩诘经》中之"亦入世亦出世"思想和大乘"不二法门"，都具有重要的意义。以下对历史上一些较有代表性的注本作一简单介绍：

《注维摩诘经》，又称《维摩诘所说经注》《注维摩》《净名集解》等，凡十卷，东晋僧肇撰，收于《大正藏》第三十八册，第三百二十七页至四百二十页。此书是僧肇根据自己对该经的理解，结合其师鸠摩罗什之有关思想及道生、道融之有关说法，对《维摩诘经》之思想旨趣详加阐释，是我国注解《维摩诘经》之首开先河者。

《维摩经玄疏》，又称《维摩经略玄》《维摩经玄义》《净名玄义》《净名玄疏》等，凡六卷，隋智顗撰，收于《大正藏》第三十八册，第五百一十九页至五百六十一页。此书是天台智者大师按天台宗"五重玄义"之释经定规来注释罗什所译之《维摩经》之玄旨。本书与同是智者大师所撰之《维摩经文疏》共称天台宗维摩经注疏之双璧。

《维摩经略疏》,又称《不可思议解脱经疏》《净名经略疏》《维摩经疏》等,凡五卷,隋吉藏撰,收于日本藏经书院版《大藏经》第二十九套。此书是三论宗创始人吉藏对《维摩经》经义之诠释;吉藏还有另一部注释《维摩经》之书,名《维摩经义疏》,该书主要是逐次注释经文之语句。因《义疏》有"广疏"之说,故此书称为"略疏"。

《维摩义记》,又称《维摩义记》《维摩诘所说经注》《维摩义疏》等,凡八卷,隋慧远撰,收于《大正藏》第三十八册,第四百二十一页至五百一十八页。

此书主要阐释《维摩诘经》之经义,并判《维摩诘经》为菩萨藏顿教之法。

《说无垢称经疏》,又称《无垢称经疏》《说无垢称经赞》《说无垢称经赞疏》等,凡十二卷,唐窥基撰,收于《大正藏》九百九十三页至一千一百一十四页。此书是窥基对于玄奘所译之《说无垢称经》之注释,并判《维摩经》为"三时教"中之第二时(即"空")向第三时(即"中")过渡之教法。

此外,历史上注释《维摩诘经》的,还有以下几种:

《维摩经略疏》,凡十卷,隋智𫖮,湛然略,收于《大正藏》第三十八册,第五进六十二页至七百一十页。

《维摩经文疏》,凡二十八卷,隋智𫖮撰,唐灌顶续补,收于日本藏经书院版《续藏经》,第一编第二十七套第五册至第二十八套第二册。

《维摩经疏记》,凡三卷,唐湛然撰,收于日本藏经书院版《续藏经》,第一编第二十八套第四册至第五册。

《净名玄论》,凡八卷,隋吉藏撰,收于《大正藏》第三十八册,第八百五十三页至九百零七页。

《维摩经义疏》,凡六卷,隋吉藏撰,收于《大正藏》第三十八册,第九百零八页至九百九十一页。

《维摩经略疏垂裕记》,凡十卷,宋智圆撰,收于《大正藏》第三十八册,第七一十一页至八百五十一页。

《维摩经无我疏》,凡十二卷,明传灯撰,收于日本藏经书院版《续藏经》,第一编第三十套第一册至第二册。

《维摩经评注》,凡十四卷,明杨起元撰,收于日本藏经书院版《续藏经》,第一编第三十套第一册。

一如历代儒家常常以"我注六经"乃至"六经注我"来发挥自身的思想一样,以上对于《维摩诘经》之注解诠释,既有对于《维摩诘经》之文句语义之诠注,也有借注经以阐发自己的思想,由此汇成一股《维摩诘经》思想之源流,并对中国佛教产生极其广泛和深刻的影响。

3. 解说

从某种意义上说,很少有一部经典能够像《维摩诘经》那样对整个中国佛教产生如此广泛和深刻的影响——尤其是对那些中国化色彩较浓的佛教宗派,如天台、华严,特别是禅宗,《维摩诘经》的影响更是深刻、直接和显而易见。

《维摩诘经》的思想最具特色者有二:一是倡"唯心净土",二是主"亦出世亦入世""入世出世一而不二"。实际上,"唯心净土"与"入世"思想之间有着一种内在的必然的联系——因为既然"心净则佛土净",又何必一定要远离尘世,向东向西去寻找"净土"呢?!《维摩诘经》的这两个方面的思想,都对中国佛教产生极其深刻的影响。

人们知道,佛教作为一种外来宗教,它在中土之发展,一般地说,要受到两种因素的影响,一是佛教自身的规定性,二是各个时期的特定的社会历史条件,二者缺一不可。人们不难想象,如果中国的佛教脱离了佛教自身的规定性,那么中国的佛教也就不成其为佛教;反之,如果中国佛教只知道固守佛教自身的东西,而不能在特定的社会历史条件下去进一步发展它,那么中国佛教也就难成为中国的佛教。

佛教自传入中国以后,就思想内容说,有两个变化最为显著和最值得注意:一是出现了佛性心性化倾向,二是逐步走上了注重入世的道路——而不管哪一种变化,都既有特定社会历史条件方面的原因,也有佛教经典方面的根据,从而使得中国佛教既日益富有中国化的特色,又保存了佛教固有的特质。

首先,就佛性心性化言,它主要受到两个方面的影响:一是来自中国传统文化,二是来自佛教经典自身。就中国传统文化说,首先是儒家之心性学说——中国佛教之深受儒家心性学说的影响,应该说也成为学术界和佛教界之共识,因此无须赘述;至于佛性心性化之佛教经典根据,人们自然要联想到《维摩诘经》,《维摩诘经》中的"心净则佛土净"等思想,为中土僧人和学者逐渐把外在的、抽象的、具有本体色彩的佛性心性化提供了理论的依据。正是由于受到儒学心性学说和《维摩诘经》"唯心净土"思想两个方面的共同影响,中国佛教逐渐出现了一种佛性心性化的倾向。

其次,在注重入世方面,中国佛教同样受到来自儒家学说和佛教经典两个方面的影响。儒学讲"修齐治平",重"内圣外王",其注重入世较诸中国古代其他的学术流派为甚,且由于历史的原因,这种注重入世的思想深深地植根于古代中国社会之中,成为一种占统治地位的意识形态;佛教自传入中国之后,与儒家思想一直处于既相互矛盾、相互斗争,又相互渗透、相互融摄的状态,其中,在出、入世问题上,则明显地受到儒家思想的影响。当然,单从外部原因不足以说明中国佛教为什么会走上注重入世的道路,换句话说,中国佛教所以走上注重入世的道路,还因为佛教自身具有走上注重入世道路的内在根据。这种内在根据集中表现在大乘佛教并不以自我解脱为旨趣,而是以利生济世为终的。例如,在《维摩诘经》这样的大乘经典中,人们所读到的是维摩诘居士对于小乘"有慈悲心而不能普"思想的斥责以及对于大乘慈悲普度、利生济世思想的赞颂,此中所透露出来的,完全是一种关怀人间、注重利他济世的精神,正是以这些大乘经典为依据,正是以这种利他济世的大乘菩萨精神为依据,中国佛教才有可能逐步走上注重现实人生,讲究"亦出世亦入世""出世、入世一而不二"的道路。

实际上,过多地谈论《维摩诘经》对于中国佛教的影响有时甚至是"多余的话",因为不论是学术界还是佛教界对此都不会有任何异议,当下更重要的,倒在于应该进一步认识和发掘《维摩诘经》的现代意义。

《维摩诘经》中有一句话十分耐人寻味,曰:"若菩萨欲得净土,当净其心。随其心净,则佛土净。"这句话直截了当地道出了若要净化当今的社会,最重要的是应该先净化各人的心灵。当各个人的心灵净化了,这个世界自然就美好清静了。对照当今之社会,由于市场经济的影响,一切都被商品化了,损人利己、唯利是图成为不少人待人处世的一条基本准则。值此物欲横流、世风日下之时,提倡和弘扬《维摩诘经》中"心净则佛土净"的思想,不仅对于佛教自身的发展具有重要意义,而且对于净化社会、建设人间净土也意义重大。

二、《中国佛学经典宝藏》(白话版)总序

《中国佛学经典宝藏》(精选白话版)是一套对主要佛教经典进行精选、注译、经义阐释、源流梳理、学术价值分析,并把它翻译成现代白话文的大型佛学丛书,成书于20世纪90年代,星云大师担任总监修,由大陆的杜继文、方立天等数十位著名学者和台湾的星云大师、圣严法师等近百位两岸法师和学者共同完成的一套大型佛教经典丛书,1998年

由台湾佛光文化事业有限公司出版。十几年来,这套丛书在两岸的学术界和佛教界产生了巨大的影响,对研究、弘扬作为中国传统文化重要组成部分的佛教文化,推动两岸的文化学术交流发挥过十分重要的作用。

《中国佛学经典宝藏》(白话版)是《中国佛教经典宝藏》的简体字精选修订版。所以要出版这套丛书,主要基于以下的考虑:

首先,佛教有三藏十二部经、八万四千法门,典籍浩瀚,博大精深,即便是专业研究者,穷其一生之精力,恐也难阅尽所有经典,因此之故,有"精选"之举。

其次,佛教源于印度,汉传佛教的经论多译自梵语;加之,代有译人,版本众多,或随音,或意译,同一经文,往往表述各异。究竟哪一种版本更契合读者根机?哪一个注疏对读者理解经论大意更有助益?编撰者除了标明所依据版本外,对各部经论之版本和注疏源流也进行了系统的梳理。

再次,佛典名相繁复,义理艰深,即便识得其文其字,文字背后的义理,诚非一望便知。为此,注译者特地对诸多冷僻文字和艰涩名相,进行了力所能及的注解和阐析,并把所选经文全部翻译成现代汉语。希望这些注译,能成为修习者得月之手指、渡河之舟楫。

第四,研习经论,旨在藉教悟宗、识义得意。为了把思想义理和现当代价值揭示出来,编撰者对各部经论的篇章品目、思想脉络、义理蕴涵、学术价值等所做的发掘和剖析,真可谓殚精竭虑、苦心孤诣!当然,佛理幽深,欲入其堂奥、得其真义,诚非易事!我们不敢奢求对于各部经论的解读都能鞭辟入里,字字珠玑,但希望能对读者的理解经义有所启迪!

习近平主席最近指出:"佛教产生于古代印度,但传入中国后,经过长期演化,佛教同中国儒家文化和道家文化融合发展,最终形成了具有中国特色的佛教文化,给中国人的宗教信仰、哲学观念、文学艺术、礼仪习俗等留下了深刻影响。"如何去研究、传承和弘扬优秀佛教文化,是摆在我们面前的一个重要课题,人民东方出版社拟对繁体字版的《中国佛教经典宝藏》进行精选、修订,并出版简体字的《中国佛学名经典宝藏》(白话版),随喜赞叹,寥寄数语,以叙因缘,是为序。

三、《佛教十三经》总序

佛教有三藏十二部经、八万四千法门,典籍浩瀚,博大精深,即便是专业研究者,用其一生的精力,恐也难阅尽所有经典。加之,佛典有经律论、大小乘之分,每部佛经又有节译、别译等多种版本,因此,大藏经中所收录的典籍,也不是每一部佛典、每一种译本都非读不可。因此之故,古人有"阅藏知津"一说,意谓阅读佛典,如同过河、走路,要先知道津梁渡口或方向路标,才能顺利抵达彼岸或避免走弯路;否则只好望河兴叹或事倍功半。《中国佛教十三经》编译的初衷类此。面对浩如烟海的佛教典籍,究竟哪些经典应该先读,哪些论著可后读?哪部佛典是必读,哪种译本可选读?哪些经论最能体现佛教的基本精神,哪些撰述是随机方便说?凡此等等,均不同程度影响着人们读经的效率与效果。为此,我们精心选择了对中国佛教影响最大、最能体现中国佛教基本精神的十三部佛经,认为举凡欲学佛或研究佛教者,均可从"十三经"入手,之后再循序渐进,对整个中国佛教作进一步深入的了解与研究。

"中国佛教十三经"的说法,由来有自。杨仁山、梅吉庆、中国佛学院都曾列有"中国佛教十三经"。所选经典大同小异。三种版本都选录的经典有《金刚经》《维摩诘经》《法华经》《楞伽经》《楞严经》;被两种版本选录的经典有《心经》《胜鬘经》《观经》《无量寿经》《圆觉经》《金光明经》《梵网经》《坛经》。此外,《四十二章经》《佛遗教经》《解深密经》《八大人觉经》《大乘密严经》《地藏菩萨本愿经》《菩萨十住行道品经》《大毗卢遮那成佛神变加持经》为单一版本所选录。本着以上所说的"对中国佛教影响最大、最能体现中国佛教基本精神"的原则,这次我们选择了以下十三部经典:《心经》《金刚经》《无量寿经》《圆觉经》《梵网经》《坛经》《楞严经》《解深密经》《维摩诘经》《楞伽经》《金光明经》《法华经》《四十二章经》。

佛教发展至今已有二千多年的历史,就其历史发展、思想内容说,有大乘、小乘之分。《中国佛教十三经》所收录之经典,除了《四十二章经》外,多为大乘经典。此中之缘由,盖因佛法之东渐,虽是大小二乘兼传,但是,小乘佛教在传入中国之后,始终成不了气候,且自魏晋以降,更是日趋式微;直到13世纪以后,才有南传上座部佛教在云南一带的流传,且范围十分有限。与此相反,大乘佛教自传入中土后,先依傍魏晋玄学,后融汇儒家的人性、心性学说而蔚为大宗,成为与儒道二教鼎足而三、对中国社会各个方面产生着巨大影响的一股重要的社会思潮。既然中国佛教的主体在大乘,《中国佛教十三经》所收录的佛经自然以大乘经典为主。

对于大乘佛教,通常人们又因其思想内容的差异把它分为空、有二宗。空宗的代表性经典是般若经。中国所见之般若类经典,以玄奘所译之《大般若经》为最,有六百卷之多。此外还有各类小本般若经的编译与流传,其中以《金刚经》与《心经》最具代表性与影响力。

般若经的核心思想是"空"。但佛教所说的"空",非一无所有之"空",而是以"缘起"说"空",亦即认为,世间的万事万物,都是条件("缘"即"条件")的产物,都会随着条件的变化而变化。条件具备了,它就产生了("缘起");条件不复存在了,它就消亡了("缘灭")。世间的一切事物,都不是一成不变的,而是一个念念不住的过程,因此都是没有自性的,无自性故"空"。《金刚经》和《心经》作为般若经的浓缩本,"缘起性空"同样是其核心思想,但二者又进一步从"对外扫相"和"对内破执"两个角度去讲"空"。《金刚经》的"对外扫相"思想集中体现在"一切有为法,如梦幻泡影,如露亦如电,应作如是观"。这个偈句上,对内破执则有"应无所住而生其心"这一点睛之笔;《心经》则是以"色不异空,空不异色;色即是空,空即是色;受想行识亦复如是"来对外破五蕴身,以"心无罣碍"来破心执。两部经典都从扫外相、破心著的角度去说"空"。

有宗在否定外境外法的客观性方面与空宗没有分歧,差别仅在于,有宗虽然主张"外境非有",但又认为"内识非无",倡"三界唯心""万法唯识",认为一切外境、外法都是"内识"的变现。在印度佛教中,有宗一直比较盛行,但在中国佛教史上,唯有玄奘、窥基创立的"法相唯识宗"全力弘扬"有宗"的思想,并把《解深密经》等"六经十一论"作为立宗的根据,《中国佛教十三经》选录了对"唯识宗"影响较大的《解深密经》进行注译。

《解深密经》的核心思想在论证一切外境外法与识的关系,认为一切诸法乃识之变现,阿赖耶识是生死轮回的主体,是万物生起的种子。经中还提出了著名的"三性""三无性"问题,并深入地论述了一切虚妄分别相与真如实性的关系。

与印度佛教不尽相同,中国佛教的主流或主体不在纯粹的"空宗"或"有宗",而在大乘佛教基本精神与中国传统文化(特别是儒家心性学说)汇集交融而成的"真常唯心"思想,这种"真常唯心"思想也可称之为"妙有"的思想。首先创立并弘扬这种"妙有"思想的是智者大师创建的天台宗。

天台宗把《法华经》作为立宗的经典依据,故又称"法华宗"。《法华经》的核心思想,是"开权显实,会三归一",倡声闻乘、缘觉乘、菩萨乘同归一佛乘,主张一切众生悉有佛性。《法华经》是南北朝之后,中国佛教走向以大乘佛教为主流的重要经典依据,也是中国佛教佛性理论确立以一切众生悉有佛性、都能成佛为主流的重要经典依据。而《法华经》的"诸法实相"也成为中国佛教"妙有"思想的重要思想资源和理论依据。

中国佛教注重"妙有"之思想特色的真正确立,当在禅宗。慧能南宗把天台宗肇端的"唯心"倾向推到极致,作为标志,则是《坛经》的问世。《坛经》是中国僧人撰写的著述中唯一被冠以"经"的一部佛教典籍,其核心思想是"即心即佛""顿悟成佛"。《坛经》在把佛性归诸心性、把人变成佛的同时,倡导"即世间求解脱",主张把入世与出世统一起来,而这种思想的经典根据,则是《维摩诘经》。

《维摩诘经》可以说是对中国佛教影响最大的一部佛经,不论是作为中国佛教代表的禅宗,还是成为现、当代佛教主流的人间佛教,《维摩诘经》中的"心净则佛土净"及"亦入世亦出世""在入世中出世"的思想,都是其最为重要的思想资源和经典依据。尤其值得一提的是,贯穿于整部《维摩诘经》的一根主线——"不二法门",更是整个中国佛教的方法论依据。

《楞伽经》也是一部对禅宗、唯识乃至整个中国佛教有着重大影响的佛经。《楞伽经》思想有两个重要特点,一是融汇了空、有二宗,既注重"二无我",又讲"八识""三自性";二是把"如来藏"和"阿赖耶识"巧妙地统合起来。因此之故,《楞伽经》既是"法相唯识宗"借以立宗的"六经"之一,又被菩提达摩作为"印心"的依据,并形成一代楞伽师和在禅宗发展史颇具影响的"楞伽禅"。

《楞严经》则是一部对中国佛教之禅、净、律、密、教都有着广泛而深刻影响的大乘经典。该经虽有真、伪之争,但内容十分宏富,思想体系严密,几乎把大乘佛教所有重要理论都囊括其中,故自问世后,就广泛流行。该经以理、行、果为框架,谓一切众生都有"菩提妙明元心",但因不明自心清净,故流转生死,如能修禅证道,即可成就无上正等正觉。这一思想对中国佛教的各宗各派都产生了极其深刻的影响。

《圆觉经》是一部非常能够体现中国佛教注重"妙有"思想特色的佛经。该经主张一切众生都具足圆觉妙心,本当成佛,无奈为妄念、情欲等所覆盖,才于六道中生死轮回;如能顿悟自心本来清净,此心即佛,无须向外四处寻求。该经所明为大乘圆顿之理,故对华严宗、天台宗、禅宗都有十分重要的影响。

《金光明经》对中国佛教的影响,主要体现在其"三身""十地"思想、大乘菩萨行之舍己利他、慈悲济世思想、金光明忏法及忏悔思想以及天王护国思想。由于经中所说的诵持本经能够带来不可思议的护国利民功德,故长期以来被视为护国之经,在所有大乘佛教流行的地区都受到了广泛重视。

《无量寿经》是根据"十方净土"的思想建立起来的净土类经典,也是净土宗所依据的"三经"之一。经中主要叙述过去世法藏菩萨历劫修行成无量寿佛的经过,及西方极乐世界的种种殊胜。净土信仰自宋之后就成为与禅并驾齐驱的两大佛教思潮之一,到近现代更出现"家家阿弥陀,户户观世音"景象,故《无量寿经》在中国佛教史上的影响至为广泛和深远。

《梵网经》在佛教"三藏"中属"律藏",是大乘戒律之一,在中国佛教大乘戒律中,《梵网经》的影响最大。经中主要讲述修菩萨的阶位(发趣十心、长养十心、金刚十心和体性十地)和菩萨戒律(十重戒和四十八轻戒),是修习大乘菩萨行所依持的主要戒律。另外,经中把孝与戒相融通,"孝名为戒"的思想颇富中国特色。

所以把《四十二章经》也收入《中国佛教十三经》,主要因为该经是我国最早译出的佛教经典,而且是一部含有较多早期佛教思想的佛经。经中主要阐明人生无常等佛教基本教义和讲述修习佛道应远离诸欲、弃恶修善及注重心证等重要义理,且文字平易简明,可视为修习佛教之入门书。

近几十年来,中国佛教作为中国传统文化的重要组成部分及其特殊的文化、社会价值逐渐为人们所认识,研究佛教者也日渐增多。而要了解和研究佛教,首先得研读佛典。然而,佛教名相繁复,义理艰深,文字又晦涩难懂,即便有相当文史基础和哲学素养者,读来也颇感费力。为了便于佛学爱好者、研究者的阅读和把握经中之思想义理,我们对所选录的十三部佛典进行了如下的诠释、注译工作:一是在每部佛经之首均置一"前言",简要介绍该经之版本源流、内容结构、核心思想及其历史价值;二是在每一品目之前,都撰写了一个"题解",对该品目之内容大要和主题思想进行简明扼要的提炼和揭示;三是采取义译与意译相结合的原则,对所选译的经文进行现代汉语的译述。这样做的目的,是希望它对原典的阅读和义理的把握能有所助益。当然,这种做法按佛门的说法,多少带有"方便设施"的性质,但愿它能成为"渡海之舟筏",而不至于沦为"忘月之手指"。

四、《佛学概论》(汉译本)序

关大眠(Damien Keown)的这本《佛学概论》(*Buddhism：A Very Short Introduction*)英文原版问世已有多年,颇受读者欢迎。这本小书篇幅不大,却是一本优秀的佛学入门作品。作者的写法并不像一般的入门作品那样,只是简单地罗列资料,介绍学科历史,而是有重点、有创见地对佛学领域的一些重要主题进行了梳理。佛陀的教义、业与轮回、佛教伦理、禅定、佛学与日常生活的融合、佛教思想在过去许多世纪中的演变、佛教对当今时代人类所面临的困境的回应,这些在书中都有富有洞见的探索。

全书开篇即以一个载于《百喻经》中的盲人摸象的故事来描述佛学研究的现状。舍卫国那些眼盲的臣民被分成小组,然后各自去触摸大象躯体的某个部位,有的摸头,有的摸身,有的摸腿,有的摸尾。于是,在他们的各自描述中,大象便或者像水壶,或者像箩筛,或者像石柱,或者像门闩;因此,便有了无休无止的争论。

的确,受到主观态度、文化背景、思维方式或者研究方法等等因素的影响,不同的研究者对佛学往往会形成相当不同的看法,得出的结论也常常各有殊异。应该说,这种现象是正常和合理的,因为佛教本身是一个复杂的多面体,各个人用不同的方法,从不同的角度去看佛教,得出的结论自然不会完全一样。例如,仅就研究方法而言,除了传统的"以佛学研究佛学"的方法之外,还有诸如哲学诠释方法、历史考据学方法、宗教社会学方法、宗教心理学方法,乃至于现象学、分析哲学的方法等等。不同的方法对于揭示佛教的某一方面或某一层面的思想特质都有其特殊的作用,它们之间并非一定就是情同楚汉、相互矛盾与对立,而往往可以相互发明、相得益彰,如果人们能用尽可能多的方法、从尽可能多的角度去研究佛教,那么,对于佛教的了解和认识就会更全面和具体,从而使自己的认识更接近于真理。

佛学确实是一座博大精深的人类思想宝库,不同的人都可以从中获得自己想要、对自己有用的东西。例如,对于那些喜欢思辨哲学的人来说,佛学应该说是一个相当不错的栖身之所。德国古典哲学家黑格尔对中国古代哲学颇有微词,认为它的思辨性不强。实际上,要么黑格尔不了解佛学,要么他没把中国佛学纳入中国古代哲学范围。实际上,佛学的思辨性绝对不亚于世界上任何一种哲学体系,而中国佛学不但是中国古代传统学术文化的一个重要组成部分,我甚至把它视为中国古代哲学的主干所在!而对于那些较多着眼于现实人生,希望探寻某种人生智慧或者某种调适身心法门的人们,佛教中的思想资源更是取之不尽、用之不竭!

真诚希望今后有更多的人来研究佛学,也真诚祝愿不同的人都能从佛学中受益,能从这本佛学著作中受益!是为序。

五、"中国现代佛学名著丛书"总序

晚清民国是中国近现代史上一个比较特殊和非常重要的发展阶段。与清王朝的极度衰落相对应,中国佛教也进入一个"最黑暗时期"。值此汉传佛教生死存亡的关键时刻,宁波天童寺的"八指头陀"和南京金陵刻经处的杨仁山居士,一僧一俗,遥相呼应,掀起了一场波澜壮阔的晚清民国时期的佛教复兴运动。

晚清民国佛教复兴的最直接结果,是催生了一大批具有重大社会影响的佛教思想家,留下了数以百计的著名佛学著作。其中,既有以佛教为思想武器,唤醒民众起来推翻封建帝制的谭嗣同、章太炎,又有号召对传统佛教进行"三大革命"的太虚大师,更有许多教界、学界的著名学者,深入经藏,剖析佛理,探讨佛教的真精神,呼唤佛教应该"应时代之所需",走上贴近社会、服务现实人生的"人间佛教"之路。这种"人间佛教"思潮,对现当代的中国佛教仍然产生着深刻的影响。

晚清民国佛教复兴的另一个重要产物,是在中国近现代思想史上留下一大批哲学、佛学名著。诸如谭嗣同的《仁学》、太虚之《即人成佛之真现实论》、梁漱溟的《东西文化及其哲学》等。这批著作所产生的巨大影响力,既推动了当时中国佛教实现涅槃重生、实现历史性的转变;也是那个时代整个社会思潮历史性转向的一个缩影,是一份极其宝贵的思想文化遗产。

习近平主席在联合国教科文组织总部的讲话中指出:"佛教产生于古代印度,但传入中国后,经过长期演化,佛教同中国儒家文化和道家文化融合发展,最终形成了具有中国特色的佛教文化,给中国人的宗教信仰、哲学观念、文学艺术、礼仪习俗等留下了深刻影响。"

从宗教、文化传播、发展史的角度说,佛法东传,既为佛教的发展焕发出生机,又为中国传统文化注入了活力。与发源地的印度佛教13世纪后日渐消失不同,佛教在中国的发展却是另外一种景象:自两汉之际传入中国后,两千多年来,佛教与中国本土文化,在既相互排斥斗争,又相互吸收融合的道路上砥砺前行,逐渐发展成为一股与儒、道鼎足而三的重要的思想、学术潮流。此中,佛教在中国化过程中的契理契机,是其所以能不断发展壮大、历久弥新的最重要的原因之一。

值得一提的是,佛教的中国化,尤其是中国化佛教的形成,既成就了佛教自身,也进一步丰富和促进了中国传统文化的发展:

首先,中国化的佛教本身就是中国传统文化的一个重要组成部分,例如最能体现中国佛教特质的禅宗,它本身就是一种中国传统文化。对此,学界、教界应已有共识。

其次,佛教的中国化,一直是在与中国本土文化互动的过程中实现的。在这个过程中,佛教对于中国本土传统文化影响之广泛和深远,在许多方面也是人们所始料未及的。

就哲学思想而论,中国古代传统的哲学思想,自魏晋南北朝起,就与外来的佛学产生深刻的互动乃至交融。佛教先是依附于老庄、玄学而得到传播,但当玄学发展到向、郭之义注时已达到顶点,是佛教的般若学从"不落'有''无'"的角度进一步发展了玄学。

隋唐时期的中国哲学,几乎是佛教哲学一家独大。此一时期作为儒家代表人物之韩(愈)、李(翱)、柳(宗元)、刘(禹锡)之哲学思想,实难与佛家之天台、华严、唯识、禅宗四大宗派的哲学思想相提并论。

宋明时期,儒学呈复兴之势,佛学则相对式微。但是,正如魏晋南北朝老庄玄学之成为"显学",并不影响儒家思想在伦理纲常、王道政治等方面仍处于"主流"地位一样,对于宋明时期"中兴"的"新儒学",如果就哲学思辨言,人们切不可忘记前贤先哲的一个重要评注:"儒表佛里""阳儒阴释"。"儒表"一般是指宋明新儒学所讨论的大多是儒家的话题,如人伦道德、修齐治平等等;"佛里"则是指佛教的本体论思维模式。一言以蔽之,宋明"新儒学",实是以佛家本体论思维模式为托建立起来的心性义理之学。

哲学之外,佛教对于中国本土传统文化的各种表现形式,诸如诗书画、雕塑建筑、戏剧音乐,乃至语言文字等等,都有着十分深刻的影响。

当今的文史哲各学科,乃至社会各界之所以逐渐重视对于佛学或佛教文化的研究,盖因中国传统文化与佛教确实存在着十分密切的,甚至是内在的联系。就此而论,不了解佛教、佛学和佛教文化,实难对中国传统文化有一个全面、深刻的理解和认识。

晚清民国时期是中国现代史上的一个重要历史阶段,也是中国本土文化与外来思想激烈碰撞的一个重要的时间节点。此一时期的中国佛教,一身而兼外来宗教与本土文化二任,扮演着十分重要的角色。当时所产生出来的一大批佛学名著,也是近现代中国思想文化的一个重要组成部分。整理、再版和研究这批历史名著,对于梳理近现代中国思想文化的发展大势,理解思想文化与社会发展之间的相互关系,进而达到文化自觉和文化自信,具有十分重要的意义。有鉴于此,商务印书馆约请了一批著名的佛学研究专家,组成"晚清民国百部佛学名著"丛书编委会。由编委会遴选、整理出百部最具影响力的晚清民国时期的佛学名著,并约请了数十位专家、学者,撰写各部名著的"导读"。"导读"包含作者介绍、内容概要、思想特质、学术价值和历史影响等,使丛书能够最大限度适应不同人群、不同文化层次读者的需求。既为人文社会科学研究者提供了一批弥足珍贵的原始文献资料,也为普罗大众了解佛教文化打开了方便之门;既有利于进一步推动"全民阅读"和"书香社会"的建设,也能让流逝的历史文化获得重新彰显,让更多读者从优秀传统文化中汲取营养,不断提升人文素养和人生境界。应该说,这也是我们编纂"中国现代佛学名著丛书"之初衷。

第一辑佛学名著即将付梓,聊寄数语,以叙因缘,是为序。

六、《中国佛教百科全书》总序

佛法广大,号称八万四千法门;经典浩瀚,总有三藏十二部之众。这是一份极可宝贵的人类遗产和精神财富。随着人们对其宗教、文化乃至社会价值认识的不断深入,时下学佛者日多。然而,面对八万四千法门,究竟应该从何而入?浩如渊海的经典宝藏,又如何才能真正做到开卷有益?初学有得者,怎样才能循序渐进、更上一层楼?素有研究者,又如何广开思路,进一步发掘佛教的文化、社会价值,为净化人的心灵、创建时代的精神文明做贡献?凡此种种,《中国佛教全书》将试图做出力所能及的努力。

佛教经典浩繁、义理精深,《经典卷》对所有重要佛教经典的结集、分类及各部经典的撰译者、基本思想及其在佛教史上的地位等进行简明扼要的介绍与评释,让你一目了然、阅藏知津;《教义卷》则对整个佛教基本教义的形成、思想意蕴和哲学内涵等分门别类地进行了深入浅出的阐析与评述,使人们对佛教义理的思想内容和哲学意蕴有一个较为全面、清晰的了解。

佛教源远流长,宗派繁多,《历史卷》对佛教传入中国后的历史发展及这种发展的社会历史根据、思想文化背景等进行了线条清晰而又资料翔实的梳理与剖析,以有限的篇幅展现了中国佛教的历史衍变和发展大势;《宗派卷》则对中国佛教史上从魏晋南北朝般若学的"六家七宗"到隋唐佛教的四大宗派各自的思想渊源、学术传承、基本义理以及各派之间的相互联系及此消彼长等,进行了颇为深入的论述与辨析,一展隋唐佛学盛世之风采。

中国佛教,自汉魏至明清,高僧辈出,代有其人,《人物卷》对中国佛教史上较著名大德高僧之生平活动、思想特质、译经弘法、道行德操等的报道,既客观公允,又深入具体,从一个侧面反映了中国佛教发展的历史风貌。中国佛教的制度仪轨,有些承续于印度佛教,有些则颇具中国特色,史称"马祖创丛林,百丈立清规",说明中国佛教的寺院制度和礼仪清规多有本土僧人的创造,《仪轨制度卷》对中国佛教的寺院殿堂、教职教制、节日礼仪乃至罗汉诸天等都有较详尽具体的介绍与述评,借此可以一窥汉化佛教的制度仪轨和寺院生活。

中国佛教的另一个重要特点,就是受中国传统文化的影响逐渐走上中国化的道路,隋唐以降,中国化的佛教又反过来对中国传统文化产生巨大的影响,此中尤以禅与传统诗书画的结合进而演化为禅诗、禅画表现最为突出,《诗偈卷》精选了近两百篇的诗词偈句,既深入地剖析了这些诗篇的文学意韵,又着重揭示其中所蕴含的佛理禅趣,并且通过比较分析的方法,探讨了禅与中国古代诗歌之间的相互渗透和相互影响,使人们切实地看到,禅与古代诗歌的关系,正如古人所说的:"不懂得禅,不足以论诗。"《书法绘画卷》则采取个案分析与历史叙述相结合的方法,较深入地揭示出佛理禅趣与中国古代书画的相互关系:一方面,僧人禅师常常染指书画,另一方面,书画家也多涉足佛教;一方面,佛理禅趣大量融入书画之中,另一方面,书坛画苑处处流露出禅机佛意,中国古代书画的历史发展,确实与中国佛教思想的演变遥相呼应、息息相关。

佛教艺术是中国佛教文化的一个重要组成部分,此中尤以佛教雕塑、佛教建筑以及佛教对中国古代雕塑、建筑艺术的影响,值得人们进行深入的探讨和发掘,《雕塑卷》对佛教雕塑艺术的传入、流变及其形成中国特色的发展道路、对佛教雕塑的造型、装銮乃至石窟艺术中之彩塑、壁画等,都进行颇为深入、详尽的介绍、剖析与论述,较系统地再现了中国佛教雕塑艺术的全貌;《建筑卷》则对中国佛教建筑之历史发展、各派佛教寺院之布局、各种佛教殿堂之结构及其特征乃至典型之佛教建筑如寺塔、经幢等,都进行较全面甚至颇为专业性的介绍和评析,不仅对于人们了解历史上的佛教建筑,而且对于日后的寺院、殿堂的构建等,都有一定的借鉴意义。

《中国佛教百科》凡十一卷,总三百多万字,从经典、教义、历史、宗派、人物、仪轨诗偈、书画、雕塑、建筑等十个方面,较全面系统地再现了中国佛教及中国佛教文化的总体面貌及其历史发展,其中,既有基本知识的介绍,又有主要义理的阐释,既有历史发展的概述,又有个案的深入剖析,既有宗教意义的阐发,又有文化价值的揭示,就编撰者的主观愿望说,力图把通俗性与学术性较好地统一起来,使《百科》既是初学者登门入室之阶梯,对佛学研究者又具有较高的参考价值。当然,由于编撰者的学力识见等多有局限,书中之错讹偏颇在所难免,凡此,均俟之于方家大德的赐正、教示。

七、《弘明集》推介序

《弘明集》凡十四卷,是南朝梁僧祐编纂的一部旨在"弘教明道"的论文集。文集收录了自东汉至南朝之齐、梁五百多年间教内外人士有关护法御侮、弘道明教的文论书表五十七篇,加上后序共五十八篇。这些论文从不同侧面反映了此一时期佛教之基本教义、传布状况及佛教与儒、道等社会思潮的相互关系,是一部极具史料价值和思想价值的重要文献。

据《出三藏记集》载,《弘明集》原为十卷,三十三篇,后又补入谢镇之的《与顾道士书》等二十多篇,遂成现在见到的十四卷,五十八篇。据考,后来补入部分并非他人所增益,仍为僧祐本人所编纂,故《弘明集》的作者唯僧祐一人。

僧祐(445—518),本姓俞氏,祖籍彭城(今徐州)下邳县,父世居于建业(今南京)。僧祐年幼入建初寺礼拜,踊跃乐道,不肯还家,师事僧范道人。年十四,家人密为访婚,祐知后避至定林寺,投于法达法师门下。法达戒德精严,为法门梁栋,僧祐侍奉竭诚,年二十受具足戒,执操坚明。

僧祐受具足戒后从法颖受学律部二十余年,法颖乃当时名家,律学宗师。僧祐竭思钻求,无懈昏晓,于是大精律部,有迈先哲,盛名当世。齐竟陵文宣王每请讲律,听众常七八百人。齐永明中(483—493),敕入吴地(今湖州、苏州、绍兴一带),主持比丘、比丘尼、沙弥、沙弥尼和式叉摩那等五众考试,并宣讲《十诵律》,传授受戒之法。凡所获信施,都捐给定林寺、建初寺,以及修缮诸寺,并在定林、建初两寺建立经藏。梁武帝萧衍对僧祐甚为器重,给予极高礼遇,凡僧事中的重大疑难问题,皆敕僧祐审决。年迈脚疾,武帝敕令乘舆进入内殿,为六宫受戒。淄素门徒凡一万一千余人。

弘律之外,僧祐对于早期佛教文史贡献极大。他首次在建初寺、定林寺建立经藏,汇聚佛经;又搜校经典,撰制经录,编成《出三藏记集》十五卷,为现存最古的佛教经录,保存了许多早期译经史文献。又著《释迦谱》五卷、《弘明集》十四卷等,集录了很多早期佛教文史资料,开诸佛寺收藏佛教文献之先。僧祐所撰佛教文史著作有《出三藏记集》十五卷、《萨婆多部相承传》《十诵义记》《释迦谱》五卷、《世界记》五卷、《法苑集》十卷、《弘明集》十四卷、《法集杂记传铭》十卷等八种,他总名之为《释僧佑妆集》,集录了很多古记遗文,多是古代重要的佛教文史资料,极为可贵。今只《释迦谱》《出三藏记集》《弘明集》三书尚存,其余五种均佚。

天监十七年(公元518年)五月二十六日,僧佑卒于建初寺,享年七十四岁,葬于开善路西定林寺之旧墓园。弟子正度立碑颂德,东莞刘勰制文。

作为中国佛教史上的一部重要的文献,僧祐所编纂之《弘明集》,在历史上,曾刊载于各种藏经,其中宋藏、金藏、元藏均收于"集""坟"函,明南藏收于"车""驾"函,明北藏收于"八""县"函,清藏收于"千""兵"函,频伽藏收于"露"帙,丽藏收于"集""坟"函,日本大正新修大藏经收于第五十二卷,日本藏经院版大藏经收于第二十七套第十册和第二十八套第一册,日本弘教书院版大藏经收于"露"函。

《弘明集》所收录的论著虽以护法弘教为主,但也不仅仅以护法弘教为限,它同时保存了多篇对佛教持批评态度,或与佛教的观点不尽相同的文章(如范缜的《神灭论》、慧琳的《白黑论》等),较客观地反映了佛教东传最初几百年内,中土人士对佛教的看法、佛教的一些最基本的教义以及中国佛教为了自身的生存和发展所走过的艰苦历程。

就思想内容说,《弘明集》主要包含以下几个方面:

1. 形神之争

佛教东传之初,中国人以传统的灵魂不灭的观念去理解佛教,遂使"神不灭"成为佛教的根本义之一。有鉴于此,有些反佛的思想家,欲采取釜底抽薪的办法,企图从否定"神不灭论"入手,从根本上否定佛教。对于这一关系到佛教生死存亡的重大理论问题,一批佛教思想家纷纷著论立说,为"神不灭论"张目,从佛界高僧慧远著《形尽而神不灭》,到一代人君梁武帝著《立神明成佛义记》;从朝廷重臣萧琛著《难神灭论》,到隐士名流宗炳著《明佛论》等,从正面论述了形尽而神不灭的道理。有的则以"火薪之喻"等,批驳范缜的《神灭论》。中国历史上"神灭"与"神不灭"两种思想的论辩与交锋,借《弘明集》得以保存,使得《弘明集》具有十分重要的思想史价值。

2. 夷夏之辨

夷夏之辨说到底是一个传统宗教、传统文化与外来宗教、外来文化相互关系问题,这一点,在佛教东传之初显得尤为突出。

佛教产生于印度,只是到了两汉之际才传入中国。由于地域、传统习俗及佛教仪轨制度等与华夏民族之礼仪、教化颇多差异,故在佛教东传之初的汉魏时期,中土人士多把它视为胡戎之俗、夷狄之教。而随着佛教传播范围和影响的不断扩大,它与传统文化特别是某些先王礼制的矛盾逐渐尖锐化,因之出现了一些从夷夏之防、华戎之辨的角度去反对佛教的主张,认为佛教"毁貌易性",是"绝恶之学",只适合于"禀性刚强"的西戎之民,而不适合于"禀气清和"的华夏民族,主张把它放归西戎、尽退天竺。对于这种批评和攻击,佛教界人士纷纷出来为佛教流传中土进行辩护和反击。他们所经常采用的方法之一,是以历史上许多圣贤之士并非出于华夏,而是生自外族,但后来却成为华夏民族的圣人来进行辩解,如指出:"禹生西羌,舜生东夷,孰云地贱而弃其圣?丘欲居夷,聘适西戎,道之所在,宁选于地?"① 就地域而言,佛教徒还以中国历史上之"伊洛不夏、吴楚翻为华邑"为例,说明夷之夏,并非一成不

---

① 《弘明集·后序》。

变的,而是"造有运流而地无恒化"。①佛教徒的这些反驳,显然具有一定的说服力,对于扫清佛教在中土流行传布道路上的障碍无疑起了一定的作用。

《弘明集》中所收录的有关"夷夏之辨"的论文,集中于对顾欢所撰《夷夏论》的驳斥,如明僧绍的《正二教论》、谢镇之的《与顾道士书》、朱昭之的《难顾道士夷夏论》等。

3. 儒释道三教关系

儒释道三教的相互关系,从总体上说,与"夷夏之辨"一样,属于传统宗教、传统文化与外来宗教、外来文化相互关系范围。

佛教传入中国后,不可避免地要与本土的宗教和文化发生接触与碰撞。由于佛教与土生土长的儒、道二教在思想内容、思维模式、仪轨礼制等方面有着较大的差别,渐渐地出现了许多对佛教的非议和责难,甚而有"浮屠害政""桑门蠹俗"等指责。针对世俗社会特别是儒道二教的这些责难,佛教为了自身的生存和发展,必须对这些责难作出较圆满的解释和回答,才能避免被摈弃的命运。

对于儒家关于佛教有乖人伦五常的指责,佛教以"方内""方外""在家""出家"分而辩之,认为,方内之士、在家处俗,自当遵奉世俗之礼教;然方外之士、出家之人,则应遁世、变俗,不与世俗同礼。儒家伦理最重孝道,佛教则说:沙门虽然剃发出家,内乖天属之重,但并不违背孝道,因为佛教所说之孝,与世俗的只局限于惜爱发肤、赡养父母不同,而是"所包盖广"——如果出家修道有成,则可以"道洽六亲,泽流天下,虽不处王侯之位,亦已协契奥极,在宥生民"②。甚而进一步指出:"六经典文,本在济俗为治耳,必求性灵真奥,岂得不以佛经为指南邪!"③

与儒释的相互关系比,佛教与道教之间的对立和斗争更为激烈。这一方面由于道教不像儒家学说那样是一种作为王道政治理论基石的伦理学说,因此,与之对立并不会直接危及佛教在中土的存在和发展;另一方面,在思想内容上,《弘明集》中所载的佛教思想家认为:佛教与道教在许多基本思想上是直接对立的。例如,"佛法以有形为空幻,道

---

① 《弘明集·后序》。
② 《弘明集》卷六。
③ 《弘明集》卷十一。

法以吾我为真实",①"释氏即物为空,空物为一;老氏有无两行,空有为异"。②道"有外张义",释"即色图空";老"自然之化",佛"因缘而生";释称涅槃,道言"仙化";释云"无生",道称"不死",等等。佛教徒往往抓住释道二教的这些思想差异,对道教进行比较猛烈的抨击,如道安之《二教论》、谢镇之的《与顾道士书》等。

当然,正如历史上的三教关系常常既相互对立、相互排斥,又相互吸收、相互融汇一样,《弘明集》中涉及三教关系的许多论文,也常常透露出三教交融、三教一致的思想,如晋著名文学家孙绰的《喻道论》就说:"周孔即佛,佛即周孔,盖内外名耳。佛者梵语,晋训觉也。觉之为义,悟物之谓,犹孟轲以圣人为先觉,其旨一也。"③北周道安的《二教论》载东都逸俊童子的话说:"三教虽殊,劝善义一。教迹虽异,理会则同。"④东晋高僧慧远也说:"道训之与名教,释迦之与周孔,发致虽殊,而潜相影响;出处诚异,终期则同。"⑤慧远的弟子宗炳在《明佛论》中更明言:"孔、老、如来,虽三训殊路,而习善共辙。"⑥虽然各家对于三教之所同说法不一,或以"觉人",或以"劝善",但都主张三教并非格格不入,而是有共同点、契合处。这些思想为人们研究中国古代三教关系乃至整个古代思想史提供了十分宝贵的历史资料。

此外,《弘明集》中所收录的论著,对于佛教与王道政治相互关系问题亦多有涉猎,对于作为佛教的基本教义的"报应理论"也有许多阐发,如慧远的"三报论"等。

《弘明集》不仅在中国思想史上具有十分重要的价值,而且对于中国古代的文献研究者,也是不可或缺的必备之书。《弘明集》内典外书兼收,方内方外并论,且引证诚实,铺陈详备,保存了许多正史、俗书之外的文献资料,乃至历代遗编、散佚名著亦多所搜集,具有很高的文献史料价值,此诚如《四库全书总目提要》所评论的:"六代遗编,梁以前名流著作,今无专集传世者,颇赖《弘明集》以存。"⑦

尤其值得一提的是,《弘明集》中的许多文章言辞优美,文采飞扬,

---

① 《弘明集》卷六。
② 《宋书·天竺迦毗黎传》。
③ 《弘明集》卷三。
④ 《弘明集》卷八。
⑤ 《弘明集》卷五。
⑥ 《弘明集》卷二。
⑦ 《四库全书总目提要》卷一四五

典故迭出,知识丰赡;不但使人读来琅琅上口,且对于了解佛教义理乃至中国古代的文史知识都能获益匪浅。作为中国古代的一部重要文献,《弘明集》对于所有文、史、哲研究者和爱好者都非常值得一读!甚至可以说不能不读!

南京栖霞山志序

栖霞山位于南京市东北,去城四十余里,其状如伞,故称伞山;因山多草药,有滋养摄生之效,又称摄山。史上曾有五王十四帝之登临,加之山水胜绝,峰峦秀异,林深木茂,泉石清奇,素有"六朝胜迹""金陵第一明秀山"之美誉。

宋泰始年间,平原人明僧绍,尝游于摄山,有终焉之志,乃刊木驾峰,结庐念佛,遂有"栖霞精舍"。刘宋末年,僧绍舍宅为寺,以奉来自北燕黄龙之法度禅师,是名"栖霞寺",摄山也因寺得名"栖霞山"。齐永明七年,僧朗法师自辽东来,大弘"三论",世称为江南三论之祖;僧诠、法朗诸师继之,其学益盛,遂成"三论宗"之祖庭。

隋唐二代,栖霞寺声名益隆。仁寿元年,隋文帝于八十三州造舍利塔,其立舍利塔诏以蒋州栖霞寺为首。智者大师则以江东栖霞,并荆州玉泉、济南灵岩、天台国清,为天下丛林四绝。入唐之后,寺名屡有更替。自唐高祖改栖霞寺为功德寺后,至明太祖赐额恢复栖霞寺,期间有妙因、普云、严因崇报禅寺等寺名之变易。降至清朝,因乾隆六次南巡,五次驻跸栖霞,栖霞寺声名大振。

考史上之栖霞,实江表之名区,乃息心之胜地。明焦竑对南京之古刹名蓝曾有一点睛之评,曰:"金陵名蓝三,牛首以山名,弘济以水名,兼山水之胜者,莫如栖霞。"

降至近世,赖宗仰上人之驻锡,中山先生捐银助力,寺院中兴复起。抗战时期,寂然、志开上人不畏日寇淫威、慈悲救助难民之爱国爱教义举,诚可歌可泣。

新中国成立后,栖霞寺有过一段曲折发展之经历,改革开放后,栖霞之寺院复建、道风建设与僧才培养等,进入到另一全新发展期。

清陈毅曾于自撰之《栖霞寺志》置"序"云:"山有志犹国有史,家有乘也。"然自清迄今凡二百余载,期间张毓金、陈邦贤诸公虽有续志之作,然多依旧志,略做修补。现任住持隆相大和尚自2006年升座以来,有感于金陵摄山,乃"东南第一名胜";栖霞道场,历千有余载而愈盛。期间三论祖师,大阐方广之宗;明之云谷,开示袁黄,立时悟道,人天仪表;宗仰上人,中兴栖霞之伟业,有俟后人之光大发扬。承古德先贤之法脉,盼法相庄严之复具,大和尚乃发心搜集寺乘掌故,嘱徐业海、曾立平诸君重新汇编栖霞山志。历经数载艰辛,乃有今日之十卷《南京栖霞山志》。

新编之山志虽大框架仍依清陈毅之《摄山志》,但内容更加搜罗广包:既融合吸纳了明盛时泰《栖霞小志》、清陈毅《摄山志》、民国张毓金《摄山续志》、陈邦贤《栖霞新志》、朱洁轩《栖霞山志》之相关史料,又遍查典籍,旁征博采,把新发现之碑碣塔铭、佚文遗篇都纳入新志,真可谓"无虑累牍片楮,必载以传;即断锦碎金,亦奚容散佚"。用力至巨,功德无量。

山志成编后,隆相大和尚嘱我为序。惶恐之余,不揣固陋,以应雅命,是为序。

赖永海
己亥春月于南京大学

牛首山碑记

　　牛首山位于金陵城南十里许,以其双峰对峙,宛若牛角,故名;晋时王导状之天阙,又称天阙山。

　　古人云:"山不在高,有仙则名。"释典所载江表牛头,曾与西北之清凉,西南之峨眉,并称圣道场。相传文殊曾领一万菩萨冬居于此;唐大历九年,代宗"曾梦牛首山辟支佛来见",敕令于兹建七级浮图。今山中之石窟,多是辟支佛宴坐之所。故史志云:牛首乃文殊领众之化区,辟支证果之初地。又唐贞观十八年,融禅师托迹幽栖,承达摩遗风,继道信法脉,于四祖之外,别立牛头一宗,此后代有硕德闻人,遂成丛席,法水流长。

　　夫理示真诠,相标权设,昔如来慈航普度,既以圆理而说法,复以显相而示教,此塔寺之建,所有自也。况乎精蓝所在,近市则易嚣,僻处则苦寂,唯牛头介乎二者之间,匪嚣匪寂,地兼双美,故自东吴之后,晋元建宫,梁武造寺,唐宋明清,佛窟、幽栖、弘觉、普觉,代有兴废。山中文物遍布,现存遗迹,当以宏觉寺塔、摩崖石刻、郑和古墓、南唐二陵最名彰于世。

　　星斗移易,时序递进,牛首胜景,轶古开新。巍峨雄壮之佛顶宫,高耸入云之佛顶塔,静谧藏幽之佛顶寺,禅意盎然之牛头禅文化园,联袂呈现"佛顶重光,昌明中外;牛头一脉,融贯古今"之"佛顶圣境"。供奉于地宫之佛顶骨舍利,时时护佑国运昌隆、默默加持民族复兴!

　　"金陵春归处,牛首山水间"。初春郊游,多选牛首,盖因其山草木灵秀,仙窟深幽,泉石清奇,林树葱郁。每于江南草长,群莺乱飞时节,三五同道,踏青漫游;或结坐林阴,论道品茗;或调神石室,见性明心;亦可放浪形骸,回归天真。此境此情,虽未必割兹尘网,亦足以惬此旷怀。

是以有偈：

盛世重光，佛顶舍利；神工天厩，甘霖普被。
圣境再造，春风化雨；山水禅意，心灵之旅。

学术年谱

1967 年,18 岁
于福建省平和一中高中毕业后,回到仁山村务农。

1971 年,22 岁
被选拔到位于福建省宁化县"小三线"的兵工厂(福建革新机器厂)当工人,后被调到厂劳工科"以工代干"。

1973 年,24 岁
进入中山大学哲学系哲学专业学习。

1976 年,27 岁
从中山大学哲学系毕业后,留校到《中山大学学报》编辑部当编辑。

1978 年,29 岁
考取中国社会科学院研究生院宗教学系,攻读硕士学位,导师是任继愈先生。1981 年以《王夫之辩证法体系探索》的硕士论文获得中国社会科学院研究生院颁发的硕士学位。

1981 年,32 岁
硕士生毕业后到《中国社会科学》杂志社当编辑。

1983 年,34 岁
考取南京大学哲学系中国哲学专业博士生,导师是孙叔平先生,研究方向是中国佛学。

硕士论文《王夫之辩证法体系探索》全文被《求索》学刊和《中国哲学》刊载:

"王夫之辩证法思想的细胞"发表在《求索》1983 年第 1 期。

"王夫之辩证法网上的纽结"发表在《求索》1983 年第 2 期。

"王夫之辩证法思想的总画面"发表在《求索》1983 年第 4 期。

"王夫之与中国古代辩证法"发表在《中国哲学》第十辑。

孙叔平先生因心脏病猝发逝世后,转回中国社会科学院研究生院任继愈先生门下继续攻读博士学位。

1984 年,35 岁

论文《柳宗元与佛教》发表在《哲学研究》。

1985 年,36 岁

博士生毕业,留在南京大学哲学系任教。

论文《对立统一是辩证法的"细胞"》发表在《学术论坛》。

论文《法性论与本无说》发表在《社会科学研究》。

1987 年,38 岁

在南京大学哲学系评定了副教授职称,担任硕士生指导教师,组建宗教学本科专业。

论文《性具与性起——天台华严二宗思想比较研究》发表在《世界宗教研究》。

论文《佛性思想与中国传统文化》发表在《哲学研究》。

论文《陆九渊伦理思想探微》发表在《南京大学学报》(哲学·人文·社会科学)。

论文《禅宗前后期思想比较研究》,发表在《中国社科院研究生院学报》。

论文《禅净异同论》发表在《文化:中国与世界》。

1988 年,39 岁

《佛教与中国文化》课题获得美国"王安汉学基金"5500 美元科研经费资助。

《佛道思想礼仪研究》课题,同美国夏威夷大学 SASO 教授合作,获"美国国家科学基金"(N. S. F)3.4 万美元项目经费资助。

获"南京大学优秀教学质量一等奖"(全校 1 人)。

专著《中国佛性论》在上海人民出版社出版。

论文《佛教因果观研究》发表在《中国哲学史研究》。

论文《顿悟与渐修》发表在《南京大学学报》(哲学社会科学版)。

论文《宗教与文化》发表在《东南文化》。

担任哲学系副主任,分管教学工作。

1989 年,40 岁

课题《宗教学教学资料汇编》获国家社科基金赞助。

论文《佛性与人性——论儒佛之异同及相互影响》发表在《哲学

研究》。

论文《读许地山的四篇宗教论文》载于在南京大学出版社出版的《许地山研究集》。

《宗教学概论》(宗教学专业教材)在南京大学出版社出版。

1990年,41岁

《中国佛性论》繁体字版于1990年在台湾佛光出版社出版。

《佛道诗禅》在中国青年出版社出版。

《宗教学概论》在南京大学出版社出修订版。

《佛教与人生》刊载于《1990佛光山国际学术会议论文集》。

论文《太虚大师与人生佛教》被收录在香港出版的《太虚大师国际会议论文集》。

1991年,42岁

被中国社会科学院评为"在工作中做出突出贡献的博士学位获得者"。

被国务院学位委员会和国家教委评为"在工作中做出突出贡献的中国博士"。

论文《佛性与人性》刊载在《当代中国思潮》(美国,1991年,第23期,SSCI)。

论文《佛性·本心·良知》发表在台湾《中国文化月刊》。

论文《从祖师禅到看话禅》发表在《中国文化》。

1992年,43岁

在南京大学评定教授职称。

论文《佛教对中国传统思维模式的影响》发表在《中国社会科学》。

创办大型禅学学术丛刊《禅学研究》。

论文《从禅师禅到看话禅》发表在《中国文化》。

论文《宋元时期佛儒交融思想探微》发表在台湾《中华佛学学报》。

论文《佛儒异同论》发表在台湾《中国文化月刊》。

论文《修心养性与顿悟见性》刊载于《中国佛教文化国际会议论文集》(中国太原)。

论文《佛学的儒学化与儒学的佛学化》刊载于台湾《佛教与中国文化国际学术会议论文集》。

论文《祖师禅与分灯禅》发表在《禅学研究》。

著作《佛学与儒学》在浙江人民出版社出版。

著作《佛道诗禅》繁体字版在台湾佛光出版社出版。

著作《佛典辑要》在山东人民出版社出版。

1993 年,44 岁

被国务院学位委员会评为博士生导师。

自 1993 年起享受国务院颁发的政府特殊津贴。

著作《湛然》在台湾东大图书公司出版。

著作《济公和尚》在台湾东大图书公司出版。

1994 年,45 岁

作为"211 工程"建设的一个重要内容,南京大学成立了以文史哲传统文化研究学科为依托的交叉学科研究院——中华文化研究院,程千帆先生任中华文化研究院学术委员会主任,任继愈先生、季羡林先生为中华文化研究院名誉院长。出任中华文化研究院院长。

著作《佛典辑要》繁体字版在台湾圆明出版社出版。

1985 年,46 岁

论文《论墨子朴素唯物主义认识论与宗教思想的矛盾统一》发表在《中州学刊》。

1996 年,47 岁

著作《楞伽经释译》在台湾佛光出版社出版。

论文《禅宗何以能成为中国佛教的代表》发表在《禅学研究》。

论文《佛教现代化略论》发表于《长白论丛》。

著作《佛学与儒学》繁体字版在台湾扬智文化出版公司出版。

1997 年,48 岁

著作《维摩诘经释译》在台湾佛光出版社出版。

著作《梁高僧传释译》在台湾佛光出版社出版。

1998 年,49 岁

著作《唐高僧传释译》在台湾佛光出版社出版。

1999 年,50 岁

著作《佛学与儒学》韩文版在韩国出版。

著作《中国佛性论》在中国青年出版社出版第二版。

著作《中国佛教文化论》在中国青年出版社出版。

主持南京大学"985 工程"(1 期)子项目"儒释道与宗教学综合研究"。

2000 年,51 岁

《中国佛教百科全书》(主编)(11 卷,300 万字)在上海古籍出版社出版。

著作《佛道要籍》在中国青年出版社出版。

著作《楞严经译注》(与杨维中合著)在台湾三民书局出版。

论文《"人生佛教"与儒家的"人本"哲学》发表在《江苏社会科学》。

论文《朱子学与佛学》刊载于《朱子学国际学术会议论文集》。

论文《佛教与人生》刊载于台湾《海峡两岸学术会议论文集》。

论文《禅宗何以能成为中国佛教的代表》发表在《禅学研究》。

2001年,52岁

论文《人间佛教是当代佛教的主流》发表在台湾《普门学报》。

论文《人间佛教与佛教的现代化》发表在台湾《普门学报》。

2002年,53岁

在香港大学做客座教授,为香港大学佛教研究中心的研究生讲授《佛教与中文化课程》。

获评"江苏省优秀研究生导师"。

获香港旭日集团100万元赞助,成立南京大学旭日佛学研究中心,担任研究中心主任。

著作《宗教与道德劝善》(与王月清合著)在江苏古籍出版社出版。

2003年,54岁

入选第五届国务院学位委员会哲学学科评议组成员。

主持国家"985工程"(2期)教育部、财政部"宗教与文化"创新基地,担任宗教与文化研究中心主任。

2004年,55岁

论文集《中国佛教与哲学》在宗教文化出版社出版。

2005年,56岁

《中国佛教通史》编撰工作正式启动。

论文《不能把"水果"和"苹果"放在同一个盘子里》发表在《江苏社会科学》。

2006年,57岁

论文《潜探学理,深绎史脉——纪念孙叔平教授100周年诞辰》(与李开教授合著)发表在《江苏社会科学》。

论文《人间佛教与慧能南宗》发表在《禅学研究》。

论文《马祖道一与后期禅宗》发表在《佛学研究》。

论文《心灵净化与佛教的社会责任》刊载于《第一届世界佛教论坛

论文集》。

2007 年,58 岁

著作《佛典辑要》在中国人民大学出版社出版第二版。

论文《对"顿悟"、"体证"的哲学诠释》发表在《学术月刊》。

2008 年

著作《佛学与佛学》韩文版在韩国出版。

获"全国百篇优秀博士论文指导教师"称号。

2009 年,60 岁

入选第六届国务院学位委员会哲学学科评议组成员。

入选国家人社部第 7 届博士后流动站评审专家委员会成员。

任江苏宏德文化出版基金会理事长。

著作《中国佛教文化论》在中国人民大学出版社出版第二版。

论文《对王船山本体论的哲学思考》刊载于《王船山国际学术研讨会论文集》。

2010 年,61 岁

全球首部完整的《中国佛教通史》(主编,总 15 卷,700 万字)在江苏人民出版社出版。

《佛教十三经》(主编)在中华书局出版。

陈骏校长聘请星云大师为南京大学中华文化研究院名誉院长。

论文《宗教与道德》刊载于《中国文化报》(理论版)。

《独挑禅宗五脉的虚云大师》一文(与净因教授合作)发表在《大公报》。

《人间佛教的总设计师太虚大师》一文(与净因教授合作)发表在《大公报》。

《敦伦尽份,老实念佛——净宗十三祖印光大师》一文(与净因教授合作)发表在《大公报》。

《近代中国佛教复兴之父杨仁山居士》一文(与净因教授合作)发表在《大公报》。

《弘一大师的心路历程》一文(与净因教授合作)发表在《大公报》。

《如来使者赵朴初居士》一文(与净因教授合作)发表在《大公报》。

台湾佛光山开山宗长星云大师赞助 3000 万元,助建中华文化研究院大楼。

2011 年,62 岁

建党 110 周年被评为"南京大学优秀共产党员"(全校 10 人)。

获评"赵安中讲座教授"。
著作《中国佛性论》在江苏人民出版社出版第三版。
《中国佛教通史》（主编）获国家"三个一百"原创图书奖。

2012年，63岁
《中国佛学是理解宋明理学的钥匙》一文在《中国社会学科报》发表。
《中国佛教通史》（主编）获国家"三个一百"原创图书奖。
《中国佛教通史》（主编）获苏省哲学社会科学优秀成果一等奖。
陈骏校长聘请李奇茂先生、欧豪年先生为南京大学中华文化研究院客座教授。

2013年，64岁
陈骏校长聘请蒋树声担任南京大学中华文化研究院名誉院长。
论文《汉传佛教的特质及其当代走向》发表在《江海学刊》。
被评为"江苏中华人物"。
《中国佛教通史》（主编）获首届江苏省新闻出版政府奖。
《中国佛教通史》（主编）获第三届中国政府出版奖。
《中国佛教通史》（主编）获教育部人文社会科学优秀成果一等奖。
著作《中国佛性论》被"国家汉办"列入学术著作对外交流计划。
著作《中国佛性论》被国家新闻出版广电总局列入"经典中国国际出版工程"。

2014年，65岁
被评为南京大学首批人文社会科学资深教授。
著作《中国佛教文化论》在东方出版社出版第三版。
获"南京大学人文研究贡献"奖。
《挖掘儒家"人学"思想的当代价值》一文在《人民日报》理论版发表。

2015年，66岁
获"南京文化名人"称号。
出任江苏省儒学学会会长。
《中国佛教通史》繁体字版在台湾佛光出版社出版。
台湾水墨画大师李奇茂先生捐赠李奇茂美术馆，担任李奇茂美术馆馆长。

2016年，67岁
著作《维摩诘经译注》简体字版2016年在东方出版社出版。

著作《中国佛性论》韩文版在韩国出版。

论文《中国佛学是中国哲学的主干》发表在《江海学刊》。

2017 年,68 岁

"中国现代百部佛学名著"(商务印书馆出版)工程启动。

著作《楞伽经译注》简体字版在东方出版社出版。

被聘为江苏佛学院名誉院长、江苏尼众佛学院名誉院长。

参加由中国佛教协会主办、在无锡灵山梵宫举行的纪念赵朴初诞生 110 周年大会,在大会上做了题为"佛教的中国化与人间佛教思想特质"的主旨发言。

2018 年,69 岁

担任总主编的《江苏佛教通史》工程启动,总 13 卷。

《佛教的中国化与人间佛教的思想特质》发表在台湾《普门学报》。

《中国佛教通史》获"全球华人成果奖"。

获"江苏社科名家"称号。

参加"学以成人"为主题的第 24 届世界哲学大会,担任 24 届世界哲学大会学术委员会委员。

参加第五届世界佛教论坛,在大会上做了《佛教与中国文化》的主旨发言。

2019 年,70 岁

《扫出两千年不见踪影的〈乐经〉》一文在《光明日报》发表。

《中国佛性论》翻译与在海外出版学术研读会在南京大学召开,海内外 70 多位学者参加了研读会,有 50 多位海内外学者参与了《中国佛性论》的英文翻译与校对工作。

被江苏人大常委会民宗侨委聘请担任决策咨询专家。

被江苏省政协聘请担任专家咨询委员会委员。

《南京佛教通史》(主编)(3 卷 4 册,总 230 万字)全部完稿,交商务印书馆编排。

《中国人名大典》(主编),总收录 42 万个人名(是目前国内最大《人名大典》收录人数的 7 倍)已全部交稿,将由南京大学出版社出版。

跋

感谢江苏省委宣传部和省社科联为我出版这本文集,让我有机会回顾和梳理近50年来的学思历程。

当我写完学术小传时,偶然发现,"小传"的开篇与结语用的几乎是同一句话:喜欢。这个"发现"顿时使自己觉得这几十年还是蛮"幸运"的——能一直做着自己"喜欢"的事——尽管期间个人所处的"小环境"和社会的"大环境"曾经发生过很大的变化。由此又引发了我的一个"联想":一个人即便没有优异的"天资"和上等的"根机",如果对自己的生活、学习和工作能生"欢喜心",还是能做成一些事的。

"代表性学术成果"部分,根据"文库"的"编撰大纲和学术规范"要求,"主要收入作者正式公开发表的学术论文与著作"。因为本人的几部著作,近年来都有新的版本,有部论文集也将在近期出版,这本文集所遴选的部分内容,与近年来新版的著作和论文集会有部分重复。

感谢徐飞博士为本文集的出版所付出的辛勤的劳动。

赖永海

2019年9月于南京大学

后　记

　　2013年,江苏省委、省政府表彰了首届10位"江苏社科名家",在省内外产生广泛影响。为彰显江苏社科强省建设成效,打造江苏社科名家的整体形象,发挥社科名家的学术引领示范作用,省委宣传部、省社科联决定编纂出版《江苏社科名家文库》(以下简称《文库》),集中展现社科名家的学术成就和治学经验。2015年6月《文库》(第一辑)问世后,受到广泛好评,《新华日报》曾辟专版予以宣传、推介。2017年1月,《文库》(第二辑)正式出版。

　　2018年10月,江苏省委、省政府表彰了第三届"江苏社科名家",他们是公丕祥、叶南客、任平、郭广银、徐康宁、赖永海。经请示省委宣传部同意,省社科联正式启动《文库》(第三辑)编纂工作,历时一年。省委常委、宣传部长王燕文,省政府党组成员、副省长王江担任《文库》编委会主任;省委宣传部副部长赵金松,省社科联党组书记、常务副主席刘德海,凤凰出版传媒集团董事长梁勇担任《文库》编委会副主任;省社科联党组成员、副主席徐之顺,省社科联党组成员、副主席尚庆飞,凤凰出版传媒股份有限公司总经理佘江涛,凤凰出版传媒股份有限公司总编辑徐海,省委宣传部理论处副处长刘必好(主持工作)担任编委会委员。编委会下设编辑部,徐之顺兼任编辑部主任,省社科联学会部负责编辑部的具体工作。

　　第三辑《文库》的编纂方针、装帧设计等与第一辑、第二辑基本一致。江苏人民出版社将第三辑《文库》编纂工作列入了2019年度重点出版项目计划,第四编辑室主任张凉具体组织实施书稿的编校工作。

　　《文库》(第三辑)的作者均在岗在职,公务繁忙,但他们克服种种困难,严谨细致撰稿,并按规定时间高质量地完成书稿,为《文库》如期出版付出了辛勤努力。刘德海、徐之顺、尚庆飞等同志参加了书稿的统稿工作。刘必好以及省社科联学会部程彩霞、夏东荣、何国军、鱼雪萍、陈婷、刘名全等同志承担了《文库》(第三辑)编纂出版的组织联络工作。

《文库》(第三辑)编纂出版工作还得到南京大学、东南大学、南京师范大学、苏州大学和南京市社科联等作者所在单位的大力支持,相关单位为作者配备学术助手,为编纂工作顺利推进提供了条件。在此,谨对各有关单位领导和各位专家、学者表示由衷的感谢!

由于水平和时间所限,书中难免疏漏和不当之处,恳请广大读者予以指正。

《江苏社科名家文库》编委会
2020 年 1 月 2 日